编委会成员名单

黄名述	程开源	陈训敬	杨树明	赖达清	喻 伟
孙孝福	范忠信	陈会林	张培田	朱建华	王广辉
曹海晶	李祖军	曾文革	汪世虎	雷 振	孙淑云
刘 红	黄 笛	牛余凤	陶 虹	段 凯	晁秀棠
赵立新	张 功	石先钰	刘 杰	李艳华	曹艳春
冯瑞琳	李振华	张新奎	王志敏	张 耕	秦瑞亭
刘立霞	沈 萍	李雨峰	范 军	罗 洁	李 文
谭振亭	侯 纯	韦宝平	姚 欢	周庭芳	邢 亮
刘新凯	陈 虎	万志前	陈 苇		

全国高等院校法学专业基础教材

新编中国法制史

主　编　张培田　李艳华

副主编　张　功　李卫东　廖　峻

撰稿人　(以撰写章节先后为序)

张培田　廖　峻　孙树芳　张　功　吴　云

李艳华　魏顺光　李容琴　李　玲　晋龙涛

张　莉　李卫东　王立新　陆　娓

中国政法大学出版社

出版说明

　　法学是集理论性与实践性于一体的社会科学。然而，现行的法学本科教材普遍存在"重理论、轻实践"的现象，这既不符合应用型法学人才的培养的要求，也与司法考试、研究生考试和公务员考试严重脱节，其实用性大打折扣。

　　有鉴于此，由全国独立学院法学教育协作机制秘书处和中国政法大学出版社发起，成立了"全国高等院校法学专业基础教材"编委会，旨在编写适应法学专业应用型人才培养要求的"厚基础、重实务"的系列教材。中南财经政法大学、西南政法大学、华中师范大学、湖北大学、中南民族大学、江汉大学、重庆大学、湖北经济学院、武汉科技大学中南分校、西南大学育才学院、南开大学滨海学院、海南大学三亚学院、福州大学阳光学院、浙江大学宁波理工学院、中国石油大学胜利学院、南京师范大学泰州学院、黄河科技学院、中南财经政法大学武汉学院、中南民族大学工商学院、华中科技大学武昌分校、华中师范大学汉口分校、华中科技大学文华学院、武汉科技大学城市学院、河北工程大学文学院、燕山大学里仁学院、贵州民族学院人文科技学院、东莞理工学院城市学院、江汉大学文理学院、湖北大学知行学院、湖北经济学院商贸学院、福建江夏学院、河南师范大学新联学院等全国三十多所高等院校百名法学专业教师共同参与了这套教材的编写工作。

　　本套教材在内容设计上充分考虑与司法考试和公务员考试的接轨，注重基础理论阐述和实务能力培养的有机结合，力求展现以下特点：

　　第一，基础性。本套教材的编写内容定位于对基本理论、基本概念、基本知识的阐释和对基本法律实务技能的培养。

　　第二，简洁性。本套教材以各学科成熟的理论体系为主，不涉及太深的法律问题；以通俗和主流观点为主，除核心观点、理论有简要论证外，避免过多论述有争议的观点或作者个人观点。

　　第三，实用性。本套教材充分突出实用性，主要服务于法学专业学生参加司法考试和考公务员的目标，教材内容及结构与最新司法考试大纲保持一致，大量引入司法考试、公务员考试真题和案例。

第四，新颖性。本套教材力求突出形式设计上的新颖性。根据各教材的不同特点，有的在每章开头简短的案例导入，使相关知识点、重点及难点一目了然；有的在正文中穿插案例或合理设置图表，以方便学生阅读，符合学生应试要求；有的在每章结尾处设置思考题和案例分析题，以利于学生参考使用。

本套法学教材涵盖了法学专业教育指导委员会确定的十六门法学主干课程和十四门实务性较强的非主干课程，共三十种。本套教材由于编写作者较多，涉及内容广泛，教材的编写统稿难度较大，更囿于水平有限，挂一漏万在所难免，恳请各位专家、同行及广大读者批评指正，帮助我们在后续的工作中加以完善。

《全国高等院校法学专业基础教材》编委会
2009 年 8 月

一、中国法制史的课程性质与特点

中国法制史，即中国法律制度史，是关于中国历史上法、法律规范及其制度发生发展演进或消亡的历史。本质上看，同世界上任何一个国家或地区法律制度史一样，中国法制史首先是历史，是历史学科或历史知识体系。因此，它不同于现实社会中的法学理论和部门法；虽然它与现实社会的法理及部门法有着不可分割的联系，但它关注或研究以及传授的对象不是法、法制的现实，而是历史。

作为探索和总结法及法律专门史实及其发展规律的知识体系，法制史与哲学和通史也有质的区别。虽然中国法制史存续同其生存的社会环境如哲学思维以及政治经济等密切关联，但却关注和研究以及传授的只是历史上的法、法律规范以及法制演进问题，而不是哲学和其他专门史。

在人类整个知识体系中，法制史是法学与历史学交叉学科。与法学理论和部门法知识体系相比，中国法制史作为法律制度发展演变的历史知识体系，与现实联系不如法理及部门法知识紧密，而且内容庞杂，知识体系厚重，全面把握难度大。

二、中国法制史的学术地位及作用与价值

由客观世界四维空间结构以及时间的一维性规律决定，人类社会的历史经验和教训对人类社会的不断文明进步，具有其他任何知识体系无法替代的借鉴和启迪作用。因此，世界上各文明发达国家都在培养法律人方面，将本国和外国法制史作为重要的基础课程。

中国法制史在世界法制发展史上占有不可磨灭的一席之地，自成传统，自立法系，对整个人类法制发展有所贡献，并继续不断地为人类法制文明进步和智识的提高，提供非常宝贵的借鉴和参考。中国当代社会将其纳入大学法学教育基础课程，并规定为中国当代统一司法考试的必考内容，目的就在于为培养睿智的当代法律人奠定坚实的基础。

作为中国法制发展进程中的知识基石，中国法制史以总结自身发展演进

的经验教训，辨析自身的糟粕和精华，在中国法律人培养和社会法文化思维提高方面，施加着不以人的意志为转移的举足轻重的凝重影响。它从正反两方面启迪今人及后人，或发扬光大，或避免前车之覆，是健全和完善中国法学和法制现代化不可替代的独立平台。

三、如何学习和研究中国法制史

要掌握内容庞杂，知识体系厚中国法制史知识体系，首要的问题是端正态度。其诀窍是，按照人类追求科学真理的规律，进行学习和研究。

一般来说，学好中国法制史，必须从完善知识体系、奠定求知法学和实践创造的知识基础。作为法律人自身修养考虑，学习研究中国法制史，也是增加内功修为，提高生存竞争能力，达到自觉能为境界的必为功课。而面对内容庞杂，知识体系厚中国法制史知识体系，养成并熟练运用正确方法（历史调查法、实证分析、文化人类学基本方法、比较方法等），当能收事半功倍之功效。具体地分析，可从以下几个方面入手学习研究。

第一，了解知识点，把握基本事件，理顺历史发展演变脉络。

第二，循序渐进，由点到面，上下前后有机联系。

第三，分析因果，探索规律，总结经验教训。

另外，学习中法史，既不能陷入传统固有法文化的历史局限和狭隘民族心态而虚骄自尊，也不能因为传统固有法制文化的近现代没落，而陷入民族文化虚无主义。

四、本教材特点及撰稿分工

改革开放以来，有关中国法制史的研究取得丰硕成果，各类教材纷纷面世。与之相比，本教材吸收其最新最规范成果，并在以下方面力争创新突破。

第一，全面系统。本教材根据历史阶段展开，对历史上所有朝代的法制演变，都有基本介绍。

第二，突出各朝代风格和特点。

第三，采用最新文物考古发掘的研究成果。

第四，每章列有案例和摘要。

本教材按照群策群力的原则，进行以下分工：导言及第一章，张培田（西南大学育才学院及西南政法大学）；第二章，廖峻（武汉科技大学中南分校）；第三章，孙树芳（中国石油大学胜利学院）；第四章及第五章，张功（湖北经济学院）；第六章，吴云（福州大学阳光学院）；第七章，李艳华（中南财经政法大学）；第八章，魏顺光（西南大学育才学院）；第九章，李容琴（西南大学育才学院）；第十章，李玲（华中科技大学武昌分校）；第十一章，晋龙涛（黄河科技学院）；第十二章，张莉（浙江大学宁波理工学院）；第十三至十五章，李卫东（江汉大学）；第十六章，王立新（西南大学育才学院）；第十七章，陆娓（南京师范大学泰州学院）。

全书由张培田和李艳华统稿。因时间紧，撰稿人多，书中错误难免，请读者诸君多多指正。

编　者

2009 年 8 月

Contents 目 录

中华法制的起源及夏商法制

◆　**内容提要**

中华文明发展史，原始社会的规范和制度逐渐演化，国家和法形成。夏王朝历经四百余年，形成王民王有制度。商王朝的天子制度、占卜制度、刑名制度以及嫡长子继承制度的确立，丰富了中华法文化体系。

◆　**案例导入**

"囚周文王"案

此案发生在商朝末期。周文王（西伯昌）对九侯案、鄂侯案的处理结果不满，崇侯虎知道后向纣王进谗言诬陷说，周文王积善累德，诸侯们与他一心，这将不利于大王的统治。因此，商纣王将文王囚禁在羑里（今河南汤阴县）。后来周文王之臣闳夭等人寻求美女、奇物、宝马进献给纣王，纣王赦免文王，将他释放。

第一节　中华法文化的起源

一、夏以前的中华文明

人类历史发展进程中，中华文明占有非常重要的一席之地。迄今为止，考古发现的成果表明，从北方山顶洞人到南方元谋人，中华大地早在距今一百多万年以前就有我们的祖先活动的踪迹。据传世文献记载，自盘古开天地，中华大地上人类繁衍，经炎黄发展成为势力强大的人群聚落。但是，或者是由于洪水等天灾的破坏，人们对中华大地上文化遗迹的发掘，始终没有公元前一万年至前六千年之间的重大且可靠的考古发现，因而人们关于中华文明五千年及其以上的论断，在红山文化发现之前，没有坚实的令人信服的足够论据。

受传统文化和历史观局限的影响，人们对史前文明的认识要么无充分的说服力；要么根据原始共产主义将其描述为社会生产力水平极其低下，生产工具简单，共同占有、共同劳动、平均分配时原始社会的经济形态。[1] 辽宁牛河梁红山文化发现以后，人们对中华史前文明的认识有了质的转变。

原始社会经历了原始群和氏族公社两个阶段。历史上传说的炎帝和黄帝大体是母系氏族公社的早期，仰韶文化（约公元前 5000 ~ 公元前 3000 年）则是母系氏族公社的繁荣期。距今约五千年的大汶口文化（公元前 4040 ~ 公元前 2240 年）和龙山文化（约公元前 2900 ~ 公元前 2000 年）的考古成果，揭示了中国历史上父系氏族公社的确立。

二、夏以前的制度和规范

夏以前的中华社会制度即习俗规范在红山文化的考古发掘成果中可见一斑。

第一，距今五千年以前的红山文化遗址中发现了标志史前文明重要社会结构的女神庙，[2] 标志着女神制度的存在，这对以往原始民主制的假说是一个有力的否定。

第二，牛河梁发掘的所有遗址，每一处积石冢群均是小墓围绕中心大墓，四周又砌筑石墙以为框界。大墓上积石封土，形成高耸的山头。大墓皆为男性，其随葬品亦明显多于周边小墓。这足以说明当时社会存在等级和相应的等级制度而并非平等。

第三，牛河梁红山文化遗址位于建平县、凌源市交界之处，居大凌河、老哈河之间，是蔓延于努鲁儿虎山谷的三道黄土山梁。整个遗址面积之大、规模之恢宏，说明当时这一地区的人群聚落祭祀、聚会、议事已达到相当繁华的程度。

第四，遗址积石冢群随葬玉猪龙的出土，证明当时存在着图腾文明和图腾崇拜的习俗和制度。

三、夏以前社会制度及其规范的认识问题

红山文化的面世为今人及后人认识夏以前社会制度及其规范提供了坚实的基础，对于人们认知史前文明和国家及法律的起源有非常重要的启示。正是有了出土文物和考古发掘的研究成果支撑，使得人们有理由关注并思考以下问题。

第一，传统判断标准：阶级分析的优劣优在从人类社会组织分工探析其规范机制，但公式化且无充分实证；阶级分化是否只是在文明史后出现？史前文明是

---

〔1〕《礼记·礼运篇》描述原始氏族公社社会生活状况道："大道之行也，天下为公。选贤与能，讲信修睦。故人不独亲其亲，不独子其子，使老有所终，壮有所用，幼有所长，鳏寡孤独废疾者，皆有所养。男有分，女有归。货恶其弃于地也，不必藏于己；力恶其不出于身也，不必为己。是故，谋闭而不兴，盗窃乱贼而不作，故外户而不闭，是谓大同。"

〔2〕女神庙处于整个遗址中心，面积七十五平方米，现被圈起，并用八道房梁搭了个篷。篷内只是一块长方形空地，凹凸起伏，坚硬的黄土地残留着发掘的痕迹。牛河梁女神庙是考古界发现的中国最早的神殿，女神庙里的女神像，是亿万炎黄子孙第一次看到的五千年前由泥土塑造的祖先形象。

否没有等级？没有地位高低分化？

第二，已有出土文物和考古发现，史前就有大规模人群聚落非常有秩序地活动，如内蒙和辽宁交界的红山文化，这如何解释？

第三，中原文化传世文献传说是否全都没有根据？上古的天文观察为什么那么准确？传说为什么没有出土文物或遗存印证？洪水的破坏力如何评估？

第四，文化人类学主张的活化石的实证调查，不能证明人类生存会一定发展到哪种阶级结构，如泸沽湖母系社会持续至今等，这如何解释？

第五，其他高级灵长类动物进化的问题，如群体聚落都有等级，秩序井然，也有规范和定制，但为什么没有类似人类的飞跃？

第六，氏族规范如何就一定转化飞跃成法律规范？两者的本质区别用阶级意志或国家意志解释是否充分？

对以上问题的探索，有助于人们科学理性地思辨。

第二节　夏朝国家与法

一、夏朝主要的国家制度

夏族原是居住在黄河流域的一个部落。部落第一个首领是黄帝，姓公孙，名轩辕。传世文献记载，夏后氏十四世，十七君，传祚四百数十年。[1]

黄帝通过与炎帝战于阪泉、与蚩尤战于涿鹿的两次扩张战争，加强了夏族部落的力量，成为中原盟主。夏王朝的国家制度主要体现在：

1. 王位"禅让制"向王位世袭制飞跃。有夏当时盛行"禅让制"，尧、舜、禹先后被推举为夏族的首领。禹继位以后，夏族就出现了奴隶制度的萌芽。禹实际已是帝王。《国语·鲁语下》中记载，禹在世时，在一次部落首领大会上，"防风氏后至，禹杀而戮之"，说明禹已有擅杀的权威。但他还是按照传统，选东夷的一位首领益作为继承人。禹死后，禹之子启强大起来，许多部落反对益而拥护启。《史记·夏本纪》中有"禹子启贤，天下属意焉。及禹崩，虽授益，益之佐禹日浅，天下未洽。故诸侯皆去益而朝启"的记载。于是启继天子位，为夏后帝。有扈氏不服，启发动战争，在"甘"大战有扈氏，进而巩固了他的统治地位。启废除了原有的"禅让制"，确立了王位"世袭"制。禅让制的废除、王位世袭制的确立，标志着"家天下"和"天下为家"的质变。

2. 四岳议事制度。尧、舜时代，氏族部落中的一些重大事务都要大家共同

---

〔1〕《史记·三代世表》："从禹至桀十七世。"《通鉴外纪》注："夏十七君，十四世，通羿、浞四百三十二年。"

商议，如氏族部落首领人选和领导治理洪水的人选问题，都要与"四岳"共同商议。"四岳"是具有军事民主制性质的氏族社会的联盟议事会议，是当时的最高权力机关。

3. 分封控制制度。禹、启时代已将全国划分为九个地区，并设有九个地方长官"九牧"进行管理。[1] 九牧以下，当时分封管理有两种形式。一是十里为"成"，如"夏少康有田一成，有众一旅"。杜注："方十里为成。"[2] 二是方八里为"甸"，如"六十四井为甸，甸方八里，居一成之中，成方十里，出兵车一乘"。[3]

4. 六卿五官制度。夏代官制散见群书，其大数盖亦百人。[4] 执政之官，初为六卿，[5] 后改为五官。[6] 其司空、司徒、司马，又号"三公"。[7]《礼记·明堂位》说："夏后氏官百。"中央有职事官"六卿"，掌管畜牧的"牧正"，掌管造车的"车正"，掌管王族膳食的"庖正"，等等。

5. 土地所有制及财税贡赋制度。夏朝土地主要为王有，但由王朝分给百姓种管，大致是一夫授田五十亩。[8] 顾炎武《日知录》："古来田赋之制，实始于禹。水土既平，咸则三壤，后之王者，不过因其成迹而已。故《诗》曰：'信彼南山，维禹甸之。畇畇原隰，曾孙田之，我疆我理，南东其亩。'然则周之疆理，犹禹之遗法也。《孟子》乃曰：'夏后氏五十而贡，殷人七十而助，周人百亩而彻。'夫井田之制，一井之地，画为九区，故苏洵谓万夫之地。盖三十二里有半，而其间为川为路者一，为浍为道者九，为洫为涂者百，为沟为畛者千，为遂为径者万。使夏必五十，殷必七十，周必百，则是一王之兴，必将改畛涂，变沟洫，移道路以就之。为此烦扰而无益于民之事也，岂其然乎？盖三代取民之异在乎

---

[1]《左传·襄公四年》记载："芒芒禹迹，画为九州，经启九道。"《汉书·郊祀志》也说："铸九鼎，象九州。"

[2]《左传·哀公元年》。

[3]《诗·信南山》："维禹甸之。"郑《笺》。

[4]《明堂位》："夏后氏官百。"郑注《昏义》曰："天子立六官、三公、九卿、二十七大夫、八十一元士，盖谓夏氏也。……夏后氏官百二十。"

[5]《甘誓》："乃召六卿。"郑注《大传·夏书》书："六卿者，后稷，司徒、秩宗、司马、作士、共工也。"

[6]《礼书通故》："洪范八政：一曰食，二曰货，即虞后稷所掌；三曰祀，即虞秩宗所掌；四曰司空；五曰司徒，与虞官名同；六曰司寇，即虞之士；七曰宾，郑注云：若周大行人，是司寇之属；八曰师，其司马也。夏自不窋失官后，后稷废，兵刑分。其制以秩宗、司空、司寇、司马为五官。"

[7]《尚书大传·夏传》："天子三公：一曰司徒公，二曰司马公，三曰司空公。"《月令·正义》曰："《书传》三公领三卿。此夏制也。"

[8]《夏小正》："正月初服于公田。"《传》："古有公田焉者，言先服公田而后服其田也。"《孟子·滕文公》："夏后氏五十而贡。"赵岐注："民耕五十亩，贡上五亩。"

贡、助、彻，而不在乎五十、七十、百亩。其五十、七十、百亩，特丈尺之不同，而田未尝易也。故曰'其实皆什一也'。……夏时土旷人稀，故其亩特大，殷、周土易人多，故其亩渐小。以夏之一亩为二亩。其名殊而实一矣。"

二、夏刑

（一）"夏有乱政，而作禹刑"[1]

"禹刑"以禹命名，但并非大禹所作，而是夏朝统治者制定的，为了追念其先祖而名为"禹刑"。"禹刑"是夏朝法律制度的总称。它是因"乱政"而作，所谓"乱政"就是危害夏王朝统治秩序。禹刑的具体内容无法考证，后人如东汉郑玄说："夏刑，大辟二百，膑辟三百，宫辟五百，劓、墨各千。"[2]五种刑罚具体指：大辟，即死刑；膑辟，即挖掉脚骨；宫辟，即摧残生殖器；劓，即割鼻子；墨，即刺面涂黑。膑和宫是残人身体的肉刑，劓和墨则具耻辱刑的性质。《隋书·经籍志》也记载道："夏后氏正刑有五，科条三千"。两种文献记载一致，都说夏朝法律规定了五种刑罚，共三千条。

（二）"威侮五行，怠弃三正"[3]

誓是夏朝的一种法律形式。夏后启在准备讨伐有扈氏时，曾在"甘"（今陕西省户县西南）发布战争动员令，即《甘誓》。[4]当时夏后启向他的臣民宣告有扈氏的罪行，有扈氏不学习黄帝、尧、舜、禹四世的德性与政绩，不走正道，逆天而行，引起天怒人怨，因此上天要灭绝他，夏启奉上天的意志对他进行惩罚。夏启在《甘誓》中宣布有扈氏两大罪状之后，又告诫他的手下："左不攻于左，右不攻于右，汝不恭命；御非其马之正，汝不恭命。用命，赏于祖；弗用命，戮于社。予则孥戮汝。"大意是说，在战车左边的兵士，如果不好好从左边攻杀，你们就是不奉行命令；在战车右边的兵士，如果不好好从右边攻杀，你们就是不奉行命令；驾驭战车的兵士，如果不好好驾驭战马，你们就是不奉行命令。在先祖的神位前赏赐那些奉行命令的，在社神面前惩罚那些不奉行命令的。

（三）"昏、墨、贼，杀"[5]

《左传》记载了"邢侯与雍子争田案。"此案发生在鲁召公十四年（公元前528年）。晋国的邢侯和雍子争夺土地，调解了很久也没成功。韩宣子命令叔鱼

---

〔1〕《左传·昭公六年》。

〔2〕《周礼·秋官·司刑》。

〔3〕《尚书·甘誓》。

〔4〕《尚书·甘誓》记载："王曰：嗟！六事之人，予誓告汝：有扈氏威侮五行，怠弃三正。天用剿绝其命。今予惟恭行天之罚。""六事之人"是指军中的分管军事的统帅。郑玄曰："五行，四时盛德所行之政也。威侮，暴逆之。三正，天、地、人之正道。"

〔5〕《左传·昭公十四年》。

处理此案。叔鱼认为罪在雍子。雍子贿赂叔鱼，把女儿嫁给他。于是叔鱼宣判邢侯有罪。邢侯大怒，在法庭上将叔鱼和雍子杀死。韩宣子询问叔向如何处理这件事。叔向说："《夏书》曰：昏、墨、贼，杀。"雍子明知自己有罪，还要用女儿贿赂叔鱼以换得胜诉，叔鱼出卖法律，邢侯擅自杀人，他们的罪状相同。"己恶而掠美为昏"，雍子犯此罪，自己有罪而掠取别人的美名；"贪以败官为墨"，叔鱼犯此罪，贪婪而败坏官纪；"杀人不忌为贼"，邢侯杀人而毫无顾忌就是贼。昏、墨、贼，是三种罪名，凡此三罪者，依照夏朝的法律要触以死刑。

（四）"吕命穆王，训夏赎刑"

赎刑是一种可以用财物折抵刑罚的制度。"穆王训夏赎刑，作吕刑。"[1] 该记载的意思是说，西周时穆王命令大司寇吕侯依照夏朝的赎刑修订刑律，作《吕刑》。这说明夏朝已经有赎刑制度。《尚书·舜典》："金作赎刑。"据史料记载，夏朝已经出现青铜冶炼，用铜赎罪。《路史·后记》说"夏后氏罪疑唯轻，死者千馔（zhuan，音转），中罪五百，下罪二百"。馔是重量单位，铜六两为一馔。即可依罪轻罪重用铜赎罪，赎刑是一种可选择适用的刑罚代用刑。

三、监狱

据《竹书纪年》载："夏帝芬三十六年作圜土。""圜者，圆也"，圜土是夏朝囚禁罪犯的监狱，"圜土"是监狱的特称。据说夏在都城阳翟"均台"（今河南禹县）这个地方还设有中央直辖的监狱。相传夏桀曾把商汤"囚之夏台"，因此均台也叫夏台。所以后来"均台"和"夏台"都成为夏朝监狱的代称。

四、夏朝国家与法的相关问题

（1）尧舜禅让与"家天下"是质变还是量变？可信度如何？

（2）刑始于兵，大刑用甲兵，是否就是反映了中国法制起源的规律？

（3）原始的礼如何转变成国家认可之礼？

（4）从目前出土文物和考古发掘的研究成果分析，原始社会向奴隶社会过渡的确切证据不够，出土文物和考古成果尚未达到足够的地步。国家产生和法律的出现经历了漫长的渐进过程，不是短时间突然完成的，"家天下"应当是氏族部落联盟首领的一次权力再整合。

（5）导致权力的家族化带有质变的性质，可以作为转型的一种标志。刑起于兵，反映法律以惩罚遏止战乱调整当时社会秩序的现象，但不足以揭示规律，因为以惩罚制止争斗在其他高级灵长类动物生活中经常出现，显然这不能推出这些动物生存发展史上也有法律。

---

[1]《尚书·吕刑·书序》。

（6）荀况的"定分止争"说，表明规范的出现必然是应对人们在利益面前相争的规律。但定分止争的规范是人类长时期生产生活中形成的，由粗而精不断洗炼升华。

（7）夏刑夏礼还有许多问题没有出土文物和考古发掘的成果证明。

（8）夏朝占支配地位的法制观，在如恭行天罚、捍卫五行、祖先权威等中都有充分反映。这种观念是如何主宰当时法律的实施和实践？

第三节　商朝法制

一、商朝建立

夏朝延续到夏桀，统治者生活奢侈腐朽。诸侯各自为政，互相侵伐。就在夏王朝日趋衰靡之际，商部落强大起来。商族是居住在黄河下游的一个历史悠久的部落。《史记·殷本纪》记载：有娀（song，音松）氏之女名简狄，吞玄鸟之卵而生契；《诗经·商颂·玄鸟》曰："天命玄鸟，降而生商。"契是商族的始祖。商族多次迁徙，从契至汤十四世共迁徙八次。

商在汤之前一直臣服于夏。汤定居于亳（今河南商丘）时，夏桀曾把商汤囚禁在都城夏台。商汤主政期间，任命伊尹为相，先后征服了韦、顾、昆吾氏等诸侯，举兵西进，打败夏桀。[1]

商灭夏后，势力发展很快。但由于洪水泛滥，自汤至盘庚立时又迁都五次。盘庚最后由奄（今山东曲阜）迁至殷（今河南安阳小屯）始定居下来。盘庚迁殷以后，政治状况较好，社会也比较稳定，经济、文化都有很大的发展；特别是武丁统治的五十多年为商朝最强盛的时期。《诗经·商颂·玄鸟》记载："邦畿千里，维民所止，肇域彼四海。"

公元前1541年，商老臣立成汤嫡长孙太甲继位。太甲即位后，不遵循成汤之治，残暴失德。太甲三年（公元前1543年），伊尹将太甲囚禁起来自己摄政。在太甲被囚禁的三年里，伊尹没有放弃对他的教化。太甲在伊尹的耐心教导下悔过自省。伊尹见时期成熟，就迎太甲回宫当朝。

武丁中兴后，商国力强盛，在军事上不断征战四方。武丁用了三年亲自率军征讨鬼方游牧部落。在征伐西羌时，将俘虏作为人祭和人殉。

商代的后期，绝大多数的奴隶主贵族的生活奢侈腐朽，最突出的是人祭和人

---

〔1〕　公元前一千年，汤的军队打败了夏桀的军队，汤建立了商王朝。汤，又名成汤，甲骨文称他为大乙。在灭夏之前，汤迁都亳，宣布《汤诰》。公元前一千年他联合各方面和部落征伐夏桀。出发前，汤做了《汤誓》。汤成立商王朝以后，吸取夏桀灭亡的教训，勤政爱民，受到人民的拥戴。

殉。商朝末年纣王即位，收敛大量的赋税来建筑鹿台，又作"酒池肉林"，大小贵族无不沉湎于酒色，加剧了奴隶和平民的负担。商末期，奴隶和平民的反抗日益激烈，最后历经十七代三十王，存在约五百年的商朝终于灭亡。

二、商朝基础法制

商朝文字的发达标志着我国奴隶制文明的高度发展，也为商朝奴隶制法制的发展创造了文化条件。

1. 天子制度。商朝的最高统治者是商王，自称为"予一人"，是上天上帝的儿子，代表上天上帝对人间进行统治，具有无上的权威和法理依据。殷商国家的机构比夏朝完备。商王掌握着国家的军事、行政、立法、司法大权。国王之下，设冢宰和百官。百官按其职责大致可以分为三类：一类是行政事务官，如尹、宰、小臣、小耤臣、百工；二类是负责征伐的武官，如马、射、戍、亚、卫；三类是掌管祭祀、宗教活动和记事的史官，如乍册、卜、巫、史等。

2. 王民王土制度。商朝进一步发展了夏朝的土地国有制和种族、部落奴隶制。商朝的土地都属于商王所有，劳动人民都是商王的奴隶。商代的手工业以官营为主。

3. 卜巫制度。殷商时代，上天是统治者推崇的至高无上的权威。商朝统治者把上帝说成是商王的祖先，商王受上帝之命来到人间统治一切，商王的所作所为就是上帝的意思。因此，祈求神明意旨的活动形式化，占卜成为国家立法、执法以及司法的必经程序。商王专门豢养了一批占卜之人，如"卜"、"巫"、"祝"等。在商朝，所有国家大事都要占卜，商王无事不卜，无日不卜。与之相适应，履行占卜仪式的职官即巫师在国家政治法制活动中占重要地位。

三、商刑

(一) 主要法律形式

1. 《汤刑》。"商有乱政，而作汤刑"，[1] 汤刑是商朝法律制度的总称。汤刑的内容亦不可考。"祖甲二十四年，重作汤刑。"[2] 汤刑并没有公布，这是因为奴隶主贵族认为"刑不可知，则威不可测"。[3]

2. 《汤誓》。《汤誓》是商汤讨伐夏桀时发布的命令。商汤借助神意和天意，以《汤誓》宣告夏桀的罪恶，说："有夏多罪，天命殛之"，夏王罪恶多端，上天命令我前去征讨他。又说："夏氏有罪，予畏上帝，不敢不正。"即夏王犯有多种罪行，我怕上帝发怒，不敢不去征讨他。"尔尚辅予一人，致天之罚。"即

---

〔1〕《左传·昭公六年》。

〔2〕《竹书纪年》。

〔3〕《左传·昭公六年》，"孔颖达疏"。

你们要辅助我，代表上天惩罚他。

3. 《汤诰》。《汤诰》记载："告诸侯群后曰：'毋不有功于民，勤力乃事。予乃大罚殛（ji，音及）女，毋予怨。'"商汤将夏王的罪恶和商朝的政治纲领宣告给老百姓。商汤吸取夏朝灭亡的教训告诫群臣，不得无故劳役人民，否则要受到惩罚。

（二）刑事立法指导思想及原则

1. 神权法的天罚理论。人类社会早期，由于生产力低下，人们对自然界的现象缺乏正确的认识，认为周围世界存在一种超人类的、支配人类的力量。夏商时，发展为以宗教迷信为特征的神权法思想。

夏朝统治阶级利用人们的自然宗教信仰，将他们及其他们的祖先说成是上天的化身，将天神崇拜和祖先崇拜结合在一起。自夏朝起，当时的统治者就把自己的统治说成是"受天命"，代表上天对人间进行统治；把自己对奴隶和平民的镇压和惩罚说成是"恭行天罚"。[1]

商朝全部继承典型的神权法思想。一方面，商王朝宣扬上帝立商的神话。《诗经·商颂·玄鸟》："天命玄鸟（玄鸟，即燕，商族图腾），降而生商，宅殷土芒芒。"《礼记·表记》曰："殷人尊神，率民以事神。"殷商一代，神的力量在意识形态中起着决定作用。另一方面，商朝举国上下在司法审判中实行"天罚"。《尚书·汤誓》："有夏多罪，天命殛之。"意思是说夏王罪恶多端，上天命令我前去征讨他。又说："夏氏有罪，予畏上帝，不敢不正。"意为夏王犯有多种罪行，我怕上帝发怒，不敢不去征讨他。"尔尚辅予一人，致天之罚。"意为你们要辅助我，代表上天去惩罚他。

如果需要审判，则必先通过占卜求天问神，甲骨卜辞记载："兹人井（刑）不?"[2]是在向上天询问此人是否应该给予刑罚。

与此同时，商朝统治者将对人民的宽宥也说成是奉天之意。《尚书·微子》说："今殷民乃攘窃神祗之牺牲用以容，将食无灾。"意思是说，现在我们殷国的小民去盗窃祭神的供物，本来是应该惩罚的，单由于他们没有吃的是可以宽容的，这样做不会什么灾害。微子是商纣王的哥哥，他看到纣王的腐败，遭到人民的反对，为了缓和阶级矛盾，对某些犯罪采取宽容策略，也说成是上天的意志。

2. 刑名。《荀子·正名》说："刑名从商。"意思是说后世历朝历代的刑名均沿袭商朝的。商朝的刑罚种类繁多，而且残酷。

---

〔1〕 夏启同有扈氏大战于甘时，在《尚书·甘誓》中说："有扈氏威侮五行，怠弃三正，天用剿绝其命。今予惟恭行天之罚。"

〔2〕《殷契佚存》。

（1）死刑。在奴隶制五刑中，死刑被统称为"大辟"。商朝的死刑执行方式计有：戮，就是活着刑辱示众，然后再斩杀；炮烙（pao ge，音袍革），在铜柱上涂油，下加炭加热，令有罪者行其上，很快就会坠入炭中烧死；[1] 醢（hai，音海），也叫"菹（zu，音租）醢"，即把犯罪者捣成肉酱。典型案例为，"九侯有好女，入之纣。九侯女不喜淫，纣怒，杀之，而醢九侯"[2] 大意是说，官员九侯的女儿很漂亮，被纣王招进宫中。九侯女不愿与纣王作乐，纣王盛怒之下将其杀死，并将其父亲九侯捣成肉酱。屈原在《离骚》中说："后辛之菹醢兮，殷宗用而不长"。意思是说商纣王使用此酷刑而招致国亡；脯（fu，音府），即杀死犯罪人并其晒成肉干。据《史记·殷本纪》记载，商纣王醢九侯后，"鄂侯争之疆（强），辩之疾，并脯鄂侯。"鄂侯认为纣王不应该醢九侯，与纣王分析此事的利害得失，纣王遂将将鄂侯晒成肉干；劓殄（yi tian，音艺舔）。劓，割鼻子的刑罚。殄，灭绝。劓殄，即刑殄，把犯罪者本人及其后代都杀掉，相当于后世的族诛。商王盘庚在准备迁都时宣布，如果谁不听命令、不遵纪守法、蓄意谋反，就要被灭族，一个不留[3]。

商朝死刑处决的方法很多，除以上所举之外还有很多。比如，刳（ku，音哭），即剐，割肉离骨的刑罚，后发展为凌迟刑；剔（ti，音踢），剥皮抽筋的刑罚；等等。

（2）肉刑。所谓肉刑，就是对犯罪者施割裂肌肤、残害肢体的刑罚。虽然它保留了人的生命，但对人的身体和心理都产生了极大的摧残。在奴隶制五刑当中有四种是肉刑，即墨、劓、刖、宫。①墨刑，也叫作黥（qing，音情）刑，即在犯罪者的面部或额上刺刻后，涂以墨色，从此犯罪就带有了永久性的标记；②劓刑，《说文》解释："劓，刖鼻也。"劓刑就是割鼻子的刑罚。甲骨文中有劓刑的象形字。劓刑比墨刑重一等；③刖（fei，音废）刑，也叫作刖刑，即断足的刑罚。春秋时发展为膑刑，挖掉膝盖骨。刖刑比劓刑重一等；④宫刑，即破坏犯罪者生殖器官进而残害机能的刑罚。宫刑最初适用于淫乱行为，所以也叫作淫刑[4] 后来，宫刑不再局限于作为刑罚处罚方法，逐渐成为进宫为君主服务的条件。

（3）徒刑。《史记·殷本纪》载："武丁夜梦得圣人，名曰说（悦）。以梦所

---

〔1〕《史记·殷本纪》："纣乃重刑辟，有炮烙之法。"《烈女传》对炮烙解释为："膏铜铸，下加之炭，令有罪之者行焉，辄堕炭中，妲己笑，名曰炮烙之刑。"

〔2〕《史记·殷本纪》。

〔3〕《尚书·盘庚中》："乃有不吉不迪，颠越不恭，暂遇奸宄，我乃劓殄灭之，无遗育。"

〔4〕《尚书·吕刑》注："宫，淫刑也，男子割势，女子幽闭。次死刑。"宫刑是仅次于死刑的一种重刑。《汉书·景帝纪》注云："宫刑其创腐臭，故曰腐刑。"宫刑又被称作"腐刑"。

见视群臣百吏，皆非也。于是乃使百官营求之野，得说于傅险中。是时说为胥（相）靡（捆绑），筑于傅险。见于武丁，武丁曰是也。得而与之语，果圣人，举以为相，殷国大治。"这是关于商王武丁得其宰相傅说的记载。胥靡是古代奴隶的一种称谓，用绳子把他们拴在一起劳动以防他们逃跑。据史料记载，傅险在虞、虢两个古国交界处，其通道（经常）被水冲毁，所以奴隶常筑修此道。在商朝，犯罪者被贬为奴隶进行劳作，可见，商朝已经有了徒刑，即将法罪者拘系使其劳作。

3. 罪名。关于商朝的罪名，材料缺乏，无法详尽列举。只能通过文献记载略知一二。

（1）不从誓言。商汤在《汤誓》中告诫他的臣下，"尔不从誓言，予则孥戮汝。"孥戮，即族诛，杀掉全家。就是说，在讨伐夏桀的战争中，如果你们不听从我的命令，我就要灭你全族。

（2）舍弃啬事。商汤在讨伐夏桀时发布了《汤誓》，其中宣布了夏桀的一条罪状，即"我后不恤我众，舍我啬（sè，音色）事"。啬事，即收割庄稼。意思是说夏桀只顾自己纵情享乐，竭尽民力地进行剥削，把种庄稼的事情都舍弃了，这犯了不可饶恕的大罪。

（3）不有功于民。《史记·殷本纪》记载，商汤灭夏桀后，回到都城亳（bó，音博），作《汤诰》说："告诸侯群后曰：'毋不有功于民，勤力乃事。予乃大罚殛（jí，音及）女，毋予怨。'"毋，禁止；功，工事，土木建筑劳役等事。汤吸取夏桀灭亡的教训，告诫他的诸侯群后，禁止无故劳役人民，否则就要被杀掉，不要怨恨他。

（4）不吉不迪。商王盘庚在准备往殷迁都时宣布："乃有不吉不迪，颠越不恭，暂遇奸宄，我乃劓殄灭之，无遗育。"[1] 吉，善；迪，道理。意思是，如果你们的行为不善，不按我指出的正道办事，我就要惩罚你们，灭你们全家。

（5）颠越不恭。颠越不恭是盘庚向他的臣民宣布的罪名。颠，狂；越，逾，指不法行为。颠越不恭是指如果臣民们狂妄放肆，不遵纪守法，不恭敬君王，就要受到惩罚。

（6）暂遇奸宄。暂遇奸宄也是盘庚向他的臣民宣布的罪名。暂，读作渐，诈欺的意思；遇，读作隅，奸邪意思。奸宄即犯法作乱，在外作乱为奸，在内乱为宄。此罪在后世分为诈伪、内乱、谋反等罪名，都是最严重的犯罪。

（三）婚姻家庭制度

1. 一夫多妾制度。夏商时期，一夫一妻多妾制已经确立。商朝奴隶主贵族

---

〔1〕《尚书·盘庚中》。

为了满足他们的淫欲，在正妻之外大量蓄妾。商王武丁，蓄妾达六十四人，正妻之外，尚有娣、嫔、妃、妾等。

在商朝有"先妣后继"的现象，即原配正妻已死又娶继室，或者废立之后又重立正妻。商王武丁有三配，其中一人早死，又娶了一个继室，后被废立，又立了一个。一夫一妻多妾制对男子来说无任何约束力，男子可以有多个妻妾，而对女子却有严格的管束，女子只能有一个丈夫。如果女子与外面的男子发生了性关系，则是绝对不允许的，所生子女不合法。[1] 在当时，如果丈夫出征离家期间，妻子与别的男子通奸，妇人怀孕而流产，被喻为不祥之兆。在多妻的情况下，就会因争夺财产和王而产生混乱乃至战乱。所以，有妻妾之分也就有了嫡子和庶子之分，就可以避免在继承问题上发生争执，进而影响奴隶主专政的统治秩序。

2. 继承制度。王位世袭制的确立也是我国进入文明社会的一个重要标志。商朝继承了夏朝的王位世袭制，并有了很大的发展和完善。商朝刚刚建立不久，"废嫡（长）而更立诸弟子"，[2] 实行兄终弟及，辅以父死子继。兄终弟及指的是兄长死后，其王位由弟弟继承，而子继辅之，无弟则传子。但"弟子或争相代立，比九世乱，于是诸侯莫朝"。[3] 从商王仲丁到商王阳甲共九个王，期间因王子之间争夺王位发生九次内乱。实行兄终弟及的结果却是兄弟的儿子们互相争夺王位，乱到了诸侯不上朝的程度。这是私有制发展、私有观念进一步加强的结果。在兄终可以弟及的情况下，还不致发生纠纷，但到了最后一个弟弟死后，王位应该传给谁呢？传给兄之子，还是传给弟之子？这时就会产生矛盾。所以武乙（商朝倒数第四位商王）之后，又规定了父死子继。

商朝在实行父死子继以后，又逐渐实行了嫡长继承制。商朝实行一夫一妻多妾制，商王自然会有很多的儿子，比如武丁有六十四个妾，生了五十二个儿子。继承王位的只能是一个儿子，在这么多的儿子中应由谁继承王位呢？父死子继虽然将王位继承的范围缩小，进一步加强了王权的私有化，却不能避免诸多王子之间的争夺。因此，到了商朝末期出现了嫡长继承制。所谓嫡长继承，就是"立嫡以长不以贤，立子以贵不以长"。意即王位的继承必须是妻所生的长子，不管他贤与不贤。如果妻没有生子，就立庶妾之子，但妾也有高低贵贱之分，能继承王位的妾之子是其母最贵的那个，所谓"子以母贵"，他是否为长子则不再考虑。商纣王能够继承王位就是因为严格遵循嫡长继承制。《吕氏春秋·当务篇》有这

〔1〕《易·渐·九三》有："夫征不复，妇孕不育，凶。"
〔2〕《史记·殷本纪》。
〔3〕《史记·殷本纪》。

样的记述："纣之同母兄弟三人，其长子曰微子启，其次曰仲衍，其次曰受德，受德乃纣也，其少矣。纣母之生微子启与仲衍也，尚为妾；已而为妻而生纣。纣之父、纣之母，欲置微子启以为太子，太史（即当时的中央主管祭祀的官）据法而争之曰：'有妻之子，而不可置妾之子。'纣故为后。"《史记·殷本纪》对这段历史是这样记述的："帝乙长子为微子启，启母贱，不得嗣（意即继承）；少子辛，辛母正后，故立辛为嗣。"

嫡长继承制强化了王位传续的宗法性，将宗法与政权紧密联系起来；嫡长继承制也巩固了商朝奴隶主贵族的统治，稳定了商朝王位的延续。后世的王位和财产继承基本上沿用商朝末期确立下来的嫡长继承制。[1]

（四）司法机关和监狱

1. 司法机关。商朝虽然建立了中国第二个奴隶制的国家，但因为它仍然是从原始氏族部落发展而来，所以国家司法机关并不健全。考证史籍可知，商王掌握最高的司法权力。商王盘庚曾说："听予一人之作猷（you，音犹）。"猷，谋划也。这意味着国家的一切重大事务都要由商王决定。商王所发布的命、令、誓、诰都是法律，人们都要遵守和执行，否则就要受到惩罚。通过史料可知，商朝的中央司法长官为"司寇"，其下设"正"、"史"等审判官。商朝的立法指导思想是神权法，商朝统治者借助上帝神或祖先神来统治人民。商王利用占卜来假借天意。所以在一定程度上，占卜的官吏也有一定的司法权。

2. 监狱。根据《史记》和甲骨文的记载，商朝囚禁犯人的监狱沿用夏朝的称呼——圜土。《墨子·尚贤下》记载商朝傅说的所居之处，说："昔者傅说，居北海之州，圜土之上，衣褐戴索，庸筑于傅险之城。"相传商武丁寻找傅说，傅说当时穿着特质的衣服，身系枷锁，是被罚做劳役的刑徒，被囚禁在圜土。

史料记载，有的监狱是在地下挖成的窖穴，上面盖上棚，并开有一个天窗，这个天窗叫做牖，所以"牖里"成为商朝监狱的代称。《史记·殷本纪》说："纣囚西伯（即周文王）羑里。"《正义》曰："牖。一作'羑'，音酉。"羑里是一个地名，在今河南汤阴县。所以羑里也是商朝监狱的代称。囹圄也是商朝监狱名称。甲骨文有"圉（yu，音与）"字，其原文字像是戴着刑具的犯人被囚禁在方形的监牢里。《说文解字》："圉，囹圄，所以拘罪人。"[2]

（五）殷商礼刑问题

殷商时期，事神与天之元子，实行神判。通过尊神敬祖、行巫占卜的方式，宣传或控制意识形态。这种情况为后世继承时，是简单继承还是批判继承？

〔1〕蒲坚：《中国古代法制丛钞》卷一，光明日报出版社2001年版，第17~35页。
〔2〕蒲坚：《中国古代法制丛钞》卷一，光明日报出版社2001年版，第17~35页。

　　诸子继承到嫡长子继承制的确定，在中华法系进化过程中意义巨大，其对宗法血缘为中心的礼制礼教的价值意义的基础性和根本性不言而喻。为什么会出现这样的选择？

　　殷商民事制度中，协田、徙田（三年一换土移居）、一夫多妻制等，如何存续及为后世继承？

　　殷礼种类多且杂，为周公制礼提供了文化基础，但周礼在哪些方面和多大程度上因于殷礼而有损益？这也是中国法制史教学科研需要解决的。

思考题

1. 禹刑。
2. 甘誓。
3. 赎刑。
4. 圜土。
5. 夏朝的罪名有哪些？
6. 汤刑。
7. 刑名从商。
8. 汤誓。
9. 汤诰。
10. 奴隶制五刑。
11. 商朝的死刑适用方法主要有哪些？
12. 分析商朝罪名的阶级性质。
13. 商朝的继承制度前后有哪些变化？这些变化说明了什么？
14. 商朝的司法权由谁掌握？
15. 商朝的监狱名称有哪些？

西周法制

◆　**内容提要**

　　西周指从公元前十一世纪武王灭商建立周朝，到公元前770年周平王东迁洛邑时止，共历二百多年。周初统治者在继承夏、商两代"天讨"、"天罚"的神权法思想基础上，为树立自身统治的合理性、合法性，提出了"以德配天"、"明德慎罚"的政治法律思想。西周所确立的礼法并用、礼刑结合的治国模式，民、刑法制的宗法伦理属性，婚姻家庭继承基本原则等内容为后世的法律原则、法律制度体系奠定了初步架构。西周法制是中国古代特有法律传统的肇端，中国古代法律传统的关键内容和特征，在西周时期已经萌芽或初步形成。

◆　**案例导入**

"牧牛与上司之诉"

　　西周时期，一个叫牧牛的小奴隶主同他的上司（一个大奴隶主）之间发生了民事纠纷。双方为了争夺五名奴隶的所有权进行了两次民事诉讼。第一次诉讼后，牧牛败诉，司法官同时责令他立即将奴隶全部交付给上司。不久，不服判决结果的牧牛直接向周王提起上诉，控告其上司利用权势霸占其五名奴隶的行为。主持第二次审判的司法官伯杨父依然判决牧牛败诉，并对牧牛处以相应的刑罚。伯杨父在判决词中说道："牧牛，你一个小小的贵族竟敢控告自己的上级，竟敢违背第一次判决时所立的誓言。你这次必须重新宣誓，表示信守前约、服从法庭判决，依照法律规定，你必须亲自到你的上司那里去谢罪，求得谅解，并马上将五名奴隶还给他。依照法律，我可以鞭打一千，同时处以其他残酷的刑罚。现在我大大地赦你，只罚你交赎金铜三百，同时鞭打你五百。"牧牛只好缴了作为罚金的铜，并受到了鞭打五百的处罚后，审判才告结束。牧牛的上司非常高兴，用牧牛的赎金三百铜铸造了供自己家族使用的礼器，并在这件器皿上刻上文字，详细记录了自己的这次胜诉经过及其对五名奴隶的所有权。

第一节 西周立法思想与立法概况

一、立法指导思想

公元前十一世纪时，商纣无道，周武王起兵灭商，西周政权建立。其国祚直至公元前 770 年周平王东迁洛邑之时，共历十一世十二王计二百余年。西周在政治法律思想上承夏、商又有所发展。西周继承了夏、商的天命鬼神思想和神权法观念，在刑罚上亦效法夏、商两代"天命"、"天讨"、"天罚"的说法。但是，夏、商、周三代政权的更替，给姬周政权带来的问题是，同样"受命于天"的政权，夏被商取代，商被周取代，那么周会不会被另外一个"受命于天"的政权取代？仅仅"受天命"似乎并不足以避免亡国。西周政权认识到"不可不监于有夏，亦不可不监于有殷"[1]。在周人看来，夏桀、殷纣之覆辙起因于他们"不敬厥德，乃早坠厥命",[2] 这不仅说明"天命靡常",[3] 而且说明"皇天无亲，惟德是辅"。因此，周人创造了"以德配天，明德慎罚"的政治法律主张。

（一）以德配天

周人所说的"天"仍然是夏商以来一直尊奉的"上天"，但周人与夏人、商人的不同之处，在于周人主动地"以德配天"而非被动的"恭行天命"。既然"上天"能把"天命"付予有"德"之人，"上天"也可以不庇佑"失德"的统治者，而以新的有"德"之人取而代之。因此，"以德配天"关乎国运。"以德配天"中的"德"主要三个基本含义：敬天、敬祖、保民。"敬天"要求统治者恭行天命；"敬祖"要求统治者尊崇天帝与祖宗的教诲；"保民"要求统治者爱护天下百姓。

（二）明德慎罚

"以德配天"的观念落实到法律制度之中就形成了"明德慎罚"。周人认为"敬天"之心最终要落实到"保民"之举，"天命"实际上靠民心向背来维系，比如周公曾强调"民之所欲，天必从之"[4] 既然如此，"明德慎罚"要求统治者行"德教"以治国，在适用法律、实施刑罚时应该谨慎，不可滥用严刑峻罚。"明德慎罚"的具体要求可以归纳为"实施德教，用刑宽缓"。其中"实施德教"是前提，是第一位的。

---

〔1〕《尚书·召诰》。
〔2〕《尚书·召诰》。
〔3〕《左传·僖公五年》，引《周书》。
〔4〕《左传·襄公三十一年》，引《泰誓》。

"以德配天，明德慎罚"是西周初期统治者的基本政治观和基本治国方针。周人提出这一思想不仅解释了商汤伐桀、武王伐纣的合理性问题，而且奠定了西周社会发展基本的方向。这一法律思想的形成，不仅说明周初统治者在政治上渐趋成熟，而且标志着启于夏盛于商的神权法观念趋向衰落。正是这一思想指导着西周时期各种具体的法律制度，形成了西周"礼刑结合"的宏观法制特色。这一思想被后世奉为理想的政治法律思想原则，对于后世历朝历代的法律制度设计影响至深。

二、西周的主要立法活动

在"明德慎罚"思想的指导下，西周发展并完善夏商两代的立法传统，通过制礼作刑等立法活动，建立起礼刑并用的法律体系，对后世产生了深远的影响。西周的立法活动中至为显著的为以下两者：一是周公制礼；二是吕侯制刑。

（一）周公制礼

西周政权初定，武王姬发病亡，幼年的成王姬诵即位，其叔父周公姬旦摄政。当时，负责监视殷商遗民的"三监"管叔、蔡叔、霍叔不满周公摄政，勾结殷纣王之子武庚及东夷部族叛乱。周公亲自出师东征，平定内乱后西周政权才渐趋稳定。这次叛乱让周公意识到，国家要长治久安，不能只采用武力征服或刑罚镇压的手段，还要依靠一套完善的典章礼仪制度和宗法等级秩序。因此，周公"作《周官》，兴正礼乐，度制于是改"[1]"作《周官》，兴正礼乐"就是制定周礼，这是周初最重要的立法活动。

（二）吕侯制刑

据《左传·昭公六年》记载，周朝初定"有乱政，而作'九刑'"，但"九刑"早已亡佚不传。可据信史所记载的是西周中叶，"王道衰微"，周穆王命司寇吕侯"作修刑辟"[2]吕侯亦称甫侯，故《吕刑》又名《甫刑》。《吕刑》早已失传，现存《尚书》中的《吕刑》系后世所作，但其中保留了许多西周《吕刑》的重要内容。现存《尚书·吕刑》分为三章，通篇贯穿着"明德慎罚"的法律思想。第一章主要叙述制定《吕刑》的起因和经过，追溯刑罚制度的形成历史，阐明德刑并用的立法指导思想；第二章系统规定了以五刑与赎刑制度为基础的刑罚体系及刑罚适用原则，并提出一些司法诉讼程序和审判原则；第三章再次强调德刑关系及对司法官员的办案要求。《吕刑》既有刑法性质又有刑事诉讼法性质，它反映了当时法律思想和法律理论方面的较高成就。

---

〔1〕《史记·周本纪》。
〔2〕《史记·周本纪》。

三、法律形式

西周以礼、刑为主要法律形式，包括周礼、"九刑"、《吕刑》等。这些法律形式的出现说明西周法律已由习惯法向成文法过渡。

西周的王命也是重要的法律渊源，如诰、誓、训、命等，它们的法律效力高于其他法律形式。比如《尚书》中有《大诰》、《酒诰》、《召诰》、《洛诰》等周诰和《牧誓》、《费誓》、《秦誓》等周誓，以及《文侯之命》等周命。与西周分封制相适应，各地诸侯所颁布的训命也是其辖地内的法律形式，故西周的王命包括周天子颁布的法律和诸侯颁布的法律。

"殷彝"和"遗训"。"殷彝"是商代旧法，其记载见于康叔受封于殷商故地时，周公曾告诫他"罚蔽殷彝，用其义刑义杀"[1]。"遗训"则是前代遗留下来的训令成法，其记载见于《国语·周语》之"赋事行刑，必问于遗训"。西周认可了"殷彝"和"遗训"在一定范围内的法律效力，这与西周国境之内各族居民杂居的客观情况相适应，这是西周因地制宜、因人而异的政治对策与法制手段。

第二节 礼与刑的关系

一、礼的内容与性质

礼是中国古代社会长期存在的、维护血缘宗法关系和宗法等级制度的一系列精神原则以及言行规范的总称。礼起源于鬼神祭祀。就周礼而言，它上承夏商之礼而有所损益，孔子曾就此指出："殷因于夏礼，所损益可知也；周因于殷礼，所损益可知也"[2]。周礼通过周公制礼的立法活动而正式产生。周礼将夏商之礼与周族固有习惯法相结合，经过全面系统整理之后，成为西周社会典章文物制度与社会礼仪规范的总和。

周礼包含有精神原则和礼仪形式两层内含。精神原则方面，包括"亲亲"、"尊尊"。"亲亲"即指"父慈子孝，兄爱弟敬，夫和妻柔，姑慈妇听"[3]，长幼、尊卑有序，男女有别，"亲亲父为首"，注重以"孝"为核心维护家庭、家族及宗族内部的伦理道德秩序；所谓"尊尊"，即"名位不同，礼数亦异"[4]，要求下级对上级、小宗对大宗、臣民对君长、卑贱者对尊贵者必须绝对服从和尊

---

[1] 《尚书·康诰》。
[2] 《论语·为政》。
[3] 《左传·昭公二十六年》。
[4] 《左传·庄公十八年》。

敬，恪守等级秩序，严禁违法僭越，"尊尊君为首"，注重以"忠"为核心，维护社会中君臣、尊卑、贵贱秩序。在"亲亲"、"尊尊"两大原则下，又形成了"忠"、"孝"、"义"等具体精神规范。具体的礼仪形式方面，其内容被古人通称为"五礼"，即吉礼（祭祀之礼）、凶礼（丧葬之礼）、军礼（行兵仗之礼）、宾礼（迎宾待客之礼）、嘉礼（冠婚之礼）。周礼之内容极为丰富，上至国家政制法度，下至百姓日常生活，几乎包罗万象。正如《礼记·曲礼上》所记载，"道德仁义，非礼不成；教训正俗，非礼不备；分争辩讼，非礼不决；君臣、上下、父子、兄弟，非礼不定；宦学事师，非礼不亲；班朝治军、莅官行法，非礼威严不行；祷祠祭祀、供给鬼神，非礼不诚不庄。"

周礼已经具备了法的性质，它是西周重要法律渊源之一。古人认为周礼"经国家，定社稷，序民人，利后嗣"，[1] 又说"礼者，所以定亲疏、决嫌疑、别同异、明是非也"[2]，还认为"礼者，贵贱有等，长幼有差，贫富轻重皆有称者也"。[3] 另外，古人还认为周礼可以预防犯罪，正如《礼记·经解》所载："以旧礼为无所用而去之者，必有乱患。婚姻之礼废，则夫妇之道苦，而淫辟之罪多矣；乡饮酒之礼废，则长幼之序失，而争斗之狱繁矣；丧祭之礼废，则臣子之恩薄，而倍死忘生者众矣；聘觐之礼废，则君臣之位失，诸侯之行恶，而倍畔侵陵之败起矣。"《礼记·坊记》则进一步认为"礼者，因人之情而为之节文，以为民坊者也。"由此可见，周礼完全具有法的三个基本特性，即规范性、国家意志性和强制性，并且周礼在当时对社会生活各个方面都有着实际的调整作用。

二、礼与刑的关系

西周以礼刑二者为主要法律渊源，它们既有联系也有区别，构成一种辩证的统一。

（一）礼与刑的联系

1. 礼是刑亦即法的基础和渊源。在中国古代法制文明起源的过程中，法以刑为基本内容和形式，法与刑有相通之处，广义的刑就是法。西周的法大都来源于习惯法，习惯法主要从原始习惯习俗发展演变而来，其中也包括一部分以宗教禁忌、祭祀仪规等形式为代表的礼。这部分礼经过改造，即构成法的基础和渊源。这就是古人所说的"律出于礼"。

2. 西周以礼为法，礼是法的重要组成部分，礼本身就是广义的法。礼的制定与实施是为了满足统治阶级需要，维护宗法等级制度，因而具有法的目的，也

〔1〕《左传·隐公十一年》。
〔2〕《礼记·曲礼上》。
〔3〕《荀子·国富》。

具有法的强制性。不遵守礼的规定和要求，就是违反国家法律制度，就要受到严厉制裁。如周礼规定："山川神祇有不举者为不敬，不敬者君削以地；宗庙有不顺者为不孝，不孝者君绌以爵；变礼易乐者为不从，不从者君流；革制度衣服者为畔，畔者君讨。"[1] 不遵守礼的规定或违背礼的规范要求，即使是贵族也要受到削地、夺爵、流放、讨伐等严厉处罚。这就是古人所说的"寓刑于礼"，两者共同构成西周法律的完整体系，礼不仅以刑的强制力为后盾保障其贯彻实施，而且它本身也包含着刑的规范要求。

（二）礼与刑的区别

礼与刑并非完全等同，二者是有区别的，主要表现在两个方面。

1. 礼与刑的作用不同。礼是要求人们自觉遵守的规范，侧重于积极的预防；刑是对犯罪行为的制裁，侧重于事后的处罚。正所谓"礼者禁于将然之前，而法者禁于已然之后"[2] 由于礼的作用在于强调道德教化，刑则强调惩罚镇压；道德教化不成，方才使用刑罚镇压，故二者之间构成"礼之所去，刑之所取，失礼则入刑，相为表里者也"[3] 的关系。

2. 礼与刑的适用原则不同。西周实行宗法等级制度，适用"礼不下庶人"，"刑不上大夫"[4] 的原则。所谓"礼不下庶人"，并不是说礼的规范对庶人没有约束力，而是指礼的作用是为了调整宗法等级秩序，不同的社会关系用不同的礼调整，不同等级的人适用不同等级的礼；尤其是指各级贵族享有的特权性礼，不适用于贵族以下的庶人。《左传·庄公二十三年》所称"夫礼，所以整民也"，即表明礼有强制性社会规范的性质，不仅适用于庶人，而且是整饬和规范他们的工具。庶人既要遵守强制性社会规范的礼，又不得违法僭用贵族适用的特权性礼。倘若违反礼的规范要求，就要受到严厉制裁。所谓"刑不上大夫"，并非大夫以上贵族犯罪不适用刑罚，首先，制定刑罚的目的不是针对大夫以上各级贵族，而是为了防范庶人。其次，不同等级的人实行同罪异罚原则，大夫以上贵族违法犯罪，一般享有司法特权，与庶人处置有别。如适用"八辟之法"的特权者"犯法，则在八议，轻重不在刑书"，[5] 即不适用一般法律规定和管辖程序，可享有议决减免优待；"命夫命妇不躬坐狱讼"，[6] 享有不亲自出庭受审的司法特

〔1〕《礼记·王制》。
〔2〕《汉书·贾谊传》。
〔3〕《后汉书·陈宠传》。
〔4〕《礼记·曲礼上》。
〔5〕《周礼·秋官·小司寇》。
〔6〕《周礼·秋官·小司寇》。

权；"公族无宫刑，不翦其类也"，[1] 即公侯贵族不用宫刑，等等。"礼不下庶人，刑不上大夫"是中国古代法律中的一项重要法律原则，它强调的是平民百姓与贵族官僚之间的不平等，强调官僚贵族的法律特权。

第三节　西周的刑事法制

一、刑罚适用原则

在"明德慎罚"和"刑罚世轻世重"的法律思想指导下，西周的刑事立法比夏商有所发展，确立了一些刑罚适用原则，规定了一套较为系统的刑罚制度，基本形成了刑事法律制度体系。

（一）怜恤老幼免处刑罚

西周法律规定，年老健忘者或年幼无知的未成年人违法犯罪，免予追究刑事责任。《礼记·曲礼上》载："八十、九十曰耄，七年曰悼。悼与耄，虽有罪不加刑焉。"八十岁以上老人和七岁以下儿童犯罪，不承担刑事责任。《周礼·秋官·司刺》有"三赦之法"的规定："一赦曰幼弱，再赦曰老旄，三赦曰蠢愚。"年幼儿童、耄耋老人及痴呆者违法犯罪，除亲手故意杀人外，一般均可依法赦免，不追究刑事责任。[2] 这一恤刑原则既是"明德慎罚"思想的体现，也是出于他们对统治阶级的危害或威胁较小的考虑。

（二）区分故意与过失、惯犯与偶犯

西周已区分故意与过失犯罪、惯犯与偶然犯罪，实行故意或惯犯从重严惩、过失或偶犯从轻处罚原则。《尚书·康诰》载："人有小罪，非眚，乃惟终，自作不典，适尔，有厥罪小，乃不可不杀。乃有大罪，非终，乃惟眚灾，适尔，既道极厥辜，时乃不可杀。"在这一规定中，"惟眚"与"非眚"属过失与故意犯罪，"惟终"与"非终"系惯犯与偶犯。凡属故意犯罪或惯犯，轻罪也要严惩；而过失犯罪或偶犯，即使重罪也可宽宥减刑，从轻处治。《周礼·秋官·司刺》有"三宥之法"的规定："一宥曰不识，再宥曰过失，三宥曰遗忘。"对未能识别犯罪客体而误伤，不能预见行为后果而误犯，没有主观故意的过失犯罪，可以减轻刑事责任，给予宽宥处理。这一原则以犯罪的主观动机与客观危害作为定罪量刑的依据，对不同情节的犯罪行为实行区别对待，是刑罚适用原则的重大发展。

---

〔1〕《礼记·文王世子》。
〔2〕《周礼·秋官·司刺》，郑氏注："非手杀人，他皆不坐。"

（三）疑罪从轻惟赦

所谓疑罪从轻惟赦，是在定罪量刑时，对有疑议或有争论的案件，实行从轻处罚或赦免罪责原则。《尚书·吕刑》即明确规定："五刑之疑有赦，五罚之疑有赦，其审克之。"对可疑案件要认真明察，务求定罪量刑恰当。凡适用"五刑"有疑义者，从轻宽宥，以赎刑代罚。凡适用赎刑有疑议者，应予赦免，不追究刑事责任。《礼记·王制》还规定有"附从轻，赦从重"的原则，即适用刑罚时，对可轻可重者从轻附刑；实行赦免时，应适用过失误犯的重罪。这一原则也是"明德慎罚"思想的体现，有利于缓和社会矛盾。

（四）同罪异罚

同罪异罚是一项等级特权原则，是指不同身份等级的人犯同样罪行，承担的法律责任不同，适用的处罚结果有别。如《周礼·秋官·掌戮》载："凡杀人者，踣诸市，肆之三日，刑盗于市。凡罪之丽于法者亦如之。唯王之同族与有爵者，杀之于甸师氏。"杀人犯或盗贼犯要在闹市正法，暴尸三天示众；王族或有爵位的贵族犯死罪，则由管理郊野的甸师氏秘密执行，一般不当众行刑。《礼记·文王世子》亦载："公族其有死罪，则磬于甸人；其刑罪，则纤刖，亦告于甸人。公族无宫刑，狱成，有司谳于公。"公侯贵族犯死罪或身体刑者，由郊野官秘密绞杀行刑；犯宫刑罪者，由贵族们议决减刑或赦免。据《周礼·秋官·小司寇》载，西周还有"以八辟丽邦法，附刑罚"的"八辟"之法，即亲、故、贤、能、功、贵、勤、宾八种特权人物犯罪，不按刑书规定量刑定罪，而要根据他们的身份、地位等进行个案议决，一般实行宽宥赦免。这是同罪异罚原则的典型，成为后世"八议"制度的渊源。

二、主要刑罚种类

《左传·昭公六年》："周有乱政而作九刑。正刑五，及流、赎、鞭、扑也。"五刑仍为西周的正刑，此外还有赎刑、劳役、拘役等多种刑罚，其中以五刑制度为基本刑名。其刑罚体系以摧残人体及生理功能的肉刑为主，刑罚手段极为野蛮残酷。

（一）周五刑

西周仍然沿用夏商五刑制度，以肉刑和死刑为主要内容。据《周礼·秋官·司刑》载，周初五刑为"墨罪五百，劓罪五百，宫罪五百，刖罪五百，杀罪五百"，约二千五百条。西周中期，穆王命司寇吕侯制定《吕刑》，将周初五刑改为"墨罚之属千，劓罚之属千，剕罚之属五百，宫罚之属三百，大辟之罚其属二百，五刑之属三千"。〔1〕《吕刑》将五刑条目增加五百条，是将相对较轻的墨刑、劓刑各增加一倍，而最重的死刑和宫刑则减少了一半。因此，这一刑制内容的改革，符合"明德慎罚"的要求。

西周的肉刑已得到考古出土文物的证实。1975 年陕西岐山董家村出土的西周《𢁜朕匜》铭文中，即有关于墨刑的内容。〔2〕1963 年陕西扶风齐家村出土的西周它字盘，圈足下铸有四个被砍去左脚的刖刑裸体男子；1976 年扶风庄白村出土的西周铜方鬲，下层炉门一侧铸有一个被砍去左脚的刖刑裸体守门人。〔3〕这两件青铜器就是刖刑存在的实物证明。

西周的死刑执行方式极为繁杂，行刑手段也非常残酷。仅见于文献记载的就有：绞缢窒杀的磬刑；肢解暴尸的磔刑；剥衣肢解的膊刑；车裂分尸的辕刑；火烧处死的焚刑；陈尸闹市的踣刑；身首分离的斩刑；等等。西周中央设有掌戮一职，负责死刑、肉刑等五刑的执行。《周礼·秋官·掌戮》载："掌戮，掌斩杀贼谍而搏之"；《周礼·礼官·司刑》载："墨者使守门，劓者使守关，宫者使守内，刖者使守囿，完者使守积。"凡死刑重罪，一般在闹市或聚众场所执行，并及时向周王申报。所谓"凡杀人者，踣诸市，肆之三日，刑盗于市"。〔4〕"及刑杀，告刑于王，奉而适朝士。加明梏，以适市而刑杀之。"〔5〕不过，各级贵族人物的死刑，则一般采用自裁方式结束生命；即使强制剥夺其生命时，也是专门由甸师氏秘密执行。《周礼·秋官·掌囚》明确记载："凡有爵者，与王之同族，奉而适甸师氏以待刑杀。"

（二）赎刑

赎刑即按规定或经允许缴纳一定钱财折抵原定刑罚。《尚书·舜典》有虞舜时代"金作赎刑"的说法，《吕刑》也有"穆王训夏赎刑，作吕刑"的记述。这些记载虽不一定完全属实，但赎刑起源较早应是事实。西周中期，穆王下令司寇吕侯制定《吕刑》，其中一项重要立法内容是将赎刑制度系统化。现存《尚书·吕刑》所述"五刑之疑有赦"，就是指适用五刑有疑义而应予赦宥的案件，可以相应的赎刑折抵。其具体规定是："墨辟疑赦，其罚百锾，阅实其罪；劓辟疑赦，其罚惟倍，阅实其罪；剕辟疑赦，其罚倍差，阅实其罪；宫辟疑赦，其罚六百锾，阅实其罪；大辟疑赦，其罚千锾，阅实其罪。"锾是铜的货币单位，一

〔1〕《尚书·吕刑》。
〔2〕唐兰："陕西省岐山县董家村新出西周重要铜器铭辞的译文和注释"，载《文物》1976 年第 5 期。
〔3〕参见胡留元、冯卓慧：《长安文物与古代法制》，所附图版，法律出版社 1989 年版。
〔4〕《周礼·秋官·掌戮》。
〔5〕《周礼·秋官·掌囚》。

镖为六两。按照上述规定,五刑的赎免应分别缴纳一百、二百、五百、六百、一千镖铜。在一些西周铜器铭文中,也有赎刑内容,而且涉及数额很大,说明文献记载是可信的。

（三）劳役刑

劳役刑是限制或剥夺罪犯自由并强制其从事劳役的刑罚。西周的劳役刑是将未达到五刑的罪犯关押于圜土中,限制或剥夺其自由并强制从事劳役。当时,中央设有司圜负责执行劳役刑。《周礼·秋官·大司寇》载:"以圜土聚教罢民。凡害人者,置之圜土而施职事焉,以明刑耻之。"同书《司圜》也谈到:"司圜掌收教罢民。凡害人者,弗使冠饰而加明刑焉,任之以事而收教之。能改者,上罪三年而舍,中罪二年而舍,下罪一年而舍。"据此,当时的劳役刑似乎已有刑期规定。对于接受改造的刑徒,一般关押一至三年,期满予以释放。这是文献记载的我国最早的劳役刑规定。

（四）拘役刑

拘役刑是对未达到劳役刑的较轻的罪犯限制或剥夺自由并强迫从事短期劳役的刑罚。西周的拘役刑又称嘉石拘役。嘉石是一种有纹理的大石头,竖立于京城外朝门左侧。凡处拘役刑者,先罚坐嘉石反省思过,再交由管理土木工程建设的司空强迫从事劳役。《周礼·秋官·大司寇》载:"凡万民之有罪过,而未丽于法,而害于州里者,桎梏而坐诸嘉石,役诸司空。重罪,旬有三日坐,期役;其次九日坐,九月役;其次七日坐,七月役;其次五日坐,五月役;其下罪三日坐,三月役。使州里任之,则宥而舍之。"根据犯罪情节轻重,分别罚坐嘉石三、五、七、九、十三天,拘役三、五、七、九个月至一年,期满后交当地基层官府监督管理。这是文献记载的我国最早的对拘役刑规定。

第四节　西周的民事法制

为了巩固宗法等级制度的社会基础,维护各级宗主贵族的财产所有权,调整宗族社会日趋复杂的民事法律关系,西周规定了所有权、契约、婚姻、家庭、继承方面的民事法律内容。

一、所有权制度

西周所有权制度的核心是以土地和附着于土地上的民众为代表的财产所有权。西周是夏商以来宗族制国家的鼎盛时期,社会结构以家族与宗族制度为基础,其财产所有权表现为由世袭宗主支配的宗族所有权形式。周天子作为同姓宗族的大宗和异姓宗族的共主,是代表宗族制国家的最高权力主体,拥有最高的财产所有权。从这个意义上说,全国的土地及其土地上的民众,在名义上都属于周王或其国家所有。《诗·小雅·北山》所说的"溥天之下，莫非王土；率土之滨，莫非王臣"，就是这一所有权的高度概括。

周王行使其支配土地与民众等财产的最高所有权，主要表现在三个方面：一是分封赏赐权，即周王有权将全国土地及其民众分封赏赐给诸侯贵族。《大盂鼎铭》的"受民受疆土"与《诗·鲁颂·閟宫》的"锡之山川，土田附庸"就是周王行使这项权力的体现。二是夺爵削地权，即周王有权削减或收回其封地与民众。如当时规定："诸侯朝于天子曰述职"，"一不朝，则贬其爵；再不朝，则削其地"[1]三是贡赋征课权，即周王有权向接受封赐占有使用土地的诸侯贵族征收贡赋。这就是《周礼·地官·小司徒》所说的"以任地事而令贡赋"。各级诸侯贵族对于受封赐的土地与民众，则只有占有、使用和收益的权利，而无完全的所有权与处分权。他们除了可将一部分"土田"作为封地交给卿大夫使用外，不得随意处置，更不准私自买卖。"田里不鬻"[2]是土地法律制度的基本规则。西周的宗族所有权归根结底是周天子为代表的各级宗主贵族的私有权，只是周王以下各级宗主贵族的私有权表现为不完全的所有权。

西周实行宗法分封制和世卿世禄制，各级封爵与封地是世袭的，可以传给子孙世代继承。这样，自西周中期起，随着宗族国家制度的衰败，周天子权势地位的不断下降，其土地所有权制度发生动摇。各级宗主贵族对于受封土地，开始由不完全所有权向完全所有权转移。在西周铜器铭文中，记载有诸侯用受封土地进行交换、交易、赠予、赔偿、租赁等处置活动的许多案例。如共王时期的《卫盉铭》载，三有司主持交易仪式，矩伯以"十田"和"三田"地，换取裘卫价值"八十朋"的玉璋和"廿朋"的礼器；共王五年的《五祀卫鼎铭》载，由五大臣主持，裘卫以"五田"地，换取邦君厉"四田"地；孝王时的《䶂鼎铭》载，匡季指使众臣盗抢䶂"十秭"稻禾，被䶂控告到东宫，判决以"七田"地与"五夫"人口作为赔偿；《鬲攸从鼎铭》载，鬲从订立契约，将土地租赁给攸卫牧使用，[3]等等。这些实物说明，土地所有权已开始由周王所有向诸侯贵族私有变化。

作为所有权的客体，包括奴隶在内的私有财产是受法律保护的。据说周文王时就有"有亡荒阅"[4]的规定，要求及时搜寻逃亡奴隶，并归还其主人，严禁私自藏匿。西周建立以后又进一步规定，据《尚书·费誓》："敢寇攘，逾垣墙，

---

〔1〕《孟子·告子》。
〔2〕《礼记·王制》。
〔3〕胡留元、冯卓慧：《长安文物与古代法制》，法律出版社1989年版。
〔4〕《左传·昭公七年》。

窃马牛，诱臣妾者，则有常刑。"〔1〕 对翻墙入室、偷盗财物、诱拐奴隶等行为，要严刑予以惩处以保护财产私有权。

二、契约制度

契约是随着社会关系的日益复杂和经济交往的不断扩大，尤其是商品交换的逐步发展而出现的，并且是社会关系由习惯调整方式上升为法律调整方式的产物。马克思曾经指出："先有交易，后来才由交易发展为法制"，"这种通过交换和在交换中才产生的实际关系，后来获得了契约这样的法的形式"〔2〕 当然，契约并不仅仅局限于商品交换的流通领域，而是按其所调整的不同法律关系，涉及买卖交换、租赁借贷、债权债务、租佃雇佣等各个方面。

西周的民事、经济活动已十分活跃，相应的诉讼纠纷也日渐增多。在当时的铜器铭文中就有不少这方面案例。如《矢人盘铭》、《留鼎铭》等即记录了因违约引起的财产纠纷，并追究当事人的赔偿责任。为了调整民事、经济法律关系，西周已有傅别、质剂等契约形式。

傅别是发生债权债务关系的借贷契约。《周礼·天官·小宰》称："听称责以傅别。"郑玄注："称责谓贷予，傅别谓券书也。听讼，责者以券书决之。"故"称责"即"称债"，指发生债权债务关系的借贷行为；傅别即借贷契约性质的"券书"，是调整债权债务关系的法律依据。傅别的形式是在一份券书中间书写一个大"中"字，再从中一分为二，由收执契约的双方各持一半。所以，傅别的券书内容与"中"字均被分为两半。

质剂是发生商品交易关系的买卖契约。《周礼·天官·小宰》载："听卖买以质剂。"贾公彦疏："质剂谓券书，有人争市事者，则以质剂听之。"故质剂作为买卖契约，是处理商品交易纠纷的法律依据。据《周礼·地官，质人》载："大市以质，小市以剂。"质剂是长短不同的两种券书：凡人口、牲畜之类大宗交易谓之"大市"，使用"长券"即质；凡器具、珍异之类小宗交易称为"小市"，使用"短券"即剂。质剂的形式与傅别不同，它是在同一件券书上书写内容相同的一式两份契约，再从中一分为二，收执契约的双方各持一份。所以，质剂虽分为两半，但二者的契约内容是完整的。

西周设有司约、士师等专职人员，负责管理契约事务，处理其诉讼纠纷。据《周礼·秋官·司约》载："司约掌邦国及万民之约剂。"同书《士师》载："凡以财狱讼者，正之以傅别、约剂。""约剂"即契约文书之类的法定凭证，由司约统一掌管，作为士师处理"狱讼"纠纷的法律依据。这说明西周调整契约关

---

〔1〕《尚书·费誓》。
〔2〕《马克思恩格斯全集》第十九卷，人民出版社1963年版，第423页。

系的民事立法已有很大发展，当事人已要求通过契约履行责任、解决纠纷。

三、婚姻制度

西周婚姻制度是在礼的规范下形成的，主要体现宗法伦理道德精神，以维护男尊女卑的等级原则为宗旨。西周礼的发展已相当成熟，其婚姻制度也日臻完善。无论婚姻关系的成立或解除都必须符合礼的规范要求。

（一）婚姻的原则

西周婚姻制度实行一夫一妻制原则。但对各级宗主贵族而言，则广泛盛行一夫一妻制形式下的一妻多妾制。《礼记·昏义》称："古者天子后立六宫、三夫人、九嫔、二十七世妇、八十一御妻，以听天下之内治，以明章妇顺。"同书《曲礼下》也说："天子有后，有夫人，有世妇，有嫔，有妻，有妾"；"公侯有夫人，有世妇，有妻，有妾"。缔结婚姻关系的目的是"合二姓之好，上以事宗庙，而下以继后世"，[1] 这套公开合法的妻妾制度，既满足了各级宗主贵族的需要，又明确了妻贵妾贱的等级名分，为嫡长子继承制确定了基础。

（二）婚姻的成立

西周婚姻关系的成立，必须具备以下几个基本要件：

第一，婚姻须有"父母之命，媒妁之言"。《诗·齐风·南山》称："取妻如之何，必告父母。"《豳风·伐柯》也称："取妻如何，匪媒不得。"这就是说，缔结婚姻关系的前提条件是必须听命于父母，并由媒妁充当媒介。"男女非有行媒，不相知名。"[2] 未经父母作主同意，不通过媒妁从中传达，男女双方不得成婚。

第二，婚姻实行"同姓不婚"。从姓氏起源来看，"同姓"原本出自同一女性祖先，"同姓"婚配意味着同祖同宗血亲结合。在长期的种族繁衍过程中，人们已认识到"男女同姓，其生不蕃"的朴素道理，创立了"同姓不婚"的原则。原始氏族组织及氏族外婚制度的产生即基于这一认识。在西周确立的宗法伦理道德秩序中，不仅实行"同姓不婚、恶不殖也"的婚姻原则，"取妻不取同姓，故买妾不知其姓则卜之"，而且将它上升为"娶于异姓，所以附远厚别"的政治联姻制度。这样，既扩大了统治集团范围，维护了宗法等级制度，也有利于人口质量的提高，促进了中华民族的健康发展。

第三，结婚履行"六礼"[3]的聘娶程序。"六礼"即男女双方成婚的六项聘娶仪式。一是"纳采"，男方家长委托媒妁，以雁为礼物向女方家求婚；二是

〔1〕《仪礼·士昏礼》。
〔2〕《礼记·曲礼》。
〔3〕《仪礼·士昏礼》。

"问名"，通过媒妁索取女方姓氏、生辰等情况，由男方家长向宗庙卜问婚配吉凶；三是"纳吉"，将卜问结果通告女方家长；四是"纳征"，向女方家送交聘财，正式订婚；五是"请期"，与女方家长商定成婚日期；六是"亲迎"，成婚当天，男方亲自前往迎娶女方。这一聘娶程序的规定表明婚姻制度的买卖包办性质，不仅男女双方都没有自主择婚的权利与自由，而且妇女还是父母用钱财进行买卖交易的商品。

（三）婚姻的解除

关于婚姻关系的解除，西周有"七出"、"三不去"的规定。"七出"是丈夫休弃妻子的七种片面借口。《大戴礼记·本命篇》载："妇有七出：不顺父母，去；无子，去；淫，去；妒，去；有恶疾，去；多言，去；窃盗，去。"按照周礼规定：不孝顺公婆，属道德沦丧；无子，则断绝后嗣；淫乱，会破坏伦常秩序；妒忌，影响家庭关系；有严重疾病，影响夫妻共同生活；多嘴多舌，会离间亲属感情；偷盗，属背信弃义。因此，妻子有其中之一者，丈夫即可将其休弃。"三不去"是指妻子有以下三种情况之一，丈夫不应将其休弃，即"有所取无所归，不去；与更三年丧，不去；前贫贱后富贵，不去"。[1] 妻子被休弃后无家可归，或为公婆服过三年大丧，或原本贫贱而婚后富贵者，不适用休妻。"三不去"虽然是对丈夫休妻的三种限制，但并不能改变妇女的婚姻家庭地位。所以本质上，"七出"、"三不去"是维护夫权和男尊女卑制度的婚姻原则。

四、家庭与继承制度

西周家庭关系与继承制度也是在礼的规范下形成的，始终贯彻宗法伦理道德精神，以维护父权与夫权的等级原则为宗旨。自古代文明起源与宗族国家产生时起，父权家长、族长和宗主即居于家庭、家族和宗族的主宰地位，其他成员则处于从属地位，必须无条件服从其支配，不许有丝毫违抗，否则便构成严重犯罪。

夏商以来确立的"五刑之属三千，而罪莫大于不孝"[2] 和"刑三百，罚莫大于不孝"的原则，旨在维护父权家长、族长和宗主的支配地位。而在家庭中，父权又表现为夫权，男尊女卑是家庭关系的基本准则，夫妻双方完全处于不平等地位。《礼记·郊特性》将这种不平等地位概括为"男帅女，女从男"的夫主妻从关系，并把"男女有别"的等级关系规定为妇女必备的"三从"之德："妇人，从人者也；幼从父兄，嫁从夫，夫死从子。"这种家庭内部不平等的从属关系与男尊女卑的等级地位，是社会上宗法等级制度和阶级对立关系的缩影。不仅父权与夫权居于支配地位，而且在一妻多妾制家庭里，妻妾之间也界限分明、等

---

〔1〕《大戴礼记·本命篇》。

〔2〕《孝经·五刑章》。

级森严，即妻为正，妾为庶；妻主妾从，妻贵妾贱。这种贵贱等级制的家庭关系，是保障嫡长子继承制的社会基础。而第一继承顺序的法定世袭地位，则决定了他们继嗣、支配和处分宗祧、官爵、财产等各方面的权利与权力，其他庶子或小宗的继承权只能由他们确认或予夺。

第五节　西周的行政法制与司法制度

一、西周的国家政治体制与行政管理

西周是古代宗族国家制度的成熟完备时期，其政治体制也较为发达。周王作为同姓宗族的大宗和天下共主，既是宗法国家的象征，又拥有政治、经济、军事、司法等各方面大权；周王之下设有卿士寮，是中央最高政务机关，其长官为卿士，协助周王统领内外百官，处理重大事务。如周公就曾"相王室以尹天下"。[1] 卿士以下设置太师、大司徒、大司寇等重要官职，分别掌管军事、民政、司法等政务；卿士寮之下设有太史寮，其长官为太史，系史官之首，也拥有很大的行政权力。太史以下设置作册、内史、御史、大祝、大卜等官员，分掌行政、历法、祭祀、图籍、档案、文书等具体事务。

西周建立了发达的宗法分封制度。经周王分封的诸侯国成为周王国的卫星国，它们不但与周王有政治隶属关系，而且同姓国之间还有宗法关系，异姓国之间也有婚姻关系。周王国作为中央王国，与诸侯国是一种宗族国家之间的族邦联盟关系。尽管周王对它们拥有分封赏赐、削地夺爵、贡赋征课等支配权，它们对周王也有朝觐、纳贡、勤王等责任义务，但各个诸侯国是相对独立的，它们并不是周王国的地方政权。因此，这些诸侯国的行政管理体制与周王国大同小异，只是规模比周王国小，政权内部组织结构相对简单。

随着西周国家政治体制的成熟完善，其行政管理制度也不断发展。按照宗族国家制度的基本原则，从天子、诸侯到卿大夫、士，不仅各级政权始终掌握在各支宗族的宗主手中，而且各级政权中的执政贵族也由宗主担任。根据宗法分封制和世卿世禄制规则，各支宗主及各级官职又照例是世袭的。整个宗族国家集团由各支宗族构成，整个政权体系由各支宗主支撑，便形成了以宗主世袭制和贵族共政制为特征的行政管理制度，并建立起一些选拔、任免、考核、奖惩等方面的行政法律规范。例如，西周各级官府兴办各类学校，建立起人才培养选拔制度。在周王国与各诸侯国的都城设国学，主要培养贵族子弟；都以下的地方官府设乡

〔1〕《左传·定公四年》。

学，主要培养平民子弟。通过这些培养选拔，尤其是国学的考核选士制度与各地的举士、贡士制度，为各级政权输送了人才，为巩固宗法等级制度奠定了基础。

西周建立起各级贵族官员的考核奖惩制度，按其德才政绩进行升降黜陟。如宗法分封制规定："诸侯朝于天子，曰述职"；"一不朝，则贬其爵；再不朝，则削其地；三不朝，则六师移之。"[1] 诸侯定期朝觐制度就是以"述职"的方式汇报工作，由周王随时考核诸侯的制度；"不朝"也就意味着不向天子"述职"，拒绝接受考核，自然要受到严厉制裁。

二、司法制度

西周不仅规定了自己的各种法律内容，而且在周王国及各诸侯国建立起各级司法机关，初步形成了一套诉讼程序和审判制度。

（一）司法机关

西周政权与夏、商基本相同，周王仍是全国最高司法官，控制着最高司法审判权。凡是重要争讼纠纷或重大疑难案件，都由周王掌握最终裁判权或决定权。

周王之下设有大司寇，为中央常设最高司法官，主要职责是"佐王刑邦国，诘四方"，[2] 即辅助周王掌管全国司法审判事务。遇有重大或疑难案件，须上报周王最后裁断，或由周王指派高级贵族进行议决。如《礼记·王制》所载："大司寇以狱之成告于王，王命三公参听之；三公以狱之成告于王，王三宥然后制刑。"大司寇下设有小司寇，是协助大司寇负责审理案件、处理狱讼的常设司法官，主要职责为"以五刑听万民之狱讼"。[3] 司寇之下设置士师等，"掌国之五禁之法，以左右刑罚"。[4] 负责中央禁令的执行和审查地方处理的案件。

各诸侯国的司法机关基本与周王国相同。各级诸侯同样握有本封国内的最高司法权，其下也有司寇、士师等，唯其机构设置没有周王国发达。

在周王国及各诸侯国的地方基层组织中，宗法制度下的各级宗主、族长或家长也拥有对其族人成员的司法裁判权和刑罚执行权。这对后世父权、夫权及族权的形成与发展产生了深远的影响。

（二）诉讼审判制度

1. 区分狱讼形式。西周时期，由于社会的发展进步，人们之间的经济交往与民事关系日趋活跃，由此引发的民事经济纠纷逐渐增多。在解决这些纠纷的过程中，人们已开始对民事诉讼与刑事诉讼有所区分。《周礼·秋官·大司寇》有

---

[1]《孟子·告子下》。
[2]《周礼·秋官·大司寇》。
[3]《周礼·秋官·小司寇》。
[4]《周礼·秋官·士师》。

"以两剂禁民狱"、"以两造禁民讼"的记载。据郑玄注称："狱，谓相告以罪名者"，"剂"即诉状；"讼，谓以财货相告者"，"造"即到庭。因此，"狱"是涉及犯罪的刑事诉讼，要求持诉状向官府起诉；"讼"是涉及财产纠纷的民事诉讼，当事人可直接到庭提出诉讼请求。

司法机关受理刑事或民事诉讼案件，要按"狱"、"讼"性质的不同，分别收取相应的诉讼费用。凡控告"狱"即刑事诉讼案件，当事人须缴纳"钧金"即三十斤铜作为刑事诉讼费；而"讼"即民事诉讼案件，当事人须缴纳"束矢"即一捆箭作为民事诉讼费用。

2. 注重运用各种证据。在司法审判活动中，西周已注重运用各种证据。首先，口供和誓言是最主要的诉讼证据，包括原告与被告的供词和双方"盟诅"起誓的内容。《周礼·秋官·司盟》载："有狱讼者，则使之盟诅。"这种出庭宣誓对质，也是判案的重要依据。为了减少冤假错案，西周强调"听狱之两辞"，要求兼听双方意见，反对偏信一面"单辞"[1]。

其次，西周也注意运用人证、物证与书证，作为处理诉讼纠纷和进行司法审判的法定证据。如《周礼·地官·小司徒》载："凡民讼，以地比正之；地讼，以图正之。"《周礼·秋官·士师》亦载："凡以财狱讼者，正之以傅别约剂。"处理民间争讼纠纷，以邻里人证为依据；解决土地疆界纠纷，以图籍书证为依据；调解财产关系纠纷，以契约文书为依据。

3. 要求法官依法办案。在司法审判活动中，西周要求司法人员根据刑书规定依法办案。如《尚书·吕刑》规定："哀敬折狱，明启刑书胥占，咸庶中正。其刑其罚，其审克之。"审理判决案件要慎重，应依据刑书斟酌权衡，决狱量刑务必允当。对于刑书没有规定者，则按法律类推原则，"上下比罪，无僭乱辞，勿用不行"，[2] 即比照相关规定处理，不应受错误干扰，不得主观臆断。

为了保证依法办案，西周重视司法人员的素质要求，禁止任用奸佞决狱断案。《尚书·吕刑》规定："非佞折狱，惟良折狱，罔非在中。"其目的是要保证司法审判活动的公正与公平。尽管实现这一目的并非易事，但提出这一要求是有积极意义的。

4. 创立"五听"审讯方式。在长期的司法实践中，西周总结出一套"以五声听狱讼，求民情"的方法，亦即运用察言观色进行审讯的"五听"方式。所谓"五听"，一是"辞听"，"观其出言，不直则烦"，观察受审者言辞，理亏则言语烦乱或自相矛盾；二是"色听"，"观其颜色，不直则赧然"，观察其表情，

---

〔1〕《尚书·吕刑》。
〔2〕《尚书·吕刑》。

心虚则惊慌失色；三是"气听"，"观其气息，不直则喘"，观察其呼吸，理屈则紧张喘息；四是"耳听"，"观其听聆，不直则惑"，观察其听觉，心里有鬼往往反应迟钝；五是"目听"，"观其眸子视，不直则眊然"，[1] 观察其目光，理亏则慌乱失神。这种审讯方式是古人长期司法实践的经验总结，也是运用心理分析进行审判的一种尝试，与夏商时期的"天罚"、"神判"相比，这无疑是一个历史进步。

5. 严禁司法人员犯"五过之疵"。西周注重运用各种证据，要求法官依法办案，严禁司法人员徇私枉法。《尚书·吕刑》有"五过之疵：惟官、惟反、惟内、惟货、惟来。其罪惟均，其审克之"的规定。所谓"五过之疵"，即司法人员徇私枉法、出入人罪的五种表现：一是"惟官"，即司法官与涉案囚犯有同僚关系；二是"惟反"，即敲诈囚犯令其翻供或隐瞒实情；三是"惟内"，即司法官与涉案囚犯有亲属关系，并影响司法活动；四是"惟货"，即索贿受贿贪赃枉法；五是"惟来"，即与案犯互相勾结往来。凡有这五种徇私枉法行为者，与涉案罪犯视为同罪。

思考题

1. 如何认识西周的立法指导思想？
2. 简述西周婚姻关系成立的条件。
3. 简述"七出"、"三不去"的内容与精神实质。
4. 下列哪一选项不属于我国西周婚姻制度中婚姻缔结的原则？（2004 年司考，单选题）

　　A. 一夫一妻制　　　　　　　　B. 同姓不婚

　　C. "父母之命，媒妁之言"　　　D. "七出"、"三不去"

5. 下列关于中国古代法制思想和法律制度的说法，哪些是正确的？（2005 年司考，多选题）

　　A. "礼法结合"为中国古代法制的基本特征

　　B. 夏商时代的法律制度明显受到神权观念的影响

　　C. 西周的"以德配天、明德慎罚"思想到汉代中期以后被儒家发挥成为"德主刑辅、礼刑并用"的策略

　　D. 清末修律使中华法系"依伦理而轻重其刑"的特点没有受到冲击

6. 关于中国古代婚姻家庭与继承法律制度，下列哪一选项是错误的？（2007 年司考，单选题）

---

〔1〕《周礼·秋官·小司寇》。

A. 西周时期"七出"、"三不去"的婚姻解除制度为宗法制度下夫权专制的典型反映,然而"三不去"制度更着眼于保护妻子权益

B. 西周的身份继承实行嫡长子继承制,而财产继承则实行诸子平分制

C. 宋承唐律,但也有变通,如《宋刑统》规定,夫外出三年不归、六年不通问,准妻改嫁或离婚

D. 宋代法律规定遗产除由兄弟均分外,允许在室女享有部分的财产继承权

7. 西周时,格伯以良马四匹折价,购买□生三十田。双方签订买卖契约,刻写竹简之上,中破为两半,双方各执一半。依西周礼法,该契约的称谓是下列哪一种?(2008年司考,单选题)

A. 傅别　　　B. 质剂　　　C. 券书　　　D. 书券

第三章

秦代法制

◆ 内容提要

秦代指公元前221年秦统一六国到公元前206年子婴投降。秦代崇尚法家的"法治"思想，主张通过严刑峻法治理国家，其法制以繁琐苛严著称。秦代统治虽然只维续了短短十五年时间，但由其开端的皇帝制、三公九卿制、郡县制以维护皇权和统治秩序为核心的罪名体系，构成中国古代中央集权君主专制法律体系的主要内容。秦代法制是中国古代法制变迁的关键环节，确立了中国古代法制的基本特质。

◆ 案例导入

"李斯"案

秦二世即位不久，陈胜、吴广起义爆发，义军势力很快扩展到三川郡，朝廷派使者追究三川郡郡守李由（李斯之子）勾结义军之事，案子牵涉到李斯。二世下令把李斯交给郎中令赵高审问。赵高把李斯的宗族宾客都囚禁起来，严刑拷打李斯，李斯不胜痛楚承认与义军勾结。赵高为防止李斯翻供，派他的宾客假扮为朝廷的御史、谒者、侍中，轮番审讯李斯。李斯每次遇到新的审判人员，都以实情相告为自己辩解，结果每次都受到严刑拷打。后来秦二世派人查验李斯案，李斯以为和以前一样，再也不敢翻供，完全承认了与义军勾结的事实。二世二年（公元前209年）七月，李斯被具五刑，腰斩于咸阳街市，灭三族。

什么是诏狱，哪些官员可以作司法官？鞫狱的基本过程及秦代刑罚有多残酷，都可以从这个案例得到解答。

第一节 秦代立法指导思想与立法概况

一、立法指导思想

随着商鞅新法在秦国的成功推行，法家理论成为秦国政治文化中最为重要的组成部分，秦始皇坚持法家的"以法为本"、"事断于法"的传统，以法家理论为指导，制定了各种法律制度。秦统一后，这些法律、制度被推广到全国。具体说来，秦的立法指导思想体现在以下几个方面：

（一）"事皆决于法"

秦自商鞅变法开始，就有执法不避贵贱，"事皆决于法"的传统，秦始皇与其先祖一样，信奉法家治国理论。《史记·秦始皇本纪》载秦始皇焚书令："天下敢有藏《诗》、《书》、百家语者，悉诣守、尉杂烧之。""若欲有学法令，以吏为师。"此外，秦始皇要求以秦法统一各地风俗。秦简《语书》记载，南郡（郡）守腾要求地方官以秦法"矫端民心，去其邪避（僻），除其恶俗"。秦始皇还亲自推广秦法，他多次巡游，所到之处多刻石以宣传秦律。"大圣作治，建定法度，显著纲纪。"[1]

（二）"事皆决于上"

法家主张中央集权，秦统一后确立了皇帝制度，《史记·秦始皇本纪》说，秦始皇"天下之事无小大皆决于上"。国家的行政权、司法权、立法权均归皇帝，不受制约，形成所谓"明君独断，故权不在臣也"[2]的政治体制。秦始皇随后接受李斯等人的建议，在全国推行了郡县制，从政治体制上保证了高度的中央集权。在中央到地方的行政网络中，行政权力逐级收缩，最后归结于皇帝手中，从行政体制上强化了皇帝的权威。

（三）"严刑峻法"

法家主张"轻罪重罚"，《韩非子·内储说上》载："公孙鞅之法也重轻罪。重罪者，人之所难犯也，而小过者，人之所易去也，使人去其所易，无离其所难，此治之道。夫小过不生，大罪不至，是人无罪而乱不生也。"轻罪重罚成为秦代立法的基本原则之一。秦简《法律答问》："或盗采人桑叶，臧（赃）不盈一钱，可（何）论？赀繇（徭）三旬。"盗窃一钱即为罪，可见秦法之酷。《史记·张耳陈余列传》记载，蒯通游说范阳令反秦时说："秦法重，足下为范阳令十年矣，杀人之父，孤人之子，断人之足，黥人之首，不可胜数"。秦刑罚之酷，正是法家轻罪重罚思想的体现。

二、立法活动

"商鞅变法"为秦国制定了严密的法律，秦始皇亲政后进行了系统的法律修订工作，《史记·李斯列传》说"明法度，定律令，皆以始皇起"。《史记·秦始皇本纪》所载《泰山刻石》说："皇帝临位，作制明法。"《琅邪刻石》说："皇帝做始，端平法度。"《芝罘刻石》说："大圣作治，建定法度。"《会稽刻石》说："秦圣临国，始定刑名。"上述记载都说明秦始皇开始修订法律是在亲政以后。秦始皇二十年（公元前227年）四月初二日，南郡守腾发布《语书》说：

---

〔1〕《史记·秦始皇本纪》。
〔2〕《史记·李斯列传》。

"今法令已具矣。"则法律修订工作于此时已经结束。《史记·李斯列传》载：秦二世曾"乃更为法律"，这次修订法律活动激化了已趋尖锐的社会矛盾，加速了秦王朝的灭亡。

秦代法律典籍流传很少，法律简牍的出土为认识秦代法制创造了条件。秦代法律简牍主要有 1975 年出土的湖北云梦睡虎地秦墓竹简（秦简）、1979 年四川青川秦墓出土的"为田律"木牍、1986 年甘肃天水放马滩秦墓出土的《日书》竹简、1989 年于湖北云梦城郊发现的龙岗秦简、2002 年湖南龙山县里耶古城出土的秦代简牍，上述简牍为我们再现秦代法制的辉煌提供了条件。

云梦秦简分为《编年纪》、《语书》、《秦律十八种》、《效律》、《秦律杂抄》、《法律答问》、《封诊式》、《为吏之道》、《日书》甲种、《日书》乙种等。《编年纪》记载了墓主人的简历。云梦秦简收录的秦律律文，包括《秦律十八种》、《效律》、《秦律杂抄》三种，散见于三种律文中的律名有：《田律》、《厩苑律》、《仓律》、《金布律》、《关市律》、《工律》、《工人程》、《均工律》、《徭律》、《司空》、《置吏律》、《军爵律》、《效律》、《传食律》、《行书》、《内史杂》、《尉杂》、《属邦》、《除吏律》、《游士律》、《除弟子律》、《中劳律》、《藏律》、《公车司马猎律》、《牛羊课》、《傅律》、《屯表律》、《捕盗律》、《戍律》等二十九种。《法律答问》解释的是秦律中的主体部分即刑法，解释范围与《法经》六篇大体相当。《封诊式》中的"治狱"、"讯狱"两条是对官吏审理案件的要求，其余各条都是对案件进行调查、检验、审讯等程序的文书程式，其中包括了各类案例供有关官吏学习。《为吏之道》是各级官吏的行为规则。

三、法律形式

秦代的法律形式主要包括律、令、式、程、课、法律答问、廷行事等。

律，即法律条文，是国家制定、颁布的成文法律，是秦代主要的、较为稳定的法律形式。秦律篇目，除源自《法经》的《盗》、《贼》、《囚》、《捕》、《杂》、《具》以外，云梦秦简中就有十几种"律"名，如《仓律》、《军爵律》、《田律》、《工律》等。秦律内容包括刑事、民事、行政、经济等各个方面。

令，即皇帝诏令。秦始皇规定皇帝的"命"为"制"，"令"为"诏"。令的法律效力高于律，当与法典发生冲突时，要以皇帝的制、诏为准。

程，即章程、规章。秦简有《工人程》，是有关官营手工业生产者的劳动定额及其计算方法的法规。程在国家法律体系中地位要低于律、令。

式，即程式、格式。是有关审理案件的司法规则或文书程式，秦简《封诊式》就是关于案件的调查、勘验、检验、审讯程序、文书程式以及对司法官员审理案件的要求。

课，即考核，是秦朝关于检验、考核、督课国家工作人员的专门法规。秦简

《牛羊课》规定了对蓄养牛羊机构的负责人根据牛羊管理情况进行考核的办法。

法律答问，即为确保法律适用过程中的统一和准确，秦朝政府派司法官员对易混淆的法律问题做出的官方解释。《法律答问》以案例的方式，对定罪、量刑、刑罚适用原则以及诉讼制度等方面的问题作了具体说明并颁布执行，对司法人员断案有直接的参考价值，与律具有同等的法律效力，是秦律的一种重要形式。

廷行事，即法庭成例，或判例，相当于汉代的"决事比"，是中央一级司法机构——廷尉的审判案例。秦朝"廷行事"是各级司法官员在审理案件过程中量刑的参考依据，也是一种重要的法律形式。

第二节　秦代行政法制

在行政与司法合一的秦代，行政机构既是政令贯彻机关，又是法律执行部门，是国家机器的绝对主干，在管理国家事务，维护社会生活有序化方面起着重要作用。秦律有关官吏选拔、考核、任免、调动等方面的完备法规，是维护国家机器高效运转的制度保证。

一、行政机构与职官

秦代皇帝是最高统治者，皇帝与三公九卿一起构成中央行政机构。地方行政机构分为郡县两级。所有行政官员均由皇帝任命，按照职位高低领取数量不等的俸禄，掌管社会管理的各项事务。秦行政机构及其职官设置与管理法规产生了深远影响。

（一）中央行政机构与职官

1. 皇帝。皇帝制度是由秦始皇初创，是封建专制政治的必然产物。《史记·秦始皇本纪》记载秦始皇统一天下，改称皇帝时说："古有天皇、有地皇、有泰皇，泰皇最贵。臣等昧死上尊号，王为'泰皇'。命为'制'，令为'诏'，天子自称曰'朕'"。王曰："去'泰'，著'皇'，采上古'帝'位号，号曰'皇帝'。他如议。"从国家政权的组织形式上看，皇帝是国家的最高统治者，他集行政、司法、立法权于一身，为了防止大权旁落，秦始皇"昼断狱，夜理书"，"以衡石量书，日夜有呈（程），不中呈不得休息"。[1]皇帝制度，除了皇帝的名号和一系列独有的称谓外，还包括皇位继承、朝觐礼仪、宗庙陵寝等一系列维护皇权的制度。这些制度由秦始皇开其端，并用法律形式加以规定，对以后两千年的政治文

---

〔1〕《史记·秦始皇本纪》。

化产生了深远的影响。

2. 三公九卿。中央政权机构中最重要的是丞相、太尉、御史大夫，即三公。丞相是"百官之长"，皇帝的行政助理；太尉，掌武事，掌管国家军事，是皇帝的军事助理；御史大夫，掌管"图书秘籍"，转呈"公卿奏事"，按规定"举劾官吏"，有时接受皇帝命令，处理重大案件。丞相、御史大夫等朝廷重臣虽各有职掌，但一切军国大事的决断均须听命于皇帝，忠实体现皇帝的意志。

秦代三公以下有所谓九卿，他们依次是：①奉常，掌宗庙礼仪。祭祀是封建时代最重要的政治活动，朝廷设专职掌管，奉常为九卿之首；②郎中令，掌宫殿掖门户，承担皇帝警卫和秘书工作；③卫尉，掌宫门卫屯兵，其办公机构在宫内，负责统领卫士护卫皇宫；④太仆，掌舆马，负责管理皇帝的车马乘舆；⑤廷尉，掌刑辟，属于中央司法机构；⑥典客，掌归义蛮夷，掌管归化的少数民族事务；⑦宗正，负责皇室宗族事务；⑧治粟内史，掌租税钱谷，管理国家财政；⑨少府，掌山海池泽之税，供给皇帝的开支。除上述九卿之外，秦朝中央还设有中尉（掌徼循京师）、主爵中尉（掌列侯）、将作少府（掌治宫室）、詹事（掌皇后、太子家）、典属国（掌蛮夷降者）等机构。

（二）地方行政机构与职官

秦统一六国后，秦始皇采纳了李斯的建议，实行郡县制。划全国为三十六郡，后增为四十余郡。郡下设县，县分乡里。郡县成为最基本的地方行政机构，以后历代行政机构的变动均以此为基础。

郡是秦代地方行政机构中最高一级政权。郡设郡守，属官有郡尉、郡丞、监御史。郡守主管一郡的政治、经济、军事、司法等事务，权力相当大。郡丞协助郡守治理全郡，为郡守之副。出土秦简多有郡丞治狱断案的记载。郡尉协助郡守掌管一郡军事。监御史负责对全郡官吏和各项活动进行监察。

郡下设县，县置县令、县长掌治其县，属官有县丞、县尉、县司空、县司马等。辖区人口过万户设县令，不足万户设县长。县令、县长是一县最高行政长官。县丞管理一县文书往来、财政、税收与司法事宜。县尉掌管一县武备及征兵、训练士卒等事务。县司空负责全县各种工程建设。县司马掌管全县军马。县下分乡、里、亭作为基层机构。乡有三老、有秩、啬夫、游徼。三老掌教化；有秩管行政；啬夫职听讼，收赋税；游徼徼循禁贼盗。乡下设里，里有里正，里按什伍组织居民。县下设亭，亭有亭长，负责一亭治安。

二、官吏管理制度

在行政体制和各项法律规范确立之后，国家机器能否正常运转、各项法律规范能否得到贯彻执行，都取决于官僚队伍能否正常发挥作用。为此，秦律不但制定了对官吏任用和行为规范具有指导作用的《为吏之道》，还对官吏的违法犯罪行为做了详细的规定，这些规定涉及官吏的职责、任职标准、政绩考核、奖惩制度等各方面。秦简中《置吏律》、《除吏律》、《中劳律》、《效律》、《内史杂》等大量行政法规的存在，是"事皆决于法"的立法指导思想在职官管理制度上的体现。

（一）任官的标准与程序

1. 任官标准。秦简《为吏之道》强调"审民能，以任吏"的选官标准，求仕者的统治才能是最重要的选择标准；"吏有五善，一曰中（忠）信敬上，二曰精（清）廉毋谤，三曰举事审当，四曰喜为善行，五曰龚（恭）敬多让。"提倡廉洁奉公，"精絜（洁）正直"、"精（清）廉毋谤"成为官员的行为准则和必须牢记的义务。秦简《语书》指出，凡是良吏，必须通晓法律，善于处理行政事务；廉洁，忠诚，不独断独行，有公正之心，能纠正自己的错误，善于与人合作。

2. 任官程序。秦代奉行商鞅以来的官吏任免制度，具体内容有：

（1）必须经过国家的正式任命才能成为官吏。秦简《置吏律》："除吏、尉，已除之，乃令视事及遣之；所不当除而敢先见事，及相听以遣之，以律论处。"即官吏必须经过国家任命才能履行职务。为了防止官吏结党营私，规定主管官吏调任时，不得带走原来的属下。

（2）对选用对象有一定限制。秦律规定不得任用废官（被撤职且永不叙用）及刑徒为吏，秦简《秦律杂抄》："任用废官为吏，赀二甲"；所用佐吏须为壮年，以保证能正确履行职务。古代三十为壮，秦男子十五周岁傅籍，不得任用不满三十岁的人为官佐。

（3）选任方式多样。荐举，即由官吏向朝廷推荐有才能者为官，如吕不韦曾保举李斯为郎；征召，即招有名望之士为官，叔孙通在秦代曾"以文学征，待诏博士"；[1] 任子，高级官吏子弟如果符合任官条件可以以"葆子"身份到官府任职。

（4）任官权限及时间规定。秦简《置吏律》规定，秦代都官、郡、县均有权任命本官府所属的下级官员，任用官吏的日期一般是十二月初一到三月底。如有属员死亡或因故出缺的，则可随时补缺。秦简《内史杂》记载，县啬夫出缺，县令、县丞要在两个月内及时补缺，否则以违法论处。

（二）官吏考核

秦朝有严密的官吏考课制度，考核优异的官吏可以按"劳"升迁。秦朝官

---

〔1〕《史记·叔孙通列传》。

吏的考核分为两类：一类是郡县主要行政长官的定期上计制度；另一类是上级机关或主管官吏根据下级官吏的具体职掌对其工作所进行的定期、不定期的检查与考核。考课结果实行"最"、"殿"制，"最"者为优，给予记"劳"奖励或依法擢升；"殿"者为劣，不仅被考课者本人会受到法律制裁，其直接领导也须承担连带责任。基层官吏在考核中成绩最差要被当作渎职犯罪处罚。

三、监察制度

秦代御史大夫执掌监察，弹劾官吏的违法失职行为，参与重大案件的审判。御史大夫属官有御史中丞，专门主持监察工作。各郡有监御史，掌管对郡守及其辖区官吏的监察。

一般认为，秦简《语书》是秦统一前具有监察法规性质的重要文献。《语书》说：为保证国家法律政令的贯彻实施，郡守要派人到各地巡察、检举不服从法令的人，依法论处。还要考核各县官吏，哪一县官吏犯令多而令丞没有觉察的，要将令丞上报处理。秦统一后，这些监察规则继续执行。专制集权政治之下，官僚个人的利益与国家利益、皇帝利益之间并非一致。《韩非子·难一》说"臣尽死力与君市，君垂爵禄与臣市，君臣之际，非父子之亲也，计数之所出也。"在这样的官僚体制之下，"明主治吏不治民"，监察制度就成了官僚制度的重要组成部分。

第三节　秦代刑事法制

秦统一六国后，在法家重刑思想的指导下，适应新的统治形势，在不断调整之后，形成了严密的刑事法律体系，其犯罪种类、刑罚制度以及定罪量刑原则等充分体现了封建专制主义的法制特征。

一、罪名与罪状

秦律规定的罪名繁多，考虑到行为侵害的社会关系不同，一般归纳为以下几类：

（一）危害皇权罪

（1）谋反罪。谋反是危及皇帝权力和人身安全的严重犯罪，惩罚极其严厉。《史记·秦始皇本纪》记载：秦王政九年（公元前238年），长信侯嫪毐谋反，"将欲攻蕲年宫为乱"。叛乱被镇压后，嫪毐被"车裂示众，灭其宗"，主犯卫尉竭等二十人"皆枭首，车裂以徇，灭其宗"。

（2）诽谤罪。属于言论犯罪。《史记·秦始皇本纪》记载，秦朝博士侯生、卢生议论秦始皇"天性刚戾自用"，"以刑杀为威"，"不闻过而日骄"。秦始皇知道后说："今乃诽谤我，以重吾之德也。"下令追捕侯生、卢生。

（3）以古非今罪。即以前朝之事非议本朝政治，扰乱思想、不利于专制统治的行为。秦始皇三十四年（前213年）规定："以古非今者族。"[1]

（4）妄言与非所宜言罪。妄言是指对朝廷不满和攻击朝廷的言论。项羽在会稽看到秦始皇出巡的威仪，脱口而出："'彼可取而代之。'梁掩其口曰：'毋妄言，族矣。'"[2] 即妄言者处以族刑。非所宜言罪始创于秦二世。据《史记·刘敬叔孙通列传》记载，秦二世曾召集博士询问陈胜、吴广起义之事，"诸生或言反，或言盗"。秦二世下令御史，诸生言反者以"非所宜言"治罪。

（5）不敬罪。为了强调皇权的至高无上，加强中央集权，秦律规定臣民不得违命，而且要恭恭敬敬地接受命令，否则就是对皇帝的不敬。秦律规定伪听命书、不执行命书要耐为候；听命书不避席立要被"赀二甲"且撤职永不录用；伤皇帝乘坐的马，根据伤情要赀一盾、二盾、一甲及至于身死。不敬罪发展成后来的大不敬罪，犯罪主体主要是各级官吏。

（二）侵犯人身安全罪

（1）杀人罪。秦律在界定杀人罪时综合考虑了犯罪的主观心态、行为特征，将杀人区分为贼杀、斗杀、擅杀等。

（2）伤害罪。伤害罪指对他人身体的伤害，包括对人体组织完整性的损坏和对人体器官功能的破坏，是秦律严惩的犯罪之一。伤害罪也有"贼伤人"和"斗伤人"的区分，二者主观上有区别。

（3）奸罪。秦律中没有现代意义上的强奸罪。秦简《法律答问》："臣强与主奸，可（何）论？比殴主。"参考秦简《法律答问》"殴大父母，黥为城旦舂"的规定，大概可以判定"臣强与主奸"，要"黥为城旦舂"。秦简《法律答问》："同母异父相与奸，可（何）论，弃市。"为了维护伦常关系而加重处罚。秦简《封诊式》有男女通奸被人枷送官府的记载，通奸也是犯罪，发现通奸者扭送官府与国家鼓励告奸的精神一致。

（三）盗窃罪

（1）盗窃罪。在秦朝，"盗"既指窃取、抢劫财物的人，也指盗取、抢劫他人财物的行为。盗窃罪主体以普通社会成员为主，间或有贵族王侯，行为所侵害的是公私财产所有权。行为方式有"窃盗"、"强盗"、"群盗"之分。窃盗罪即以隐蔽方式获取公私财物的行为，是秦代社会生活中发生最多的犯罪类型之一，对该罪的惩罚因盗窃数量和盗窃方式不同而不同，量刑从罚作三十日到死刑不等。"强盗"，即使用暴力抢劫公私财物的行为。秦简《封诊式》"群盗"爰书记

---

〔1〕《史记·秦始皇本纪》。

〔2〕《史记·项羽本纪》。

载五名案犯武装抢劫他人财产，遇到追捕时则持兵以死抵抗，属于典型的强盗犯罪。当"强盗"人数达到五人以上时则是"群盗"。

（2）盗徙封罪。土地属于不动产，不能成为盗窃行为的对象，但通过私自移动田界的方法可以盗取他人土地，此类行为构成"盗徙封罪"。秦简《法律答问》，"盗徙封，赎耐"。

（四）职务犯罪

（1）犯令、废令、矫制罪。秦简《法律答问》："令曰勿为而为之，是为'犯令'；令曰为之而弗为，是为'废令也'"。在"事皆决于法"的秦代，官吏不但要"明法律令"，还要忠实执行上级命令。官吏若有"犯令"、"废令"行为，即构成犯罪，要受到处罚。矫制即诈称皇帝命令的行为

（2）玩忽职守罪。秦律对各级官员都有严格的职责规定，官吏不认真履行职责，造成严重损失的，构成玩忽职守罪，要追究法律责任。秦简《徭律》规定，修筑城墙不满一年损坏的话，县司空要被定罪，作为惩罚要带领原来的人无偿修复损坏的地方。

（2）司法渎职罪。司法官吏手握生杀大权，最易滋生渎职犯罪，秦律规定的司法渎职罪分为如下几种：①失刑罪。失刑罪即司法实践中的误判、错判，这是司法官员渎职犯罪中多发的一种类型。秦简《法律答问》记载，甲盗窃，捕获时估计其赃物价值，超过六百六十钱，但当时没有估价，等审讯时估价，赃值为百一十钱，因而被处耐刑。这是由于司法官失误造成的，按律甲当黥为城旦，吏以"失刑"罪论处。②不直罪。不直，就是判决不公正，包括轻罪重判和重罪轻判两种。秦简《法律答问》："论狱（何谓）'不直'？可（何）谓'纵囚'？罪当重而端轻之，当轻而端重之，是谓'不直'。""端"即故意。故意重罪轻判或者故意轻罪重判都叫做"不直"。③纵囚罪。"纵囚"即按律应该判罪而不判，或者释放罪犯的行为。秦简《法律答问》："当论而端弗论，及易其狱，端令不致，论出之是谓'纵囚'。"

（五）妨害社会管理秩序罪

（1）逃避赋税徭役罪。秦简《法律答问》规定了"匿田"、"匿户"、"不会"、"乏徭"、"逋事"等逃避赋税徭役的具体罪名。秦代征收田税以土地面积为基础，"匿田"即地方官吏对上级隐匿百姓土地面积，有隐匿、贪污税收的嫌疑；秦朝户赋和徭役的征收都以户口为基础，"匿户"即隐匿人户，有故意不征发徭役、减少户赋缴纳的嫌疑；"不会"是指征发徭役不按时报到；"乏徭"指已经报到准备服徭役或到达服役地点后逃亡；"逋事"指收到征发徭役的通知即逃亡。秦简《徭律》中规定了对逃避徭役行为的惩罚。

（2）诬告罪。秦律鼓励告奸，同时对诬告和告不实者加重处罚。秦简《法

律答问》说："甲告乙盗牛若贼伤人，今乙不盗牛，不伤人，问甲何论？端为，为诬人；不端，为告不审。""诬人"、"告不审"都是罪名。

（3）匿奸罪。即藏匿罪犯的行为。《史记·商君列传》载："匿奸者与降敌同罚。"

二、刑罚

秦朝的刑罚种类繁多，有死刑、肉刑、流放刑、徒刑、财产刑、身份刑等，每一刑种中又有不同的行刑方式。秦朝刑罚野蛮、残酷，法外施刑的情形很多，是重刑主义原则的体现，又带有过渡性特征。

（一）死刑

死刑即剥夺罪犯生命的刑罚，又称生命刑，属于最为严重的刑种。秦朝死刑执行方式有十多种。

（1）戮刑。戮即戮辱。戮刑有两种：①活着时受刑辱示众，然后斩首。②戮尸，即以斩首后的罪犯尸体为辱刑对象。

（2）磔刑。即裂其肢体而杀之。

（3）弃市。即在人口众多的闹市执行死刑，弃市刑有腰斩处死，也有绞死者。

（4）腰斩。《释名》："砍头曰斩，斩腰曰腰斩。"

（5）枭首。即砍头示众。《史记·秦始皇本纪》记载，公元前238年嫪毐谋反，其党羽卫尉竭等二十人"皆枭首"。

（6）定杀。即将活人投入水中淹死。《法律答问》："疠者有罪，定杀。定杀可（何）如？生定杀水中之谓也。"即将患有麻风病的死刑罪犯淹死。

（7）坑杀。即活埋。《史记·秦始皇本纪》记载，秦灭赵后，"秦王之邯郸，诸尝与王生赵时母家有仇怨，皆坑之"。

（8）具五刑。具五刑是一种先施加各种肉刑，再处死的一种酷刑。《史记·李斯列传》记载："二世二年七月，具斯五刑，论腰斩咸阳市。"

（9）车裂。用车撕裂罪犯尸体。公元前238年嫪毐谋反，其党羽卫尉竭等二十人枭首处死后，"车裂以徇"。

（10）斩刑。即砍头。

（二）肉刑

肉刑，即"斩人肢体，凿其肌肤"，造成受刑人身体残疾的刑罚，又称为"身体刑"。秦律规定的肉刑有四种：

（1）劓刑。即割鼻之刑。劓刑可以单独使用，但多与黥刑一起作为徒刑的附加刑。

（2）黥刑。即墨刑，脸上刺字。黥刑多与劓刑结合作为徒刑的附加适用。

如"黥城旦"、"黥劓为城旦"等。

（3）斩左趾。即断左足。秦简《法律答问》："五人盗，臧（赃）一钱以上，斩左趾，又黥以为城旦舂。"

（4）宫刑。《尚书·吕刑》注："宫，淫刑也，男子割势，女子幽闭。次死刑。"《史记·秦始皇本纪》记载，秦始皇征发"隐宫徒刑者七十余万人，乃分作阿房宫，或作丽山"。受宫刑者需要一百日隐于荫室养护，故曰隐宫。秦代未见对女子实施宫刑的记载。

（三）徒刑

徒刑亦称"作刑"，是限制罪犯人身自由并强制服劳役的刑罚。秦时徒刑包括城旦舂、鬼薪白粲、隶臣妾、司寇、候等，每一刑种又因附加肉刑和髡、耐等耻辱刑的不同而分为不同的等级。秦朝徒刑服役内容与刑名显示的并不一致，一般认为秦代徒刑没有期限规定。

（1）城旦、舂。即从事筑城、舂米等苦役，以强制筑城而得名。《汉旧仪》载："城旦者，治城也；女为舂，舂者，治米也。"秦律中的城旦刑、舂刑一般附加耻辱刑或肉刑一起使用，如完为城旦，黥为城旦，黥劓为城旦，斩左趾、黥以为城旦等。在实际执行中，男女罪犯服苦役不限于治城、舂米。

（2）鬼薪、白粲。男为鬼薪、女为白粲。《汉旧仪》载："鬼薪者，男当为祠祀鬼神，伐山之薪蒸也；女为白粲者，以为祠祀择米也。"在实际执行中，男女服苦役不限于采薪、择米。

（3）隶臣、隶妾。即强制男女罪犯服各种杂役的刑罚。男为隶臣，女为隶妾。隶臣、隶妾轻于鬼薪、白粲。秦时隶臣也有刑为隶臣、耐为隶臣等不同等级。

（4）司寇。即"伺察寇盗"。强迫男犯服苦役，兼伺查寇贼，女犯服相当于司寇的劳作。司寇轻于隶臣、隶妾。

（5）候。意为在边远地区伺望敌情的刑徒。《秦律杂抄》记载："伪听命书，废弗行，耐为候。"候是秦代最轻的徒刑。

（四）髡、耐刑

髡即剃光头发，耐为剃去鬓须而完其发。《说文》段玉裁注："按耐之罪轻于髡。髡者，剃发也。不剃其发，仅去须鬓，是曰耐，亦曰完。谓之完者，完其发也。"髡刑、耐刑通常作为附加刑与徒刑结合使用，但有时作为主刑独立使用。髡、耐刑是人为造成罪犯面部特征与正常人不同，从而施加精神压力的惩罚措施。

（五）流刑

流刑就是将受刑者强制遣送指定地区服役落户，不准擅自迁回原处的刑罚。

流刑起源很早，秦承袭了前代流刑，有迁与谪两种。迁即强迫罪犯迁往指定地点服役。秦始皇九年嫪毐反，"迁蜀四千余家"，便是全家迁往流放地。谪，《史记·六国年表》记载，秦始皇"三十四年，谪治狱不直者筑长城"。秦朝迁刑适用官与民，谪刑多对犯罪官吏判处。

（六）笞刑

笞刑是肉刑之一，刑具为竹、木板。秦时笞刑不但是法定刑，也是拷讯囚徒的手段。秦律有"笞十"、"笞三十"、"笞五十"、"笞百"，甚至有"熟笞之"（重笞之意）的规定。

（七）赀刑

赀刑，即强制罪犯缴纳数额不等的财物，属于财产刑。秦朝赀刑适用范围广泛，轻微违法失职的官吏和百姓均可适用。种类有赀甲、赀盾、赀徭、赀戍等。

（八）收刑

收指将犯有严重罪行的人犯的妻、子等亲属籍没为官奴婢。收的对象包括人和物，刑徒隶臣犯罪，其妻子被没收为官奴婢。妻因犯罪被收，妻的陪嫁女、嫁妆交给她的丈夫。

三、定罪量刑原则

为更好地运用刑罚手段打击犯罪，秦朝统治者以法家重刑理论为指导，通过长期司法实践，确立了一套颇具时代特色的刑法适用原则。

（1）以身高作为确定刑事责任能力的标准。秦代有关刑事责任年龄以身高来确认，男子身高不满六尺五寸，即使犯罪也不承担刑事责任。《周礼》贾公彦疏："七尺谓年二十，六尺谓年十五"。秦时规定男子身高六尺，相当于十五周岁。

（2）区分共同犯罪。秦律将是否有共同犯罪的故意作为构成共同犯罪的条件。无共同犯罪的故意则不构成共同犯罪。

（3）区分故意与过失。秦律中的"端"、"端为"即故意；过失称"不端"。秦简《法律答问》："甲告乙盗牛若贼伤人，今乙不盗牛、不伤人，问甲何论？端为，为诬人；不端，为告不审。"是否故意成为区分诬告罪和告不审的标准。过失犯罪处罚较轻，故意犯罪处罚较重。

（4）同罪异罚。秦律依据犯罪人的身份、地位来科处刑罚。有爵位者和官吏可以享受减免刑罚的优待。秦简《游士律》："有为故秦人出、削籍，上造以上为鬼薪，公士以下刑为城旦。"两者罪行相同，处罚却不同。

（5）从重处罚教唆犯。秦简《法律答问》："甲谋遣乙盗，一日，乙且往盗，未到，得，皆赀黥。"教唆犯与行为犯一样处罚。秦简《法律答问》："甲谋遣乙杀人，受分十钱，问乙高未盈六尺，甲可（何）论？当磔。"乙属于未成年人，教唆未成年人杀人处刑重于一般杀人罪。

（6）严惩集团犯罪。秦律对集团犯罪的处罚较一般犯罪严厉。秦简《法律答问》记载，不满五人犯盗罪，如果赃数在一钱以上不满二百二十钱，处以迁刑。但如果五人共同行盗，赃数在一钱以上，即处以"斩左趾，又黥以为城旦"的刑罚。

（7）自首从轻。自首，在秦律中称"自出"，秦律规定，自首及犯罪后能主动消除犯罪后果者可以从轻、减轻或免除处罚。《法律答问》记载，庶民盗百一十钱，耐为隶臣，司寇本身是罪犯，再盗窃则构成累犯，需要加重处罚，若为"自告"可以不加重。

（8）连坐。连坐起于商鞅变法。秦律中的连坐包括：①同居连坐；②什伍连坐；③职务连坐。

第四节　秦代民事法制

秦律中涉及民间财产所有权关系和财产流转关系的法律规范不多，甚至有的民事法规夹杂在刑事、行政法律政令之中。秦朝民事法律的衰落，与"商鞅变法"以来强调鼓励自给自足的小农经济、提倡农战、抑制商品经济的政策有关。即便如此，秦律中还是存在关于所有权、继承权方面的规定。

一、民事主体

秦民成为民事主体的前提是按照规定登记户籍。秦从商鞅变法时就有严格的户籍制度。"四境之内，丈夫女子皆有名于上，生者著，死者削。"[1] 有名籍是享有民事权利的基本保证。秦简《法律杂抄》"傅律"规定登记户籍时，在傅籍年龄、残疾情况、六十岁以上不服役人数方面弄虚作假的，相关人员要受到严厉处罚。秦律规定，经营商业和客店的、入赘他人的都不能立户，不能分给田地房屋。秦朝户主或家长享有家庭共有财产的处置权以及对同居卑幼的主婚权、管教权、请求司法惩治权等权利。

秦朝民事主体要达到成年年龄才能享有完全民事权利。与刑事责任年龄规定一致，秦时以身高作为成年的主要依据，男子身高六尺五寸（一百五十厘米）以上，女子身高六尺二寸（一百四十厘米）以上是成年应傅籍的标准，也是民事主体具有完全民事行为能力的标准。

二、所有权

秦朝所有权取得的方式有多种。一种是在法律许可的范围内"先占取得"。

---

[1] 《商君书·境内》。

《商君书·定分》说："一兔走，百人逐之，非以兔可分以为百也，由名分未定也。夫卖（兔）者满市，而盗不敢取，由名分已定也。"法律保护先占取得；另一种是赏赐、买卖、继承取得所有权。秦国推行军功爵制，大量军功获得者得到赏赐，法律承认这种赏赐取得的所有权。《史记·白起王翦列传》记载王翦率秦军灭楚时，"请美田宅园池甚众"。这是赏赐获得所有权的例证；此外，秦律还保护时效取得和孳息取得。

秦朝所有权的形式有两种：国家所有权和私人所有权。绝大多数生产资料如土地、山林、河川、园池、矿藏等均归国家所有。秦代国有土地主要采用租佃和授田的方式收取租税。此外，国家还直接设立农庄、牧场，经营矿冶、铸钱、制盐、器具及兵器制造等手工业作坊。国家所有权的取得方式主要有：收归国有、征战掠夺、田赋与工商赋税、籍没罚款与赎金以及经营收入等；私人所有权的客体包括土地、房宅、牲畜、奴隶、生产用具、日常必需品等生产及生活资料。

所有权的保护。在所有权受到侵害时，秦律规定的措施主要有：承认所有权、返还原物、赔偿损失、排除妨害、返还不当得利等。把大量的民事侵权行为科以刑事处罚，这是秦律的一大特点。

三、债权

秦律关于债之发生的规定有以下几种情形：一是契约之债。秦简《法律答问》："何谓'亡券而害'？亡校券右为害。"券即契约，如果债权人丢失了作为凭证的右券会导致契约失效。从秦简的记载来看，官府与百姓之间产生的契约之债居多，而百姓之间的契约之债较少。二是侵权行为之债。秦律在处理盗窃案和抢劫案时，承认给受害人造成的损失。秦简《法律答问》载，所窃之物及另买之物均应归还原主。三是因不当得利所生之债。秦简《除吏律》记载，驾驶战车的军士可以免除徭戍，如果军士经过四年训练仍然没有掌握驾车技能，除了给予教练"赀一盾"、本人免职的处罚以外，还要其补服四年内应服的徭戍。四是因损失公物所生之债，秦简《厩苑律》、《仓律》有相关规定。五是因行政措施所生之债，如不能按期缴纳赋税产生的债务。

秦代的债务关系也有担保人，主要有私人担保和官方经手人担保。秦简《金布律》规定，百姓欠官府债不能偿还时，"令其官啬夫及吏主者代赏（偿）之。"就属于官方经手人担保。

四、婚姻家庭与继承

（一）婚姻家庭

秦律对男女结婚年龄规定不严，与"小未盈六尺"的女子结婚也是合法的；但结婚须经官府认可，否则不受法律保护。秦律规定，合法婚姻的解除同样须经过官府的认可，若"弃妻不书"要受到处罚。

夫妻关系方面秦代要求妻子忠贞，禁止淫佚。丈夫犯罪，妻子连坐，如果妻子主动向官府告发丈夫的罪行则可免于连坐。丈夫殴打妻子至其四肢折断或造成脱臼，丈夫要被处以耐刑。

（二）继承

秦时继承主要有爵位继承与财产继承两种。此外还有皇位继承、宗祧继承、官位继承、身份继承等。秦律规定的继承人有法定和指定两种，对继承方式也有明确规定。秦简《军爵律》规定，立有军功应当受爵但未拜而死者，其指定继承人又没有犯废、耐、迁以上罪，就可以继承死者爵位。

第五节　秦代经济法制

秦以法家理论作为指导思想，以农战立国，强调运用法律调整和控制社会生产，在经济方面的立法多达十几种，涉及农业、畜牧业和手工业生产等各个行业。

（一）农牧业管理法

秦自商鞅变法起就确立了农战立国的政策，鼓励百姓投身农业。秦政府设立有专职的农业管理职官，秦简中即所见有"田啬夫"、"仓啬夫"、"厩啬夫"等职官名称。秦律对农业生产管理的各个环节都作了规定，如《仓律》规定了谷物与种子的保管办法以及每亩地播种的具体数量；秦简《司空律》规定以劳役抵偿债务的人在播种和管理禾苗时节各回家二十天，以保证不误农时；秦简《厩苑律》规定了对负责耕牛管理的田啬夫和饲养人员的考核与奖惩办法；秦简《牛羊课》规定，牛羊繁殖率低于一定比例，主管的啬夫、佐等畜牧业管理官员要受罚一盾；秦简《田律》规定，二月到七月不得砍伐山林、捕捉鸟兽鱼鳖，及有关农业方面的管理，显示出对保护自然资源的深刻认识；等等。

（二）官营手工业管理法

官营手工业为政府和军队提供各种需要的产品，是维护国家统治不可或缺的生产部门。为加强对官营手工业的管理，秦政府设置了官啬夫、工师等职官，负责手工业生产管理；秦律有《工律》、《均工律》、《工人程》、《效律》、《司空律》等一批法规，从产品规格、质量、生产定额、劳动量考核等方面手工业生产过程作了系统规定。

秦简《工律》规定制作同一种器物，其大小、长短和宽度必须相同；县和工室（手工业管理机关）每年至少校正一次权、斗桶和升等衡器。秦简《均工律》规定，新工匠开始工作，第一年要求达到规定生产额的一半，第二年所收产品数额应与过去做过工的人相等。规定考虑到了工匠的熟练程度，有一定的科学性。秦简《秦律杂抄》记载，官营手工业生产质量评比中如果表现最差，管理者、生产者都要受罚。

（三）市场贸易与货币管理法

秦代推行重农抑商政策，对商业贸易的法律规制系统、严密。如《关市律》、《金布律》等法规内容包括市场管理、度量衡器管理、对外贸易管理等，打击、禁止非法经营，保护合法商业。如秦简《田律》禁止在农村售酒。秦简《法律答问》规定禁止将珠玉偷运出境以及卖给外国客商，告发此类行为可得到奖赏。秦简《金布律》规定出售商品必须明码标价。《金布律》规定秦代通行的货币有三种，即钱、金、布。黄金谓之上币，铜钱谓之下币，布帛也还在流通。不合格的货币不得流通；为了保证铸钱质量，规定私人铸钱为犯罪。另外，秦律对各种货币之间的比例、货币的贮存方式都有详细的规定。

（四）赋税徭役管理法

秦时赋税有口赋、户赋、田赋。口赋即人头税，按人头数征收，可以缴实物，也可以用货币缴纳，每口一千钱。力役按人头计算，以畚箕装敛，故曰"头会箕敛"；户赋是按户征收的人头税；田赋是对土地所征的税，按亩征收"泰半之赋"的粮食，即百姓耕作收入的三分之二要交给官府。秦代成年男子还须为国家服徭役。秦律对违反徭役征发规定的"乏徭"、"逋事"、"不会"等行为，规定了详细的处罚办法。

第六节　秦代司法制度

一、司法机关

（一）中央司法机关

《史记·秦始皇本纪》载秦始皇"躬操文墨，昼断狱，夜理书"，亲自断狱，掌握着一切司法案件的最终决定权，是最高的司法长官。

秦代中央司法机关是廷尉府，其长官称廷尉，位列九卿。廷尉府是掌握国家最高"治狱"权的机构。廷尉负责审理皇帝交办的案件和地方上报的疑难案件。此外，丞相与御史大夫等官员也参与司法审判活动，掌握一定的司法权。

（二）地方司法机关

地方郡、县既是行政机关，也是司法机关。普通民事、刑事诉讼案件由郡守、县令兼理，自行判决。有重大、疑难案件则县上报郡，郡守报送廷尉处理。郡守之下有决曹掾史为专职司法官吏。县令之下有县丞协助县令长处理司法事务。就秦简《封诊式》所载爰书来看，来往的司法文书均由县丞签发。县下设乡、里、亭等基层组织，设置有"有秩、啬夫、游徼、亭长"等乡官，调纠纷、断曲直、收赋税、征徭役、抓捕人犯。

二、诉讼制度

（一）公诉与自诉

1. 公诉。即官告。能够提起公诉的人种类很多，上至御史大夫、廷尉、郡县长官，下至亭校长、求盗、里典，都可以把犯罪嫌疑人扭送官府，提出控诉。秦简《封诊式》"疠"爰书说，某里的里典甲怀疑该里士伍丙是麻风病，就将丙送交官府并提出诉讼。

2. 自诉。就是受害者本人向官府提起控诉。自诉案件主要有二：一是对损害自身利益行为的控诉。秦简《封诊式》"告子"爰书记载，甲告其子丙不孝，官府即令官吏前去捉拿。二是对损害自己人身行为的控诉。秦简《封诊式》"出子"爰书记载，一位孕妇因被人殴打而流产，被害人对伤害行为人起诉。秦代自诉中还有代为控诉的情况。

（二）公室告与非公室告

秦律又将诉讼分为"公室告"与"非公室告"。侵犯家庭以外其他社会成员人身和财产的行为直接危害到公共利益和社会秩序的稳定，是"公室犯罪"或"公罪"，也是司法机关提出控诉的重点，即"公室告"。法律也保护社会成员对"公罪"提出自诉的权利。

秦律规定的"非公室告"内容有二：一是"子盗父母"即子女与父母在财产上的互相侵犯；二是"父母擅杀、刑、髡子及奴妾"，以及"子告父母，臣妾告主"。"非公室告"官府不予受理。如果当事人坚持控告，官府还要追究控告者的罪责。控告者已经论罪后又有其他人接替控告，官府也不应受理。秦律对"非公室告"的范围亦有严格限制，对"擅杀子"、"人奴擅杀子"、"人奴妾笞子"、"臣妾殴主"、"夫殴笞妻"等家庭成员之间的伤害都界定为"公室告"犯罪而加以禁止。

（三）禁止诬告

秦律鼓励告奸，为了避免诬告事件的发生又规定诬告反坐。秦简《法律答问》说：告发他人不确实，要以所告罪名加于他。如告发他人杀人，结果所告不实，要以杀人罪处罚。秦简《法律答问》："'州告'者，告罪人，其所告且不审，又以他事告之。勿听，而论其不审。"所谓"州告"，就是反复寻找罪名控告别人，该行为为秦律所禁止。

（四）案件审判

秦代将案件审理称作"治狱"。案件发生后，司法机关首先要核实被告姓名，将其身份、籍贯、曾犯有何罪、判过什么刑罚或经赦免等事项写成书面报告。县司法机关受理案件后，还会派人调查勘验，制成笔录，即爰书。控制犯罪嫌疑人的财产和家属称作"封收"，被查封的被审讯人的房屋、妻子、子女、奴婢、财产等具体情况要登记在案，还要派人轮流看守。审问当事人的方法和步骤有：

（1）审问。当事人的口供是定罪量刑的根据。秦简《封诊式》"讯狱"记载，要对犯人反复诘问，把其辩解的话一一记录，犯人多次改变口供，拒不服罪时，可以依法实施拷打，并用"爰书"记下整个刑讯过程。秦简《封诊式》"治狱"，要求司法官员最好根据口供查清案件真相，其次是拷打弄清案情，最下等是恐吓犯人，屈打成招。

（2）调查与勘验。秦代治狱并不只依靠口供，也重视现场勘验。秦简《封诊式》"贼死"爰书详细记载了被害人现场特征及周边环境等。秦简《封诊式》"经死"、"穴盗"等爰书也是典型的现场勘验笔录。

（3）读鞫与乞鞫。案件审讯后，法官作出判决，并"读鞫"，即宣读"判决书"。宣读后，当事人如果不服，可以请求重审，秦律谓之"乞鞫"。"乞鞫"可由当事人自己提出，也可由他人代为提出。对于一些复杂的案件，御史大夫也可要求复审。收到复审要求后，司法机关要把案件交由上级机关审理。

三、监狱管理制度

秦中央设有归廷尉管辖的咸阳狱，各郡县设有郡县监狱。秦代严刑峻法以至"赭衣塞路，囹圄成市，盖随地为狱也"[1]。秦代监狱管理的规定见于秦简《司空律》、《工人程》、《工律》、《均工律》、《仓律》、《厩苑律》、《行书律》等规范之中。

秦律为防止囚犯逃跑制定有严密的囚犯看管规定。如秦简《司空律》规定，城旦春要施加木枷、黑索和胫钳；城旦春外出服役的，不得通过市场。由于刑徒太多，监管人手不足，秦律规定了以轻罪刑徒或服过一定刑期的刑徒监管重罪刑徒的监管办法。一名"城旦司寇"或"隶臣妾"可以监率二十名"城旦春"及其他囚犯。秦代还根据刑徒的年龄、从事的劳动的繁重程度等制定了犯人的口粮供应标准。秦简《金布律》规定四至六月给囚犯发放夏衣，九至十一月发放冬衣，规定了囚衣用料、规格、囚衣制作和发放机构的职责。

思考题

1. 简述秦代立法指导思想及其体现。
2. 简述秦代法律的基本形式。

---

[1]　《汉书·刑法志》。

3. 秦代刑罚体系的基本内容是什么?

4. 简述秦代诉讼制度。

5. 简述秦代经济管理法规的基本内容。

6. 秦始皇时期,某地有甲乙两家相邻而居,但积怨甚深。有一天,该地发生了一起抢劫杀人案件,乙遂向官府告发系甲所为。甲遭逮捕并被定为死罪。不久案犯被捕获,始知甲无辜系被乙诬告。依据秦律,诬告者乙应获下列哪种刑罚?(2006 年司考,单选题)

A. 死刑   B. 迁刑   C. 城旦舂   D. 笞一百

第四章

汉代法制

◆　内容提要

汉代指西汉、新莽、东汉三个朝代，存续四百多年（公元前202～公元220年）。汉承秦制，在总结"亡秦"经验的基础上，汉代确立了儒家思想的统治地位，形成了"霸王道杂之"，"儒表法里"、"德主刑辅"的法制理念。汉初的刑罚改革使刑罚整体开始趋于轻缓；"春秋决狱"使儒家思想影响至司法实践，开法律儒家化的先河；汉代在官吏选任制度、监察制度、诉讼制度等方面承前启后，在中国古代法制史中占有重要地位。

◆　案例导入

"薛况伤人"案

案件发生在哀帝初年。申咸受丞相薛宣荐被举立为博士，还要提升作司隶校尉。薛宣致仕后，申咸揭发薛宣不供养后母，不行三年丧服，不应该以特进身份在朝廷。薛宣子薛况担心申咸一旦做了司隶校尉，父亲就会被治罪。于是他买通杨明，欲将申咸毁容以阻止其做官。结果，杨明在皇宫门外，将申咸"断鼻唇，身八创"。朝议讨论此案时，御史中丞等认为：薛况与申咸均为朝廷官员，薛况为了阻止申咸出任司隶校尉而伤害对方，行凶地点在朝廷附近、闹市之上，伤害的又是皇帝近臣。薛况所为破坏了朝廷形象，伤害了皇帝的尊严，应定"大不敬"罪，处死刑。廷尉等人则认为申咸以怨报德，本有过错在先，双方为私怨而斗，是为了维护父亲不被诽谤而伤害他人，情有可原。朝廷采纳了廷尉的意见，薛况以"谋伤害人"被削爵"完城旦"。

汉代司法中遇到疑难案件如何解决？什么是"原心定罪"？都可以从这一案件中得到理解的线索。

第一节　汉代立法思想与立法概况

一、立法指导思想

（一）西汉初期的立法指导思想

西汉建立至武帝亲政的大约七十年里，"黄老学说"最为盛行，是当时的立法指导思想。"黄老学说"兴起于战国，以道家思想为主，融合刑名法术之学，吸收儒、墨、阴阳诸家精髓，主张清静无为、约法省禁、顺应民心。汉初陆贾在总结秦亡的教训时说："秦非不欲为治也，然失之者，乃举措暴众而用刑太极故也。"[1]指出了单纯使用法家理论治国立法的失败。汉初统治者以"黄老学说"为指导，提出了"文武之术"、"德刑相济"的统治思想，对汉初的立法活动产生了深刻的影响：

（1）轻徭薄赋，与民休息。西汉建立之初，即复原士兵、降低田租、放免奴婢，文帝、景帝力主"清静无为"、"休养生息"，促成了"文景之治"。

（2）德刑相济，文武并用。文即儒家礼仪教化；武即刑法惩治。从汉高祖到汉景帝都非常注意用儒家教化配合刑法惩治来治理社会。

（3）约法省刑。据《史记·高祖本纪》记载，刘邦一入咸阳，即与关中父老约法三章："杀人者死，伤人及盗抵罪，余悉除去秦法。"惠帝、吕后时期废除"挟书律"、"诛三族罪"和"妖言令"。汉文帝时期废除肉刑、连坐收孥法及妖言诽谤法，有效地减轻了秦法的残酷性。

"黄老学说"影响了汉初的法制建设，减轻了秦朝酷法对社会的影响，但在"汉承秦制"的总体框架下，汉初法律制度在本质上还是秦制，汉代立法指导思想与法律制度的本质转变发生在汉武帝以后。

（二）"罢黜百家，独尊儒术"

汉王朝经过七十年的发展，至武帝即位时，中央政府已经具备了充足的经济实力。但是，分封势力对中央政权的威胁、匈奴对边境的侵扰、社会犯罪的猖獗，都是汉武帝必须解决的现实问题。在此背景下，董仲舒代表的儒家公羊学派登上了历史舞台。据《汉书·董仲舒传》记载，董仲舒向汉武帝建议："诸不在六艺之科孔子之术者，皆绝其道，勿使并进。邪辟之说灭息，然后统纪可一而法度可明，民知所从矣。"汉武帝接受了董仲舒的建议，"罢黜百家，独尊儒术"，儒家学说成了汉王朝的统治思想，影响到此后汉代的立法及司法。

（1）用儒家思想教化百姓。汉武帝设"五经"博士、立太学、郡国学培养儒学人才，以贤良方正察举选官，不论在朝在野儒家思想都占据了统治地位。

（2）朝廷议事，援引儒家思想。在讨论国家大事时，要求大臣"以经义对"、"具以《春秋》对"，使儒家思想逐渐成为政治决策的理论依据。

（3）法制实践中"春秋决狱"、"据经解律"。"春秋决狱"即根据儒家经典的"大义"和《春秋》"案例"作为定罪量刑的依据。"据经解律"即根据儒家

---

〔1〕《新语·无为》。

经典解释法律意义，开始了儒家思想与法律的结合，推动了儒家思想法律化的进程。

（三）"霸王道杂之"的汉家法度

"霸王道杂之"是汉宣帝对汉代法律思想的概括。汉元帝为太子时喜好儒家学说，《汉书·元帝纪》载元帝太子时，"见宣帝所用多文法吏，以刑名绳下，尝侍燕从容言：'陛下持刑太深，宜用儒生。'宣帝作色曰：'汉家自有制度，本以霸王道杂之，奈何纯任德教，用周政乎？且俗儒不达时宜，好是古非今，使人眩于名实，不知所守，何足委任？'"宣帝所言，揭示了汉代法律指导思想的本质内容。"王道"与"霸道"之争起源于战国。"王道"代表了儒家"德主刑辅"、"富而教之"、"先教后诛"的法律思想；"霸道"代表了法家任法重刑、以力服人的法治理念。历代皇帝都是"王道"、"霸道"并用，如汉武帝时期既大力推行儒家教化，又大量使用酷吏。随着儒学对法律影响的加深，"儒法并用"、"德主刑辅"的正统法律思想逐渐形成。

二、两汉立法概况

公元前 206 年，刘邦率义军攻入咸阳，与民约法三章，废除了秦朝酷法，赢得了百姓拥护。天下平定后，大规模的法律修订活动开始进行。《汉书·高帝纪》载："天下既定，命萧何次律令，韩信申军法，张苍定章程，叔孙通制礼仪。"萧何次律令即《汉书·刑法志》说的"相国萧何捃摭秦法，取其宜于时者，作律九章"。《晋书·刑法志》说：战国时魏文侯师李悝著《法经》，有《盗》、《贼》、《囚》、《捕》、《杂》、《具》六篇，"商君（鞅）受之以相秦。汉承秦制，萧何定律，除参夷连坐之罪，增部主见知之条，益事律《兴》、《厩》、《户》三篇，合为九篇"。《九章律》是汉初最基本的法典；韩信撰写的《军法》为汉初的军事刑法；张苍制定的《章程》大约是关于历法、音乐、术数、度量衡、工程规格等方面的标准。

《晋书·刑法志》说："叔孙通益律所不及，傍章十八篇，张汤《越宫律》二十七篇，赵禹《朝律》六篇，合六十篇。"叔孙通所定礼仪规章即"傍章"，属于法律的一种，"与律令同录"故曰"傍章"。"越宫律"是关于宫廷警卫的法律；"朝律"又称"朝仪"，是关于王侯大臣觐见朝贺奏事的规范。《汉书·刑法志》说，武帝任用张汤、赵禹等人条定法令的结果，"律令凡三百五十九章，大辟四百九条，千八百八十二事，死罪决事比万三千四百七十二事。文书盈于几阁，典者不能遍睹"，反而给司法实践造成不便。武帝以后，元帝、成帝时期曾修订过法律，但影响不大。1983 年，在湖北江陵张家山汉墓出土了一批竹简，是研究汉律的珍贵史料，其中与秦律篇名相同的有《盗律》、《贼律》、《捕律》、《具律》、《户律》、《杂律》、《金布律》、《徭律》、《置吏律》、《效律》、《传食律》、《行书律》、《田律》等十三种；秦律之外新增的律名有《均输律》、《亡律》、《史律》、《告律》、《钱律》、《赐律》、《爵律》、《关市律》等八种。竹简有"二年律令"字样，一般认为是吕后二年（公元前186年）的律令。这些进一步证明了秦汉法律之间的继承关系。

东汉王朝基本上沿袭西汉法律。和帝时期，廷尉陈宠鉴于律令繁多建议整理后悉可详除，但未及修订就因为陈宠被罢官而作罢。献帝时，应劭曾奉命删定律令为汉仪，也可看做一次修律活动。

三、两汉的法律形式

汉代法律形式相当复杂，一般认为有"律、令、科、比"四种。

（一）律

律是汉代最基本的法律形式，即"法典"，律的制定较为规范，内容相对稳定。在汉代，除了汉律六十章外，根据史料记载和张家山汉墓竹简的汉律内容，还有考核官吏的《上计律》、禁止出仕诸侯的《左官律》、严禁盗铸钱币的《尚方律》等律名。汉代律名繁多、内容庞杂，以刑事法规为主，兼有民事、行政、诉讼等方面的法规。

（二）令

令即诏令，是汉代法律形式之一。《汉书·杜周传》："前主所是著为律，后主所是疏为令。"则律与令在内容上并无区别，皇帝的命令就是律。《汉书·宣帝纪》注："天子诏所增损，不在律上者为令。"则令是由皇帝颁布，可以"增损"现有律文。汉令调整的范围十分广泛，涉及政治、经济、文化、军事各方面。皇帝的命令或者诏书要成为法规性的"令"必须经过一定的程序，即诏书中使用"著令"、"著为令"、"具为令"、"议为令"、"议著令"等语时，诏、令即成为具有法律效力的"令"。令要定期整理，故有"令甲"、"令乙"之名；令以内容划分，有《田令》、《金布令》、《宫卫令》；以地名划分，有《乐浪挈令》、《北边挈令》；以官署划分，有《大鸿胪挈令》、《廷尉挈令》等。

（三）科

科的本意是规定、法则，又有品类、条目之意。《释名》说："科者，课也，课其不如法者罪责之也。"则科又有刑事规范的属性。科以具体条例补充律令，具有很强的可操作性，形成速度很快，"汉兴以来，三百二年，宪令稍增，科条无限"[1]《晋书·刑法志》说："科之为制，每条有违科。"即每一条科都标有违法名目。科只有纳入立法程序才具有法律效力，即要经过皇帝的批准。汉代科

---

[1]《后汉书·陈宠传》。

名很多，如《首匿之科》、《亡逃之科》、《异子之科》等。居延汉简有《捕斩匈奴虏反羌购偿科别》，提供了"科"的实物资料。

（四）比

比即"决事比"，是据以断罪的判例。比的含义有二：一是则例、故事，法律意义上的比，指既定判案成例；二是"决事比"，是一种司法类推行为。"廷尉所不能决，谨具为奏，附所当比律令以闻。"[1] 即司法官吏可以比附律令、援引案例以定罪判刑，比附判案形成的案例则有了法律依据功能。汉代比的来源主要是一些比较典型的疑难案件，如汉武帝时期大司农颜异以"腹诽"罪被处死，就形成了腹诽之法"比"，使这一案例就上升为一个新的法规，成为可以参考断案的准则。汉代官府整理汇编的判例也会成为比的来源，如张家山汉简《奏谳书》所载案例。判例要成为比必须是得到皇帝批准，或者是廷尉府终审的疑难案件，有时郡县官吏审判的典型判例得到上级认可也可能被赋予法律效力成为判案依据。比的存在可以适时修正律令的不足，规范完善成文法的实行。

第二节　汉代的行政法制

汉代行政法律涉及官僚机构的设置、官员的职责、选拔、监察、考核、升降、俸禄等各个方面，在继承秦代的"皇帝制"、"三公制"、"九卿制"、"郡县制"的基础上又有很多变化。

一、行政组织法

（一）中央机关及职责

汉代以皇帝为核心，皇帝与三公九卿一起构成中央机构。皇帝制度沿袭自秦，皇帝之下是三公，即丞相、太尉、御史大夫，分别主管行政、军事、监察，与秦代差异不大。汉代沿用秦的"九卿"制度，个别职官名称有所改动。汉代九卿分别是：奉常，后改为太常，掌宗庙祭祀、礼仪及文化教育；郎中令，后改为光禄勋，掌宫廷警卫及皇宫保卫；卫尉，掌宫城外围警卫；太仆，主管皇帝车马事务及国家马政；廷尉，掌管刑狱，负责疑难案件和皇帝交办的大案要案的审判；典客，后改为大鸿胪，掌管诸侯王、列侯及归义蛮夷首领朝觐事宜；宗正，掌管皇族事务；治粟内史，后改为大司农，掌管国家管财政赋税；少府，掌管山海池泽之税以供皇帝私家之用度。汉代九卿全部隶属于丞相，是中央政府机构的主体。

---

[1]《汉书·高帝纪》。

（二）郡国并行制

刘邦在剪灭异姓诸侯王后，"惩戒亡秦孤立之败，……剖裂疆土，立二等之爵。功臣侯者百有余邑，尊王子弟，大启九国"[1]。刘邦分封的同姓诸侯王国，大者跨州兼郡、连城数十，拥有大片的国土，有自己的军队和自己支配的官僚队伍，成为势力强大的政治实体。随着时间的推移，诸侯王与汉皇帝之间的血缘关系越来越疏远，因为政治、经济利益引起的冲突越来越激烈。为了削弱诸侯王势力，汉文帝"众建诸侯而少其力"、汉景帝"削藩"、汉武帝下"推恩之令"，随着上述政策的推行和诸侯王叛乱的被镇压，"诸侯唯得衣食租税，不与政事"，彻底丧失了政治上的发言权，与郡县没有了区别。

在封国之外则实行郡县制，郡为地方最高行政机构，郡守（景帝时期改为太守）为最高行政长官，下设郡丞、郡尉等佐官，由中央直接任命。郡下设县，与县同级的单位有道、国、邑（道主治蛮夷，国即侯国，邑即皇后公主的食邑），置县令（万户以上）或县长（万户以下），下设县丞、县尉等佐官。县下设乡亭里，乡设三老、有秩、啬夫、游徼等，亭设亭长（校长）、亭候、求盗，里有里魁（正）。王国、侯国中的郡、县、乡、亭、里设置与汉郡、县、乡、亭、里相似。

汉代郡取消了监御史，由中央派遣丞相史出巡各地履行监察之责。武帝元封二年（公元前106年）将全国除三辅地区外分为十三部，每部设刺史一人，隶属御史中丞，于每年八月巡行郡国监察地方。征和八年（公元前89年），在三辅京畿七郡设司隶校尉督察百官。东汉灵帝中平五年（188年）刺史改名州牧，由朝廷重臣出领，形成与中央抗衡的地方势力。秦以来形成的郡、县二级地方行政体制被州、郡、县三级行政体制所取代。

二、官吏管理法

汉王朝在构建起行政管理体制后，又以各种立法对行政管理主体——各级官员的任用、考核、奖惩、任免等制定出系统的法律规范，促使官吏在法定的范围内完成自己的职责。

（一）录用

官吏录用管理是确保官僚队伍质量的关键，汉代在官吏录用标准、程序、录用方式等方面都有明确规定。

1. 录用标准与限制。武帝元狩六年（公元前117年），命令丞相府设"四科

———————

[1] 《汉书·诸侯王表》。

之辟"[1] 选拔人才，从道德修养、文化素质、管理才能等方面确立了选官标准。汉代沿袭秦代制度，规定商人、赘婿、犯罪官吏不得为官。同时有"三互法"，即州、郡长官不能录用本郡人士，三州人士、婚姻之家也不能交互为官。

2. 选举。两汉选官方式主要有察举、辟除、功劳、超擢等。察举即考察举荐，是一种自下而上的选官方式，由郡守按照规定和各郡人口比例向国家推荐人才。察举面向庶民社会和下级官吏，注重道德与才干，是汉代选官方式中最有价值的一种。辟除，即中央与地方长官直接选用僚属，再经举荐察举，可以升任中央与地方官。功劳，又称功次、积功等，是官吏凭借自身的功劳与资历获得升迁的一种途径。超擢是在特殊时期超常选拔官员或官吏、贮备人才的办法。选拔官吏之途除上述外，还有任子与纳赀两种，属于非程序性选官。任子是两千石以上官员任期满三年，可以推荐兄弟或子侄一人为郎官。赀选即以资产选官，汉初，赀财十万以上可以为官，景帝以后降为四万，赀选官吏一般为郎官。赀选为官需要付出一定的代价，后来更演变为卖官鬻爵。

作为官吏选拔的最后一道手续是试守，通行于两汉。试守适用于所有官吏，期限一年，根据官吏特长安排试守职位，期满考核，若称职则正式任命为真，若不称职则罢归原职。官吏在试守期内无察举权、不能领全额俸禄。

(二) 考核

考核是官吏管理法的重要部分，汉代《上计律》、《考功法》、《功令》等法规，对考核的形式和内容都做出了规定。

1. 方式与内容。汉代考核分为自上而下的监督考课和自下而上的上计，两者互相配合，构成系统的考核体系。考课表现为：官吏考课依行政组织自上而下逐级实施，长官课属吏，上级课下级，丞相、御史大夫课郡国，郡国课县。上计则县上计于郡、郡上计于丞相和御史大夫。各县在每年年终将本县的户口、垦田、税收、社会治安状况等编成计簿报送郡，郡依此编成上计簿报送丞相府。上计在秋冬岁尽时进行。

2. 等次与奖惩。汉代官吏的考核结果，优异者称"最"、"第一"、"优异"、"异等"；末位称"殿"。考核不但要评出等级，还要做出综合评价。对于考核优异者予以奖励，包括官位升迁、增秩赐金（赐钱）、赐劳（增加功劳）；对考核落后者则要予以惩罚，包括免官、斥免（斥责免官）、负算（将官吏不尽职守的考核结果记录在案）。对"能不宜其官"即官吏不能胜任现任官职时，则平调以解决问题。

---

[1] "第一科曰德行高妙，志节清白；第二科曰学通修行，经中博士；第三科曰明达法令，足以决疑，能按章覆问，文中御史；第四科曰刚毅多略，遭事不惑，明足以决，才任三辅令。"参见《汉旧仪》。

第三节 汉代的刑事法制

一、罪名与罪状

汉代在继承秦代罪名的基础上，适应社会发展，形成了汉代的罪名、罪状体系。

（一）危害皇权的犯罪

（1）不敬、大不敬。"亏礼废节谓之不敬。"[1] 在君主专制体制下，臣民必须对皇帝本人、皇帝的御用物品、皇帝的住所甚至皇帝的近臣恭敬有加，否则就构成不敬或大不敬罪。

（2）违反诏令。不执行诏书构成此罪。"敢有议诏及不如诏者，皆腰斩。"[2] 违反诏书要求、诈称诏命、篡改诏命均分别给予严厉处罚。

（3）欺谩罪。即欺骗、瞒哄皇帝或大臣，具体分为诋欺、谩、诬枉三种。诋欺即虚构事实欺骗、污蔑皇帝或大臣；谩即故意隐瞒、欺骗朝廷；诬罔即以虚假事实诬陷君臣。除谩罪处罚较轻以外，其他要处以极刑。

（4）阑入宫殿门及失阑罪。汉代凡进入宫门都须持有关部门发的符籍，无符籍而入即为"阑入"。汉律规定，阑入宫门者罚为城旦，阑入殿门者要处死。守卫宫殿门的官吏未能及时发现和制止阑入者则是"失阑"，要免官。

（5）犯跸罪。跸即皇帝出行时的车马仪仗。凡对皇帝出行时的车马仪仗造成冲撞的均犯此罪，罚金四两。

（二）危害国家政权的犯罪

（1）谋反罪。是指通过暴力推翻皇帝或颠覆国家政权，是封建社会最严重的犯罪，犯者处极刑，灭族。淮阴侯韩信、梁王彭越都以谋反罪被"夷三族"。

（2）大逆不道罪。《汉书·陈汤传》说："大逆不道无正法"，此罪的罪状界定没有确定的界限，为了维护封建政权，司法官员可以任意入罪，打击异己。《汉书·景帝纪》注引如淳说："大逆无道，父母、妻子、同产皆弃市。"

（3）首匿罪。即窝藏谋反和大逆不道的罪犯行为，犯者弃市，重者夷三族。《汉书·王子侯表》说："（汉宣帝）元康元年（公元前65年），修故侯福坐首匿群盗，弃市。"

（4）通行饮食罪。指为暴动人员或组织传递消息、充任向导、提供衣食等行为，犯者重惩。《汉书·咸宣传》记载："（汉武帝）以法诛通行饮食者，坐相

---

〔1〕《晋书·刑法志》。

〔2〕《汉书·高五王传》。

连郡，甚者数千人。"东汉规定与西汉一致。

（5）见知故纵罪。据《汉书·刑法志》记载，武帝时期"作见知故纵、监临部主之法"，知道别人犯罪而不举报，长官不及时纠举下属犯罪的均构成此罪。

（6）沈命法。汉武帝时期，由于过度征发，各地出现大规模"群盗"叛乱，武帝制定了"沈命法"，"沈"，没也。凡是出现群盗而地方官没有发觉，或者发觉但抓捕不力的，郡守以下所有主抓此事的官员一律处死。

（三）危害中央集权的犯罪

汉代实行郡国并行体制，汉朝中央政府与分封势力之间存在着统一与割据分裂的矛盾冲突。汉律制定了一系列罪名，以打击分封势力危害中央政权的行为。

（1）阿党附益罪。这是两汉时期刑法方面的新罪名。汉代中央政府派遣傅相，代表中央政府监督、控制诸侯王，诸侯有罪傅相不具奏即为"阿党"。指中央朝臣外附诸侯，为诸侯王图谋不法利益，即为"附益"。"阿党"、"附益"之罪轻者免爵，重者弃市。与此罪的有关的是"左官律"，汉代以右为上，汉武帝规定在诸侯国任职为左官，地位低于中央任命的官吏，且不得进入中央任职，以此限制诸侯王网罗人才，体现了尊君抑臣的思想。

（2）私出界罪。"出界"指诸侯王擅自越出封国国界。汉律规定，诸侯王、列侯私出界，重者处死，轻者免为庶人。

（3）酎金不如法罪。酎是一种醇酒。汉代礼制规定，皇帝每年八月在宗庙举行献酎大祭，届时诸侯王、列侯按照封国户口献金助祭，称为酎金。"不如法"指献给皇帝的酎金"色恶"、"少不如斤两"。汉书记载元鼎五年（公元前112年），因不如法武帝夺爵者百六人，其目的在于借机削弱诸侯王、列侯势力。

（4）漏泄省中语。是指漏泄朝廷机密的犯罪，沿用了秦代罪名，为了保证朝廷核心机密不外泄，确保各项政策顺利推行，将此行为定为重罪。

（四）侵犯人身罪

（1）杀人罪。汉律中的杀人罪，根据行为人的主观心态区分为谋杀人、贼杀人、谋贼杀人、斗杀人、误杀人、戏杀人、狂易杀人等。"谋贼杀人"即两人以上共同故意杀人。张家山汉墓竹简《二年律令》第二十一简："贼杀人、斗而杀人，弃市。其过失及戏而杀人，赎死。"

（2）伤害罪。汉代伤害罪分为贼伤人、斗伤人二种。贼伤人，即故意伤害。《张家山汉墓竹简》第二十五简："贼伤人，及自贼伤以避事者，皆黥为城旦春。"斗伤人，即殴斗伤人。使用凶器相斗伤人多记做"斗伤人"。"殴"、"殴詈"则属于"徒手"伤人，是"斗伤人"的一种。正常情况下的"斗伤人"罪要"完为城旦"。

（五）侵犯公私财产罪

侵犯财产的犯罪即盗窃罪。汉代盗窃犯罪按照其行为方式的不同，分为窃盗与强盗两大类，强盗之中又以群盗影响大，成为人们关注的焦点。盗罪的处罚以赃值多少为标准，与秦律一致，窃盗一般会处以轻重不等的徒刑。因群盗社会危害性大，故而处刑多为死刑。

（六）官吏职务犯罪

汉律规定，官吏不认真履行职责造成严重损失即构成犯罪，要追究责任。

（1）官吏擅离职守罪。为保证政府机构功能的正常发挥，汉律禁止官员擅离岗位。《后汉书·儒林·杨伦传》记载，杨伦为清河王傅时，"弃官奔丧，号泣阙下……阎太后以其专擅去职，坐抵罪"。"擅去职"即擅自离开岗位。

（2）玩忽职守罪。不能认真履行职责，给国家造成损失即为玩忽职守罪。汉代因为玩忽职守被免官夺爵的三公不在少数。汉律规定，地方受灾损失达到什四以上，郡守就要被追究责任。

（3）选举不实罪。汉代察举名目较多，为了保证举荐人才的质量，汉律规定了"选举不实"罪。丞相、列侯、公卿及地方郡国按科目要求荐举人才，如果举荐人才数量不足或者质量不符合要求都可以按照"选举不实"罪处罚。

（4）鞫狱不直与纵囚罪。鞫狱不直，就是判决不公正，包括轻罪重判和重罪轻判两种。《张家山汉墓竹简》第一百一十二简："其轻罪也而故以重罪劾之，为不直。"《张家山汉墓竹简》第一百零七简至第一百零九简记载，司法官员审问时故意给被审问者罗织罪名或开脱罪责，或者断案出现过失等，都是"不直罪"。汉代对鞫狱"不直"罪的处罚有的处死刑，有的免官。"纵囚"即按律应该判罪而不判或者释放犯罪人等的行为。《汉书·昭帝纪》载廷尉李种"坐故纵死罪弃市"。

（5）主守盗罪。所谓"主守盗"就是监守自盗，官员利用职权之便，非法取得自己所监管的国家资产或者国家土地的行为，犯罪主体为各级官吏。《汉书·酷吏·田延年传》记载，田延年借主持土木工程之机虚报土方运价，冒领贪占公款三千万，是"主守盗"犯罪的典型案例。

（6）受财罪。"受财"即接受别人财物。利用权势强迫别人献出财物给自己或许诺为人以权谋利使人献出财物是"受财罪"的基本形式。接受财物者为犯罪主体。《史记·外戚恩泽侯表》载，平丘侯王迁"坐平尚书听请受臧六百万，自杀"。听请，即接受别人的请求；受赃，接受了别人献给他的财物，属于索贿罪。

此外，汉律还有关于言论方面、伦理方面的犯罪等。

二、定罪量刑原则

（一）矜恤老幼妇残

老幼妇残等人其社会危害性相对较小，刑罚惩治上需要有所减免，以培养尊老爱幼、怜弱恤残的社会风气。《汉书·刑法志》载景帝时规定："年八十以上，八岁以下，及孕者未乳，师、侏儒当鞠系者，颂系之。"《汉书·宣帝纪》载宣帝诏书："年八十以上，非诬告、杀伤人，他皆勿坐"。《汉书·刑法志》载，成帝时规定："年未满七岁，贼斗杀人及犯殊死者，上请廷尉以闻，得减死"。从上述诏令可看出，七岁、八岁以下，七十、八十以上属于汉刑事责任年龄界限，矜恤老幼原则贯彻于整个汉代。

（二）亲亲得相首匿

秦代鼓励告奸与"子为父隐，父为子隐"的儒家伦理相冲突，随着儒学的推行，儒家伦理逐渐得到汉中期政府的认可，《汉书·宣帝纪》载汉宣帝地节四年（前66年）诏书说："父子之亲，夫妇之道，天性也。虽有祸患，犹蒙死而存之。诚爱结于心，仁厚之至也，岂能违之哉！自今子首匿父母、妻匿夫、孙匿大父母，皆勿坐。其父母匿子、夫匿妻、大父母匿孙，罪殊死，皆上请廷尉以闻。"此后，"亲亲得相首匿"得到法律认可。

（三）官员犯罪先请

汉律规定，一定级别的官员或宗室贵族犯罪要请示皇帝以确定是否处罚，就是"先请"或"上请"制度。这一制度既是官吏贵族的特权，也是皇帝行使司法权的重要途径。西汉享有先请特权的是六百石以上官员和宗室贵族；东汉享有先请特权的官员范围扩大到不足六百石甚至三百石的县长、侯国相。违反先请规定擅自处罚官员要受到处罚。

（四）自告者除其罪

汉律称自首为"自告"、"自出"，即犯罪行为人在其罪行未被发觉以前，自己到官府报告其罪行，可以免除其罪。"先自告者除其罪"也有一定限制：一是在犯有数罪的情况下，只免除其自首之罪的刑罚；二是对于已经造成危害的犯罪，"自告"者减轻处罚并非不处罚；三是首恶或造意者先自告亦不除罪。

三、汉代刑罚制度

（一）西汉初期的刑罚制度

西汉王朝建立初期，其刑罚多沿袭秦代制度。汉代肉刑如墨刑、劓刑、刖刑、宫刑，死刑如弃市、腰斩、枭首、族刑等一如秦代旧制。在死刑执行方式上汉初有"殊死"即斩首规定。徒刑方面也一如秦朝，但据《汉旧仪》的说法，汉初徒刑有了明确的刑期，如髡钳城旦舂为五岁刑、完城旦舂为四岁刑、鬼薪白粲三岁刑等。至于罚金、徙边等刑罚与秦代无异。

（二）文景时期的刑制改革

汉初刑罚虽有若干修改，但严酷程度一如秦代，要顺应社会发展对刑罚人道主义的需要，彻底摒除秦之酷法，就必须对刑罚体系做出大的调整。《汉书·刑法志》记载了从文帝到景帝时期的一场刑罚改革。汉文帝十三年（公元前167

年），以缇萦上书为契机开始了一场刑罚改革。

根据文帝的诏令，丞相张苍、御史大夫冯敬等拟定刑罚改革办法："诸当完者，完为城旦舂；当黥者，髡钳为城旦舂；当劓者，笞三百；当斩左趾者，笞五百；当斩右趾，及杀人先自告，及吏坐受赇枉法，守县官财物而即盗之，已论命复有笞罪者，皆弃市。"文帝批准了这一建议。改革后的刑罚废除了墨刑、劓刑、刖刑等肉刑；以"髡钳为城旦舂"代替黥（墨）刑；以笞刑（三百）代替劓刑；以笞刑（五百）取代斩左趾，以弃市（死刑）取代斩右趾。文帝本欲减轻刑罚，但"斩左趾者笞五百"，"当劓者笞三百，率多死"，斩右趾直接改为弃市死刑，是"外有轻刑之名，内实杀人"。汉景帝即位后，发现"加笞与重罪无异，幸而不死，不可为人"，下令减少笞打数量，改笞五百为笞三百，改笞三百为笞二百。但还是出现"或至死而笞未毕"的现象。不久，就"减笞三百曰二百，笞二百曰一百"，并制定了《箠令》："笞者，箠长五尺，其本大一寸，其竹也，末薄半寸，皆平其节。当笞者笞臀，毋得更人，毕一罪乃更人。自是笞者得全"。

这场刑罚改革废除了先秦以来致残人身体的墨刑、劓刑、刖刑，使受刑者得以自全其身，是儒家仁政主张对刑法的一次重大改造，是封建制五刑（笞、杖、徒、流、死）体系的源头。

（三）汉代刑罚体系

汉初的刑罚体系，由死刑、肉刑、徒刑、罚金、徙边等组成。对有爵者、官吏、士人还适用夺爵、免官、禁锢等刑罚。

（1）死刑。汉代针对单个罪犯的死刑执行方式有斩首、腰斩、枭首、弃市、磔等，均沿袭秦代制度。针对家族集体的死刑执行方式为族刑，又称"夷三族"。处族刑时，不仅犯者本人处死刑，还连带处死其父母、妻妾子女、兄弟姐妹。执行方式与个人死刑一样。

（2）肉刑。汉文帝除肉刑前，肉刑有墨刑、劓刑、斩左右趾刑三种。文帝、景帝时期的刑制改革，废除了墨刑、劓刑、斩左右趾刑，代之以笞二百、笞一百、弃市，但"斩右趾"刑一直在沿用。从史料记载看，作为减死之刑，宫刑一直在用，不过规模不大而已，武帝时，司马迁被处宫刑即是例证。《后汉书·陈宠传附陈忠传》记载，东汉安帝时"除蚕室刑"，此时宫刑才实际废除。

（3）笞刑。笞刑作为惩罚罪犯和考讯手段由来已久，自汉文帝刑罚改革时开始作为法定刑罚。汉景帝又制定笞刑的数量和行刑规则，使笞刑立法趋于科学化。除笞刑外，汉代还有非正式的杖刑。《后汉书·献帝纪》记载汉献帝时，侯汶有罪，"未忍致汶于理，可杖五十"。不过杖刑在汉代并不普遍。

（4）徒刑。汉承秦制，徒刑有城旦舂、鬼薪白粲、司寇、复作、隶臣妾等名目。文帝、景帝进一步完善了刑期制度，经过改革，汉代徒刑只是沿用先秦、秦代的习惯名称而已，实际服刑内容与刑名之间已无多大关系。

（5）罚金刑。汉代继承了秦代的罚金刑制度。《汉书·文帝纪》文颖注引汉律："三人以上无故群饮酒，罚金四两。"张家山汉墓竹简中有罚金四两、罚金二两、罚金一两之规定。罚金刑适用于情节轻微的犯罪。

（6）徙边刑。徙边刑即将罪犯发配边疆服役的刑罚。秦有七科谪，汉承其制。武帝天汉四年（公元前97年）"发天下七科谪。"其中的"有罪"、"亡命"等属于有罪之人，对他们所处的刑罚是徙边。徙边刑作为死刑减低一等的刑罚，与后来的流刑相似。

汉代刑罚除上述六种以外，还有针对贵族官吏适用的免官（贬官）、夺爵（贬爵）、禁锢等处罚方式。

第四节　汉代的民事和经济法制

一、民事权利主体

汉代法律没有现代意义上的民事权利年龄规定，一般认为，社会成员能为国家服徭役、兵役则意味着能够承担民事义务，相应的也应该享有民事权利，成为民事关系的主体。汉初沿袭秦制，民十五岁已经开始成为民事关系主体。即十五岁就要缴纳丁税"算赋"。惠帝六年（公元前189年）诏书："女子年十五以上至三十不嫁，五算。"[1] 确定了以十五岁为成年的标准。汉昭帝令："二十三始傅，五十六而免。"[2] 此后成为定制，没有再变。男子二十三岁开始成为完全民事主体是汉昭帝以后的汉制。

二、所有权

所有权是为法律所保护的人们对物质资料的占有关系。汉代最重要的物质生产资料是土地，因而，土地所有权就是汉代所有权的核心内容。汉代存在大量的国有土地称为"官田"、"公田"等，包括山林川泽、苑囿园池、荒地等，取得方式包括继承官田、新开垦的农田、没收的私田等。公田经营方式有出租（假民公田）、赐田、屯田等，经营方式不同，国家征收的赋税不同。汉代私人土地所有权得到法律认可。私人的土地主要是耕地，取得方式包括继承、先占、买卖、受赐、侵占等。汉代土地买卖带来土地所有权的大规模转移，导致失地农民出现；汉代"赐民田宅"的事例也很多，是贵族官僚获取公田的重要途径；侵占即利用非法手段占有国有、私有土地，汉代贵族官僚依仗权势侵占土地的现象十

---

〔1〕《汉书·惠帝纪》。

〔2〕《汉书·昭帝纪》。

分普遍。

汉代国有土地有专门机构管理,私有土地也需要到官府登记,户籍登记中包含着土地占有登记的内容,是土地所有权的法律依据。所有权因为归属不清而发生争执时,官府确认所有权的依据则是买卖、继承等民事活动过程中签订的契约。所有权人的所有物被他人侵占时,可以向官府提起诉讼,请求返还原物。所有权人的所有物受到损害,可以向官府提出诉讼,请求官府责令侵害人赔偿损失。

三、契约制度

在汉代社会,买卖、借贷、租佃、雇佣等债权债务关系十分活跃。汉律要求人民在从事大宗财物的买卖、赠与、出租、继承等经济行为时要订立契约作为法律保障的依据。

(一) 买卖契约

买卖契约是买卖关系成立的凭证,又称"券"或"市券"、"券书"。郑玄注《周礼·秋官·士师》云:"若今时市买,为券书以别之,各得其一,讼则案券以证之。"显示了契约在汉代社会生活中的重要地位。《居延汉简释文合校》第二十六之一简是一个交易契约,记载了交易时间、交易双方姓名、交易物品、价格、付款时间、证人等内容,以保证如期履约。汉代商品交易频繁,买卖契约也很普遍。

(二) 借贷契约

在汉代,普通百姓甚至王侯贵族因为生活所需或祭祀、丧葬、出征所急而介入借贷关系之中的现象十分普遍。不仅富商豪贾、官僚贵族放债取息,就是一般官吏、百姓也从事贷钱贷物活动。借贷活动的活跃促使大量借贷契约产生。《居延汉简》中可以见到大量的债务文书,借贷对象有钱、有物;逾期不还,双方即形成债权债务关系,债权人的债权得不到偿还时,往往请求官府督促债务人履行债务。官府受理后,即核查落实并直接向债务人收债。汉代有债务担保制度,"今富商大贾多放钱贷,中豪子弟为之保役"[1]。"保役"即担保。如果债务人死亡,担保人须通知其家人承担清偿债务的责任。抵押是常见的担保方式,人身抵押、房产抵押、俸禄抵押都较常见。

四、婚姻家庭与继承制度

汉代婚姻关系深受宗法伦理制度的影响,《白虎通义》对汉代婚姻关系提出了一些基本原则。一是父母之命、媒妁之言。"娶妻如之何,必告父母;娶妻如之何,匪媒不得。"[2] 父母之命、媒妁之言成为社会公认的成婚准则。二是实行

[1]《后汉书·桓谭传》。
[2]《白虎通义·嫁娶》。

六礼。[1] "女子十五许嫁，纳采、问名、纳吉、纳征、请期、亲迎以雁贽。"在上述程序中，雁是必不可少的礼物，送聘礼是婚姻关系成立的重要环节。三是禁止同姓为婚。由于礼制的提倡，不娶同姓的原则约束着人们婚姻关系的范围。四是"五不娶"。"乱家之子不娶，逆家之子、世有刑人、恶疾、丧妇长子，此不娶也。"[2] 五是汉律禁止娶逃亡妇女为妻。"律：取（娶）亡人为妻，黥为城旦，弗智（知），非有减也。"[3] 这一规定与秦代一致。

汉代的结婚年龄，"女子年十五以上至三十不嫁，五算"。[4] 婚姻的解除权主要掌握在丈夫手里，"七出"、"三不去"仍是解除婚姻关系的法律依据。此外，妻子也有一定的婚姻自主权，"夫妇之道，有义则合，无义则离"。[5] 妻子可以主动提出与丈夫离婚。妻子在离婚时可以带走自己的陪嫁物，也可再婚。

汉代的继承分为两类：一是爵位继承（或身份继承），二是财产继承。汉代实行分封制，爵分二等，王和侯。汉律规定，不论王侯，爵位继承必须是嫡长子。若爵位继承出现"非正"（非嫡子）、"非子"（非亲子）的情形，会受到惩罚。财产继承的原则是诸子均分制。汉代家长享有家产的所有权，有权处分家产。汉代也有遗嘱继承，称预先立遗嘱为"先令"。江苏省扬州市仪征县胥浦乡一百零一号汉墓出土的平帝元始五年（公元5年）《先令券书》就是一份遗嘱实物。《张家山汉墓竹简·户律》规定，遗嘱的订立必须有乡部啬夫现场见证或监督并上报官府备案。

五、汉代的经济管理法制

汉代的经济立法以秦代法制为基础，适应汉代社会经济发展的需要而有所变化。汉代经济立法涉及农业、手工业、商业等领域。

（一）农业管理法规

鼓励发展农业是汉代的基本政策。辖区农业发展情况是汉代考核郡县官吏的重要内容，促进郡县农业的发展是官吏的职责。《汉书·循吏传》记载："召信臣为南阳太守，躬劝耕农，出入阡陌，止舍离乡亭，稀有安居时。"后可"耕地岁岁增加，多至三万顷"。汉代为鼓励农业生产还一再降低农业税，由十五税一到三十税一；还多次免除农业税，也间接促进了农业生产的发展。

（二）商业管理法规

商业对农业社会而言，有其不可或缺的一面，但商业的大发展又会引起土地

---

〔1〕《白虎通义·嫁娶》。
〔2〕《白虎通义·嫁娶》。
〔3〕《张家山汉墓竹简·奏谳书》。
〔4〕《汉书·惠帝纪》。
〔5〕《汉书·孔光传》。

集中、农民流亡，甚至国家财政也会受到侵蚀，最终导致政府抑商政策的出台。

1. 商贾律。高祖八年（公元前 199 年）诏："贾人毋得衣锦绣、绮縠、絺纻、罽，操兵，乘骑马。"[1] 后来法律对商人的限制一度有所放松。《汉书·食货志》说："今法律贱商人，商人已富贵矣；尊农夫，农夫已贫贱矣。"武帝时，对商人的打击力度突然加大，汉武帝发"七科谪"戍边，其中四类人都与商人有关。

2. 禁止商贾为吏。整个汉代都禁止商人为官，《史记·平准书》记载，汉初"市井子孙亦不得为吏"。《后汉书·桓谭传》载："是以先帝禁人二业，锢商贾不得宦为吏。此所以抑并兼长廉耻也。"交代了禁止商贾为吏的目的。

3. 算缗令与告缗令。武帝元狩四年（公元前 119 年）采纳张汤等人"算轺车贾人缗钱"的建议，颁布"算缗令"，开始大规模征收商人财产税。算缗令颁布后，贾人豪富纷纷隐匿财产。为此，武帝在元鼎三年（公元前 114 年）又颁布了"告缗令"，鼓励人们揭发隐匿财产的商人。推行算缗与告缗的结果是朝廷敛得巨大财富而中等以上的商贾大都破产。

4. 盐铁官营。盐铁是人们的生活必需品，煮盐冶铁都能获得丰厚的利润。汉初，国家对盐铁的经营没有任何限制，武帝时期为了解决战争带来的国家财政困难，将盐铁的开采经营权收归国有，盐铁的生产、运输、交易完全由国家控制，盐铁官营限制了商人势力的发展。这一政策直到东汉章帝时期才得以取消。

5. 均输平准。均输平准法是武帝时期出台的经济管理法规。元鼎二年（公元前 115 年）试行，元封元年（公元前 110 年）开始在全国大力推行。所谓"均输"，即设置"均输盐铁官"控制物资流动，均衡物流的远近难易，使其有序流通；所谓"平准"，即由大司农"尽笼天下之货物"，控制输送到京师的物资，调节供需，平抑物价。均输平准法的推行，商贾在流通领域的利润被收归国家，缓解了政府的财政危机。昭帝以后，均输平准法受到"贤良文学"的非议，逐渐被废除。

第五节　汉代的司法制度

一、司法机关

（一）中央司法机关

中央司法机关由皇帝、丞相、御史大夫、太尉、廷尉等构成，皇帝掌握国家的最高司法权。汉高祖七年（公元前 200 年）诏："自今以来，县道官狱疑者，

---

[1]《汉书·高帝纪》。

各谳所属二千石官，二千石官以其罪名当报之。所不能决者，皆移廷尉，廷尉亦当报之。廷尉所不能决，谨具为奏，傅所当比律令以闻。"[1]《汉书·刑法志》载，汉宣帝"常幸宣室，斋居而决事"。

丞相、御史大夫、太尉又称"三公"，对文武百官有举劾权、审判权、还有参与讨论定罪量刑的权力。廷尉属官有廷尉正，掌管疑狱；左右监，掌管逮捕；左右平，掌诏狱。廷尉的主要职责是复审天下疑狱和办理皇帝交给的案件（诏狱）。汉代的御史大夫除掌监察外还参与案件的审理。汉成帝时在尚书台设"三公曹"主断狱。东汉时在尚书台增设"二千石曹"掌辞讼。廷尉以外的其他中央机构也都有一定的司法权。

（二）地方司法机关

汉代地方行政长官兼理司法。郡守、县令掌管地方司法权，处理一切能处理的案件，包括死刑案件；郡守属官有郡丞、郡尉等。汉初封国权力很大，专设内史掌管司法。景帝以后封国受到削弱，封国丞相与郡太守相似掌管司法。另外，作为地方监察机关的刺史也负有监督地方司法的职责。东汉末年刺史改为州牧，正式成为一级地方行政机构，州牧掌管一州的司法权。

二、诉讼的提起

汉代起诉主要有"告"、"劾"、"自告"三种。社会上一切主动告诉官府请求处理的诉讼行为均为"告"，类似于现代诉讼中的"自诉"。告有口诉、书告之分，"口诉"即以口头表达的方式向司法机关提起诉讼，又称"自言"；书告，即控告者以书面形式向中央或地方司法机关提起控告。向中央司法机关"书告"称为"诣阙上书"，西汉之阙为未央宫北阙，东汉之阙为洛阳鸿都门之阙。"诣阙上书"是典型的越级上诉。一切由官府请求司法处理的诉讼案件，统称为"劾"，类似于现代诉讼中的"公诉"。"劾"是一种政府行为，凡是各级官府立案处理的人犯，需要有具体办案官员向相关机构举劾。"告"、"劾"是汉代提起诉讼的前提，没有"告"或"劾"而捕人审讯，即属违法。《汉书·淮南王传》记载淮南王的罪状之一便是"擅罪人，无告劾系治城旦以上十四人"。自告即自首。

汉代法制对告诉之权也有一些限制。首先是禁止卑幼告发尊长（谋反大逆除外），体现了儒家"亲亲相隐"原则；其次是未成年人、在押犯人无告诉权；再次是禁止越级告诉，强调逐级告劾。

三、逮捕

司法机关在接到告劾决定受理案件后，需要逮捕收押人犯，剥夺其人身自

---

[1]《汉书·刑法志》。

由。汉律中的《捕律》规定，执行逮捕任务的机关在中央为执金吾（中尉）、司隶校尉、廷尉监、侍御史；地方执行逮捕任务的司法机关为刺史、郡守、郡贼捕掾、县令等。逮捕方式有"诏捕"、"逐捕"、"名捕"三种。诏捕，即皇帝下诏逮捕，用于逮捕谋反等其他大案人犯，多为秘密抓捕；逐捕，即逐名抓捕，由使者持节奉诏，属大规模的抓捕行动，且能捕就捕，不能捕则杀，即"捕斩"；"名捕"，即通缉，按照诏书指名抓捕，主要针对逃亡在外的人犯。

四、鞫狱制度

"鞫狱"，是从审讯到结案的整个过程。汉代的鞫狱制度包括以下几个方面：

（一）杂治

杂治即会审，包括刑侦、拷讯、取证等，主要适用于谋反之类的重罪或涉及宗室、诸侯王、高官的犯罪，参加杂治的人员由皇帝在中央各机关中指派。实行杂治主要是为了防止错判误判，贯彻慎刑原则。

（二）即讯

即讯即司法官员亲赴当事人所在地审问案情，作为一种审讯方式，当事人可以不入狱，免受酷刑折磨和狱吏的侮辱，主要适用于诸侯王、宗室贵族或者高官，是皇帝在不破坏审讯程序的基础上以减轻被告罪责的一种审讯方式。即讯与"下吏"正好相反，下吏即将案件全部交由廷尉审理，当事人入狱囚禁，还要受到刑讯拷问。

（三）拷问

汉代鞫狱，必须得到被告当事人的供词，包括证人证词方能结案。司法人员为了取得可供立案、定案、结案的供词，会以严刑酷法拷问囚犯。汉代鞫狱过程中因为拷打导致犯人惨死狱中的案件不胜枚举。

（四）证据

证据指具有法定形式，能够证明案件真实性的一切事实。汉代证据制度沿袭秦制，根据张家山汉墓竹简《奏谳书》的材料，汉代证据形式主要有受害人陈述、书证、物证、证人证言、被告的供词等。

（五）具狱、读鞫与乞鞫

汉律规定，县、郡司法机关审理的案件，如系大案（谋反、杀人等）、疑难案件，必须把审理案件过程中形成的所有文字材料加以汇总向上级机关报送。汇总的文字材料称为"具狱"；上报则为"上具狱"，又称"报囚"，是汉代法定程序之一。汉代处决囚徒一般在冬月，所以上报死囚"具狱"也多在冬月，"具狱"在人犯处死时还要一起公布。读鞫即宣判，是汉代审判程序的最后一项。被告对判决不服，则可以请求复审，即"乞鞫"。"乞鞫"必须逐级向上报批，"乞鞫"过程与"请谳"紧密联系在一起；乞鞫须在案件判决后一年内提出。

（六）录囚制度

"录囚"即上级司法机构对在押囚犯的省录复核，以查处和纠正冤假错案。其目的在于监督司法机构的审理、判决。刺史每年八月巡行所辖郡国录囚徒。东汉时期，皇帝、皇后也参与录囚。汉代受天人感应理论影响，录囚与禳灾结合在一起，每逢灾荒之年，朝廷都会派官员巡回各地监狱录囚，平冤狱、出罪囚。

（七）春秋决狱

汉武帝"罢黜百家，独尊儒术"使春秋公羊学成为占统治地位的理论。儒家思想对法制的影响就是"春秋决狱"或"引经决狱"，即以儒家思想指导断狱。具体说来，就是在司法官吏审理案件的过程中，以儒家经义作为分析案情、定罪量刑的依据，并按经义的精神解释和使用法律。汉代引经决狱者常用的儒家经典是《诗》、《书》、《礼》、《易》、《春秋》等五经，以《公羊春秋》为主，故称为"春秋决狱"。董仲舒提倡引经决狱的目的在于以儒家思想改造和影响司法实践。《后汉书·应劭传》载："故胶西相董仲舒老病致仕，朝廷每有政议，数遣廷尉张汤亲至陋巷，问其得失，于是作《春秋决狱》二百三十二事，动以经对，言之详矣。"董仲舒引经决狱的记载早已失散，有一些案例散见于其他典籍之中。在引经决狱的过程中，逐渐形成了一系列符合儒家思想的法律观点，成为封建立法的依据，有些甚至直接为立法所吸收成为法律条文。

"春秋决狱"的核心是"原心定罪"，内容有：①以德主刑辅为原则。董仲舒认为审理案件是实施教化的一种手段，断案公正、准确，就能弘扬儒家的伦理道德，教育人民，否则就不能起到教化民众的作用；②审理案件时要重视犯案者的"志"，即行为动机，主张以志为标准来判案，以动机断狱。《春秋繁露·玉杯》说："春秋之论事，莫重于志。"何谓罪？据《汉书·宣帝纪》臣瓒注："无其功有其意谓之罪。"只要有犯罪动机，即使没有犯罪事实，也是犯罪。"春秋之听狱也，必本其事而原其志，志邪者不待成，首恶者罪特重，本直者其论轻。"[1] 原心定罪在当时有一定的进步意义。汉武帝时期，以轻罪重罚为执法原则，特别是酷吏执法动辄诛杀数百，从重成习。提倡原心定罪，参考犯罪动机，多少可以减少一些刑罚的残酷性。

（八）秋冬行刑

先秦时期流行的阴阳五行学说，将四时分为阴阳，各有不同的属性。如《吕氏春秋》中的"十二纪"就论述了十二月与政治、法制的关系。按《淮南子·时则训》的说法，秋冬（六至十月）要严断狱、捕盗贼、杀不法。董仲舒

---

[1] 《春秋繁露·精华》。

在《春秋繁露·阳尊阴卑》指出："阴，刑气也；阳，德气也。阴始于秋，阳始于春。"四季蕴含着不同的人类情感，需要有相应的统治方式，秋冬行刑的结论由此得出，以后更成为汉代人遵守的司法理念。汉代制度，除非谋反大逆，必须及时处死者外，处死囚徒一般在十、十一、十二三个月。东汉时期进一步减少，《汉书·章帝纪》记载，元和二年（85 年）下诏："其定律，无以十一、十二月报囚"。《后汉书·百官志五》载郡守职责为"秋冬遣无害吏案讯诸囚，平其罪法"。地方官在秋冬时节审囚决狱是法定职责。

思考题

1. 简述黄老学说对汉初法制的影响。

2. 简述"独尊儒术"对汉代法制的影响。

3. 简述汉代诉讼制度的基本内容。

4. 西汉末年，某地一男子偷盗他人一头牛并贩卖到外乡，回家后将此事告诉了妻子。其妻隐瞒未向官府举报。案发后，该男子受到惩处。依照汉代法律，其妻的行为应如何处理？（2005 年司考，单选题）

   A. 完全不负刑事责任　　　　　B. 按包庇罪论处

   C. 与其丈夫同罪　　　　　　　D. 按其丈夫之罪减一等处罚

5. 汉代曾发生这样一件事情：齐太仓令获罪当处墨刑，其女缇萦上书请求将自己没为官奴替父赎罪。这一事件导致了下列哪一项法律制度改革？（2005 年司考，单选题）

   A. 汉高祖规定"上请"制度　　　B. 汉文帝废除肉刑

   C. 汉文帝确立"官当"制度　　　D. 汉景帝规定"八议"制度

6. 汉武帝时，有甲、乙二人争言相斗，乙以佩刀刺甲，甲之子丙慌忙以杖击，却误伤甲。有人认为丙"殴父也，当枭首"。董仲舒引用《春秋》事例，主张"论心定罪"，认为丙"非律所谓殴父，不当坐"。关于此案的下列哪种评论是错误的？（2006 年司考，单选题）

   A. "论心定罪"是儒家思想在刑事司法领域的运用

   B. 以《春秋》经义决狱的主张是旨在建立一种司法原则

   C. "论心定罪"仅为一家之言，历史上不曾被采用

   D. "论心定罪"有可能导致官吏审判案件的随意性

第五章

三国两晋南北朝法制

◆　**内容摘要：**

公元 220 年到 581 年，中国历史继东汉末年激烈的兼并战争之后，进入了封建割据对峙的三国两晋南北朝时期。这一时期，阶级矛盾和民族矛盾尖锐对立，各朝统治者为了巩固政权，扩大势力范围，都不同程度地进行了一些立法活动。同时，出现了一大批律学家，这些律学家不断起草和注释法律，着眼于研究立法技术、刑名原理概念与科罪量刑的原则，在法典体例、内容的演变方面对后世法制有重大影响。在法制指导思想上，依然坚持礼德为主、刑罚为辅，并不断地推进儒家化的进程。

◆　**案例导入**

"许允"案

（许）允字士宗，世冠族。父据，仕历典农校尉、郡守。允少与同郡崔赞俱发名于冀州，召入军。明帝时为尚书选曹郎，与陈国袁侃对，同坐职事，皆收送狱，诏旨严切，当有死者，正直者为重。允谓侃曰："卿，功臣之子，法应八议，不忧死也。"侃知其指，乃为受重。允刑竟复吏，出为郡守，稍迁为侍中尚书中领军。（《三国志·魏书·夏侯尚传》）

第一节　立法状况与法律形式的发展变化

三国两晋南北朝时代，尽管长时间处于社会分裂状态，但割据的政治局面反而为思想和艺术的发展提供了相对自由的空间，北方异族的入侵和民族大融合给颓废衰弱的汉文化也带来活力和生机。在此时期，大多数政权都比较注意利用法律手段巩固统治，因而取得了很大的立法成就，主要表现在律典篇章体例结构逐步完善定型，各种法律形式日渐规范，律学理论出现前所未有的发展进步。此外从汉时传入的佛教在南北朝时期日趋兴旺，一个新的信仰开始被整个社会普遍接受，体现在法制上则是三国两晋南北朝时期法制指导思想引礼入刑的深化。

一、曹魏《新律》

经过东汉末年的长期战乱，形成了魏、蜀、吴三国鼎立的局面。三国初期，社会形势还很不稳定，各国尚不具备制定新法的条件。同时，三国统治者都在争夺"汉室"正统地位，也不便于彻底废除汉律，故三国法度多承汉制。魏明帝曹睿即位后，鉴于东汉以来律例繁杂无章、章句歧义的局面，于太和三年（229年）下诏"改定刑制"，命司空陈群、散骑常侍刘邵、给事黄门侍郎韩逊等删约旧科、傍采汉律，定为魏法，制《新律》十八篇，《州郡令》四十五篇，《尚书官令》、《军中令》合百八十余篇。其中的《新律》十八篇最为重要，系曹魏一代的国家基本律典，故一般称为《魏律》或《曹魏律》。新律对秦汉旧律有较大的改革，表现在如下几个方面：

首先，将《法经》中的"具律"改为"刑名"置于律首。自李悝《法经》起，描述刑名的《具律》始终位居第六篇。商鞅的《秦律》、萧何的《九章律》均采用这一体例。而作为总则性质的篇目不在全律篇首，显然不符合律典篇章体例结构的正常顺序，故更《具律》为《刑名》"冠于律首"。这一变更为后世所承，成为律文标准体例。

其次，将"八议"制度正式列入法典。中国古代的法律制度是身份性的法律制度，考虑到某些人物的特殊身份给予网开一面的待遇，这是中国法律传统的固有特点。曹魏政权制定《新律》时，为了笼络贵族集团，维护统治阶级利益，以《周礼》的"八辟"之法为蓝本，首次将"八议"载入其《新律》，标志着官僚贵族司法特权正式法律化、制度化。同时突破了汉代"引经决狱"的法律儒家化的不成文方式，开创了"以礼入律"的先河。

最后，进一步调整法典的结构与内容。《新律》的序文指出：律分六篇太少，"篇少则文荒，文荒则事寡，事寡则罪漏"，故在汉代《九章律》的基础上，"都总事类，多其篇条"而成；"凡所定增十三篇，就故五篇，合十八篇"。所谓"就故五篇"，系指沿用《九章律》的五篇旧目，即《盗律》、《贼律》、《捕律》、《杂律》、《户律》。而"定增十三篇"，则指新增十三篇内容，即《刑名》、《劫掠》、《诈律》、《毁亡》、《告劾》、《系讯》、《断狱》、《请赇》、《兴擅》、《留律》、《惊事》、《偿赃》、《免坐》。显然，《新律》的篇目是由《九章律》增、拆而来，其中部分内容是从汉令、科中汲取的。同时还对汉律进行了大量删减，"改汉旧律不行于魏者皆除之"。内容上弥补了不足的同时，结构的改造上更加合理，使中国封建法典在系统和科学上迈进了一大步。

二、《晋律》的颁行与张杜注律

（一）《晋律》

曹魏末年，司马氏发动政变控制了朝政大权。魏元帝咸熙元年（264年），司马昭以魏律"本注繁杂"、"科网本密"为借口，命贾充、杜预等重臣名儒十四人对《新律》进行修订，于晋武帝泰始三年（267年）完成，次年颁行天下。

故又称为《泰始律》。随着晋统一全国，《晋律》遂成为三国两晋南北朝时期惟一推行全国的法典。

《晋律》的修订历时三年有余。它虽然远仿汉律、近承魏律，但与汉、魏律比较，在形式和内容上都有重大发展。《晋律》的文字简约、体例严谨。汉代实行《春秋》决狱以来，儒学家纷纷引经注律，律令章句之学蓬勃兴起。这虽然促进了法律注释的发展和律学的形成，但也造成了律令章句日趋"繁杂"的问题。《泰始律》本着"蠲其苛秽，存其清约，事从中典，归于益时"的立法原则进行精简，将律典之外"未宜除者""不入律，悉以为令"。经过删减，《晋律》正文共二十篇，六百二十条，二万七千六百五十七字，比汉朝律令条文大大减少。同时，《晋律》沿袭了《新律》的体例，把《刑名》置于篇首，又在《刑名》后新增《法例》一篇，完善了"刑名"中的刑法原则。为后来北齐律合《刑名》、《法例》两篇为《名例律》一篇奠定了基础，从而使中国古代律典的篇章设置更加合理。

《晋律》较《新律》在内容上，进一步融合了礼与律。为了维护士族利益，晋统治者引"礼"入"律"，"峻礼教之防，准五服以定罪"，并设立了"杂抵罪"，即以夺爵、除名、免官等来抵罪。这一规定使贵族、官员犯罪享有减、免刑罚的特权。在诸多修律名儒的推动下，儒家道德观念越来越多的渗入法律之中，这一鲜明特点对于南北朝以至于隋唐立法都有直接的影响。

（二）张杜注律

晋律学是在两汉律学的基础上发展起来的。鉴于汉朝"诸儒章句十有余家，家数十万言。凡断罪所当由用者，合两万六千二百七十二条，七百七十三万二千二余言"，造成"言数益繁，览者益难"。魏明帝时，下诏：各级司法官吏在审判活动中"但用郑氏章句，不得杂用余家"，[1] 从而使律学的发展走向统一化。西晋时，律学取得了重大发展，其主要表现在立法技术逐步成熟发展，律典注释、诠释取得巨大成就，律学理论也出现了新的进步。其中，诠释、注释律典所取得的成就中最突出的代表就是晋律注。

在《晋律》颁行后，因律文简约内容易生歧义，著名经学家与律学家张斐、杜预分别对律条进行注解。杜预著有《律本》二十一卷，《杂律》七卷，他说："今所注皆网罗注意，格之以名分，使用之者执名例以审趣舍，伸绳墨之直，去析薪之理也。"[2] 即用注释的方法搜求法律的精神实质，阐述了立法的宗旨与意图，使概念明确，便于执法者依照名例律的原则去判定有罪与无罪。张斐则以廷

---

〔1〕《晋书·刑法志》。
〔2〕《晋书·杜预传》。

尉名法掾的身份为《晋律》作注，目的是"明发众篇之多义，补其章条之不足"，用注释的方法阐明和揭示《晋律》各篇章之间的丰富含义，弥补条目的疏漏，并使律文中的名词、概念、术语明确化、严密化。张斐、杜预对晋律的解释不仅为使用《泰始律》者提供了一致的标准，统一了人们对律条的不同理解，而且弥补了律文内容的缺陷和不足。该注释完成后，经晋武帝审查批准正式下诏颁行全国，成为与晋律条文内容具有同等法律效力的官方法律解释。后世把该注释与晋律本文合为一体统称"张杜律"，可见其重要的法律地位。晋律注重总结汲取古代刑法理论与立法经验，因而取得较高的立法成就和水平，对后世的法制建设产生了重大影响。《唐律疏议》就是受它直接影响而诞生的突出代表。

三、《北魏律》

西晋瓦解后，北方异族纷纷入侵，从公元304年到公元439年，匈奴、鲜卑、羯、氐、羌五个北方民族先后建立了十六个政权，史称"五胡十六国"。公元439年，鲜卑拓跋氏建立的北魏灭北凉，重新统一了北方黄河流域，结束了北方一百三十五年的战乱。

北朝的立法始于北魏。建立北魏政权的鲜卑拓跋部入居中原后，鉴于其"言语约束，刻契记事，无图圄拷讯之法，诸犯罪者，皆临时决遣"的落后状况，为了更好地适应其统治汉族居民为主体的北方各族民众的需要，开始注重学习中原地区汉族政权先进的立法技术与法律文化，摒弃本民族的一些落后、野蛮的习惯法，推行封建化政策。太祖道武帝建立北魏政权初期，即下令王德等人"定律令，申科禁"，颁定《天兴律》。此后，太武帝命崔浩定刑名，命游雅、胡方回定刑制；孝文帝太和年间命高闾等修律文；宣武帝正始元年（504年），常景、侯坚固等撰成《北魏律》。《北魏律》共二十篇，但唐代以前即已散失。篇目亦存不全，可确定的有以下十五篇，即：刑名、法例、宫卫、违制、户律、厩牧、擅兴、贼律、盗律、斗律、系讯、诈伪、杂律、捕亡律、断狱律。

北魏律制定的时间较长，前后直接参与者达数十人之多，其中不少是著名的律学家。北魏律的制定吸收了晋律的立法成果，但并非对晋律的简单修改，而是溯本求源，从汉律和春秋决狱的传统中寻找启发。程树德先生在《九朝律考》中这样评价，"盖世祖定律，实出于崔浩、高允之手。崔浩长于汉律，尝为汉律作序，高允史称其尤好《春秋公羊》，盖治汉董仲舒、应劭《公羊》决狱之学者"。可见，北魏律有着多个渊源，《晋律》只是其中之一，汉律和《春秋公羊》也有重大影响。另外由于参与修律的崔浩、高允、游雅等人均是当时汉族中著名律学家，加之北魏历代君臣都重视法律，使得《北魏律》能采诸家法典之长，"综合比较，取精用宏"，治汉、魏、晋律于一炉，开创北系诸律的先河。此外，北魏律的突出特点是进一步"纳礼入律"，把更多的儒家规范纳入法典之中，使得《北魏律》在儒家化过程中更进一步。"唐宋以来相沿之律，皆属北系，而寻流溯源，又当以元魏之律为北系诸律之嚆矢。"[1] 在唐律和晋律之间，北魏律可谓兼收并蓄、承前启后。北魏律对中国法律传统产生了决定性的影响。

四、《北齐律》

公元 534 年，北魏孝武帝愤高欢专权，西奔长安。北魏分裂为东魏和西魏。自此，北朝的立法东西并进。535 年，西魏先后制定三十六条新制，分为五卷，"班（颁）于天下"，名为《大统式》。557 年，北周代西魏，于保定三年（563年）由廷尉赵肃等人重新"撰定法律"，修成《大律》；东魏则于兴和三年（541年）颁布《麟趾格》。550 年，高洋代魏称帝，建立了北齐。北齐初期"军国多事，政刑不一，决狱定罪，罕依律文"，在此背景下，天保元年（550 年），齐文宣帝又"以魏《麟趾格》未精"为由，"始命群官议造《齐律》"，至河清三年（564 年）正式编定，史称《北齐律》。

《北齐律》共十二篇，九百四十九条。其将《刑名》与《法例》合为《名例律》一篇，作为"经略罪法之轻重，正加减之等差"、"校举上下纲领"的统率全律的总则，正式确定了名例律作为封建法典总则与核心的地位，充实了刑法总则，也使律典的体例结构更加规范。这一体例一直为此后各朝刑法典所沿用，直到清末。另外，《北齐律》精简了刑法分则，使其成为十一篇，即禁卫、户婚、擅兴、违制、诈伪、斗讼、贼盗、捕断、毁损、厩牧、杂律，实现了"法令明审，科条简要"的立法要求，使律典内容的取舍达到一个新的水平。《北齐律》还首创了"重罪十条"（即反逆、大逆、叛、降、恶逆、不道、不敬、不孝、不义、内乱），成为隋唐"十恶"的渊源，也是中国封建法典中最重要的核心内容。此外，《北齐律》奠定了封建制刑罚体系的基础，即死、流、徒、杖、鞭，在此基础上，隋唐律正式形成了笞、杖、徒、流、死的封建制五刑。

在三国两晋南北朝各代立法活动中，《北齐律》的立法水平最高，所取得的立法成就也最大，堪称以前历代立法技术与立法经验的结晶。程树德先生的《九朝律考》这样评价北齐律："南北朝诸律，北优于南，而北朝尤以齐律为最。"在中国古代法律编纂史上，北齐律对封建后世的立法影响极大。其上承汉魏律之精神，下启隋唐律之先河，成为隋唐两朝成熟完善的封建法典的直接蓝本。

五、法律形式的发展与完善

三国两晋南北朝时期由于律学的发展进步，法律概念日趋明确，法律形式日渐规范，法律体系日臻完善。汉代的法律形式主要包括律、令、科、比四种；至

---

〔1〕《九朝律考》卷五，《后魏律考序》。

三国两晋南北朝时期，法律形式发生了较大变化，形成了律、令、科、比、格、式相互为用的立法格局。

（一）律的发展

这一时期律仍然是法律的主要形式，其变化较大的是律典的篇章体例和逻辑结构。曹魏禅继之后，为改变汉代法律庞杂的局面，于明帝即位后制定《新律》，它在汉《九章律》的基础上增加了篇目，并将《具律》改为《刑名》，置于律首，调整了古代刑律体例。曹魏末年，晋王司马昭以律令及有关注释繁杂为由对魏律进行删改，制定《泰始律》。其严格区分了律令界限，将《魏律》中的《刑名》改为《刑名》、《法例》两篇，完善了刑名中的刑法原则，篇章体例更加合理。西晋统一全国后，《泰始律》通行全国，并为后来南朝的宋、齐和梁朝所不同程度地沿用。其间有《永明律》和篇目同于《晋律》的《梁律》，都无创见。陈武帝在位期间制定《陈律》，但也不过是《梁律》的翻版，故仍无出《晋律》之右。继《晋律》之后有所进取的是北朝的《北魏律》和《北齐律》。《北魏律》的突出特点是进一步纳礼入律，"综合比较、取精用弘"。《北齐律》则进一步改革体例，省并篇目确定十二篇，并将《刑名》、《法例》合为一篇冠于律首，增强了法典结构上的科学性，这一体例一直沿用至清末。

（二）令的独立

令典是关于国家基本制度的规定，是与律典并重的国家一代大法。令作为法律形式的一种出现的很早。如战国商鞅变法时曾颁布"分户令"，以改变秦国父子无别、同室而居的落后旧俗。秦统一全国后，为加强君主的权威，秦始皇曾宣布"命为制、令为诏"，当时命、制、令、诏具有相似的意义，都是以君主命令形式发布的。汉政权统一全国后，随着时势变迁，令的作用和地位日益突出。当时既有君主颁布的诏令，也有单行法令。据《汉书·杜周传》记载，当时有人指责身为廷尉的杜周不依据法律办事，只是一味地阿从君主的意旨，杜周辩驳说："前主所是著为律，后主所是疏为令；当时为是，何古之法？"这说明当时律、令之间的差别主要在于制定者的不同。汉代以后，逐步出现了独立的以积极性规范为主的令典。

曹魏时曾编订了独立的单篇令文。《晋书·刑法志》有《郡令》四十五篇，《尚书官令》、《军中令》共一百八十余篇，还有《邮驿令》。但其书都已经佚失，其性质和内容已不可考。西晋制定《泰始律》时，将有关国家制度方面的规定编为专门令典。《晋书·刑法志》记载："（修律）蠲其苛秽，存其清约，事从中典，归于益时。其余未宜尽除者，若军事、田农、酤酒，未得皆从人心，权设其法，太平当除，故不入律，悉以为令；施行制度，以此设教。违令则入律。"说明令是律的经常和主要来源。西晋张、杜注律时，将律、令二者的概念、界限及其关系做出明确的区分。所谓"律以正罪名，令以存事制"，"违令有罪则入律"，表明律是定罪量刑方面的相对稳定的基本法典，令则是典章制度方面的政令法规，二者之间是一种主次关系。

西晋以后，南北朝时期也有令典的编纂。南朝的梁代蔡法度等在修纂律典时，也制定了《梁令》三十卷，包括《户令》等二十八篇。南朝最后的南陈由范泉主持编订令典，与《梁令》一样也是三十卷。其篇目现已不可考。北朝的各代也编有令典，其中北魏令曾经过多次修改。高祖时律令同时编纂，当时人们对令典相当重视，针对令典迟迟不能出台的问题指出："然律令相须，不可偏用。今律班令止，于事甚滞。若令不班（颁），是无典法，臣下执事，何依而行？"[1]北齐在制定律典的同时，于河清三年（564年）高睿等人也制定了令典四十卷，按尚书二十八曹为各篇名称，这是首次以官府的部门名称为令典篇目，这一做法直至明代又重新被采用。北周时也曾由赵肃、拓跋迪等人制定令典，但其篇目已不可知。

（三）以格代科

汉代的科主要泛指科条、事条，亦即法令条文，尚未形成独立的单行法规。曹操"挟天子以令诸侯"，但其名分是汉丞相，表面上必须维持汉制，更动律令有所不便。于是他把新法表达为"科"的形式，通过修订细则改变法律的实质内容。曹操制定《甲子科》，蜀汉政权也制定了《蜀科》，东吴也曾颁"科条"、"科令"，科上升为独立的法规形式，开始具有基本法规性质。南朝梁、陈两代均有科三十卷，也属于独立的单行法规。至北朝时，北朝诸律逐渐"以格代科"。在北魏前期，格主要是作为律令的补充，北魏后期至北齐初年，格开始逐渐取代律文。魏孝武帝太昌元年（532年）曾下诏："前主为律，后主为令，历世永久，实用滋章"；"令执事之官，四品以上集于都省，取诸条格，议定一途，其不可施用者，当局停记，新定之格勿与旧制相连，务在通约，无致冗滞"[2]此时，格已成为主要的法律形式。时隔不久，北魏分裂为东魏和西魏，与南梁三分天下彼此吞并，无暇顾及律令编纂，施法一直沿用北魏末期的格。东魏十七年历史（534~550年）无修订律令记载，至兴和三年（541年）十月，颁布了著名的《麟趾格》，正式将格作为独立的法典，科便逐渐废弛不用。此后北齐文宣帝时（550~559年）"议造齐律，积年不成"，又重新颁定《麟趾格》，作为定罪正刑的规范，这一阶段，格成为当时的"通制"。但在人们的传统观念中，格终非长久之计，律令才是人们所期待建立的正流制度。北齐初期，司徒曹长老就

〔1〕《魏书·孙绍传》。
〔2〕《魏书·出帝平阳王纪》卷十一。

上疏反对废律用格，他指出："大齐受命已（以）来，律令未改，非所以创制垂法，革人视听。"[1] 至武帝即位，河清三年《北齐律》成，以格代律的局面才告衰止，格又重新复归为律令的补充单行法。据《隋书·刑法志》记载，"后平秦王高归彦谋反，须有约罪，律无正条，于是遂有别条权格，与律并行"。可见魏之格被保留，但仅用于"律无正条"的情况。格在此时具有刑事法律的特点，不同于隋唐时期带有行政法律性质的格。

（四）式的出现

在中国古代法制中，办事细则和公文程式是一种专门的法律形式，称为"式"。式的出现很早，云梦出土的秦简中有《封诊式》。西晋太康元年（280年）颁布《户调式》，内容包括户调制、占田制、课田制及官品占田荫亲属制等法律规定，式首次成为独立的综合性法规。北魏时，"式"作为行政法规也已出现。西魏文帝时宇文泰辅政，于大统元年（535年）主持编订二十四条新制。后又续编《职制》十二条。西魏大统十年（544年），"魏帝以太祖前后所上二十四条及十二条新制，方为中兴永式，乃命尚书苏绰更损益之，总为五卷，班（颁）于天下"，后世称为《大统式》。式以独立的法规形式上升为当时的主要法律形式。

此外，这一时期仍沿用汉以来用"比"和经义断案的传统。

综上所述，魏晋南北朝时期改变了秦汉以来法律形式繁杂、彼此区别不严谨、法典体系也不尽科学的落后局面，法律形式有了较大变化，特别是律、令有别，格、式与律、令并行，成为隋唐以降律、令、格、式并行的渊源。

第二节　法典内容的发展变化

三国两晋南北朝时期随着社会政治经济关系的变化，法律内容也有所发展，主要表现在礼法结合的进一步发展。也就是说，在汉代中期以后的法律儒家化的基础上，更广泛、更直接地把儒家的伦理规范上升为法律规范，确定了"纳礼入法"的刑法原则和刑罚制度，使礼、法更大程度上实现融合。其主要表现包括"八议"制度入律、"官当"制度出现、"重罪十条"的产生、"准五服以制罪"的确立，九品中正制以及官品占田荫户制的实施等各个方面。

一、"八议"入律与官当制度的确立

"八议"是中国古代法律所规定的一种保护贵族官僚特权的制度。"八议"源

---

〔1〕《隋书·刑法志》。

于西周的"八辟"，曹魏统治者为笼络豪门士族对其政权的支持，首次将"八议"载入其《新律》。所谓"八议"，即议亲（皇亲国戚）、议故（皇帝故旧）、议贤（德行修养高的圣贤）、议能（才能卓越者）、议功（功勋卓著者）、议贵（高级权贵）、议勤（勤劳王事者）、议宾（先朝的后裔）。这八种具有特殊身份人物的犯罪，包括一般的死罪，不适用普通诉讼审判程序，一般司法官员也无权直接审理，必须上报皇帝进行决议，依法享有减刑或者免刑的特权。"八议"之中，实际适用最多的是"议亲"和"议贵"，"亲贵犯罪，大者必议，小者必赦"，使一部分贵族官僚地主取得了凌驾于法律之上的司法特权，他们即使犯了重罪也可以依法得到宽赦处理。而百姓犯罪则依法惩处。"八议"的滥用无疑破坏了封建法制的统一性，使社会秩序混乱不堪。东晋成帝时，庐陵太守羊聃只因怀疑郡人简良为贼，就"杀二百余人，诛及婴孩，所髡锁复百余"。司法机关认为他应当处死，但因他的祖姑是景献皇后，属于"八议"范围，结果被免除死刑。"八议"的滥用使封建统治者逐渐认识到，这样做是"纵封豕于境内，放长蛇于左右"，因此，北齐制律时规定，凡犯有严重危害统治阶级利益的"重罪十条"者，"不在八议论赎之限"，这使得"八议"制度更加完备。这一制度沿用了一千六百八十余年，直到清朝末年才正式废止。

为了进一步保障官僚贵族集团的司法特权，继曹魏时期"八议"制度正式入律后，北魏和南陈统治者又创设了"官当"制度，即允许以官品或者爵位抵罪并折当徒刑。西晋虽无官当之名，但晋律中有"除名比三岁刑"、"免官比三岁刑，其无真官而应免者，正刑召还也"等内容，说明晋时已有除名或免官比刑的规则。至北魏时，进一步扩大了官当的适用范围，首创了以爵位抵罪并折当劳役刑的内容，"王官阶九品，得以官爵除刑"。南朝《陈律》正式将"官当"写入律文，对官当的规定更加详细完备，并有了公罪与私罪官当制度的区分，"五岁四岁刑，若有官，准当二年，余并居作；其三岁刑，若有官，准当二年，余一年赎。若公坐过误，罚金。其二岁刑，有官者，赎论。一岁刑，无官亦赎论"。按照这一规定，每位官员的官职可以折当两年劳役刑；如判处五至四年刑者，未折当部分须服刑；但三年刑者，未折当的一年刑可以赎免；若属因公过失犯罪或无意误犯，则可缴纳罚金折抵刑罚；而普通人只限于一年刑方可赎免。

官当制度是"八议"制度的扩大与延伸，从"八议"到官当，享受减免刑罚特权的范围进一步扩大，是继"八议"之后对一般官吏的优待。官当与赎刑的结合使这种保护更加严密。自魏晋南北朝时期以来，官当制度一直为隋、唐、宋各代所继承沿袭。但由于它与君主专制集团统治及其对官吏的干预控制存在矛盾，因而被元、明、清三代法律所摒弃。

二、"重罪十条"的产生

战国以来，历代法律对于危害国家利益和秩序的犯罪都设置了不同罪名和最重的刑罚予以制裁。如秦汉法律中即规定有谋反、大逆、不道、不敬、不孝等罪名，但当时不过是一些比较笼统的犯罪概念，尚不具备明确、具体、规范的法定内涵。随着魏晋以后律学的发展，一些政权开始将这些罪名的内涵法定化，正式确立于律典法规中，并采用最严厉的刑罚处治。如北魏律中"大逆不道重罪，本人腰斩，同籍诛灭；十四岁以下男子腐刑，女子籍没为奴"[1] 梁律规定"谋反、降叛、大逆以上重罪，本人处斩，父子兄弟不分长幼一律弃市，姊妹妻妾等妇女籍没为奴"[2] 北周律也有恶逆、不道、大不敬、不孝、内乱等罪名，但并无"重罪十条"的名目。[3]

北齐在总结历朝封建立法经验的基础上，将直接危害国家根本利益、威胁统治秩序的最严重的犯罪归纳为十项，集中放在法典的第一篇《名例》中，称为"重罪十条"，作为封建法律严厉打击的对象。这十条重罪分别为：反逆（谋反、篡权、颠覆朝廷）、大逆（毁坏皇帝宗庙、山陵与宫殿）、叛（背叛朝廷）、降（投降敌伪）、恶逆（殴打谋杀尊亲属）、不道（杀人手段极端残忍）、不敬（盗用皇室器物及对皇帝不尊重）、不孝（不侍奉父母，不按礼制服丧）、不义（逆杀本府长官与授业老师）、内乱（亲属间的乱伦行为）。《北齐律》同时规定"其犯此十者，不在八议论赎之限"，一律严惩。

重罪十条的基本宗旨在于维护以父权、夫权为核心的封建家族制度以及相应的社会秩序，维护儒家强调的"三纲五常"和道德礼教。其将儒家礼的内容引入刑律，使其与法律内容结合起来，促进了礼、律二者的进一步融合，加剧了法律制度的儒家化。隋唐以后，虽然"十恶"的名称和内容与"重罪十条"稍有差异，但其基本精神和主要内容却与之一脉相承，成为封建法典中最基本、最重要的制度，一直沿用了一千三百余年。

三、"准五服以制罪"的确立

服制是中国封建社会以丧服为标志，区分亲属的范围和等级的制度。所谓"五服"，是中国古代礼制中根据血缘关系远近规定的五种丧服的服制制度。中国传统父系家族血缘亲属的长幼范围通常包括上至高祖、下至玄孙的九代世系，统称九族。在此范围内的直系血亲与旁系姻亲均为有服亲属，按服制规定应为死者服丧。根据服丧期限的长短、丧服质地的粗细及其制作的不同，服制分为五

---

〔1〕《魏书·刑罚志》。

〔2〕《隋书·刑法志》。

〔3〕《隋书·刑法志》。

等：斩衰（服丧三年）、齐衰（服丧一年）、大功（服丧九个月）、小功（服丧五个月）、缌麻（服丧三个月）。按照规定，关系近的服制重，关系远的服制轻，以此区分亲属间血缘关系的亲疏远近。

西晋《泰始律》以儒家思想为指导，首次确立了"峻礼教之防，准五服以制罪"的法律原则，以五服作为确定继承、赡养的权利义务关系，同时也是亲属相犯时判断是否构成犯罪以及衡量罪行轻重的标准。服制愈近，对以尊犯卑者的处罚愈轻，对以卑犯尊者的处罚愈重；服制愈远，则与此相反。这一原则是儒家纲常名教在刑法中的重要表现形式，是自汉律"礼律融合"以来的又一次重大发展，体现了晋律"礼律并重"的特点。北齐修律时吸收晋律的立法原则，单修《五服制》一卷作为刑律的附则。"准五服以制罪"原则确立后，后世各朝法律均加以承袭，明、清法典均附有《五服图》，可见其在立法和司法实践中的重要。

四、九品中正制

九品中正制是曹魏时期创立、三国两晋南北朝时代长期沿用的一项选拔官吏的行政法律制度。由于东汉末年的连年战乱，"人士流移，考祥无地"，地方基层乡里组织遭到严重破坏，"乡举里选"的推荐用人制度也被迫终止。为了限制东汉以来豪强势力控制官僚人选的现象，曹操曾经提出过"唯才是举"的口号，只要是有才能的都可以选拔为官。他选择各地声望高的人士出任"中正官"，将当地的士人按才能分为九等，为政府选任官吏提供参考，这是后来实行"九品中正制"的萌芽。至公元220年曹丕继位后，采纳吏部尚书陈群建议，建立"九品中正制"，即由朝廷在州、郡分别设置大小中正官，其职责就是根据家世、才能、德行，将辖区内的人才列为九品——上上、上中、上下、中上、中中、中下、下上、下中、下下，由小中正先品评后，申报大中正，再由大中正申报司徒，最后由朝廷按品第高下任官。北朝魏、齐在九品中又分"正"、"从"，形成十八等级，以九品定官级，开创了封建时期法定的官阶制度，直至清亡，沿袭未废。这一制度是士族垄断政权时代的任官制度，保障了士族阶层的政治特权地位。由于"九品"的标准不确定，中正官为了维护本阶级的利益，在品评人物时自然愈来愈注重出身家世标准，以便把本阶级的代表推举上来。这样，便逐渐出现了"计资定品"、"唯以居位为贵"的倾向，被品评推举的任务也就形成了"上品无寒门，下品无势族"的局面，使得士族与庶族相隔天壤，矛盾越来越深。这种现象在两晋时期发展到顶点，对南北朝时代也产生了很大影响。至南北朝后期，在各族人民起义的不断打击下，士族势力逐渐衰微，庶族地主的经济实力得到发展，使得九品中正制丧失了存在的基础。隋唐建立以后，由科举取代了九品中正制。

五、官品占田荫户制

为了维护统治阶级经济利益，西晋太康元年（280年）《户调式》规定了官品占田荫户制的法律内容，明确赋予各级官僚贵族按照官品高低依法占有免税土地和免役人口的经济特权。根据规定，一至九品官可占有五十至十顷土地，每品之间相差五顷；同时，可以荫庇九族至三世的亲属，占有三至一名衣食客和五十至一户佃客。[1] 这部分土地和人口并非都是限制他们占有的法定限额，而是法律允许他们可以享受免税特权或免向国家服役的合法数额。在此之外，他们完全还可以额外占有，只不过要向国家纳税服役而已。因此，官品占田荫户制不但不是限田限客制度，反而是以法律形式保障他们经济特权的等级制度。这一制度对东晋、南朝影响很大。刘宋大明年间即仿效此法颁布了官品《占山格》，规定一至二品官可占山三顷，三至四品两顷半，五至六品两顷，七至八品一顷半，九品及百姓一顷。[2] 这实际是官僚贵族特权法在经济领域的进一步扩大。

第三节 刑罚制度的改革和进步

三国两晋南北朝时期的立法成就，不仅表现在法律编纂技术日趋成熟完备、律典篇章体例结构迅速改进创新和法律形式的日益规范，刑罚制度的改革进步也是一项重要内容。这一时期刑罚制度的总的发展趋势是肉刑制度逐渐废止，族刑连坐范围不断缩小，以劳役刑、死刑及一般性体罚为核心的封建五刑制度初步形成。

一、肉刑制度逐渐废止

肉刑指的是古代五刑中死刑（大辟）之外的黥、劓、刖、宫。周穆王制《吕刑》时，说"五刑"是尧不得已仿苗民之法而制的。至秦朝时五刑仍用，但与前不同的是，一方面刖被改为斩左趾与斩右趾两种，且斩左趾被视为轻于斩右趾；一方面肉刑单独使用较少，而与徒刑结合起来使用较为普遍。汉初刑罚体系仍沿用秦制，但鉴于秦朝二世而亡的历史教训，一反暴秦之政而采黄老学派及儒家学派约法省刑理论，以礼治主义与轻刑主义相标榜。汉文帝时实行废除肉刑的改革，景帝效仿文帝废肉刑，但宫刑与斩右趾刑两种肉刑作为死罪减等之刑的法外刑被保留下来。魏晋时期，由于农民暴动波澜迭起，因此统治集团内部出现了恢复肉刑以惩罚反抗者的倡议，但是也有许多恢复肉刑的反对者。围绕着肉刑的恢复与废止，统治集团内部进行了多次争论，许多人已把肉刑视为极端野蛮残酷

---

[1] 《晋书·食货志》。
[2] 《宋书·羊玄保传·附兄子希传》。

的刑罚，坚决主张彻底废止。因此，魏晋南朝法律都没有肉刑的明确规定，只有北朝的北魏和东魏法律仍有腐刑记载。西魏大统十三年（547 年）和北齐天统五年（569 年）分别下令，应宫刑者改为没入官府为奴，（西魏）"文帝大统十三年（547 年）诏：'自今应宫刑者，直没官，勿刑。亡奴婢应黥者，止科亡罪。'"《北齐书》卷八："二月乙丑，诏应宫刑者普免刑为官口。"宫刑正式从法律上废止。

二、族刑连坐范围不断缩小

族刑连坐是一种株连亲属的野蛮酷刑，在中国沿用数千年之久，但其株连范围各个时期大小不等。秦汉时代曾广泛盛行夷三族酷刑。曹魏制定《新律》时缩小了连坐从死的范围，规定"犯大逆不道"之重罪者，本人腰斩，家属从坐，但"不及祖父母、孙"等隔代之辈[1]。高贵乡公正元二年（255 年），又改变以往已婚妇女同时受父母家与丈夫家双方株连的情况，规定未婚子女随父母坐罪，出嫁妇女从夫家株连[2]。

西晋《泰始律》继续缩小族株连坐范围，规定养子养女及出嫁妇女不再连坐亲生父母弃市之罪。为缓和阶级矛盾，晋怀帝永嘉元年（307 年）宣布"除三族刑"。但至东晋明帝太宁三年（325 年）又恢复该刑，"惟不及妇人"。南朝《梁律》规定，凡谋反、叛降、大逆以上重罪，本人处斩，父子及同胞兄弟一律弃市，而妻妾、姊妹等妇女则免死籍没为奴[3]。

北魏初期设有门诛制度，族刑连坐的范围广泛，凡大逆罪犯的亲属，不分男女老少一律处斩。太武帝神䴥年间（428～431 年）连坐范围有所缩小，改为：大逆不道，本人腰斩，同籍处死；但十四岁以下男子改处腐刑，女子籍没为奴。孝文帝延兴四年（474 年）规定，非大逆犯上罪，一律只处罚本人，废除门诛酷刑[4]。太和五年（481 年）又规定，凡诛及五族者，降止同祖直系血亲；夷三族者，只刑及本人一门；门诛者，仅处罚罪犯本人[5]。

总之，族刑连坐酷刑虽未彻底废除，但连坐范围却在不断缩小，这是符合刑罚制度发展的进步潮流的。直至清末法律变革运动，在当时修律大臣沈家本、伍廷芳的大力倡导下，清廷终于在 1905 年正式宣布废除连坐制。至此，族刑连坐制度正式在法律上被废止。

---

〔1〕《晋书·刑法志》。
〔2〕《晋书·刑法志》。
〔3〕《隋书·刑法志》。
〔4〕《魏书·刑法志》。
〔5〕《魏书·高祖纪》。

三、新五刑

自汉文帝废除肉刑开始，以肉刑为中心的奴隶制五刑体系逐渐退出了历史舞台。劳役刑与笞刑地位日益上升，成为刑罚制度的主体内容。经过三国两晋南北朝时代的继续改进，新的封建五刑制度初步形成。

魏明帝制定《新律》时曾改革汉代旧律，删除其不适用于曹魏需要的内容并恢复五刑之名，以之作为刑罚体系的称呼："其死刑有三，髡刑有四，完刑、作刑各三，赎刑十一，罚金六，杂抵罪七，凡三十七名，以为律首。"在这七种刑名中，髡、完、作三种刑名均属于劳役刑，故其实际为五种刑名。通过这次改革，已出现以劳役刑取代肉刑的趋势。

晋代五刑在魏制的基础上，将七种刑名三十七等简化为五种十余等，即死刑三等、髡刑四等、赎刑、罚金各五等，另加杂抵罪。[1] 通过这一简化，完刑与作刑被合并于髡刑之中，五刑制度更加名副其实。北魏时，"流"成了五刑之一，《魏书·刑罚志》引元魏《贼律》："谋杀人而发觉者流，从者五岁刑；已伤及杀而还苏者死，从者流；已杀者斩，从而加功者死，不加者流。"由此知流刑已入北魏正刑，且用于"次死之刑"，这就初步形成了以徒流刑为中心的五刑体系。北齐律沿袭北魏五刑制度，只是把徒刑的名称改为"刑"或者"耐"。北周进一步改革，正式将五刑规定为杖、鞭、徒、流、死，又首创按道里远近划分流刑为五等的制度，并将赎刑依所赎之刑之轻重分设等级。自此，新的"五刑"体系"杖、鞭、徒、流、死"得以确立。这样到了隋唐时期，终于完善并确立了以徒流刑为中心，包括笞、杖、徒、流、死的五刑体系。此后历代相沿未改。

第四节　魏晋南北朝时期司法制度的新变化

一、中央三省制与司法机关的变化

（一）中央三省制

魏初的官制承汉制。汉设太尉、司徒、司空为三公，东汉光武末年，为防止强臣篡权，三公的事权归于尚书，从而使三公成了虚设之位，尚书的地位则日益显得重要。魏初尚书脱离少府而独立，称为"尚书台"，掌理政务。同时，皇帝又设有秘书作为侍从要职，称"秘书令"，掌管发出政令。魏文帝时，改秘书为中书，皇帝用中书来执掌机要和监视尚书的工作，尚书的职权逐渐移至中书。随着其权力的扩大，中书省形成，于是，中书省与尚书台间产生了权限划分问题。

〔1〕《晋书·刑法志》。

结果是尚书和中书分权，中书省负责起草诏令，为决策、立法机构；尚书台负责奉行诏令，为执行行政机构。至晋代，仍以中书执掌机要，虽然名义上"尚书令国之象司，总括百揆"，但当时人们已把中书省看作是"凤凰池"。由于中书省权势日大，君主不放心，为了钳制中书省行使职权，成立了以侍中为主管长官的门下省。门下省除兼管部分宫廷事务之外，主要是作为君主的机要顾问机关。凡属重要政令，君主常要征求侍中的意见，以集思广益，使与中书省彼此互相抗衡，便于皇帝驾驭。这样就形成了尚书、中书、门下三省并主的制度。中央三省的形成，一方面反映了政治机构分工的严密化、合理化，另一方面相对加强了皇权，强化了中央集权的专制统治；中央三省制的形成，使九卿逐渐流为冗曹。梁武帝时为了调整职务，曾增设大府卿、大匠卿、都水卿，使九卿变成十二卿。北魏仍改为九卿。北齐改廷尉为大理，改少府为太府，并改称其官署为"寺"，于是产生了"九寺"的名称。从此，国家机关的名称不再以官衔相称，这是国家机关发展史上的一个重要变化。

（二）司法机关的新变化

三国两晋南北朝时期，司法机关的设置基本沿袭东汉，中央大都仍以廷尉为最高审判机关。但其中也有一些新的变化，如孙吴曾设大理，北周改称秋官大司寇，北齐则改设大理寺，并扩大了机构编制，以大理寺卿和少卿为正副长官。曹魏时曾设"律博士"一人，讲授律学，晋沿之，北齐时，律博士增至四人。除此以外，进一步提高尚书台的地位，其中的"三公曹"与"二千石曹"执掌司法审判，同时掌囚帐，这为隋唐时期刑部尚书执掌审判复核提供了前提。

地方仍沿汉代旧制，司法权由县令、郡太守、州刺史掌领。南朝刘宋以前，县所作的判决经郡守派都邮按验后执行。至刘宋时，改为县判决后由郡守复判、执行；如郡守不能判决，送州刺史；刺史仍有疑，则呈廷尉。由于地方长官多为军事将领，随着战事频繁，地方长官可以"军法从事"为借口擅杀部属平民，而不受通常司法约束。虽然宋时曾限定军官"非临军战阵，一律不得专杀，违者以杀人论"，陈时也有"将帅职司军人犯法，自依常科"的规定，但多流于形式。

二、诉讼审判制度的变化

（一）上诉直诉制度

秦律中已经有"乞鞫"，即允许人犯上诉。汉律中亦规定"狱结竟，呼囚鞫语罪状，囚若称枉欲乞鞫者，许之"。曹魏时期，为了简化诉讼审判程序，减少狱讼麻烦，曾经一度改变汉代的上诉制度，规定两年劳役刑以上案件，家人不得再上诉。晋代又恢复上诉制度，规定案件的判决须向当事人宣判结果，若有不服允许上诉。北魏律则明确规定，对案件的判决有疑问或诉说冤屈者，应重新审理复核。

除不断改进上诉制度外，一些政权还建立了直诉制度。所谓直诉，即不依诉讼等级直接诉于皇帝或钦差大臣，是诉讼中的特别上诉程序。汉朝时，在皇宫外设鼓，供人"上言变事"及"驿马军书当急闻者"击鼓，也可用于喊冤，但并没有形成一种定制。至西晋时直诉正式作为一种制度确立下来，晋武帝时设"登闻鼓"，允许有重大冤屈者击鼓鸣冤，直诉中央甚至皇帝。北魏太武帝时，亦在京城宫门外悬设登闻鼓，允许击鼓鸣冤直诉朝廷。南朝也有这项制度，如梁武帝时，吉翂就曾击鼓，请求代父服刑。

上诉直诉制度改变了以往不准越诉的规定，加强了上级司法机关对下级司法机关的检察监督，有利于及时发现或纠正冤假错案，同时，这项制度也促进了司法制度的集权化，一直沿用至明清。

（二）死刑复奏制度

死刑复奏制度是指奏请皇帝批准执行死刑判决的制度。秦汉时期对死刑的奏报没有明确的规定，一般在郡一级就有权决定死刑，无须奏请皇帝批准。三国两晋南北朝时期，为了慎重对待和处理死刑重罪，也为了使皇帝直接控制大案要案，开始将死刑权收归中央，逐步完善死刑复奏制度。曹魏明帝曾下诏，除谋反和杀人罪，其他死刑罪要奏报皇帝。宋孝武帝大明七年（463 年）规定，凡死刑重犯须上报朝廷，由有关人员严加听察。北魏太武帝也明确规定，地方判处死刑必须先奏报皇帝批准才能执行；"当死者，部案奏闻"，"帝亲临问，无异辞怨言乃施行"，以示慎行。从此，地方的死刑决定权收归中央，死刑奏报制度正式确立。这一制度的确立，为隋唐的死刑三复奏与五复奏制度打下了基础，同时加强了皇帝对司法审判的控制，体现了传统的慎行精神和皇帝对民众的体恤。

（三）皇帝更加重视和直接参与司法审判

三国两晋南北朝时期，为了加强专制君主对司法审判权的控制，皇帝直接干预或者亲自参加司法审判活动的现象非常普遍。魏明帝就常说："狱者，天下之性命也"，"每断大狱，常幸观临听之。"南朝宋武帝甚至下诏，凡大狱，一律上奏，由皇帝亲自裁断。北周武帝也常"听讼"决狱，以至燃灯秉烛，夜以继日。

同时为了加强对各级司法机关司法审判活动的监督检查，当时还普遍实行录囚制度，许多皇帝亲自参与审讯录囚活动。大明七年（463 年），宋孝武帝曾专门前往建康秣陵县、南豫州及江宁、溧阳、永世、丹阳等县"讯狱囚"。不仅如此，皇帝也常派司法官员或亲近大臣前往各地审录囚徒。如梁武帝天监五年（506 年）明确下诏规定：钦差大臣前往各地牢狱录囚，遇有疑情或延滞要随时奏报。录囚之制对平反冤狱、改善狱政、统一法律适用起了一定的积极作用，因而被后世沿用，直至明清时期。

三、监察制度的变化

魏晋以降，为抑制割据势力，御史监督职能有明显加强。这一时期，监察机关仍为御史台，是由皇帝直接掌握的独立监察机关。长官仍为御史中丞，权能极广，所谓"自皇太子以下，无所不纠"。下设名目繁多的御史，可以"风闻言事"，对各级官吏进行弹奏，但御史失纠则要免职。地方不设专职监察机关，由中央派出御史监察，由此发展出御史出巡制度。

东汉时，监察京师地区的司隶校尉于魏晋时仍设，与御史中丞"分督百僚"。至东晋时，分其行政权归扬州刺史，分其监察权归御史台，司隶校尉一职不复存在。

思考题

1. 简述重罪十条入律的背景及其意义。
2. 简述宗法官僚等级司法在魏晋南北朝的具体表现。
3. 简述三国两晋南北朝司法制度的变化及其原因。

隋唐的法制

◆　内容提要

　　隋唐是中国古代法律成就最为辉煌的时期。隋存续时间虽短,但《开皇律》的立法成就使其上承北朝法制下启唐代法制,其得失为唐王朝的统治留下了宝贵的经验。唐朝的法律制度是我国封建法制高度发展的产物,唐律的基本形式、基本法律制度与原则,集中体现了封建法律制度的完备化与定型化。唐律以《唐律疏议》为代表,集历朝封建法典之大成,不仅完成了儒家思想法典化的进程,更以精湛的立法技术和完备的法律内容为后朝及周边一些亚洲国家所继承和仿效。

◆　案例导入

"徐元庆复仇"案

　　武则天在位时,同州(今属狭西大荔县)县尉赵师蕴杀了一个名叫徐爽的犯法之人。徐爽的儿子徐元庆认为其父冤枉,一直寻机为父报仇,若干年后他伺机将赵师蕴杀死,然后到官府投案自首。该案在当时引起了轰动,到底应该如何处理,众说纷纭。若依封建礼教,徐元庆之举合乎孝道,但按当时的法律规定,杀人者应处死刑。武则天对徐元庆的孝行之举非常赞赏,要赦免其死罪而改判流刑。但是谏官陈子昂提出异议,并写了《复仇议状》,他认为礼法均不可偏废,建议可先处徐元庆死刑,再立牌坊表彰其孝义之举。这种观点在当时很有代表性因而被朝廷采纳。一百年后,柳宗元写了一篇《驳复仇议状》,重新评断徐元庆案,批驳了陈子昂。他认为,礼刑二者应统一,因而刑罚与表彰应如一,否则就会礼刑两失。他主张处理徐元庆应区别具体情况,如果其父确实触犯了法律,则不许复仇;如果其父因官吏挟私报复而死,徐元庆为父报仇申冤则是一种守礼义之举,不但不应被处死,而且应受表彰。徐元庆案所引起的有关复仇问题的争论,是立法上礼刑结合问题的延续,触及到封建司法实践中如何做到礼刑统一、礼刑两不失的问题,此类争论在后世一直未能间断。(《旧唐书·刑法志》)

第一节　隋朝法制概况

一、隋初法制指导思想

隋朝建立后，为了解决如何加强中央集权、防止分裂割据、恢复封建经济等一系列重大问题，隋初统治者以恢复中原文化为己任，继承了以德为主、德刑并用的封建正统法律思想。隋初君臣重视德治，强调宽法轻刑，欲通过仁政、德治来改变当时"君无君德，臣失臣道，父有不慈，子有不孝，兄弟之情或薄，夫妇之义或违，长幼失序，尊卑错乱"[1]的混乱局面。开皇三年（583 年）十一月，隋文帝颁发诏令宣称："朕君临区宇，深思治术，欲使生人从化，以德代刑"，[2]以期建立儒家思想所倡导的伦理有序的法律秩序。

隋初较重视法律的作用。首先表现为注重立法，即"先施法令，欲人无犯之心，国有常刑，诛而不怒之义"。[3]隋从建国伊始即着手制定法律，《开皇律》修成后仅两年又开始修改，充分显示了隋初君臣对立法的积极态度。其次表现为隋初从实际情况出发，取适于时注重法制改革。开皇元年，文帝以"帝王作法，沿革不同，取适于时，故有损益"[4]为由，大力改革法律，废除繁法苛刑。另外，在立法时注意择善而从，隋虽直接传承于北周，但隋文帝明智地认识到北周法律烦而不要，逊色于北齐律，因此在立法时，远则学习魏、晋，近则仿效齐、梁，即"乃采魏、晋旧律，下至齐、梁，沿革重轻，取其折衷"，[5]从中取精用宏，择善而从。依此而制定的《开皇律》在中国法制史上起到了承前启后的作用。

隋初君臣亦强调严格执行封建法律，依法办事。开皇元年修律完毕后，文帝下令各地加强司法审判，规定官吏审断案件时，不仅必须依据法律，还要将所依据的条文明确写出。一年以后，又通令各州长官与属吏，都要学习法律，并要定期集中到京城进行考核。开皇三年，在大理寺设律博士、尚书刑部设明法曹、州县设律生，作为解释法律、辅助司法审判的专门人员。但两年后由于始平县一律生舞文弄法陷害无辜，文帝始下诏撤废所有上述官职。与此同时，隋初文帝重用

---

〔1〕《隋书·刑法志》。
〔2〕《隋书·高祖纪》。
〔3〕《隋书·刑法志》。
〔4〕《隋书·刑法志》。
〔5〕《资治通鉴·隋纪》。

依法办事的官吏，对违法犯罪的高官贵戚甚至儿子也能够做到不徇私情，[1] 表现出隋文帝所曾有的"既为天下，事须割情"的胸怀和对封建法律权威的维护。

二、隋《开皇律》的立法成就

隋正式进行的修律活动有三次，前两次为开皇元年（581 年）和开皇三年（583 年）《开皇律》的制定和修订，后一次是大业元年（605 年）隋炀帝《大业律》的制定。除律之外，隋的法律形式还有令、格、式。《开皇律》和《大业律》现已不存，令、格、式等也早已散失。这里根据《隋书·刑法志》及相关史料的记载对《开皇律》的立法成就予以介绍。

《开皇律》以《北齐律》为蓝本，在吸收魏晋南北朝以来法典编纂经验的基础上而制定，是隋立法成就的集中体现，其内容对唐律影响极大。《开皇律》在基本内容和篇章体例上的贡献主要有：

（一）确定十二篇律典体例

《开皇律》继承了《北齐律》的基本体例，进一步删减罪条，定留唯五百条十二篇，确定了中国此后七百年来律典的基本框架，史称"刑网简要，疏而不失"。[2] 即名例律仍定为第一，其他各篇经过分类整理分别确定为：卫禁、职制、户婚、厩库、擅兴、盗贼、斗讼、诈伪、杂律、捕亡、断狱。《开皇律》的篇目和次序为以后的唐律和《宋刑统》所沿，无大更改，是中国古代法典在篇目体例方面成熟的标志。

（二）确定新五刑体例

《开皇律》在刑罚上废除了前代的轘裂、枭首、鞭刑等酷刑，承继北朝"五刑"体例，确立了死、流、徒、杖、笞的新五刑制度。据《隋书·刑法志》记载，其刑名有五：一曰死刑，有绞、斩二等；二曰流刑，有流一千里、一千五百里、二千里，共三等；三曰徒刑，有一年、一年半、二年、二年半、三年，共五等；四曰杖刑，自六十至一百，共五等；五曰笞刑，自十至五十，共五等。这一"五刑二十等"的刑罚体系后被唐代继承，一直沿用到清末。

另外，隋代的赎刑与五刑相结合，也在前朝法律的基础上作了明确规定："其品第九已上犯者，听赎。应赎者，皆以铜代绢。赎铜一斤为一负，负十为殿。笞十者铜一斤，加至杖百则十斤。徒一年，赎铜二十斤，每等则加铜十斤，三年则六十斤矣。流一千里，赎铜八十斤，每等则加铜十斤，二千里则百斤矣。二死

---

〔1〕 隋文帝第三子杨俊，不仅"奢侈，违犯制度，出钱求息"，还"盛治宫室，穷极侈丽"，隋文帝责令对其免官，以王就第。当时有大臣进谏，认为杨俊不过是浪费官物而已，请求予以宽容。隋文帝说，"法不可违"，"我是吾儿之父，若如公意，何不别制天子儿律"。参见《隋书·秦王俊传》。

〔2〕 《隋书·刑法志》。

皆赎铜百二十斤。"[1]　上述赎刑方法基本为唐律所吸收。

（三）扩大封建贵族官僚的法定特权

为了笼络贵族官僚地主，调整统治阶级内部矛盾，隋将魏晋南北朝的"八议"、"官当"等列为定制，对贵族官僚的一般犯罪，均予以减免刑罚，使之分别享有议、请、赎、官当等优遇条件，保留和扩大了秦汉以来贵族官僚的特权。此外，据《隋书·刑法志》记载，隋还首先创设了"例减"之制，并比照以官当徒规定了以官当流的制度。"其在八议之科，及官品第七已上犯罪，皆例减一等"；"犯私罪以官当徒者，五品已上，一官当徒二年；九品已上，一官当徒一年；当流者，三流同比徒三年。若犯公罪者，徒各加一年，当流者各加一等。"以官当流发展了官当制度，为违法犯罪的官僚贵族提供了更多的司法保障。

（四）明确了封建刑律的打击重点

《开皇律》改北齐"重罪十条"为"十恶"，内容为谋反、谋大逆、谋叛、恶逆、不道、大不敬、不孝、不睦、不义、内乱。并规定："犯十恶及故杀人狱成者，虽会赦，犹除名。"[2]《开皇律》把上述十种直接危及君主专制统治、违反封建纲常名教的行为定为十恶不赦的大罪加以严厉打击的做法，一直为历代封建法典所沿袭。

《开皇律》施行时间虽短，却是一部在历朝立法经验基础上而制定的具有代表性的封建法典，无论在篇章体例还是在基本内容上，较以前的封建法典均有显著改进，代表了隋朝的法律成就。它的主要内容后经唐律的修订和确认，成为唐律的蓝本，加以完善后几乎全部被纳入法典。《开皇律》在中国法制史的发展中具有承前启后的作用，产生了较大影响。

三、隋朝后期法制的破坏

隋初的封建法制实践在中国法制史上占有重要的地位。隋文帝早年曾锐意求治，对《开皇律》的制定与实施作出了较大的贡献，但同时他的毁法专制在开皇十年以前就已屡见不鲜，他常因怒在廷中重杖打人，甚至杀人。晚年更是用刑尤峻，甚至公然毁法。如开皇十五年（公元595年）规定，盗边粮一升以上皆斩，并籍没其家；更有甚者，开皇十七年诏令，对所谓"据律乃轻，论情则重"的案件，"听于律外斟酌决杖"，其结果是"上下相驱，迭行棰楚，以残暴为干能，以守法为懦弱"[3]。凡此种种，皆为以后隋炀帝变本加厉地破坏法制和隋朝的覆亡植下了祸根。

---

〔1〕《隋书·刑法志》。

〔2〕《隋书·刑法志》。

〔3〕《隋书·刑法志》。

隋炀帝继位后，以改革苛法酷刑为名更定法律，于大业三年（607 年）修成《大业律》。《大业律》与《开皇律》比较并无大的贡献，只是体例上改十二篇为十八篇，删去十恶之论，留八恶之文；另外，刑罚有所减轻者二百余条，关于施行枷杖、决罚、讯囚的规定也轻于《开皇律》。但《大业律》颁布后不久，好大喜功的炀帝外征四夷，内穷嗜欲，兵革岁动，赋敛滋繁，引起社会的强烈不满，一时"盗贼"蜂起。于是炀帝重蹈其父旧辙，于法外专任刑罚滥施酷刑，炀帝的倒行逆施，加速了隋王朝的灭亡。

第二节　唐代的法律思想与立法概况

一、唐初法制的指导思想

建立于公元 618 年的唐朝既是我国历史上一个著名的强盛朝代，也是封建法律制度发展成熟完备的朝代。由于唐初君臣都亲身经历了隋朝由盛到衰直至灭亡的全过程，故而能较全面地总结这一历史时期的经验教训。如唐太宗认为："为君之道，必须先存百姓。"[1] 他们认识到封建政权生死存亡的关键在于人心的向背，"天子者，有道则人推而为主，无道则人弃而不用。诚可畏也"![2] 唐太宗君臣还把封建政权和老百姓的关系比作舟和水的关系，指出水能载舟亦能覆舟，提醒自己勿蹈亡隋之辙。他们认识到隋亡的主要原因还在于法制的破坏，在此基础上确定了唐初法制的指导思想。

（一）礼刑并用、德主刑辅

唐初几代统治者继承和发展了西汉中期以来的"德主刑辅"思想，并在唐律中加以真正贯彻，使礼刑并用得以全面实现。《唐律·名例律》的疏文明确指出："德礼为政教之本，刑罚为政教之用，犹昏晓阳秋相须而成者也。"德礼为本、刑罚为用正是对"德主刑辅"思想的继承和发展。唐初统治者对礼刑关系具有高度共识。如唐高祖李渊把礼的教化职能与法的镇压作用的结合看作是安邦治国的首要任务，"禁暴惩奸，弘风阐化，安民立政，莫此为先"；[3] 唐太宗李世民在《全唐文·薄葬诏》中也说："失礼之禁，著在刑书，"即要把失礼的禁条规定在刑书里，若违反了纲常礼教就构成犯罪，必受刑罚。从而明确了以礼为内容，以法为形式，融礼刑为一体，相互为用的思想。在此指导思想下的唐律被

---

〔1〕《贞观政要》卷一，《君道》
〔2〕《贞观政要》卷一，《政体》。
〔3〕《旧唐书·刑法志》。

后世称为"一准乎礼,而得古今之平"[1] 的一代盛典。

（二）律令务在宽简

针对隋滥施酷刑盛衰巨变的后果,唐初统治者提出了约法省刑、务在宽简的要求,使法制指导思想在立法方面得以具体化。

律令简约宽平是唐初统治者为立法规定的基本原则。唐朝初建,高祖李渊就提出立法要"务在宽简,取便于时";[2] 唐太宗更是反复强调:"死者不可再生,用法务在宽简",[3] "国家法令,惟须简约,不可一罪作数种条。格式即多,官人不能尽记,更生诈,若欲出罪即引轻条,若欲入罪即引重条。数变法者,实不益道理,宜令审细,毋使互文。"[4] 针对前朝法令的严苛而力求做到轻刑省罚,谓之宽;针对前朝法令的繁多而力求做到约法简文,谓之简。唐初的立法实践正是在宽简原则的指导下进行的。唐高祖李渊初在太原起兵时,就宣布宽大之令,约法十二条;唐太宗即位后,把"绞刑之属五十条"改为斩右趾,后再改为加役流。《旧唐书·刑法志》载:《贞观律》相继删除隋《开皇律》大辟九十二条,"改流刑为徒刑者七十一条,其余削繁去蠹,变重为轻者,不可胜纪"。

（三）依律慎刑,用法画一

在司法实践中,唐初统治者强调要依律慎刑、上下守法和用法画一,以维护封建法制的权威。其具体要求是,用律断案务必郑重公正,尤其是死刑案件的处理,不仅要严格依律论罪,更要采取十分审慎的态度;君臣上下一体守法,君主自己率先守法,同时严格要求官吏奉法守法;反对法外特权,坚持法律的统一适用,以维护封建国家的统治秩序。如唐太宗就强调"法者,非朕一人之法,乃天下之法";魏征曾道:"贞观之初,志存公道,人有所犯,一一于法。"[5] 《唐律疏议》专门有"诸断罪皆须引律令格式正文"条,以强调依法断罪量刑。

二、唐律的制定与发展

（一）武德草创

鉴于隋亡的历史教训,李渊在太原起兵反隋时效法刘邦约法三章,曾约法十二条,惟制杀人、劫盗、背军、叛逆者死,其余隋朝的苛法一并蠲除。至唐政权初建,又制定五十三条新格(其内容已不详),据史籍记载,"唯吏受赇、犯盗、诈冒府库物,赦不原。凡断屠日及正月、五月、九月不行刑",[6] 此为唐立法的

〔1〕《四库全书总目·政书类》,"清纪昀语"。

〔2〕《旧唐书·刑法志》。

〔3〕《贞观政要》卷八,《刑法》。

〔4〕《贞观政要》卷五,《赦令》。

〔5〕《贞观政要》卷五,《公平》。

〔6〕《新唐书·刑法志》。

开端。武德四年（621 年），尚书左仆射裴寂等人应诏更撰律令，其内容大致以隋《开皇律》为准，只是将五十三条新格附入，于武德七年（624 年）颁行，此即为唐开国后的第一部法典《武德律》。《武德律》是唐律的草创，共十二篇，五百条。

（二）贞观定本

唐太宗李世民即位（627 年）后，在"德主刑辅"法制思想的指导下，进一步完善了封建法律制度。贞观元年（627 年）太宗诏长孙无忌、房玄龄等人更定《武德律》，至贞观十一年（637 年）完成，仍为十二篇，五百条，称《贞观律》；贞观令、格、式亦同时颁行。《贞观律》仍然以《开皇律》为蓝本，但贯彻了宽简原则，主要是以加役流取代了一部分死刑；区分了两种不同的反逆罪；缩小了缘坐处死的范围；确立了封建刑法的各项基本制度和原则。以后，唐代的律典无论体例与内容均无大的变动，故"唐律以贞观所修为定本"，[1]《贞观律》实际上是唐律的奠基石。

（三）永徽注疏

唐高宗李治即位后，于永徽元年（650 年）诏长孙无忌、李勣、于志宁等修订律、令、格、式。次年（651 年）完成并颁布《永徽律》；永徽令、格、式亦颁行。《永徽律》与隋《开皇律》、唐《武德律》、《贞观律》一脉相承，其篇目、条文与《贞观律》大多相同，仍为十二篇。

永徽年间立法的最大贡献是对律文本身做出详尽的注疏。当时中央和地方都存在不少定罪量刑畸轻畸重的情况，且同时"律学未有定疏，每年所举明法（科举考试中的明法科），遂无凭准"，[2] 为了明确法律并使全国在司法实践及科举考试中有统一的标准，永徽三年（652 年）长孙无忌等人奉命修撰律疏，他们按照十二篇的顺序，对律文逐条逐句进行诠解和疏释，辨异析疑、揭示要旨，以补充律文未周备之处。注疏共成三十卷，经唐高宗批准后，于永徽四年（653 年）颁行，当时称《律疏》，后人又称《永徽律疏》。《永徽律疏》是我国历史上首次颁布的由官方正式撰定的法律注解，律疏合编体例对后世影响很大，标志着唐律的完备和发展。

（四）开元刊定

开元六年（718 年），唐玄宗命吏部侍郎宋璟等九人删定律、令、格、式。开元二十二年（734 年）到开元二十五年（737 年），李林甫等人奉唐玄宗之命继贞观修律之后对唐律进行又一次全面修改，刊定为律十二卷、律疏三十卷，此

---

〔1〕（清）沈家本：《沈寄簃先生遗书》甲编，《历代刑法考·律令考三·唐》。
〔2〕《旧唐书·刑法志》。

次对律疏的修订主要是在注解用语上。经唐玄宗开元年间刊定，唐律及疏议变得更加完备，后经唐末、五代、两宋直至元朝最终定名为《唐律疏议》。

《唐律疏议》作为我国现存最早的一部最完备的封建法典，并非永徽或开元一朝之典，而是有唐一代之典，其内容和文字是永徽以后直至开元年间唐律多次修改的产物；《唐律疏议》对后世及周边国家影响很大，被誉为中华法系的代表。

三、唐律的内容体系及立法特点

（一）唐律的内容体系

唐律的基本体系即律典体系由十二篇构成。置于律首的是类似于现代刑法总则的名例律，其他类似于现代刑法分则的有关具体犯罪及其惩罚的卫禁、职制、户婚、厩库、擅兴、贼盗、斗讼、诈伪、杂律、捕亡、断狱等十一篇则置于其后。

（1）名例律。"名者，五刑之罪名；例者，五刑之体例。"[1] 该篇规定了唐朝法定的刑罚及其刑罚原则，集中体现了唐律的立法精神。具体包括：五刑、十恶、八议、请、减、赎、官当、公罪私罪的划分、犯罪自首的要件、对老幼废疾者犯罪的减免等等。

（2）卫禁律。"卫者，言警卫之法；禁者，以关禁为名"[2] 该篇是有关宫廷警卫和关津要塞保卫的规定。宫殿是皇帝居住与朝臣议政的场所，边防关卡及城镇墙垣事关国家主权和城镇的安全，均具有特殊的重要意义，是法律重点保护的对象。该篇共二卷三十三条，主要包括两部分内容，即侵犯宫殿的犯罪和侵犯关津及边塞的犯罪。

（3）职制律。"言职司法制，备在此篇。"[3] 该篇是关于惩治官吏违法失职的法律。唐朝建立了较为完备的行政法律制度，从机构设置、官吏职责到行政程序、公文递送，都有明确的法律规定。该篇共三卷五十八条，包括三方面内容：关于职务方面的犯罪、违反驿传方面的犯罪和对官吏贪赃枉法的处理。

（4）户婚律。定户口、婚姻之制。唐朝的土地分配、赋税征收及徭役摊派均以户籍为依据。户婚律规定了对违反户籍、土地、赋税及婚姻家庭制度行为的处罚。该篇共三卷四十六条，内容涉及脱漏户口、逃避赋役、盗耕种公私田、违律为婚、立嫡违法等。

（5）厩库律。"厩者，鸠聚也，马牛之所聚；库者，舍也，兵甲财帛之所

---

〔1〕《唐律疏议·名例律》。

〔2〕《唐律疏议·卫禁律》。

〔3〕《唐律疏议·职制律》。

藏。"[1] 在农业社会中，马牛等牲畜既是生产工具，又是重要的运输工具。因此，故杀官私马牛、乘官畜损伤或载私物以及损败仓库物品等，都要受到刑罚处罚。该篇共一卷二十八条，内容涉及公私牲畜饲养、管理和官府仓库管理方面的规定。

（6）擅兴律。"擅"为擅发兵，"兴"为兴造。"大事在于军戎，设法须为重防"。[2] 军队的控制与指挥，事关封建政权的巩固与社会的安定，擅自调兵遣将、兵马粮草和军事装备供应不足等都属于违法犯罪行为。兴造工程、差遣丁夫，关系到整个社会人力物力的消耗，对违法兴造进行处罚可避免社会矛盾激化。该篇共一卷二十四条，内容涉及军事控制、指挥和工程兴造方面的规定。

（7）贼盗律。唐律的重点内容，关于惩治严重危害封建政权和侵犯人身、财产等方面犯罪的法律。战国时李悝著《法经》即以"王者之政，莫急于盗贼"为立法宗旨，盗与贼是历朝法律的重点打击对象，唐代也不例外。该篇共四卷五十四条，明确规定了对谋反、谋大逆、谋叛、造妖书妖言等政治性犯罪的处罚。同时，还规定了对谋杀、杀害、强盗、窃盗等重大刑事犯罪的处罚。

（8）斗讼律。关于斗殴伤人和控告申诉方面的法律，"首论斗殴之科，次言告讼之事"。[3] 该篇共四卷五十九条，内容上分为两大部分：一为斗殴类，包括斗殴致伤、斗殴致死、不同身份者互相斗殴导致伤害及几种杀伤罪；二为告讼类，包括一般性起诉程序及对于特定犯罪、特定身份人的起诉规定。

（9）诈伪律。关于惩治伪造和诈骗的法律，共一卷二十七条。内容上分为两大部分：一为对皇权或政权产生直接危害的伪造行为，包括伪造皇帝御玺及各级官印，伪造宫殿门符和发兵符等；二为涉及某些特定的欺骗行为，包括身份性欺骗和行为性欺骗。

（10）杂律。"拾遗补阙，错综成文，班杂不同。"[4] 该篇共二卷六十二条，包括了不便归入其他篇目的内容，涉及市场管理、债权债务、犯奸失火以及其他一些轻微危害社会秩序和经济秩序的行为规范。

（11）捕亡律。"若有逃亡，恐其滋蔓，故须捕系，以置疏网。"[5] 该篇共一卷十八条，内容涉及两个方面：一为捕捉罪犯时的违法行为；二为逃亡罪及容止、隐匿罪人的犯罪行为。除逃亡罪犯外，其他逃亡者包括：出征在营的兵士、

---

〔1〕《唐律疏议·厩库律》。
〔2〕《唐律疏议·擅兴律》。
〔3〕《唐律疏议·斗讼律》。
〔4〕《唐律疏议·杂律》。
〔5〕《唐律疏议·捕亡律》。

服役的丁夫杂匠、入籍的官户官奴婢，甚至也包括无故私逃的现任各级行政官员。

（12）断狱律。"狱者，确也，以实囚情。"[1] 关于司法审判和狱政方面的法律。该篇共二卷三十四条，内容涉及审判原则、法官责任、拷讯囚犯、刑罚执行以及监狱管理等方面的规定。

（二）唐律的立法特点

以现存的《唐律疏议》十二篇五百零二条为例，[2] 律文部分结构严谨，逻辑性强；律文与疏议有机地结合于一体，律疏同条、疏附于律，从立法技术方面看是中国古代立法史上的一个里程碑。

1. 重点明确，篇目及律条的设置与排列结构严谨。首先，篇目的排序均根据犯罪行为所侵犯的社会关系在整个社会关系中的地位来排列，维护皇权、维护封建国家的统治作为封建法律的首要原则，被精心地安排在唐律的结构中并予以强调。据此，唐律十二篇除首篇名例律为原则性规定外，其余十一篇首重皇权，故有《卫禁》；次重官僚（皇帝治官不治民），故有《职制》；皇权和官僚体制赖以维持的基础则在社会和经济，故有《户婚》……归根到底，法律必须适用，故有《捕亡》和《断狱》两篇。

其次，各篇内的律条自然也按这一原则进行类似的排列组合。如卫禁律是关于警卫宫殿和关津要塞的法律，共三十三条，前二十三条包括非法进入宫、殿、庙、苑等，属于直接危害皇帝人身安全的犯罪行为及其处罚，自然置于前；后十条包括非法越过关津要塞等，属于有损国家安全的犯罪行为，则置于其后。其他各篇也都是如此。经过这样的组合，篇与篇之间、条与条之间既有序又严谨，克服了以前篇目、律条混杂无序的状态，再也没有"盗律有贼伤之例，贼律有盗章之文，兴律有上狱之法，厩律有逮捕之事"[3] 的现象。

2. 律疏同条、疏附于律。疏议，简而言之就是法律解释。这种法律解释在中国古代早已出现，如秦的《法律答问》、汉代的引经注律、魏晋张斐的《律表》等，并由此而形成了一门学问——律学。《唐律疏议》吸收了这种法律解释方法，在编排体例上采取律疏同条、疏附于律的方式，在每一条文之后附有对该

---

〔1〕《唐律疏议·断狱律》。

〔2〕 史籍都记载唐律有十二篇，五百条，无论新旧唐书、《唐六典》、《唐会要》其说均同。但是现传本《唐律疏议》却是五百零二条。有一种看法是：唐律仍为五百条，现在多出两条，是因为分条不准确，把原来的一条分成两条。另一种是"后增说"，即认为这两条是后来增加的。这种说法比较可信。至于增加的时间可大致上有一个界限：不会早于唐开元二十五年（737年），也不会晚于宋。因为《唐六典》成书于唐开元二十五年，所以它仍说唐律是五百条，而《宋刑统》里已经是五百零二条了。

〔3〕《晋书·刑法志》。

条的释注疏文；在篇幅上，疏文约占总字数百分之八十；在内容上，疏文广引博征，既有儒学经典又有司法实践中的具体案例，还有典、令、格、式等其他法律形式中的相关内容。律疏同条的目的在于阐明唐律的指导思想，记述唐律条文、篇目以及主要法律制度发展沿革的历史和相互联系，解释唐律条文中的某些字词、句子以及注文的含义，区别某些容易混淆的罪名以弥补法律条文的疏漏。

唐律自永徽以后为唐代司法实践提供了统一的标准，为科举考试提供了统一的根据。通过注疏的形式，立法者对中国古代的法律理论进行了完备的总结和研究，极大地推动了中华法系的理论化进展。唐律律疏同文的立法方法对后世产生了深刻的影响。

四、唐朝的主要法律形式

唐朝的法律形式除了上文的"律"——国家的正式律典外，还有令、格、式、敕、礼、典等，但通常所说的主要的法律形式多指律、令、格、式四种，"律令格式天下通规"。[1] 这四者的区别在于，"凡律以正刑定罪，令以设范立制，格以禁违正邪，式以轨物程事"。[2]

（1）律是国家的基本刑事法典，主要是有关犯罪和刑罚的法律规定，狭义的唐律即专指律。唐律在作为对各种犯罪行为进行惩罚的量刑依据的同时，也包含有一些民事和诉讼方面的规定。自商鞅改法为律以来，各朝各代制律不息。在唐朝，律作为正刑定罪的主要法律形式，具有权威性和相对稳定性。

（2）令是国家组织制度方面的规定和行政命令。大多系从皇帝关于国家行政管理的单行诏令而来，经过整理修纂而被定为国家长期的行政制度。令涉及的范围比较广泛，数量也很多，据《唐六典》记载多达一千五百四十六条，[3] 其主要作用在于设范立制，规范国家体制，严格尊卑贵贱秩序。

（3）格是皇帝临时颁布的各种单行敕令、指示的汇编。"格以禁违正邪"，作为律、令的补充形式，格具有一种刑事和行政特别法的性质，效力常常大于律。唐格大致分两种：一种是有关尚书省诸曹的日常工作留在本司内施行的，叫留司格；另一种是颁行天下发至州县普遍遵行的，叫散颁格。

（4）式是国家各级机关的公文程式和办事细则，以国家机关的名称而分类定名。"式以轨物程事"，作为带有行政法规性质的经常适用的法律规范，式具有相当的强制力，违反者不仅要受到行政处罚，也可能构成"违式罪"，受到律中

---

〔1〕《旧唐书·刑法志》。

〔2〕《唐六典》。

〔3〕唐令所遗具体内容可参见［日］仁井田陞著，栗劲、霍存福等译：《唐令拾遗》，长春出版社1989年版。

答四十的处罚。唐式每每随律令修订，但至开元后就再未修订了，唐《开元式》共三十三篇。

（5）刑律统类如《大中刑律统类》，是唐中后期对刑法分门别类整理编撰的成果。其编纂方式对五代乃至宋朝法律形式有着重大影响。

由上述可以看出，唐朝律、令、格、式并用，四者之中以律为主，形成了一个完备的法律体系。特别要指出的是，在后来的法律实践中，格的地位十分突出。唐代的格本是由皇帝的敕令转变而来，随着敕令愈积愈多，重复矛盾之处愈多，故每隔若干年必须整理修订汇编。但到中唐以后往往"格敕"连称，许多制敕不经编订即为格，并能直接变更律令的规定，律令的地位开始明显下降。

五、《唐六典》的编撰与影响

唐玄宗开元年间也曾多次修定法律，但开元时期一个更大的成就是编撰了我国最早的有关国家组织机构及职权的法制文献——《唐六典》。[1]

《唐六典》系统地记载了唐朝的官制，其内容涉及唐代中央和地方国家机关的机构设置、人员编制、职责以及官员的选拔、任用、考核、奖惩、俸禄、退休制度等方面的规定。《唐六典》在结构上分为正文和注文两大部分，正文三十卷记述了唐代的官制，后面的注文叙述了官制的历史沿革，其资料浩繁。据史籍记载，它是臣下奉玄宗之命所撰，自开元十年（722 年）开始编纂到开元二十六年（738 年）完成，共经历了十六年时间，中间曾多次换人，最后由丽正书院完成起草，经李林甫进奏皇帝。《唐六典》虽未正式颁行，但因它由唐现行令、式汇编而成，故在唐代仍与律令格式相辅而行，《唐六典》的制定也是封建法制趋于完备的标志之一。

第三节　唐代的行政法制

一、行政机关

唐初沿袭隋制并对行政机关予以进一步完善。皇帝居于国家最高支配地位，皇帝之下的中央行政机关则沿用三省六部制，地方体制实行郡县制。中央政府的

---

〔1〕　关于《唐六典》的性质学界有两种观点：行政法典说与非行政法典说。行政法典说可以说是目前中国法制史学界的主流观点，可参见张晋藩主编的《中国法制史》（高等政法院校法学主干课程教材）、曾宪义主编的《中国法制史》（面向二十一世纪课程教材）。持非行政法典说的学者在《唐六典》的性质问题上有三种说法：一为典籍说，以陈寅恪、严耕望、陈仲夫、钱大群等为代表，可参见陈寅恪：《隋唐制度源渊略论稿》，三联书店 1957 年版。钱大群："《唐六典》不是行政法典"，载《中国社会科学》1996年第 6 期。二为官制法说，以梁治平为代表。三为政制官文书说，以韩长耕、张弓为代表。

实际权力掌握在三省六部手中，其所设"三师"、"三公"[1]仅为虚衔。另外，中央设立了相对独立的监察机构，使监察体制在唐代开始趋于完善。

（一）中央行政机关

1. 三省。三省为中书省、尚书省、门下省。唐朝对三省的权限予以了明确划分，使之各有侧重，互相牵制。中书、门下两省为中枢决策机关。中书省专门负责批答各机关的公文、奏章，起草诏令、颁发制书。门下省负责审核奏章、文书以及诏旨。各级机构上报皇帝奏章、公文，首先经门下省审阅，然后才能送达中书省。门下省还拥有重要的封驳权，以皇帝名义发出的诏令由中书省起草后，送至门下省审阅，如果门下省认为内容有不妥之处，即可封还中书省，由其重新拟定。尚书省为最高行政执行机关，皇帝的旨意及中书省、门下省议定的事项均由尚书省组织实施，由中书省起草的皇帝诏令经门下省审核后，亦由尚书省下发中央各机构及地方各级政府。唐代实行宰相集体负责制，三省的长官集体出任宰相，与皇帝共同决定军国大政方针、决定官吏任免，甚至有权决定皇位继承的人选。皇帝的一切诏、敕、制书均须在这些宰相会议上讨论研究，决定是否颁布；颁布时还需宰相副署，盖上"中书门下之印"才能生效，否则就是违制。

2. 六部。唐朝根据行政事务的性质，在尚书省下面设吏、户、礼、兵、刑、工六部，每部设四司共二十四司。①吏部主掌对全国各级文职官员的管理，包括官员的荐选、任免、考核、升降、赏罚、勋封等；②户部主掌对全国户婚田土的管理，包括对户口、土地、财政、赋税、钱粮、赈灾等方面的管理；③礼部主掌对全国礼仪教育的管理，包括礼仪、祭祀、科举、学校等；④兵部为全国最高的军事行政管理部门，主管武官的荐选、任免、考核、升降、赏罚及军事；⑤刑部为全国的司法行政管理部门，掌管全国的司法行政，并参与重大案件的审理；⑥工部主管全国的农林水利、工程营建及对各类工匠的管理。

（二）地方行政机关

唐代地方沿袭隋制，分州、县两级。州设刺史，处理州界范围内的各项事务工作；县设县令，掌管全县的事务。州刺史和县令下面分别配置属官。地方实行行政、军事、司法合一的制度，刺史、县令是地方掌兵、刑、钱、谷等事的最高长官，既负责行政管理，也负责司法审判与治安管理。在唐代，基层又设有乡、里等机构。乡正、里正除负责协助官府征发赋税徭役外，还负有管理当地治安的责任。

----

〔1〕唐代中央所设的"三师"（即太师、太傅、太保）、"三公"（即太尉、司徒、司空）为顾问军国大计的高级官僚的名誉职称，《唐六典》卷一解释为："三师，训导之官也"，"三公，论道之官也"，"但存名位耳"，"皆不视事"。

此外，唐还设有一些临时性的地方行政机构，如贞观十年（636 年）在全国设置的"道"本是作为相对独立的监察区，但后来逐渐变为高于州的一级地方行政机关；又如唐初在边疆地区设立的军区本是统辖数州军事事务，后来演变为都督府，主官称都督，唐高宗以后部分都督改称"节度使"，独揽军政大权，不仅成为州以上的一级行政机构，还威胁到了中央政权和皇权统治。

二、治吏之法

唐律中的职制律、令、式中的许多内容以及《唐六典》等共同构成了唐代行政法律的完整系统，形成了较完善的治吏之法。在法律的具体内容上，唐朝一方面将职官制度化；另一方面，加强了对官吏职权行使的监督。通过各种法律形式将职官的任用、考课以及致仕制度化，同时按照法定的程序进行严格的管理，对官吏的失职、渎职行为予以严处。对于加强唐代封建国家机器的统治效能，维持国家机器的正常运转发挥了重要作用。

（一）职官的选任

唐初任官制度的一项重要改革是通过分科考试选拔人才，以作为可以任官的一种资格。其实，考试选才汉魏以来有时也曾举行，但均为临时措施。隋文帝统一全国后，废除流弊百出的九品中正制，令诸州每年选取贡士三人，经考试成绩优秀者称秀才。隋炀帝又设进士等科，以"及第"者任官，是为科举制的开端。

唐代进一步扩大科举选官的范围，以便网罗更多的"治国人才"。科举的科目繁多，其中进士考试重点在于诗赋，明经考试着重考核儒家经典。唐统治者极重视所选拔人才的"德"，这与其封建正统思想一脉相承。如唐律规定：州、县及学校在贡举之前须审核被举人的德才，而首先是德，"德行乖僻，不如举状者"，即使考试通过，推举人也要负刑事责任。若德行无亏而才不及格，则减前罪二等。被贡举者五人中三人及第，有关官员皆得免罪。但其中若有一人德行乖僻，"即以'乖僻'科之，纵有得第者多，并不合共相准折"，可见统治者对所选人才"德"的要求程度非常之高。唐代科举选官的进一步制度化加强了封建中央政府对考选与任官的有效控制，这种制度不但有利于笼络封建士大夫，而且也扩大了封建地主阶级的统治基础。由于选任官吏以儒家经典学说作为标准，促使士子与官吏都"苦读"儒学，这对于维护封建思想专制、强化封建的大一统起到了重要作用，对保障官吏的来源也起到了特殊作用。

科举考中以后，在唐代只是取得了一个身份，还必须经过吏部的考试方可正式任命为官。唐代官吏的选任规定文官由吏部掌管，武官由兵部掌管。吏部选士任官的标准有四，即：身，体貌丰伟；言，言辞辨正；书，楷法遒美；判，文理优长。而书判尤重，因吏部取人以临政治民为第一要义，故要求通晓事理、熟悉法律、明辨是非、揭发隐伏，判词以情理通达为准。另外，唐朝规定：若四事皆可取则选以德行，德均以才，才均以劳。这四个标准在唐代适用于六品以下官员的任用，每年十月以后吏部进行考试，次年夏天来临之前公布结果。

（二）职官的考课与致仕

唐代职官政绩的考课统一由吏部考功司负责。时间分为岁课与定课。岁课在基层机构进行，每年举行一次。在中央由各司自行主持对本司官吏的考核；在地方由各州县主持对本属官吏的考绩。定课为全国性的统一考核，由吏部考功司统一组织，对象是全国四品以下的官员。考课的标准是"四善二十七最"[1]经过考核，将被考核对象分为上、中、下三等，每等再分三级，共三等九级，按等级给予奖赏或处罚。岁课的奖惩是增减俸禄，定课则是以升、降官职甚至免官作为奖惩。考课评等并据此升降赏罚是加强吏治的需要。唐初，吏治井然，与厉行官吏考课制度密不可分。

职官退休称为"致仕"。唐规定致仕的年龄为七十岁，但如果身体尚好、精力未衰者亦可继任；虽未满七十但已老衰者，亦可提前致仕。五品以上官致仕要由皇帝批准，六品以下官致仕则由本人提出申请，报吏部备案即可。

（三）行政监察

唐代依照法律建立了较为完善的监察体制。

1. 御史台。唐代中央设置了相对独立的专门监察机构——御史台。御史台以御史大夫为长官，以御史中丞二人为辅佐。御史台下设台院、殿院、察院三院，完善了从中央到地方的行政监察。其中台院地位比较显赫，设侍御史若干人，负责监察中央百官，参与大理寺的审判及皇帝直接交办案件的审判；殿院设殿中侍御史若干人，专掌纠察朝仪、巡视京都以及朝会、郊祀等，以维护皇帝的尊严为其基本职责；察院设监察御史若干人，执掌地方州县官吏的监察（包括行政与司法）。自太宗始，以"道"为监察区，全国共分十道（后增至十五道），每道设监察御史一人。监察御史自身品位不高，但权力很大。同其他的御史一样，都是皇帝的"耳目之官"，行使行政监察的重要权能。

2. 对官吏的监察。唐朝各级行政官吏行使职权被看作是在向君主与国家尽义务，因而对官吏不遵守法律，玩忽职守，以致出现严重失职、渎职行为的，都要给予比较严厉的处罚。如在官府廨院及仓库内失火者，弃毁符、节、印及门钥

---

〔1〕 "四善二十七最"见《唐六典·尚书吏部》："考课之法有四善：一曰德义有闻，二曰清慎明著，三曰公平可称，四曰恪勤匪懈。"二十七最中主要包括：献可替否，拾遗补阙，为近侍之最；铨衡人物，擢尽才良，为选部之最；扬清激浊，褒贬必当，为考校之最；礼制仪式，动合经典，为礼官之最；决断不滞，与夺合理，为判事之最；推鞫得情，处断平允，为法官之最；赏罚严明，攻战必胜，为将帅之最等等。

者，弃毁制书及官文书者，主守官物而丢失账簿导致计有错数者，分别给予杖乃至绞刑的严厉处罚。

另外，为提高封建国家行政机构的效率，唐律严格规定了官府置员数额。凡官署编制过限者都要追究主管官吏的刑事责任。逾制而超过一人的杖一百，三人加一等，一人徒二年。此外，严格要求地方刺史、县令职司其守，不得无故私出辖界，若故意违犯以致贻误公事者，要给予杖刑之处罚。至于官吏应当值班而不值班者、应入宫值宿而不值宿者、以及限期已满不赴任者，都分别情况规定了笞至徒等不同的刑事处罚。

第四节　唐代的刑事法制

唐朝的刑事法制成熟完备，刑事法律制度所涉内容多、范围广。唐律在《名例律》中明确规定了刑法的基本制度和适用原则，在其他各篇中详细规定了犯罪的种类和应处的刑罚，集中反映了我国古代对犯罪与刑罚的认识。

一、唐朝刑事法律的基本制度与原则

置于唐律律文篇首的《名例律》是整部法典的总纲，通过具体规定各篇通用的刑名以及刑罚适用的共同原则，体现了唐朝刑事法律的基本精神和原则。

（一）五刑制度

所谓五刑，是指唐律规定的笞、杖、徒、流、死五种刑罚，较之旧五刑（墨、劓、刖、宫、大辟）它又被称为新五刑或封建制五刑。唐律规定的五刑基本是承袭隋制，但在刑等和刑种的排列上更加合理和科学，更加规范化、制度化。

（1）笞刑。《疏议》曰："人有小愆，法须惩诫，故加捶挞以耻之"，为五刑中最轻的一种，即用两根小荆条拧成的楚，名"笞杖"，打犯人的腿部和臀部，共分五等，由笞十至笞五十，每等加十。

（2）杖刑。用大头二分、小头一分半、长三尺五寸的常行杖（又叫法杖）捶打犯人的背、臀、腿部，分五等，由杖六十至杖一百，每等加十。

（3）徒刑。《疏议》曰："徒者，奴也，盖奴辱之。"即在一定期限内强制犯人加戴刑具从事苦役，也分为五等，由徒一年至徒三年，每等递增半年。

（4）流刑。《疏议》曰："书云：'流宥五刑。'谓不忍刑杀，宥之于远也。"流刑分为"居作"和"发配"两种，犯流罪应居作者，在当州供官役；犯流罪应发配者，按三等即二千里、二千五百里、三千里，将犯人遣送到一定距离外的荒远地区，并强制其服一年劳役，是仅次于死刑的重刑。"三流"之人的妻妾子孙可随从，服劳役期满后便落户于流配地，一般不得返回原籍。唐太宗创制的加役

流，即流三千里、服役三年，作为对某些死刑的宽宥处理，是一种特殊流刑。

（5）死刑。死刑是剥夺犯罪人生命的刑罚，分绞、斩两种。唐从儒家伦理观念出发，认为绞以致毙仍可保全尸体；斩则殊刑，死后身首分离，故斩重于绞。

另外，唐律规定，除"十恶"罪之外，五刑均可交铜收赎。其标准是：笞十赎铜一斤，每等加铜一斤，至杖一百交铜十斤；徒一年赎铜二十斤，每等加铜十斤，至徒三年赎铜六十斤；流二千里赎铜八十斤，至流三千里赎铜一百斤，每等亦加十斤；绞和斩均为赎铜一百二十斤，但不是只交赎金就可免一切刑罚，一般是交赎后改判为减死之刑"加役流"。

（二）重惩"十恶"

唐律继承《开皇律》，将十种直接侵犯封建君主专制统治和封建伦理纲常的重大罪行列为律首，加重打击。"五刑之中，十恶尤切，亏损名教，毁裂冠冕，特标篇首，以为明诫。其数甚恶者，事类有十，故称'十恶'。"[1] "十恶"的渊源，《唐律疏议》解释为：自汉制《九章律》便已有某些罪名，北齐、北周则汇总为"重罪十条"；隋制《开皇律》时，完备了"十恶"之目，从而奠定了唐律"十恶"的基础。

唐律规定国家必须重惩的"十恶"是：一曰谋反，"谓谋危社稷"，即图谋推翻封建王朝的行为。二曰谋大逆，"谓谋毁宗庙、山陵及宫阙"，即图谋毁坏皇家建筑设施的行为。三曰谋叛，"谓谋背国从伪"，即阴谋叛国的行为。四曰恶逆，"谓殴及谋杀祖父母、父母，杀伯叔父母、姑、兄姊、外祖父母、夫、夫之祖父母、父母"，即严重的忤逆杀伤尊亲属行为。五曰不道，"谓杀一家非死罪三人，支解人，造畜蛊毒、厌魅"，即指灭绝人道，残忍的杀人行为。六曰大不敬，"谓盗大祀神御之物、乘舆服御物（盗取帝王祭祀用品或皇帝御用器物）；盗及伪造御宝（皇帝印玺）；合和御药，误不如本方及封题误（如以丸为散，应冷言热之类）；若造御膳，误犯食禁；御幸舟船，误不牢固；指斥乘舆，情理切害，及对捍制使而无人臣之礼（指斥皇帝或无礼对待皇帝派来的使臣）"，上述行为均为对皇帝不敬的行为。七曰不孝，"谓告言、诅詈（控告、咒骂）祖父母父母，及祖父母父母在，别籍异财（另立户籍，分家析产），若供养有阙；居父母丧身自嫁娶，若作乐，释服从吉（脱去丧服，改着吉服）；闻祖父母父母丧，匿不举哀，诈称祖父母父母死"，即对父母、祖父母有悖孝道的行为。八曰不睦，"谓谋杀及卖缌麻以上亲，殴告夫及大功以上尊长、小功尊属"，主要是对同族

---

[1] 《唐律疏议·名例律》。

尊长有伤害或告发行为。九曰不义，"谓杀本属府主、刺史、县令、见（现）受业师，吏卒杀本部五品以上官长；及闻夫丧匿不举哀，若作乐，释服从吉及改嫁"，即在下位之人严重违反尊卑之义等行为。十曰内乱，"谓奸小功以上亲、父祖妾及与和（与之通奸）者"，指亲属间的乱伦行为。

由于上述"十恶"集中体现为威害皇权并危及封建国家的政治性犯罪，体现为威胁封建统治秩序，严重危害父权破坏封建伦常关系的犯罪，体现为严重违反传统道义的犯罪，故对犯"十恶"者均予重惩。表现为：惩及于谋；处刑重；株连范围广（株连亲属、株连邻伍、株连有司）；常赦所不原，不适用八议、请减优待；决不待时等。

（三）维护官僚贵族刑法特权

1. 八议制度。唐代沿袭曹魏以来有关"八议"的基本规定，对八类特权人物犯罪作了减免处罚的规定。"八议"，一曰"议亲"，即皇帝的亲戚；二曰"议故"，即皇帝的故旧；三曰"议贤"，即品行达到封建道德最高水准的人；四曰"议能"，即有大才干的人；五曰"议功"，即功勋卓著者；六曰"议贵"，即封建大贵族、大官僚；七曰"议勤"，即勤于为封建国家服务的人；八曰"议宾"，即前朝皇室后代被尊为国宾者。按照唐律规定，上述八类人犯罪法司不得直接审判，要奏请上报朝廷议处，由尚书令主持的都堂集议议其所犯，交皇帝圣裁。按照通例，一般死罪可以降为流罪，流罪以下例减一等。可见八议之人犯罪所享受的程序上的特权是"议"，实体上的特权是"减"，但唐律规定犯"十恶"者不在上述减减之列。

2. 上请制度。上请是低于"八议"一等的法定优遇办法。唐律中"请"的对象有三种：一是皇太子妃大功以上亲；二是应议者期以上亲及孙；三是有五品以上官爵者（"谓文武职事四品以下、散官三品以下、勋官及爵二品以下，五品以上"）。唐律规定这三种人犯死罪，一般司法官不得擅自决断，经法司审理后，列举罪状初拟判决，开列其可享受上请的缘由，不经都堂集议直接奏请皇帝裁决；犯流罪以下则例减一等处理。但"其犯十恶、反逆缘坐、杀人、监守内奸、盗、略人（拐骗人口）、受财枉法者，不用此律"。从上述可见，得请者的范围比"八议"大，得请者的身份低于"八议"，犯罪后享有的刑法特权比"八议"者小。

3. 例减制度。有一定身份的官吏及其亲属犯流刑以下的罪，可享受减罪一等的优遇。唐律规定适用"减"的对象有两种：一是六品、七品官员；二是应请者的近亲属（祖父母、父母、兄弟、姊妹、妻、子、孙）。其不适用例减的情形与"上请"相同。

4. 赎刑制度。一定范围内贵族官僚犯流刑以下罪时，依法可以用缴纳资财代刑。唐律规定"赎"的对象主要有三种：凡属应议、请、减范围的人；八品、九品官员；例减之官员的近亲属。但如果犯了"五流"的罪，即加役流、反逆缘坐流、子孙犯过失（杀祖父母、父母）流、不孝流及会赦犹流，则不得赎。此外，一些特定的徒、流罪，如过失杀伤尊亲属徒、故殴人至废疾流、男人犯盗处徒以上刑及妇人犯奸罪者，唐律规定亦不得用赎。

　　5. 官当制度。一定范围的官员和有爵者犯罪以官品抵当刑罪。原则上，公罪比私罪抵当为多，官品高的比官品低的抵当为多。唐律规定以官当徒的，其犯私罪者，五品以上，一官当徒二年，九品以上，一官当徒一年；如犯公罪，可以分别多当一年徒刑。以官当流的，流刑三等均折算成徒刑四年。若一人有两种官爵的，如职事官与勋官，先以职事官职中的高者当，次以勋官当；如果用这两种官抵罪不尽，还可以用历任的官职来当罪。凡以官当徒的，如果罪轻不尽其官，可以留官收赎；如果官小不尽其罪，余罪也可以收赎。

　　唐代统治者通过"议"、"请"、"减"、"赎"、"官当"及其他配套制度，[1]将贵族官僚的特权法律化，形成了一整套完整的特权保障体系，以此来维护封建官僚体制，巩固专制统治的基础。不过应当指出，在封建君主专制之下，任何官僚贵族的特权都只具有相对的意义，并以不触犯皇权及统治阶级的根本利益为限度，如若犯有"十恶不赦"之罪，则同样严惩不怠。

　　（四）其他刑罚原则

　　1. 老、幼、废、疾减免刑罚。唐律注重中国古代的一贯做法，即对老、幼和残疾之人犯罪减免处罚，并使之变得更加系统化。名例律规定，诸年七十以上、十五以下及废疾（如折一肢，瞎一目），犯流罪以下，收赎。八十以上、十岁以下及笃疾（折二肢、双目失明等），犯反、逆、杀人应死者，上请；盗及伤人者，亦收赎，余皆不论。九十以上、七岁以下，虽有死罪，不加刑。唐律将老人、小孩及残疾人按其年龄和病残程度分为三等，规定不同的刑事责任，规定犯罪以后给予减免刑罚，《疏议》称此是"爱幼养老之义也"。相对而言，老耄、幼小、残疾之人不可能对封建统治造成较大危害，对他们减免刑罚既可博得哀矜老幼的"仁政"美名，又不致损害统治者的根本利益。

　　2. 同居相隐不为罪。同居相隐是指同财共居者以及一定范围内的亲属有罪，相互之间可以容隐，不负或减轻法律责任。唐律进一步贯彻儒家"亲亲相隐"原则，继承汉律以来"亲亲得相首匿"制度，把容隐的范围扩大到了四代以内

---

　　〔1〕　在议、请、减、赎、官当等特权者享受优待处罚的同时，根据其所犯之罪还配套实行一些行政处分，如除名、免官、免所居官，因这三者有"重新叙用"等附加待遇，可视其为配套特权。详细讨论请参见范忠信、陈景良主编：《中国法制史》，北京大学出版社2007年版，第289～291页。

的亲属、部曲和奴婢。名例律规定：诸同居，若大功以上亲及外祖父母、外孙、若孙之妇、夫之兄弟及兄弟妻，有罪相为隐；部曲、奴婢为主隐，皆勿论；其小功以下相隐，减凡人三等。据此规定，上述同居之人不仅相互间隐瞒罪行可不受追究，就是为犯罪者通风报信使其隐避逃亡时，亦不负刑事责任。但唐律也规定凡是犯谋反、谋大逆、谋叛三种罪的，亲属不得相隐不告。

3. 律无明文，轻重相举。唐律针对犯罪现象复杂多样，法律又不可能包罗一切的情况，对法律上没有明确规定的犯罪行为，允许适用性质相同的法律条文比照处断。名例律规定："诸断罪而无正条，其应出罪者，则举重以明轻；其应入罪者，则举轻以明重。"这一规定的基本精神是即使刑律无相应定罪条文，也不能使恶行逍遥法外。如唐律规定，夜间无故入人家，主人当时杀死者不论。可唐律没有明文规定主人打伤夜间无故闯入自家的人该如何处理，那么比照该条既然主人杀死无故闯入者都不构成犯罪，打伤比杀死为轻，自然无罪，此即"举重以明轻"。又如唐律规定，凡谋杀期亲尊长者，皆斩。即只要有预谋，就处斩。如已杀、已伤期亲尊长，比预谋杀害为重，唐律虽未规定如何处置，但比照该条自应处斩，此即"举轻以明重"。

4. 自首减免刑罚。名例律规定："诸犯罪未发而自首者，原其罪。"此处"未发"的含义有两种，一是犯罪未被官府察觉；二是未被告发。唐律针对各种自首情况规定的处置办法有：遣人代自首者，不限亲疏，与自首同；法律所允许的相容隐范围的人告发的，与自首同；捕首者，即犯罪后共同逃亡，轻罪能捕重罪者，及轻重相等能抓获半数以上而自首者，与自首同，皆除其罪；盗、诈取他人财物后向财主自首缴赃者与向官府自首相同，不过自首以后，所有赃物仍须如数偿还；归首者，即其知人欲告及亡叛而自首者，视同半自首，减罪二等坐之；轻罪虽发，因首重罪者，免其重罪；在审讯中"别言余罪者"也同自首；如果自首不实及不尽者，以不实、不尽之罪罪之，至死听减一等。

唐律也规定有些情况不适用自首免罪原则，如被迫到官府听候处理的，不得原罪；官府已判令立案追审的，虽欲自新也不得原罪；因盗故杀伤人或过失杀财主而自首者，盗罪得免，杀伤罪仍要处罚；已给人造成伤害及所盗之物已造成无法挽回的毁损时，不适用自首原其罪；事发逃亡、越度关口、奸良人妇女、私习天文等犯罪均不在自首之列；对"常赦所不原"的犯罪，虽自首仍不得减免。

此外，唐律还规定了有关公罪的特殊自首，即自觉举。如果对公事失错或官文书稽程（公文误期），官吏能先自举发，一般能免罪。应连坐者，一人自觉举，余人亦原之。但是，如果"其断罪失错，已行决者，不用此律"。

5. 共同犯罪区分首从。唐律对二人以上的共同故意犯罪进行处罚时，原则上首从区别定罪，重处首犯。"诸共犯罪者，以造意为首，随从者减一等"，造意即指主谋是首犯，随从者是从犯，其罪减首犯一等。如果是家人共犯，则不论由谁造意，原则上只处罚同居的尊长；但如系盗窃财物或斗殴杀伤之类，则按一般区分首从之规定论处，而不独坐尊长。外人与监临主守官吏共同犯罪，虽由外人造意，仍以监临主守官吏为首犯。对于严重的共同犯罪，如谋反、谋大逆、强盗、强奸等，则不分首从均以正犯科刑。

6. 数罪并罚。唐律对一人犯数罪需合并论罪时的处罚原则是："诸二罪以上俱发，以重者论。"具体规定为，一个人犯有数罪时，只取其重罪来科刑，不得累轻以加重；如所犯数罪判处同样的刑罚，则只判处其中一罪即可；若一罪先发现，已经判决以后又发现了别的犯罪，若二罪相等时维持原判，如后罪重于前罪则通计前罪以充后数；若数犯赃罪，则不采"以重者论"的原则，一般是累计赃值折半论处。

7. 更犯和累犯加重处罚。"犯罪已发及已配而更为罪"是为更犯，唐律对更犯采取"各重其事"的处罚原则，"各重其后犯之事而累科之"，即并科论处。但对最高刑有所限制，例如，对更犯流、徒罪者可以加役至四年，超过部分以杖刑代替，最多可加至二百；对更犯笞、杖罪可以加笞、杖至二百。与累犯不同的是，更犯流罪以下者不得加至死刑。

唐律中的累犯主要指盗窃犯罪，且是指三次以上犯徒罪或流罪而言。因其多次犯罪屡教不改，危害很大，故唐律采用累犯加重可加至死的原则。贼盗律规定："诸盗经断后，仍更行盗，前后三犯徒者，流二千里，三犯流者，绞。"

8. "公罪"从轻、"私罪"从重。所谓"公罪"，即职务上的过失犯罪，指官吏"缘公事致罪，而无私曲者"。所谓"私罪"，指"不缘公事，私自犯者"，如杀人、强奸等罪；另外，借职务之便谋取私利，唐律规定比同私罪，即"虽缘公事，意涉阿曲，亦同私罪"。唐律对官吏犯"公罪"或"私罪"作了明确的划分，同时对私罪的处罚要重于公罪，在以官抵罪时，同样的官职，公罪可多当一年徒刑。此类规定既可抑制官吏以权谋私的消极因素，又保护和调动了官吏工作的积极性，有利于提高办事效能。

9. 涉外案件的处理。名例律规定："诸化外人，同类自相犯者，各依本俗法；异类相犯者，以法律论。"《疏议》曰："化外人，谓蕃夷之国，别立君长者，各有风俗，制法不同。"这说明属于同一国家的外国人在唐朝领域内相犯，依该国法律处理；不同国家的外国人相犯或唐朝人与外国人相犯，则依唐律处理。它反映了立法者尊重外国习俗和维护国家主权的法律意识。

上述基本原则在唐律中居于十分重要的地位，是贯穿全律的大纲。

二、唐律规定的主要犯罪与刑罚

犯罪的种类及其应处的刑罚是唐律律文的主要内容，据粗略统计，唐律除名例律外，其他十一篇中大致列有三百九十多条罪名，下面分析几种主要的犯罪与刑罚。

（一）危害皇权的犯罪

唐代刑事法律严厉制裁各类危害皇权与封建国家的政治性犯罪。如前"十恶"所述，名例律把"谋反"、"谋大逆"、"谋叛"、"大不敬"等列为重罪严厉处罚，重者不但本人处以死刑，还要亲属连坐，资财、田宅、部曲、家仆充公，并且实行"常赦不原"的原则。

唐律极端重视对皇帝的人身安全和尊严的保护。唐律设有"阑入宫殿"、"阑入非御在所"、"冒名守卫"、"登高临宫中"、"冲突仪仗"等罪名，涉及皇帝起居生活和议事论政的场所都得到特殊的保护，严禁无关人员擅自进入；凡是皇帝参与的活动都必须按照法定的程序和礼仪进行，如有失误也要构成犯罪，误犯皇帝庙讳也要治罪。

唐律严厉打击妨碍皇帝政令通达的各种行为。在封建国家里，所有的大政方针都要经过皇帝的首肯，并以皇帝诏令、制书的形式发布，所以各级官吏是否能够及时地向皇帝汇报国家的重要事务，皇帝的诏令制书能否及时畅通地传达到各级官府，各级官吏是否严格地执行诏令制书，直接影响到皇权的行使。唐律为此规定了一系列罪名，如"应奏不奏"、"不应奏而奏"、"上书奏事有误"以及"稽缓制书"、"受制忘误"、"写制书误"、"受制出使辄干他事"、"盗制书"、"诈为制书"等。甚至制书本身存在明显的错误，他人也不得擅自改动，否则构成"制书误辄改定"罪。唐律通过设立这些罪名，保证了皇帝在国家政治生活中至高无上的地位和切实有效的统治。

（二）侵犯人身安全的犯罪

唐律规定的有关侵犯人身安全的犯罪包括杀人、伤害、强奸等犯罪。

1. 区分"七杀"。唐律在有关杀人罪的规定方面对封建刑法理论的最大发展，就是根据杀人的动机、情节和结果，在技术上区分为"七杀"，以使罪罚相适应。其内容为：①"谋杀"指预谋杀人，已伤者绞，已杀者斩；谋议的徒三年，但奴婢谋杀主、子孙谋杀尊亲，均处死刑。②"故杀"指事先虽无预谋，但情急杀人时已有杀人的意念，伤重者绞，已死者斩。③"劫杀"，指因劫夺囚犯而杀人，不分首从，一律处斩。④"斗杀"指在斗殴中出于激愤失手将人杀死，处绞刑。⑤"误杀"指由于种种原因错置了杀人对象，按斗杀人罪处理。⑥"戏杀"指"以力共戏"而导致杀人，减斗杀罪二等或一等处罚。⑦"过失杀"指"耳目所不及，思虑所不至"而致杀人，一般判处刑罚后听赎。"七杀"理论的出现，反映了唐代刑法的完备与立法技术的发展。

2. 细分"斗殴"。唐律中规定的伤害罪，大多由斗殴所造成的伤害引起。伤害罪不仅侵犯了统治阶级及社会一般成员的生命安全，也严重破坏了封建社会秩序，所以也被唐律列为重点打击的对象。《唐律疏议》曰"相争为斗，相击为殴"，即使斗殴没有造成伤害的后果也要笞四十。唐律从主观上将斗殴分为故意斗殴、共谋斗殴、以威势使人斗殴和聚众斗殴；从双方身份上分为凡人斗殴、亲属间斗殴、良贱斗殴、民殴官或官殴民、学生殴授业教师等，皆因身份不同而处以不同的刑罚；从手段上看，有徒手的手足殴、他物殴、兵刃殴等，以手足殴最轻，兵刃殴最重；从伤害程度上看，以"见血为伤"，伤及表皮以及一般的口、鼻、耳出血为轻伤，折伤人的一个肢体或瞎一目为重伤，折伤两处以上及断舌、损坏生殖器官等为严重的伤害。伤害罪的量刑从杖八十至流三千里不等。若伤害致死者，则"各以杀人论"。[1]

3. "保辜"论罪。为了准确区别伤害致死的杀人罪和伤害罪，对伤害后果不是立即显露的，贼盗律规定了"保辜"制度。即在伤害行为发生后确定一定的期限，期满之日根据被害人的死伤情况，决定加害人所应承担的刑事责任，在规定的期限内加害人可积极救助被害人，以减轻罪责。对于手足伤人及用器物伤人，唐律视其情节规定了不同的处理方式："手足殴伤人限十日，以他物殴伤人者二十日，以刃及汤火伤人者三十日，折跌支体及破骨者五十日。"在上述限定的时间内受害者死去，伤人者以杀人罪（斗杀）论罪量刑；受害者在期限外死去或者期限内因其他原因死亡，伤人者则以殴伤罪定罪量刑。若受害人"保辜"限内康复，加害人可以减轻处罚。唐代确定"保辜"期限用以判明伤人者的刑事责任，尽管不甚科学，但较之以往却是一个进步，可促使伤人者予以积极救治。

（三）侵夺官私财产的窃盗、强盗罪

窃盗罪指"潜身隐面而取"。唐有两种窃盗，即我们常说的政治性窃盗和一般性窃盗。对前者处罚极严，如盗皇帝御宝处绞刑，盗大祀财物处流二千五百里。对一般窃盗，贼盗律规定：不得财笞五十；一尺杖六十，一匹加一等，五十匹加役流。

强盗罪指"以威若力而取其财者"，是以威胁或者暴力方法抢夺财物的犯罪，贼盗律规定：不得财徒二年；一尺徒三年，十匹及伤人者，绞；杀人者，斩。从处刑上可以看出，唐律对侵夺财产的犯罪一般处罚比较严厉，并重点镇压"持杖行劫"的强盗犯罪，以维护社会秩序的稳定。

在盗罪中，唐律还规定了另一类不同于窃盗、强盗罪的行为。一种为"监临

---

〔1〕《唐律疏议·斗讼律》。

主守盗"，即直接掌管国家财物的官员利用职务之便，盗取自己所掌管的财物的行为；另一种为"盗所监临"，即监临之官盗窃部内他人财物，比如身为县令而盗窃吏民财物的行为。对上述二者定罪时均比照窃盗的量刑而加重二等处刑，至三十匹绞。

（四）官吏渎职、贪墨罪

1. 重视以法治吏，严禁官吏渎职。首先，针对官吏渎职唐律设立了许多罪名。如在行政事务方面，有"公事稽留"、"官文书稽程"、"失错制书"、"点检不到"、"奏事有误"、"部内田畴荒芜"等罪名；在军政要务方面，有"给发兵符违制"、"主司私放征防人还"、"乏军兴"、"奸人出入不觉"等罪名；在司法审判方面，则有"官司出入人罪"等罪名。其次，唐律在规定一种犯罪时，往往把官吏对这一犯罪失于察觉、疏于防范或未及时采取有效措施的罪责也规定在同一律条中。例如，卫禁律规定了惩治擅自进入宫殿等禁地，越度、私度、冒度关津等犯罪，同时也规定了宫殿宿卫人员以及地方和驻守人员警卫不严的罪责，而且这方面规定的内容往往更多。又如，杂律一面规定对穿穴垣墙以出秽污之物于街巷者，杖六十，同时又规定："主司不禁，与同罪。"

2. 区分"六赃"，重惩贪墨官吏。唐律是第一部出现"六赃"罪名的封建法典，六赃分别是：受财枉法、受财不枉法、受所监临、强盗、窃盗并坐赃。除窃盗、强盗罪外，其"六赃"有半数以上是规定处罚官吏贪赃受贿行为的。其中，受财枉法是指官吏收受贿赂而为枉法曲断，职制律规定，赃一尺杖一百，十匹加一等，十五匹绞；受财不枉法是指官吏虽贪赃但没有枉法，亦一尺杖九十，二匹加一等，三十匹加役流；受所监临是指主管官员并不因公事需要而接受部属财物，但仍一尺笞四十，五十匹流二千里；坐赃指除职制律规定的官吏贪污受贿行为以外，凡是一般官吏因事而接受他人财物的，一律以坐赃治罪，一尺笞二十，一匹加一等，十匹徒一年，十匹加一等，罪止徒三年。有意思的是，唐律对于官吏的贪墨罪与强盗、窃盗罪都同样实行"以赃定罪"的原则。

（五）伪造罪

唐律对伪造罪规定的处罚非常严厉，尤其是对其中带有政治性的诈伪行为处刑更重。诈伪律规定，伪造皇帝八宝[1]之任何一宝者，斩；伪造太皇太后、皇太后、皇后、皇太子宝者，绞；伪造皇太子妃宝者，流三千里；且宝为金、玉之身，伪造者不必皆须金、玉为之，亦不问用与不用，造者即坐。另伪造宫殿门符、兵符者皆绞。对于伪写官文书印诈为制书及口传制书而有增减者，亦非流即

---

〔1〕　皇帝八宝玉印包括，传国神宝、受命宝、皇帝三宝、天子三宝。

死，以此维护皇权与封建国家的权力。

第五节　唐代的民事与经济法制

一、主要民事法律制度

唐代的民事法规散见于律、令、格、式等主要法律形式中，同时民间的习惯传统、礼的规范等也都是司法机构处理民事纠纷的依据。唐代作为中国封建社会的盛世，经济的繁荣创造了更多的民事交往，为民事法律规范的不断完备创造了条件。

（一）民事主体

唐代的社会阶层有"良"、"贱"之分，这种身份差异使其作为民事权利主体的资格有较大差异。良人指普通百姓，理论上良人之间具有相互平等的民事主体身份。良人在职业上划分为士、农、工、商四类，享有不同的政治权利以及社会地位，事实上"士、农"二者是完全民事权利主体，"工、商"的主体资格则有一定限制。贱指贱民，在身份上分为官贱民和私贱民两类。官贱民包括：官奴婢、官户、工乐户、杂户、太常音人等；私贱民包括：奴婢、部曲、客女等。相对于良人，贱民不具备完全独立的民事主体身份，其中的某些人甚至不具备独立的人格，只被当作一种特殊的财产。如《唐律疏议·贼盗律》规定："部曲不同资财，奴婢同资财。"不过良贱的身份不是永远固定不变的，在唐代良人可以因犯罪或缘坐而沦为贱民，私贱民也可能因"自赎"或主人"放良"而成为良人。

唐代没有用统一的年龄规定人的民事主体资格，同居卑幼及未成丁者均系不完全民事主体或限制民事行为能力人。对同居卑幼，《疏议》曰："同居之内，必有尊长。尊长既在，子孙无所自专。"唐《户令》规定了成丁年龄：男女三岁以下为黄，十五岁以下为小，二十岁以下为中，二十一为丁，六十以上为老。实际上以十八岁为成年，十八岁以上即可谓成丁，达到了为国家服徭役和交纳赋税的法定年龄，具有了完全的行为能力。

（二）所有权

唐代注重对不动产土地所有权的保护，注重保护以封建土地所有制为核心的社会经济基础。凡属破坏封建国有土地制度的行为，或者破坏封建私有土地制度的行为，都要受到法律的制裁。唐初颁行"均田令"后，出现了为国家所有但由农民个人使用的"口分田"制度。为维护封建国家利益，并将流离失所的农民固着在土地上，唐律严禁农民私卖"口分田"。凡"卖口分田者，一亩笞十，二十亩加一等，罪止杖一百；地还本主，财没本主"。[1] 由于土地具有与其他动产不同的特殊性，唐律认定对他人土地盗卖、盗耕及妄认等都是对土地所有权的不法侵害。在明确"盗"的构成时特别指出："器物之属须移徙，栏圈紧闭之属须绝离常处，放逸飞走之属须专制，乃成盗。"[2] 但"田地不可移徙，所以不同真盗"。[3] 唐律对盗耕盗种公私田、妄认和盗买盗卖公私田、盗耕他人墓地，分别处以笞、杖或徒刑。此外，律文还严格禁止官吏凭借势力侵夺公、私田以及占田过限等违法行为，有犯者分别判处笞、杖、徒刑不等。上述规定的实施，对于稳固唐代的封建土地所有制，谨防土地兼并的盛行，维护其统治的稳定发挥了重要作用。

唐律对动产所有权保护也有十分详细的规定。如不许随意采摘官私田园中的瓜果蔬菜，"诸于官私田园辄食瓜果之类，坐赃论；弃毁者，亦如之；即持去者，准盗论"。禁止私自动用他人"受寄财物"，违者按坐赃论减一等；但如寄存牲畜死亡或物品被强盗者，不承担责任。

唐代对于地下埋藏物、阑遗物品、江河漂流物、生产孳息物等所有权的归属作了明确的规定。如唐令规定，官有土地和私有土地的地下埋藏物，各归土地的所有人；如系他人发现私有土地的埋藏物，则发现人与所有人共同所有该物；但如果埋藏物具有文物价值，则必须上交官府，官府给付报酬。路上拣到的阑遗物品，所有权仍属于原主，拣到者应上交官府，不可据为己有，官府公开后由人认领，无人认者充公。与处理阑遗物所不同的是，唐律规定江河漂流物的所有权虽然属于原主，但由于捞得人付出了劳动，可以得到一部分物品的所有权；无人认领时，捞得人则得到全部的所有权。有关马牛等家畜繁殖带来生产孳息所有权问题，唐律规定家畜被盗后的孳息归原主，但是家畜被盗后又被转卖他人，购买者如不知情则孳息归新主；知情购买者孳息归原主。奴婢所生子女亦同样处理。

（三）契约

唐代在经济交往中普遍使用了契约文书，契约形式已相对固定化和正规化，同时其契约的种类也大为增多，在敦煌和吐鲁番出土的唐代文书中，有不少供人们立契参考之用的契约"样文"，当时还有专门替人写契的书契人，尽管法律本身对契约格式内容没有作出硬性规定，格式、内容遵从民间习惯，但是已强调契约订立的前提是当事人双方"两情和同"，即双方合意。唐代契约大多包括标的、价金、交割方式、期限、违约处罚、担保等项内容。

---

〔1〕《唐律疏议·户婚律》。
〔2〕《唐律疏议·贼盗律》。
〔3〕《唐律疏议·户婚律》。

1. 买卖契约。买卖契约是唐代最普遍的契约种类，有关的法律规定也最多。买卖契约分为不动产和动产两类。

唐代对不动产土地的买卖在范围、程序、形式方面有严格的限制。①规定只能买卖官府许可买卖的土地。《田令》规定，只有贵族、官僚所得赐田、五品以上官员的官勋田、永业田可以自由买卖。百姓的永业田只能在供丧葬费用或迁居的情况下才可以出卖，口分田亦同；②规定土地买卖必须符合法定程序。应首先向官府提出申请，得到官府批准发给的文牒后才可进行。"田无文牒辄买卖者，财没不追，苗子及买地之财并入地主。"[1] 唐中期实行"两税法"以后，土地买卖后还要向官府申请转移该项土地所负担的赋税，即后世所称的"过割"；③规定订立土地买卖契约，应写明土地的四至，还有"车行水道依旧通"等涉及地役权的惯语；④规定土地上的附着物随之转让，俗语称之为"树当随宅，无别酬例"。

唐律规定部分动产买卖，如买卖奴婢、马、牛、驼、骡、驴，必须在三日内于市司订立契券，交纳税金，使买卖行为在法律上正式生效，以保护买卖双方的合法利益。为了防止买卖的物体带有弊病，法律设定了瑕疵担保，允许在"立券之后，有旧病者三日内听悔，无病欺者市如法，违者笞四十"[2] 这既有利于官府对动产买卖的管理和控制，又避免让买卖双方利益受损。

2. 借贷契约。唐代主要的两种借贷方式为：有利息的"出举"和无利息的"负债"。唐代承认当事人双方自愿订立的"出举"契约。如开元二十五年（737年）所定《杂令》规定：诸公私以财物出举者，任依私契，官不为理。但是为禁止高利盘剥，法律限定出举的利息上限不得过六分，积日再多，亦不得过一倍。对于利滚利、利生利违法所得的非法利息没入官府。

对于无利息的"负债"契约，唐律规定若到期不还，一匹以上，过期二十日笞二十，二十日加一等，罪止杖六十；三十匹加二等，一百匹又加三等，同时债务仍得偿还。唐代要求订约时，必须设立担保；如果债务人到期不能偿还，债权人有权请求担保人代为偿还。另外债权人也有权请求官府采取扣押等强制手段代为追偿。但唐律严禁债权人自行扣押债务人的财物，否则构成犯罪。

（四）婚姻、家庭与继承

唐代的婚姻、家庭和继承制度的法律规定，集中体现了在家庭中维护尊卑关系、维护男女不平等地位的特点。

1. 婚姻制度。婚姻关系的建立，始于双方当事人的尊长合意订立的"婚

---

[1] 《唐律疏议·户婚律》。

[2] 《唐律疏议·杂律》。

书"。婚书订立后不允许女方悔婚，悔者杖六十；而男家自悔无罪，只是不可追回聘财。婚姻关系建立的限制主要有：良贱之间不得通婚，同姓、中表亲之间不得通婚，不得娶逃亡妇女，非同姓有血缘关系的尊卑亲属不得通婚，监临官不得娶所监临之女等。至于婚姻的年龄，太宗时为男二十、女十五；开元年间降到男十五、女十三。唐代婚姻成立的过程同以往一样要经过传统的"六礼"程序。

唐代的离婚分强制和协议两种。强制离婚可以归纳为官府强制和丈夫强制。官府强制指官府有权强制违法婚姻离异，或当出现一方杀伤对方直系或旁系尊亲属的"义绝"行为时，官府有权强制其离婚，不离者处徒刑一年。丈夫强制离婚的理由是传统的"七出"。唐律允许妇方以"三不去"为由拒绝离婚，并补充规定：以无子休妻者，必须是妻年五十以上无子；妻若犯恶疾及奸罪者，虽有"三不去"的理由，仍可休弃之；妻无"七出"之状而休弃者，丈夫徒一年半；妻有"三不去"之由而休弃者，丈夫杖一百。协议离婚又称和离，即双方自愿离婚。《唐律疏议·户婚律》规定："若夫妇不相安谐而和离者，不坐。"唐律这一规定具有积极的意义，反映了法律的文明和进步。

唐代的夫妻关系表现为一种尊卑关系，"夫者，妻之天也"，"妻之言齐，与夫齐体，义同于幼"[1] 因此夫妻之间发生骂詈、殴打、致伤、杀害等人身侵犯时同罪异罚。如《斗讼律》规定，妻殴夫徒一年，伤重者，加凡人三等；夫殴妻未伤者无罪，伤者减凡人二等，可见同一罪，夫妻量刑相差悬殊。唐代实行一夫一妻制，有妻可以娶妾；但妻妾地位不同，妾不得为妻，违者构成犯罪。

2. 家庭关系。唐代家庭制度的核心是维护家长的特权。法律赋予家长对子孙的教令权，子孙必须服从家长的支配，听从教令，否则构成"违反教令"罪。法律赋予家长对家庭财产的处分权，祖父母、父母在，子孙不得别立户籍，不得分异财产，违者处以"别籍异财"罪；法律规定家庭财产的处分必须由家长做主，子孙未经家长的允许不得使用家庭的财产。法律赋予家长对子孙婚姻的决定权，子孙不得自主婚姻等等。法律在赋予家长更多权力的同时，也要求家长承担家庭对国家应尽的义务。如家庭成员共同犯罪时，一般不依共同犯罪区别首从的原则处理，而由尊长独立承担刑事责任。

3. 继承制度。唐代沿用前朝的做法，继承分为宗祧继承和财产继承。宗祧继承是对祖宗血脉的延续，采取单人继承的方式，通常由嫡长子继承。其具体规定为"无嫡子及（嫡子）有罪、疾，立嫡孙；无嫡孙，以次立嫡子同母弟；无母弟，立庶子；无庶子，立嫡孙同母弟，无母弟，立庶孙。曾、玄以下准

---

[1]《唐律疏议·斗讼律》。

此"。[1] 如在上述范围内仍无宗祧继承人，允许收养同宗辈分相当之人，以保证宗统后继有人。

财产继承实行诸子均分制。开元七年（719 年）令：诸应分田宅及财物者，由兄弟均分；如已有兄弟早死，则由其子代为继承。唐代已出嫁的女儿无权继承，但是尚未出嫁的女儿有权继承，只是数额相对减少；另外，对无子的户绝之家，唐代规定出嫁女儿享有财产继承权。

二、主要经济法律制度

唐代经济方面的立法形式多样，它不但反映在唐律当中，而且也体现在皇帝直接下颁的敕令中，敕令与律相比不但具有更高的效力，而且更加灵活。唐代经济方面的立法调整面广，下面主要介绍工商业和财政金融方面的法律制度。

（一）工商业法律制度

唐代有关工商业的法规包括手工业管理、市场秩序、物价管理和度量衡器管理等。唐代手工业分有官私两种，官办手工业是当时主要的工业部门，由中央政府设少府监、将作监、军器监经营管理。官办手工业在唐代已经发展到一定的规模，据统计，少府监就有工匠近两万人，将作监有一万五千人。唐以地域为单位将工匠组织在一起加强管理，要求他们按时服役；同时要求管理人员根据工匠的技能，量力任用，还要保护工匠的身体、生产安全，及时治疗疾病，及时改善危险的工作环境，避免因工匠死亡引起某些特殊技能的失传。对于官私手工业生产的锦、罗、纱、布等产品的宽窄、样式、规格、质量也有明确的规定。为了保证质量，唐代要求在产品上刻下生产者的姓名，不合格产品的生产者和销售者都负有法律责任，唐律规定对造器用之物及绢布之属，有行滥、短狭而卖者，各杖六十。行滥是指物品不结实、不是真材实料所造，短狭是不合规格。对不合格产品，制造者和贩卖者各杖六十，并根据其不法所得的数量"准盗论"。另外，市场管理官员及州、县主司如知情不加处理，各与同罪；不觉者，减二等。

为了维护正常的商业秩序，唐明文防止强卖强卖、欺行霸市、哄抬物价。杂律规定："诸卖买不和而较固取者，及更出开闭，共限一价，若参市而规自入者，杖八十。已得赃重者，计利，准盗论。"这里列举了一系列破坏商业秩序的行为：有"卖买不和"即强买强卖；"较固取者"即强执其市，不许外人买；"更出开闭"是指买卖双方共设奸计，"自卖物者以贱为贵，买入物者以贵为贱"；"参市"是指"负贩之徒共相表里，参合贵贱，惑乱外人"，"人有所卖买，在傍高下其价，以相惑乱"。

---

[1] 《唐律疏议·户婚律》。

唐代设置了市场管理机构，加强对度量衡的统一管理和物价的统一控制。尚书省户部中的金部掌管全国度量衡的标准，私人所制的度量衡斗、秤等必须经政府核校，盖印后方能使用，违者治罪。唐代市场的物价也在官府控制之下，官府专门派官员"市司"根据生产和消费的情况、根据产品的质量"遣评"商品价格，遣评不公的要负法律责任。《杂律》规定："诸市司评物价不平者，计所贵贱，坐赃论；入己者，以盗论。"同时官府还赋予他们监督商品质量的职权，对出售不合格商品的商人依法治罪。

（二）财政金融法律制度

1. 赋役制度。封建国家赖以生存的物质基础是赋役，唐前期赋役制度是建立在均田制基础上的租、庸、调制。法律规定了租、庸、调征收的日期、数额、方法，要求官吏和户主必须严格执行。对主管官吏"违期不充者，以十分论，一分笞四十"；"州县皆以长官为首，佐职以下节级连坐"。[1] 由于户籍是国家赋役的根据，所以唐律严禁脱漏户口、虚报年龄。《户婚律》规定脱漏户口、虚报年龄的户主和没有发觉或故意脱漏虚报的里正、州县长官要负刑事责任："脱口及增减年状，以免课役者，一口徒一年，二口加一等，罪止徒三年"；"诸里正及官司，妄脱漏增减，以出入课役，一口徒一年，二口加一等，赃重入己者，以枉法论。"

唐代中后期均田制被两税法取代。两税法的主要内容为：中央根据当年的财政支出预算定出全国的总税额，各地依照中央分配的税收数目向当地人户分夏秋两季征收；对各户依财产多少评估出户等，按户等征钱，依土地面积征粟；过去的租、庸、调及其他杂税一律废除。两税法是以过去的户税、地税为基础，融合了租庸调法而形成的新税法，因其依资产与土地纳税的规定将原属"不课户"的官僚贵族也列为纳税对象，使无土地、资产者不再承担税收，既合理分配了税负，又增加了国家的财政收入。此外，两税法还取消了力役，减轻了封建国家对农民、手工业者的人身束缚，具有积极的意义。

2. 货币制度。与唐代商业发达相一致的是唐统一了货币。唐高祖于武德四年（公元621年）宣布彻底废除西汉以来沿用的五铢钱，开始发行"开元通宝"钱。从此，我国主要金属铸币正式脱离以重量为名的五铢钱体系，发展为"通宝"钱体系。这一新的货币体系一直沿袭至清末，历时近一千三百年。

唐代注意加强对货币流通的管理。两税法改实物税、劳役税为货币税后引起了社会对开元通宝钱的需求增加，加之唐社会经济的发展以及民间将大量铜钱熔

---

〔1〕《唐律疏议·户婚律》。

铸为工艺品等原因，导致唐朝社会流通领域中铜钱不足（俗称"钱荒"），商品流通速度减缓，物价低迷，严重影响了市场的繁荣以及小生产者尤其农民的生活。为解决这一问题，唐政府除奖励采铜、禁造铜器、严禁销钱为器之外，还加强对货币流通的管理。唐宪宗元和十二年（公元817年）敕令禁止蓄钱，规定所有人贮存铜钱不得超五千缗，超过者限期购买货物。穆宗长庆四年（公元824年）规定贮钱超过法定数一至十万贯的，限一年内用完，超过十万贯的，限二年内用完。[1] 同时，禁止铜钱出境。德宗贞元元年（公元785年）诏"骆谷、散关禁行人以一钱出者"。贞元十三年（公元797年），甚至出现各"州县禁钱出境，商贾皆绝"[2]

应该提及的是，由于唐朝政府的货币铸造能力相对于经济的发展需要一直显得不足，再加上自南北朝以来形成的以绢帛为币的习惯，唐朝政府在法律上依然承认帛为法定货币，有些地区也仍使用绢帛作为交换媒介。

第六节 司法制度

一、司法机关

（一）中央司法机关

唐代握有最高司法权的是皇帝，普通案件一经皇帝判决，任何机构便不能再加以改正，死刑案件必须经皇帝亲自批准方可执行，另外也只有皇帝才能发布赦免令。皇帝之下设有大理寺、刑部、御史台三大司法机关，分别执掌中央司法机构的各项职能。

大理寺——中央最高审判机关。专门负责中央百官犯罪及京城徒刑以上案件，并对刑部移送的地方死刑案件有重审权。同时，大理寺对徒、流刑案件所作的判决，必须交刑部复核；死刑案件必须奏请皇帝批准。

刑部——中央司法行政兼审判复核机关。为尚书省六部之一，掌管司法政令，同时兼有复核职能，负责复核大理寺流刑以下及地方州县所报的徒刑以上案件。

御史台——中央监察机关。掌管纠察、弹劾百官违法之事，同时负责监督大理寺和刑部的司法审判活动，另外还参与对重要案件的审理。

唐中期以后建立了"三司推事"制度。中央或地方遇有重大疑难案件，往往由大理寺、刑部和御史台三大司法机关组成临时法庭，共同审理。由此开后世

〔1〕《旧唐书·食货志》。
〔2〕《新唐书·食货志》。

"三法司"联合审判之先河。由于案件情况不同，三司组成人员亦可以变化，审判地点可在京城也可在地方。唐代中央三大司法机关的出现与定型及三大司法机关之间各有侧重的分工，保证了司法审判的正常进行，也有利于皇帝对司法权的直接控制。

（二）地方司法机关

唐代地方司法的一个重要特征是州、县两级地方司法沿袭由地方行政长官兼理的传统做法，并在其属下增设了专门掌管民事和刑事诉讼的官员。县作为最低一级行政机构也是最低的审判机关，是诉讼程序的第一审级，"凡诸词讼，皆从下始"。县令、县丞有权审断一般的刑事和民事案件，其下设有司户佐和司法佐。司户佐掌田、户、赋役及因户婚田土引发的民事纠纷；司法佐专理刑事纠纷。州、府行政长官兼管司法，每年巡视属县一次，录囚徒、察狱讼、纠绳不法县吏，发现疑难狱讼及时上报中央或上奏皇帝。在其下设有专职的司法人员，即司法参军、司户参军。司法参军主掌律令格式、督捕盗贼、鞠狱定刑，专理刑事诉讼；司户参军则专理田土、户婚之民事诉讼。由此可见，唐代地方州县尽管行政与司法不分，但刑事诉讼和民事诉讼的处理却是有别的。

另外，御史台派到各地行使监察职能的监察御史，必要时也参与各地对重要案件的审判。

二、诉讼审判制度

《唐律疏议》的名例律、斗讼律、捕亡律、断狱律及唐令中的捕亡令、狱官令中，有许多条目专门涉及诉讼程序的规定。内容丰富自成体系，许多具体制度都较前朝更为发达。

（一）诉讼的提起

唐代的诉讼一般因两种情况而提起，第一种为"举劾"。即由监察机关、各级官吏代表国家纠举犯罪，提起诉讼，对于监察机关、各部门主管官员而言，举劾监察对象和所属官吏的犯罪是法定的必须履行的义务。"监临主司知所部有犯法，不举劾者，减罪人罪三等。纠弹之官，减二等。"[1] 此外，邻里之间对强盗、杀人，普通人对谋反、谋叛、谋大逆等严重犯罪，都负有向官府纠举的义务。第二种为"告诉"。即当事人就所受伤害或所涉纠纷向官府提起的诉讼。告诉案件可以由当事人直接向官府提出，也可以由其亲属代为提起。提起时应向官府呈交"辞牒"，即诉状。

唐律限制某些人行使告诉权，即我们通常所说的诉权的限制。一方面，唐律

---

〔1〕《唐律疏议·斗讼律》。

规定了所有的人对重大犯罪都有告发的义务，如对谋反、谋大逆等，人人有告发之责，犯者家属也不例外；对强盗、杀人罪，被害之家与同伍也要告发；对放火、失火，知情者须告发。告发的方式有纠举和密告，知而不告者要受罚。另一方面，出于各种原因，又对诉权作了许多限制，如除谋反叛逆以外，子孙不得控告祖父母、父母及其亲尊长；部曲、奴婢不得告主及主之亲属；狱囚除狱官虐待外不得告举他事；年八十以上、十岁以下及笃疾者，除了子孙不孝和被人侵犯外，其余一律不得告诉。

唐律规定，无论是举劾还是告诉都必须向有管辖权的官府衙门提起诉讼，否则构成"越诉"罪。提起诉讼还"皆须明注年月，指陈实事，不得称疑"，[1]更不得诬告人，制造社会和司法混乱。唐律实行诬告反坐原则，即"准诬罪轻重，反坐告人"。

唐代在正常的起诉程序之外允许两种特殊程序，以加强皇帝对狱讼的控制。一是谋反、谋大逆、谋叛大罪允许"密告随近官司"；二是重大冤情可直接赴京城向中央有关部门甚至皇帝本人投诉告状，即直诉。直诉方式有拦截皇帝的车驾、击登闻鼓鸣冤和上表申诉陈情三种。

（二）诉讼的管辖

唐代案件的受理，一般采原告就被告的原则，其审判管辖采取基层初审、逐级判决的制度。所有的刑事、民事案件都必须先到最基层的州县衙门立案、审理。"凡有犯罪者，皆从所发州县推而断之。"[2] 对一般民事案件和笞、杖等轻微的刑事案件，县一级有权作出生效判决；对于徒以上犯罪案件，县级审理后提出判决意见，上报州府复审后，州府即可对徒罪案件作出有效判决，但该判决以及对流罪案件的判决意见还应送经刑部复核。经尚书省刑部复核无误的徒刑案件即可以执行，而流刑案件还要送中书门下详复；死刑案件奏请皇帝裁定。如有冤假错案，徒流案件驳回重审重判；死刑案件转送大理寺重审。

此外对牵连犯，唐规定了同级司法机关管辖权限上的划分，涉及通常所说的案件的移送。唐律规定，凡一案涉及两地的，按"轻（指案情）从重"的原则受理；若轻重相等，按"少（指案犯人数）从多"的原则受理；多少相等时则按"后（指发案时间）从先"的原则移送审理；如两地相距百里以上，为不致走漏消息的，"各从事发处断之"，违者杖一百。

（三）审判制度

1."换推"制。为防止审判官因亲属、仇嫌关系而在审判中徇私舞弊，唐

---

〔1〕《唐律疏议·斗讼律》。

〔2〕《唐六典·刑部》。

律确定了"换推"制。其审判回避之意在于规定了两种情况下的"换推":一种为凡主审官与当事人系五服内的亲属或姻亲,系师生关系,或曾为本部都督、刺史、县令者以及此前有仇嫌关系者,均应换推;另一种为同职连署连判的官员之间,如果是大功以上的亲属,也应"换推"。

2. 证据的运用与刑讯。唐代法律认定的证据主要有当事人的口供、物证和旁证,其中口供最为重要。为了取得口供,唐律允许拷讯,并由此规定了拷讯的程序和要求。①拷讯必须是在有其他旁证但事实仍然不清的情况下,由主审官和其他参审官员共同决定,进行拷讯;②拷讯只可用常行杖,次数不得超过三次,每次拷讯间隔时间在二十天以上;③拷讯总数不得超过二百,杖罪以下不得超过所犯之数;④经过法定的拷讯程序,当事人仍不供认的,取保放人;⑤拷讯不得适用于享有议、请、减等特权的贵族官僚及老、幼、笃疾和怀孕的妇女等等。拷讯体现了封建法律的野蛮性,但将其限制在法律许可的范围内也是一种历史的进步。

另外,在某些情况下,唐律允许不据口供而据证定罪:一是"赃状露验,理不可疑",罪证确凿,人赃俱获,虽无口供,也可断罪。二是对不能适用拷讯,又未取得口供者,采取"众证定罪"之法。《断狱律》规定"三人以上,明证其事,始合定罪";若"三人证实,三人证虚",则应视为疑狱,不能定罪。唐律还规定老、小、重病人等无刑事责任能力人或部分承担刑事责任人不得充当证人,因为这些人不可能承担伪证、错证、诬告的责任。

3. 上诉与复审。关于上诉与复审,断狱律规定,徒刑以上案件审判结束,要向囚犯及其亲属宣告所犯罪名,犯人对判决不服可上诉。因不服提出上诉的,先由原审机关重审。重审后仍不服的,即可逐级上诉直至皇帝,非特殊情况不准越诉。其程序《唐六典》中亦有记载。

(四) 刑罚执行制度

1. 虑囚制度。虑囚是对已经判决但尚未执行的囚犯,由皇帝或其派员定期查讯,对有冤枉或可宽大之处予以平反或宽大的司法制度。唐代沿用汉代开始的录囚制度并将其制度化[1]。据史书记载,自武德四年(621年)"高祖躬录囚徒";至唐太宗时,李世民"亲录囚徒,闵死罪者三百九十人,纵之还家,期以明年秋即刑。及期,囚皆诣朝堂,无后者。太宗嘉其诚信,悉原之"[2]。唐除皇帝亲躬外,还规定"诸狱之长官五日一虑囚",此后为定制。虑囚制度既可防止

---

〔1〕 虑,通录。(宋)王观国《学林·虑囚》:"前汉、后汉皆称录囚,《唐史》、《五代史》皆称虑囚,二字皆是也。"

〔2〕《新唐书·刑法志》。

刑狱淹滞，又可借此平反冤狱减免刑罚，作为"慎刑"的方式和皇帝仁政的体现一直沿用到明代以前。

2. 笞、杖、徒、流刑的执行。笞、杖刑，县断后即可执行。徒刑的执行，若在京城，则男犯送将作监、女犯送少府监服劳役；在州县，则送当地官府服劳役。流刑的执行，根据所流里数的不同，分别将犯人押送指定地点服役，稽留不送者有罪。

3. 死刑的执行。唐律规定死刑执行要经过复核程序。唐代沿袭隋初确立的死刑复核制度，一切死刑案件经刑部复核后，应送中书省和门下省详议，再奏报皇帝最后核准才具有法律效力。另《唐六典》记载：刑部"掌天下刑法及徒隶、勾复、关禁之政令"，所谓"勾复"，即各地已判决的死刑案呈送刑部"详复"。凡经皇帝最后复核勾划姓名的，即发"勾决"文书通知有关官署执行。

唐律规定死刑执行必须经过复奏程序。唐初曾沿用隋朝的死刑三复奏制度。贞观初年，唐太宗以"人命至重，一死不可再生"为由，曾一度改京城死刑三复奏为五复奏，即决前一日二复奏，决日三复奏；各州的死刑案件仍三复奏。但犯恶逆以上罪及部曲、奴婢犯杀主罪的，一复奏即可。《永徽律》终定为三复奏。《唐律疏议·断狱律》规定，"死罪囚，谓奏画已讫，应行刑者，皆三复奏讫，然始下决。"如果"不待复奏报下而决者，流二千里"。死刑复奏制度反映了唐初统治者的慎刑思想以及死刑制度的完善，同时说明皇帝更牢固地掌握了生杀大权。

死刑执行时间限制在每年秋分以后、立春以前，这段时间逢每月的朔、望日、上下弦、二十四节气等均不得奏决死刑。但谋反、谋大逆与谋叛等重大犯罪及部曲、奴婢杀主的不拘此限。

（五）法官责任制度

为保证司法审判的公正、合法，为使审判达到国家法律的要求，防止官吏滥用职权、徇情枉法，唐律进一步严格规定了法官责任。唐代规定法官"出入人罪"应当承担刑事责任。断狱律规定，断狱必须具引律、令、格、式正文，依法定罪量刑，不许"出入人罪"。所谓入罪指把无罪断成有罪，轻罪断成重罪；所谓出罪指把有罪判成无罪，重罪判为轻罪。司法官故意出入人罪的，依律处刑；过失出入人罪的，减等处罚。唐律作此规定意在强调加重司法官的责任，以保证法律的统一适用，减少冤案的发生。断狱律还规定"诸制敕断罪，临时处分，不为永格者，不得引为后比。若辄引，致罪有出入者，以故失论"，以此防止法官滥用比附。

唐代要求共同审案判决的官员共同承担错判的责任，因而建立了同职连署制度，以利于互相监督避免错判，以此来保证办案的质量。如大理寺卿、少卿、丞、府、史都在同职连署的范围内，一旦因公错判案件，承办人承担主要责任，其他人则逐级降等处罚；因私错判，其他人也有失察之责。

第七节　唐朝法制的基本精神与历史影响

一、唐朝法制的基本精神

（一）维护皇权专制统治

唐朝法制的首要任务是保护皇权，保护以皇帝为核心的封建专制统治。唐律确立皇帝"奉上天之宝命"、"作兆庶之父母"的至尊地位，在许多条文中，都就皇帝对国家政务的最高处置权作了规定。这种权力不仅范围很广，涉及立法、司法、行政、军事等方面，而且具有无上权威，在任何情况下都不允许侵犯，否则便构成重罪。可以说，唐律规定死罪的律条中，有许多是为维护皇权而设置的，威胁到皇帝人身安全和有损皇帝尊严、危及皇权的行为，也是唐律中处罚最为严厉的，在"十恶"中首列谋反、谋大逆、谋叛就是明证，其他如大不敬等也是危害皇权的罪名。以谋反罪为例，在定罪方面，唐律将谋反分成三种情况：一是谋反未行，即同真反，"但谋即罪"；二是谋反已行即罪，不必有害；三是虽无谋反实状，出言即罪。

在量刑方面，唐律对谋反之类的重罪，一是规定"皆斩"、"皆绞"；二是谋反者不但本犯皆斩，还要缘坐其亲属；三是"同居相为隐"的原则不适用于谋反等重罪，知者必告；四是对包括谋反在内的"十恶"大罪，不再适用议、请、减、赎等法定特殊优遇，其他如老、幼、废疾减免刑罚的办法遇谋反罪亦另作处理，不再当然适用。从上可以看出，唐律对皇权专制统治的维护程度。

（二）维护以父权为中心的家庭等级特权

家国相通、孝忠相维是封建正统思想的一贯主张，唐律在周礼的亲亲原则和汉儒纲常之义的基础上，将"供养有缺"、"丧期作乐"、"别籍异财"等不合于礼之行为，皆以事关伦常而入于"十恶"之不孝罪。同时将违背"亲亲"原则的"恶逆"、"不睦"、"不义"、"内乱"也置于"十恶"之列，给予严惩。

赋予尊长（主要是男性家长）在家庭中的绝对权力，从家庭婚姻方面维护封建纲纪伦常是唐律的重要任务之一。封建家长权主要表现在三方面：一是财产权。唐律给予家长以处分家产的全权，藉以巩固家长制的经济基础。户婚律规定："诸同居卑幼，私辄用财者，十匹笞十，十匹加一等，罪止杖一百。"疏议解释其立法理由是："凡是同居之内，必有尊长。尊长既在，子孙无所自专。"对于祖父母、父母在，子孙别籍异财者，要徒三年，还列入"十恶"之中。即使父母已亡，在丧期内兄弟之间也不许别籍异财，但如祖父母、父母令子孙异财，法律则予默许。二是教令权。唐律赋予家长以教诫子女的权力，如果子孙违犯了教令，要处二年徒刑。同时，家长既可将不孝和违犯教令的子孙向官府告发，不受"同居相为隐"的限制，又可自行任意打骂责罚，即使殴打致死所负刑事责任也很轻，仅处一年半徒刑。三是主婚权。家长是子孙的法定主婚人，家长可按自己的意志命令子女与任何人结婚，也可令其离婚，子女不得违抗。如果子孙在外自行订婚，而家长在家里又为其做主定了亲事，只要尚未成婚就要以家长的意志为准。在此情况下，如果卑幼拒绝尊长之命，要杖一百。为了维护家庭中尊长卑幼的等级次序，唐律对亲属相犯规定依五服制罪，实行同罪异罚的原则。对严重的亲属相犯行为，还根据情节分别列入"十恶"中的有关条款。

在婚姻关系中，唐律确认男尊女卑、夫主妻从的夫权统治。夫妻在法律上的地位是尊长和卑幼的关系，夫妻之间的违法行为，法律常常是按照尊卑相犯的原则处理。对于离婚仍沿用汉以来"七出"、"三不去"的原则，但对妇方的规定更趋严苛，如"三不去"虽仍是"七出"的限制条件，但又规定，妇女"若犯恶疾及奸者，不用此律"。唐律还规定，夫背妻逃不受处分，且三年内不许其妻改嫁；妻背夫逃非但要受惩处，并听令其夫嫁卖。维护以父权、夫权为中心的封建家庭制度是中国封建法制的一大特色，唐律把这种精神体现得淋漓尽致。

（三）全面确认封建等级特权

封建法律是等级特权法，本质上唐律以维护封建等级制度为目的。唐律将皇帝之下的臣民划分为官和民两大类。官（包括贵族）按爵位官品高下分成不同等级，民也分为良人和贱民两类。以上不同等级的人在法律上的地位不相同。不同身份等级的人，如良贱之间、主奴之间、上下官品的官员之间、亲属之间、官民之间如若相犯，都要同罪异罚，分别处刑。封建贵族官僚及其亲属犯罪，可分别享有议、请、减、赎的特权，在一般情况下都可得到优待（详细内容见前第三节）。良人犯罪，除符合法定的老幼废疾减免刑罚的条件外，无任何法律特权。而"奴婢贱人，律比畜产"。

（四）严格整饬吏治

为保证封建国家机器的正常运转，提高统治效能，严格规定官吏的行为和严厉惩治文武官员的违法失职和贪赃枉法也是唐朝法制的一个重要组成部分。在唐律中，完全以官吏为对象和涉及官吏的条款占了大部分，职制律全篇都是以官吏为对象的，卫禁律、厩库律、擅兴律和断狱律中针对官吏的律条也都占半数以上。

唐整饬吏治以处罚的广泛性和系统性为特征。唐律对官吏贪污受贿罪的规定比前朝更为系统，其"六赃"有半数以上是规定处罚官吏贪赃受贿行为的，设禁之严密，法条之详尽，超过以往各代。例如，唐律规定监临官在监临范围内接受被监临人的财物、向被监临人借财物、私自役使被监临的下属做生意营利等，按情节分别处以笞刑至徒刑。唐律还规定监临官应约束其家人不得有上述行为，违者各比监临官本人减二等治罪。官吏出差，不得在执行公务之处接受礼物、索取或强要财物，违者分别情节以坐赃论或坐赃减若干等论处。正因为有这些严格的法律，才保持了唐朝初年"官吏多自清谨"、政纪比较严明的局面，在一定程度上促成了封建社会"太平盛世"的出现。这种治吏的精神成为唐朝法制精神的重要组成部分，亦成为后世法典的楷模。

（五）立法"一准乎礼"，体现了维护封建纲常的基本精神

纲常礼教与封建法律的结合自汉代开始以来，历经数百年的演化渗透和融合过程，至唐代臻于完善。唐律作为封建纲常法典化的典型代表，实现了"礼"与"法"的合一，法律规范与道德规范的统一。

唐律的"一准乎礼"是中华法系与其他法系相区别的主要特点，在前述唐律刑事、民事法律内容介绍中我们随处可见，此处归纳为三：一是把礼作为立法指导思想。《唐律疏议》明示："德礼为政教之本，刑罚为政教之用"。二是以礼注释经典。唐律的疏议部分往往直接引证于礼，据粗略统计，唐律直接引证"三礼"疏律者达五十余处，[1] 引其他儒家经典更超过此数。三是把礼作为定罪量刑的标准，凡是违背礼义规定的都要严加惩处。礼的精神溶化在唐律之中，这种融合使"礼"与"法"完全合而为一，使法律成为推行礼教的工具，以巩固封建的宗法等级制度，谋求封建统治的长治久安。同时，也使延续数百年的引经决狱之风因失去存在的必要而基本终结。从法律发达史来说，"一准乎礼"使唐律实现了历代法典的精神追求，其本身也成为唐朝法制发展的一个内在精神标准。

（六）用刑"得古今之平"，体现了封建法典的持平精神

在刑罚的适用上，唐律与历代刑律相比表现出用刑持平的精神。从刑罚体系看，唐律刑制较为适中。唐律采用笞、杖、徒、流、死的封建制五刑。笞、杖均为独立刑种，且行刑规范；徒、流均有最高刑期，不是无期服役；死刑只用绞、斩，既无秦汉立法中的具五刑、腰斩，也无明清法律中的凌迟等酷刑。从对死刑的规定看，唐律比前朝后代均有所减省。死刑条文有一百一十一条，比隋律减少了九十二条，比东汉时的汉律减少了五百条，即便是明、清律也不如唐律简省。唐律规定的死刑条款不仅相对减少，而且执行时也比较审慎，如规定死刑必须三复奏甚至五复奏等。从量刑幅度看，唐律比前朝后代各律相对为轻，[2] 用刑更

---

〔1〕 参见曾宪义主编：《中国法制史》，法律出版社 2000 年版，第 170 页。

〔2〕 关于死刑条文的统计及量刑幅度的讨论，参见曾宪义主编：《中国法制史》，法律出版社 2000 年版，第 170 页。

为客观、慎重。因此，唐律在封建法典中被认为是"得古今之平"，刑罚适中、罪刑相当的典型。这种典型当然是比较而言，但通过它宣示了唐代法制不仅于外在形式上，而且于内在精神上也曾经达到了某种高峰。

二、历史影响

唐律作为唐朝法制精神的代表标志着中华法系走向成熟。唐律集众律之大成，在中国及东南亚地区法制史上具有深远的影响。

（一）对后世立法的影响

唐律在中国法制史上具有极重要的地位，既承袭了以往各代立法的成果，又进行了总结发展和创新。无论是立法思想、刑罚原则、篇章体例还是法律内容（五刑、十恶、八议等），唐律都是前朝立法之集大成者，它以"一准乎礼，而得古今之平"著称于世，作为一种完备的封建法律形态，不仅对唐代社会发展起到了巨大的促进作用，而且直接影响了后代中国封建法制的发展，成为后世封建立法的典范。元代柳贯在《唐律疏议序》中说："乘之（指唐律）则过，除之即不及，过与不及，其失均矣。"意即唐律已完美至极，随意乘除增删不是有过就是不及，都将影响其完整性、严密性。唐律正是以其严谨的结构、完备的内容和注疏而被后世各朝奉为修法立制的楷模。五代各国立法基本上取法于唐；宋朝法制也"因唐律、令、格、式而随时损益"；[1] 元代"参照唐宋之制"修订《至元新格》；明初制律主张"宜遵唐旧"，明太祖曾下令臣下"日进二十条"唐律逐一讲解，作为修订明律的重要参考；清朝在"详译明律"的基础上制定了大清律，沈家本在《重刻唐律疏议序》中说："（清）所载律条与唐律大同者四百一十有奇"，"与唐律合者，亦什（十）居三四"。唐律对中国后世封建法制的影响于此可知。

（二）对周边国家的影响

唐朝法制对东南亚各国产生了重大影响。中国唐代作为强大的封建帝国，曾是亚洲政治、经济、文化中心，其先进的文化（包括法律），被来往于长安的外国商人、僧侣、留学生传播到四方，使唐朝法律成为东南亚各国封建立法的渊源。例如，日本"大化革新"以后，由僧旻等人编定的成文法典《近江令》，其篇目大都同于《贞观令》；公元701年颁行的日本封建法制史上具有划时代意义的《大宝律令》，其篇目、顺序与唐律不二，只在内容上作了部分简化，如改"八议"为"六议"（去议勤、议宾），改"十恶"为"八虐"（去不睦、内乱），等等。朝鲜法制在高丽王朝统治的四百余年中，基本上沿袭唐制。"考查高丽王

---

〔1〕《宋史·刑法志》。

朝的法律共七十一条，其实是在《唐律》的五百条上撷取六十九条，从唐《狱官令》中摘录二条而成。"[1] 越南古代法典自唐末至清初均以唐律为主。李朝颁布的《刑书》、陈朝颁布的《国朝刑律》，究其根源大体都"遵用唐宋之制"。而黎朝"参用隋唐"，折衷宋、元、明诸律制定的《鸿德刑律》，成为越南"历代遵行"的成宪。

　　唐律作为唐朝法制精神的代表，其对国内外封建立法的广泛影响不仅表明其特有的典型价值，而且也表明其在世界法制史中具有的辉煌地位。

　　思考题：

1. 论唐朝主要的法律形式及相互关系。

2. 从唐律的内容看中国法律的儒家化进程。

3. 论唐朝法制的基本精神与历史地位。

4. 关于唐律中五刑，下列哪一选项是正确的？（2007 年司考，单选题）

　　A. 笞刑、羞辱刑、流放刑、经济刑、死刑

　　B. 笞刑、徒刑、流放刑、株连刑、死刑

　　C. 笞刑、杖刑、徒刑、流刑、死刑

　　D. 杖刑、徒刑、流刑、肉刑、死刑

5. 唐朝开元年间，旅居长安的突某（来自甲国）将和某（来自乙国）殴打致死。根据唐律关于"化外人"犯罪适用法律的原则，下列哪一项是正确的？（2006 年司考，单选题）

　　A. 适用当时甲国的法律

　　B. 适用当时乙国的法律

　　C. 当时甲国或乙国的法律任选其一

　　D. 适用唐朝的法律

6. 中国古代社会的死刑复奏制度是指奏请皇帝批准执行死刑判决的制度。关于这一制度，下列哪些选项是正确的？（2008 年司考，多选题）

　　A. 北魏太武帝时正式确立了死刑复奏制度

　　B. 唐朝的死刑案件在地方实行"三复奏"，在京师实行"五复奏"

　　C. 明清时期的朝审制度取代了死刑复奏制度

　　D. 死刑复奏制度的建立和完善既加强了皇帝对司法、审判的控制，又体现了皇帝对民众的体恤

7. 关于《永徽律疏》，下列哪些选项是错误的？（2008 年司考，多选题）

---

〔1〕　杨廷福：《唐律初探》，天津人民出版社 1982 年版，第 186 页。

A. 《永徽律疏》又称《唐律疏议》，是唐太宗在位时制定的

B. 《永徽律疏》首次确立了"十恶"即"重罪十条"制度

C. 《永徽律疏》对主要法律原则和制度做了精确的解释，而且尽可能以儒家经典为根据

D. 《永徽律疏》是对《贞观律》的解释，在中国立法史上的地位不如《贞观律》

8. 永徽四年（公元653年），唐高宗李治的妹夫房遗爱谋反，案发犯"十恶"罪。依《永徽律疏》的规定，对房遗爱应作何处置？（2007年司考，多选题）

A. 可适用"八议"免于死刑

B. 应被判处死刑

C. 可以赦免

D. 不适用自首

第七章

宋、辽、西夏、金代法律制度

◆ 内容提要

公元960年，后周政权被后周大将赵匡胤发动兵变而推翻，宋政权随之建立，都城建立在汴京（今河南开封），史称北宋。公元1127年，金国入侵中原，宋王朝被迫南迁，建都临安（今浙江杭州），史称南宋。公元1279年，南宋被元朝所灭，宋王朝一共存续了三百二十年。

宋王朝处于中国封建社会的重要转折期，宋朝是继五代十国的大分裂和唐后七百年藩镇割据之后建立起来的统一的汉族政权。唐朝发达的法律文化为宋朝奠定了良好的发展基础，宋朝社会经济的高度繁荣又刺激了宋朝法律的发展，宋朝法律增加了新的法律制度，宋代是中国民事法律发展的重要时期。虽然，宋朝的法律是唐朝法律的延续，但是，宋朝高度集权的政治制度又使宋代的法律制度颇具特色。重惩盗贼是社会矛盾日益激化的产物。宋朝的诉讼审判制度在唐朝的基础上发展的更加完备。

宋朝的民族矛盾尖锐复杂。北宋统治期间，与之对峙的还有西北的西夏（党项）以及金（女真）国。西夏和金国作为少数民族政权统治，特别是金国的法律制度，既吸取了汉民族的法律文化，又保留了自己民族的法律特色，很有典型性。

◆ 案例导入

一、"盗牛"案

南宋时，刘宰担任泰兴县知县。十年前，邻县有一个人将自己的耕牛出租给泰兴县的农民。承租人和出租人原是姻亲，在出租人去世时，承租人前往参加丧事仪式，乘机偷偷拿走了原来租赁耕牛的契约。丧事结束后，出租人的儿子到官府起诉，可是又无法提供租赁契约作为证据，累次败诉。刘宰到任后，出租人的儿子又来起诉，刘宰说："耕牛已失十载，安得一旦复之？"将出租人的儿子打发出去。刘宰暗中嘱咐好两个乞丐，然后故意将他们关入监狱，再公开提审，乞丐供称是盗牛犯，偷到的耕牛都放养在承租人处。刘宰于是拘捕承租人，承租人赶紧辩称自己的牛是租赁来的，并拿出偷回来的租赁契约作证据。刘宰乘机传唤出租人的儿子，承租人只得返还耕牛并付清了租赁费用。[1]

二、"阿云"案

北宋熙宁元年（1068年），登州女子阿云在母亲死后的服丧期间出嫁给一个姓韦的男子。阿云见丈夫面目丑陋，很是讨厌。一天晚上趁丈夫熟睡之际，拿来刀子想砍死丈夫，结果力气太小没能砍死。当官府来调查时，阿云在被传讯问话时承认了谋杀丈夫的事实。登州知县许遵认为阿云在服丧期间出嫁是"违律为婚"，所以算不上是韦姓的妻子，只是常人谋杀未遂，又有自首情节，应该按照故意杀伤人罪减轻二等。但是，朝廷的宫中审刑院、大理寺都认为阿云是谋杀亲夫，即使未遂仍要处死刑，考虑到是"违律为婚"，应上请皇帝恩准免死罪。当时正值王安石主持变法新政，为打击反对变法的朝臣，他支持许遵的意见，即谋杀自首就可以免除谋杀罪名，只按故杀罪论处。而司马光等守旧大臣则支持大理寺意见，即谋杀罪不得因自首免罪，应该按照谋杀罪论处。双方激烈争辩了一年多，最后宋神宗作出了支持王安石的决定，并修改了有关自首的敕令，谋杀自首也可以免原罪。[2]

第一节　宋代法律形式的继承与发展

一、立法背景

宋朝由于民族矛盾突出，先后同辽国以及西夏和金国对峙，其疆域和领土比不上历史上的汉唐时期，但是，宋朝的集权化程度远远超过了汉唐时期。宋朝对土地转让的限制较为宽松，土地可以自由买卖，随着土地流转的加速，中小地主阶层和自耕农都有不同程度的增长。宋朝的户籍制度也为经济的发展提高了条件，佃农开始摆脱了部曲制下依附于主人的私属地位，成为租佃制下的国家"编户"，他们的人身是自由的，可以按时"起移"，佃农的生产积极性获得了大大提高，宋朝的农业得到了恢复和发展。

农业的发展带来了手工业和商业的高度发达。宋朝时期，无论是采矿业、造船业、纺织业、造纸业都取得了前所未有的充分发展。宋代瓷器和纺织品远销国外。由于宋朝手工业的分工细密、品种齐全，从而又促进了商业的繁荣，出现了《清明上河图》上所描绘的繁华街市。宋朝都城汴京的店铺竟多达六千四百余家，小城镇的农村集贸市场也得到蓬勃发展。

宋朝出现了世界上最早的纸币"交子"，"交子"的出现为商品流通带来了

---

[2]《宋史》卷二百零一，《刑法志三》。

便捷。与此同时，宋朝的海外贸易也达到了中国封建社会最辉煌的水平。宋朝时，政府便派人到南洋各国招徕贾商，并创造了以"朝贡"和"回赐"为名目的官方贸易和民间商贸往来。宋朝为了加强海外贸易管理，还在主要港口设立市舶司，负责管理商业、征收舶税、收买舶货等活动。

宋朝经济的繁荣也推动了科学技术的进步，宋朝的造纸、火药、活字印刷术、指南针、天文、医学、法医学等都取得了巨大成就。宋朝宋慈撰写的法医学著作《洗冤集录》是当时世界上第一部系统的以实践经验为基础的法医学作品，被翻译成多国文字，广为流传。

然而，由于宋代的民族矛盾导致宋代的边疆战事连连，宋代一直受到北方的辽、西夏、金和元蒙的侵扰。宋统治者对外采取了屈辱求和的政策。面对巨额的输币和输帛，统治者加强了对国内老百姓的盘剥，国内的社会矛盾变得突出。

二、立法思想

两宋时期是中国封建社会由盛而衰的转折点。北宋建立后，统治者面临削弱割据势力、巩固国家统一、恢复社会安定、重新建立国家经济等一系列问题。为了防止地方割据势力的再起，避免"黄袍加身"故事的重演，宋太祖采取了宰相赵普提出的"削夺其权，制其钱谷，收其精兵"，从而"强干弱枝"达到中央集权的策略，以此来达到调整统治阶级的内部矛盾，维护地主阶级经济、政治利益的目的。鉴于前朝宦官、外戚、女后干政危害统治的历史教训，宋朝严令禁止其参与朝政。

宋朝统治者将集权思想"悉为之法"，而且日趋严密，乃至于"摇手举足，辄有法禁"。[1] 在强化专制主义中央集权立法思想指导下，宋朝对新出现的社会关系及时作出反应，加强法律调整。宋朝立法活动频繁，法律形式多样，法律条文繁杂。

儒家法律思想是中国传统法律思想的主流思想。宋朝的法律文化一方面吸取佛老学说的精要，另一方面则重塑儒学之理论，程朱理学就是宋朝儒学发展的典型代表。程朱理学继承了儒家义利观，提出了"存天理，灭人欲"的禁锢思想，并用之于法制上。程朱认为维护封建统治秩序应遵守"三纲五常"，"礼义"是判断善恶的是非标准，而这一切均源自于"天理"；人们对物质的追求则是罪恶的私欲，是为天理所不容，必须革除。为了"存天理"，程朱主张采用重刑、恢复肉刑、镇压"人欲"、"以严为本"，主张恪守等级原则，狱讼以伦理纲常为准。

----

〔1〕《叶适集·水心别集》卷十二，《法度总论二》。

但是，随着封建社会商品经济的发展，宋朝功利主义学派反对理学对义与利的割裂，提出了"利义双行"的主张。为了扭转社会贫弱的局面，宋朝统治者也意识到"利义并重"的重要性，这种新的社会思潮刺激了宋代民事法律关系的活跃和民事立法的发展。

三、《宋刑统》的制定与宋代的特色立法

（一）《宋刑统》的制定

宋朝建国之初，先是沿用唐代的律、令、格、式和五代的法律。宋太祖建隆四年（963年）二月，赵匡胤授命窦仪主持修订法律，另有苏晓、张希逊、陈光父、冯叔向等人共同参与，同年七月完成了《宋建隆重详定刑统》的修订工作。《宋建隆重详定刑统》共十二篇，五百零二条，简称《宋刑统》。由宋太祖诏"付大理寺刻板摹印，颁行天下"，成为中国历史上第一部刊印颁行的法典。

《宋刑统》在编撰体例上沿用了唐末的《大中刑律统类》的"刑律统类"的编撰体例。同《唐律疏议》相比，《宋刑统》主要有如下几点变化：

（1）以《唐律》十二篇为主干，将律文十二篇分为二百一十三门，每篇之下少则有五门如捕亡律，多则有二十六门如斗讼、杂律。一门所收都是同一性质的条文。律文之后附以唐开元至宋建隆三年（962年）颁布的敕、令、格、式，共计一百七十七条，所有的敕、令、格、式的前面都有一"准"字，表明经过皇帝的批准。

（2）在相关的令敕后面增设"起请"条。《宋刑统》的编撰者对律文和敕令格式涉及的内容加以调整，作出新的解释和规定，称作"起请"。一共三十二条，每条冠以"臣等参详"。这是参与立法的大臣们对一些具体的法律问题提出自己的处理意见，报请皇帝审批的"请示"。

（3）对条文难晓不明之处，用"释曰"二字开头加以注解。

（4）在《名例律·杂条门》律疏之后，新增加二十条议文，每条都冠以"议"字，对原律疏加以补充。

《宋刑统》颁行以后作过数次修改，但变化不大，一直沿用到终宋之世，《宋刑统》一直是宋代的基本法典，起着其他任何法典、法规都不可替代的作用。"《刑统》为宋一代之法制，其后虽用编敕之时多，而终以《刑统》为本。"[1]

《宋刑统》在律文之后，增加敕、令、格、式、起请条等，在中国古代法制史上开创了刑律编撰的新体例。后世的《大元通制》、《大明律》、《大清律例》

---

〔1〕（清）沈家本：《历代刑法志·律令六》。

律例合编的体例都渊源于《宋刑统》。《宋刑统》在中国传统法律文化史上有着重要的历史地位。

（二）编敕

宋承唐、五代之制，敕得到了广泛应用，皇帝颁行的单项法令称之为"散敕"、"续降"，直接具有普遍适用的效力。"宋法制因唐律、令、格、式，而随时损益则有编敕。"[1] 敕是皇帝在特定的时间，针对特定的人和事所发布的命令。因为敕不具有普遍和长期的适用性，所以要整理、分门别类汇编在一起颁行天下，使之成为具有稳定性和普遍性的法律形式，这种立法活动就是编敕。

宋代的编敕始于宋太祖建隆四年（963年）。宋代设有专门的编敕机构进行修撰工作，称为"详定编敕所"，又称为"编修敕令所"。宋代的编敕活动极为频繁，其数量之多，种类之繁，堪称中国古代立法史之最。在宋代不仅朝廷有编敕，地方政府也有编敕活动。"一司、一路、一州、一县又别有敕。"[2] 在宋仁宗以后，敕的地位一直不断提高，在司法实践中甚至出现以敕代律的现象。宋朝大量的民事、经济方面的立法是以编敕的形式颁布于天下的，比如仁宗年间的《天圣户绝条贯》、《遗嘱财产条法》和南宋的《推赏条格》等。

宋朝编敕活动的出现有其特定的历史原因，作为国家基本法典的《宋刑统》极少变动，但是宋朝又处于一个社会政治、经济急剧变动的时代。当《宋刑统》难以满足社会的需要时，编敕活动就来弥补《刑统》的不足。同时，敕令作为一种直接由皇帝来发布的法律形式，是皇帝集权最为便利的方式和途径。

（三）编例

在宋朝，编例也是重要的法律形式和立法活动。编例活动始于北宋中期，盛于南宋。北宋神宗时有《熙宁法寺断例》、《元丰断例》，南宋高宗时有《绍兴刑名疑难断例》等。所谓"例"，即断案成例，通过引例断案赋予成例以法律效力。通常是由中央司法机关或皇帝审断的案例被相继沿用成为惯例。编例就是将原本临时性的断例上升为具有普遍效力的法律形式。在常法无正条时，可以引用例来判案定罪，例作为成文法的补充形式发生作用。但是断例的适用有其限制范围，宋代规定，在法有正条时，不得引例，"引例破条"是法律所禁止的行为。

（四）条法事类

南宋孝宗时，在律、令、格、式四种法律形式和编敕的基础上，又创立了"条法事类"体的法规汇编体例。条法事类是以事目为经，将敕、令、格、式、申明等多种法律形式分门别类加以重新组合而成。当司法官检阅法律规定时，有

---

〔1〕《宋史·刑法志》。
〔2〕《宋史·刑法志》。

关某一事类的法令一目了然。淳熙六年（1179 年）曾编有《淳熙条法事类》总四百二十卷，分三十二总门，四百二十别门。宁宗嘉泰二年（1202 年）宰相谢深甫等编成《庆元条法事类》，总四百三十七卷，是研究宋代法律制度的珍贵法律文献。

（五）特别法规

宋朝建国后，修订了五代所设的重刑法条，修改了窃盗、盐曲之法。同时，宋王朝也仿效五代别立刑事特别法规，以随时补充《刑统》的不足。在宋朝集权主义发展过程中，社会矛盾日益尖锐，反抗浪潮不断高涨，"天下盗贼纵横"，"盗贼"犯罪严重。为此，统治者决定用重典治盗贼，专门设立了一系列特别刑事法规，如仁宗嘉祐时的《窝藏重法》、英宗时的《重法地法》和神宗熙宁时的《贼盗重法》等，在常法之外用重刑镇压人民的反抗活动。

第二节　宋代具体法律制度的发展

一、刑事法律制度

（一）刑法特点

宋承唐制，刑法的指导思想和基本精神同《唐律》大体一致。宋代的刑事法律渊源主要是《宋刑统》、敕和断例等。两宋时期社会矛盾复杂，从宋朝初年的王小波、李顺起义开始，农民反抗宋王朝统治的斗争持续不断。随着阶级矛盾的不断激化，两宋时期加重刑罚惩处一切犯罪活动。所以"太祖、太宗颇用重典以绳奸慝"。[1] 宋朝统治者深刻认识到"盗贼"对政权统治的威胁，宋朝刑事法律针对特定人、划分危险地区以及颁布特别刑事法成为宋朝刑事法律制度的重要特色。如仁宗嘉祐时的《窝藏重法》、英宗时的《重法地法》和神宗熙宁时的《贼盗重法》等。

宋代建国之初，因国势未定，比较注重吏治，尤其对贪赃枉法的官吏常以重法惩处，"以塞浊乱之源"。[2] 大凡品官要员受贿、枉法、奸赃等犯罪，多处以弃市或仗杀等酷刑。但为了协调统治阶级内部关系，转移官吏对中央朝廷非分的权欲，对于"小人情伪"又采用"大度容之"的政策，宋律敕令对贪赃枉法的惩罚大大轻于唐律，而且基本趋向是越往后越宽。

（二）特色刑罚制度的创设

宋代的刑罚制度继承了唐律五刑制，但又有一些变化，主要是增加了代用刑

---

〔1〕《宋史·刑法志》。
〔2〕《宋史·本纪太祖三》。

和附加刑。在宋代，主刑刑罚趋轻弱化，但附加刑的适用却逐渐重于主刑。

宋代的主刑与唐律相同，仍然为笞、杖、徒、流、死五类。但宋代创设了折杖法，作为流、徒、杖、笞的代用刑。折杖后的杖刑代表了主刑，配隶和编管刑是附加刑。

1. 折杖法。北宋初年，"太祖受禅，始定折杖之制",[1] 折杖法正式列入《宋刑统·名例律》的"五刑门"之内。折杖法具有"流罪得免远徙，徒罪得免役年，笞杖得减决数"的好处，体现了省刑从轻的精神。

折杖法的适用内容为：流刑按里程三等分别折脊杖二十至十七，三千里折二十、二千五百里折十八、二千里折十七，各配役一年，不必流徙远方，加役流折脊杖二十，配役三年；徒刑按五等分别折脊杖二十至十三，徒三年折二十、二年半折十八、二年折十七、一年半折十五、一年折十三，之后释放，不再服劳役；杖刑按五等分别折臀杖二十至十三，杖一百折二十、九十折十八、八十折十七、七十折十五、六十折十三；笞刑五等折臀杖十至七，笞五十折十、四十和三十折八、二十和一十折七，之后释放。之所以要创立折杖法是因为宋太祖认为五代时期刑罚过重。但是折杖法不适用于死刑及反逆、强盗等犯罪。折杖法虽然在一定程度上减轻了刑罚，但是其中的刑种和刑等设置并不科学合理，轻重悬殊，因此有局限性。

2. 刺配刑。肉刑的恢复和附加刑的广泛使用是宋代刑法的突出特征。为了弥补折杖法轻重悬殊的缺陷，宋代开始使用刺配刑。"刺"是刺字，是古代黥刑的复活；"配"是流刑的配役。刺配，是将杖刑、刺面、配役三刑同时施加于一人，比唐朝的加役流更为严酷。"宋人承五代为刺配之法，既杖其脊，又配其人，而且刺其面，是一人之身，一事之犯，而兼受三刑也。"[2] 刺配刑于五代后晋天福年间开创，原意是为了宽宥死罪之用，宋初也是如此，但后来逐渐突破了宽贷死罪的使用范围。

起初，刺配刑并非常行的刑罚，在《宋刑统》中没有刺配刑的规定。宋真宗《大中祥符编敕》中规定适用刺配的条文有四十六条，庆历年间有一百七十多条，南宋淳熙时竟达五百七十条，成为常用刑罚。"配法日多，犯者日众，黥配之人，所至充斥。"[3] 到南宋时，受刺配之人到达十余万人之多。

刺配刑的具体执行方式很复杂，杖责有数量和杖脊、杖臀的区别，刺字有刺背、刺额、刺面之分，配役有服军役和服劳役之区别。军役编入军籍，劳役是从

〔1〕《宋史·刑法志》。

〔2〕（明）丘浚：《大学衍义补》。

〔3〕《宋史·刑法志》。

事煮盐、酿酒、烧窑、开矿、炼铁等苦役。刺配刑集肉刑、劳役刑多种刑罚于一身，刑罚苛重，而且使用泛滥，刺配刑对后世刑罚制度的影响极坏，因为刺配刑是古老肉刑的复活，是刑罚制度的历史倒退。

3. 凌迟刑。凌迟，俗称"千刀万剐"，也写作陵迟，是以利刃碎割犯人的肌肤、残害肢体，再割喉管，使受刑之人在极端痛苦中慢慢死去的刑罚。在我国古代的生命刑种中，凌迟是最为残酷的一种执行方法。

凌迟刑始于五代，西辽时作为法定刑。宋仁宗时，开始在绞斩刑外设置凌迟刑，主要用来镇压危害国家统治的反逆大罪。北宋仁宗时荆湖地区出现杀人祭鬼的恶行，仁宗敕令：有首谋若加功者，处以凌迟刑，首开凌迟先例。至南宋时，凌迟刑已与绞、斩同列于《庆元条法事类》中成为法定刑。宋后的元、明、清三代的凌迟之刑沿袭不变，直至清末《大清现行刑律》，凌迟刑才被彻底废除。

4. 编管。编管，是把犯罪之人编入外州户籍，使其接受监督管制，并限制其人身自由的处罚方法。编管起初是从配隶中派生出来的。配隶是要隶于军籍，而编管则不是，并且不刺面。编管是附加刑，须流放他处，本身不用服役且刑等轻于刺配。其以地理远近分为编管邻州、五百里、千里、二千里若干等级；其量刑幅度视罪刑情节轻重而定。

5. 移乡。移乡，是将犯人依法决杖后，强制犯人迁徙别的州县居住。因为古人有"安家乐土"的观念，在家乡居住能够"敬宗而睦族"，乡土观念极为浓厚。如果将犯人强制与有血缘关系的宗族乡党相脱离移徙他乡，无疑是一种较重的刑罚。移乡的刑罚与编管刑相等，移乡后犯人不可以随意迁徙。犯人移乡若干年后，逢皇帝大赦时可以放还。

二、民商事和经济法律制度

由于宋代的社会经济关系较唐代有重大变化，宋代的商业出现前所未有的繁荣景象，同时，宋代功利思想的影响也刺激了宋代商品经济的活跃，所以，宋代有关的民商事和经济立法也非常详备。

（一）户籍与身份制度的演变

1. 特权阶层。宋朝保留了唐代的皇室贵族制度，但宋代贵族的封爵一律不得世袭，贵族子孙由皇帝先授予名义上的官职，再根据不同的情况授予爵位，实际上非皇室贵族的爵位已经是一种荣誉性的头衔，不再有实际的收入和封地待遇。

2. 主户。宋朝一改隋唐部曲不入户籍地规定，将全国户口分为"乡村户"与"坊郭户"，并依据"税产物力"确定其为"主户"或"客户"。主户是宋代户口分类制度中的法定户名，是指拥有一定数量的生产资料的地主和自耕农。如果主户居住于乡村则为"乡村户"，如果居住于城镇则为"坊郭户"。主户要承担国家的赋役，因此又称为"税户"。主户依据财产的多寡分不同的等级，以承担不同的政府赋役。

3. 客户。客户也是宋代户口分类制度中的法定户名，是相对于主户而言的。客户也有居住在乡村的乡村客户和居住在城镇的坊郭客户之分。乡村客户的主体是无生产资料而租种他人田地的佃农，他们通过契约形式与地主结成租佃关系，从事农业生产劳动，向地主缴纳税租。佃户被编入客户成为国家的编户齐民，他们的人身不再依附于地主。客户没有等第之分。

户口是宋代国家的赋役基础，宋代法律规定年龄在二十岁以上、六十岁以下的成年男子不分主客均承担赋役。但是，由于宋代的主户有等第之别，所以宋代法律制止大户人家"别籍异财"来降低户等。宋朝对"别籍异财"的处罚相当重。

（二）财产法律制度的发展

1. 物权法律制度。宋代，物权已经有了不动产和动产的区分。不动产主要指田宅，又称为产、业，所有人为业主。动产包括六畜、奴婢，有时也包括附着于土地的矿物、植物，还有货币及有价证券。

宋时，不动产所有权的取得主要有垦田、买卖、继承和受赐等方式。动产所有权的取得方式主要有宿藏物的发现、阑遗物的取得、漂流物的获得、无主物的占有以及生产孳息之归属。

两宋时期，由于商品经济的迅速发展，传统的土地所有制发生了显著变化。宋朝废除了唐时的均田制，承认土地私有权。土地的流转极为频繁，出现了"田宅无定主，有钱则买，无钱则卖"[1] 的景象。宋时的法律十分注重保护垦荒者的土地所有权，土地的垦荒也就是今天民法中的土地添附。宋太宗时，规定"满五年，田主无自陈者，给佃者为永业"，[2] 可以自由买卖。宋代的法律还严禁倒卖田产，宋代法律规定，倒卖田产者，"杖一百，赃重者准盗论。牙保知情与同罪"[3]

2. 债权法律制度。两宋时期发达的商品经济带动了宋代债法的发展。宋代债的发生主要是基于契约。宋代商品经济的快速发展，交易活动普遍契约化，契约已成为宋代日常经济生活中不可缺少的要素。宋代的契约是基于订约双方的"合意"与"不得抑勒"。债的担保有"三人担保"、"保人代偿"、"连带同借"等多种形式。另外，宋代的民事契约证明制度也比较发达，其表现为"中人"、

---

〔1〕（宋）袁采：《袁氏世范》卷三。

〔2〕《宋史·食货志》。

〔3〕《名公书判清明集》卷五。

"牙行"、"书铺"等现象的普遍化。宋代的契约主要有以下种类：

（1）买卖契约。宋代不动产的转让有买卖、典卖等多种形式。买卖有绝卖和活卖之分。绝卖是所有权转移后永不回赎；活卖，又称典卖，是在一定的期限内可以收赎，所以典价比卖价低，如果在限定的时间内不回赎，则成绝卖。宋代法律规定买卖契约的构成有四个程序：首先，田产买卖先问亲邻。在四邻中，有先上邻、后下邻的规定，东、南为上邻，西、北为下邻。北宋后期又改为只问有亲之邻。如果不问亲邻而出典出卖者，在三年之内可有赎回的权利。其次，到官府印契，缴纳契税。宋代规定买卖田宅必须"立契"，凡加盖官印的称为"红契"，表示国家承认；不加盖国家官印的称为"白契"，国家不承认其法律效力。再次，过割赋役。在契约上必须要写明买卖标的的租税，而且要由官府在双方赋税账薄上改换登记后，才能加盖官印；最后，离业。北宋仁宗时还规定买卖契约达成后，必须转移土地的占有，卖主必须离业，不允许以卖主租赁该地，以防止自耕农减少、佃农增多，这样有利于官府赋税征收，以及减少土地纠纷。

（2）典卖契约。由于典卖契约同一般的买卖契约不同，前者是活卖，在一定期限内可以收赎，因此典价要低于卖价。典卖契约除了具有一般买卖契约的规定外，典卖契约还规定一物不得两典，即法律所说的重叠典当，违反规定者，包括业主、牙人、中人、邻人等各按入己钱数，准盗论，典物仍然归第一个典权人所有。另外，典卖契约中明确约定回赎期限的，期限内出典人有权回赎该项产业；对于没有约定回赎期限，或者约定回赎期限不清的典卖契约，法律规定在三十年内允许回赎，过期不赎。法律规定价金交付的期限为一百二十天，以钱交付的再以钱赎回，如果是以纸币交付的再以纸币赎回，避免有人从中渔利。

（3）借贷契约。宋代的立法中保留了唐代律令中有关借贷的法律规定，对借和贷进行了区分，"借"在宋法律中指使用借贷，"贷"指消费借贷。宋代对借贷的利息作了明确的规定。"每月取利不得过六分，积日虽多，不得过一倍"。[1] 如果超期不偿债，可以告官审理，官府就会强制偿付。宋代对于高利贷的限制规定适当缓解了日益激化的阶级矛盾，促进了民事经济秩序的良性发展。

（4）租赁契约。宋朝有关租赁关系的契约范围很广，诸如土地、房屋、耕牛、生产工具等都可租赁；但是，有关租赁的法律规定相对较少。在宋朝的租赁关系中，规定最详细的是有关让渡土地使用权的租佃契约。宋太宗在一份诏书中规定：佃农合伙租佃地主土地须"明立要契"，以免发生纠纷。[2]

---

〔1〕《宋刑统·杂律》卷二十六。
〔2〕《宋会要辑稿·食货一·十六》。

（三）婚姻家庭制度的发展

1. 婚姻法律制度。

（1）结婚的法定条件。宋代对于男子结婚的法定年龄为十五以上，女子为十三以上。宋代禁止五服以内亲属结婚。此外，《宋刑统》规定："诸州县官人在任之日，不得共部下百姓交婚，违者虽会赦仍离之。其州上佐以上及县令，于所统属官亦同。其订婚在前任官居后及三辅内官门阀相当情愿者，并不在禁限。"这种规定的目的是保证官员能够公正执法，避免了裙带关系的干扰。

（2）女性地位的改变。在宋代由于商品经济的发展迅速，妇女的处境相比前朝有所改善。法律规定如果男方无故三年不娶，女方可以毁约。丈夫外出三年不归，六年不通问，准予妻子改嫁或离婚。对于寡妇改嫁，法律规定如果确属丈夫已死百日有余，妇女生活没有着落，法律允许寡妇改嫁，但是改嫁女不能占有前夫房屋和产业。然而，宋朝毕竟受程朱理学的影响较大，女性仍然受着传统伦理道德的束缚。

2. 继承法律制度。

（1）立嗣制度。南宋时，对于没有男子继承的家庭，法律规定了继绝制度。继绝分为立继与命继。凡是"夫亡而妻在"，立继从妻，称作"立继"。凡是"夫妻俱亡"，立继从其尊长亲属，称为"命继"。也就是由绝户家的近亲尊长为绝家立嗣。以下述民事案例加以说明。

立嗣案例

有个叫张养直的人死后，他的妻子阿陈守寡三十年把儿子养大。想不到儿子张颐翁长到二十四岁就病死了。阿陈就为张颐翁立继，收养了一个不满三岁被人遗弃的小孩子，取名张同祖，作为自己的孙子来抚养。而张养直的弟弟张养中想把自己的第二子张亚爱立继为张养直的孙子，叔嫂之间由此发生了纠纷，告到官府。法官叶岩峰首先指责说"叔嫂相争，族义安在哉？"然后一一援引当时的法律："户绝命继，从房族尊长之命"；"夫亡妻在，则从其妻"；"诸遗弃子孙三岁以下收养，虽异姓亦如亲子孙法"。指出阿陈在张养直身故之后长期守寡，抚养儿子。现在儿子死了，"以祖母之命，尽可立幼孙；以寡嫂之分，岂不尊于乃叔！"而且张养中打算以次子张亚爱为张颐翁的嗣子，张亚爱又是张颐翁的堂弟，"若以弟为孙，则天伦紊乱"。根本不符合法律立嗣要"昭穆相当"的规定。因此明确裁判阿陈可以收养张同祖为孙，驳回张养中的起诉。[1]

---

[1]《名公书判清明集》卷七。译文参考了叶孝信主编：《中国法制史》，复旦大学出版社2002年版。

（2）一般遗产的继承。首先法律明确了继承人的范围及其顺序，依次是子、未嫁女，孙、守寡妻妾，侄子。其次明确继承原则，应分田宅财物，由诸子平分，未嫁女分男子聘财的一半；子死，由孙代位继承；无子孙，寡妻妾可继承丈夫财产。

（3）女子享有继承权。宋代对于女子继承遗产的有关规定比较明确，在一般的继承规定上，"姑姐在室者，减男聘财之半"，[1] 未嫁女分得男子财产的一半。户绝财产的继承规定上，如果有未嫁女，则财产全部由未嫁女继承；如果是出嫁女，则出嫁女只能继承三分之一，其余则归官府。守寡而无子的妻妾也有权继承丈夫应分的遗产份额。但是，改嫁妻妾、别居无户籍妻妾及其子女不得继承遗产。

（4）义子、赘婿的继承权。南宋时，妇女与前夫所生之子，称为"义子"。法律规定义子不可随义父姓，没有财产继承权，但可以分得其母自随财物。赘婿在封建社会权利和地位都相当低下，他们没有财产继承权。但是如果赘婿帮助妻家经营并获得收益，到绝户时则可以分到一部分财产。

（四）经济法律制度

1. 经济立法活动的加强。两宋时期，商品经济发展迅速，城市不断兴起，商行大量出现，海外贸易也得到发展，于是推动了两宋时期经济法律规范的发展；特别是南宋时，传统的义利观念发生了重大变革，商业法规也得到了进一步的发展。两宋时，由于集权的专制制度使国内矛盾尖锐，同时，边境又有少数民族的侵犯，统治者为了摆脱面临的困境，想方设法增加中央财政收入，国家开始采用法律手段调整国家的经济运行，并加强了经济管理和监督的力度。

2. 农田水利与税赋。宋代，为了进一步发展农业，国家鼓励开垦荒地、兴修水利。国家颁布了《农田利害条约》，其中规定凡兴修水利工程，当地的家户应当积极配合，不许阻挠，如果民力不够，政府给予支持；凡是私人兴修水利，国家给予奖励措施。该项规定，对于农业的发展起到了积极的促进作用。

在宋代，赋税包括田赋和商税。田赋又称为"正税"，除了正税以外，国家还规定了附加税，而且名目繁多。家户如果不能到期缴清田赋，则要经过校科和拘催的程序，并在末限结束前完成。

3. 专卖法。宋代由于内忧外困导致的财政危机迫使政府实行垄断性的商业政策，国家许多重要的生产生活资料实行了专卖制度。专卖，又称禁榷，是官府对某些商品的生产和销售采取的垄断制度。这些被垄断的商品都是人们日常生活

---

[1] 《宋刑统》。

必需品，销售数量大，利润相当可观，所以国家对这些商品实行垄断政策。仅盐利一项在北宋中期就占全国财政收入的一半以上。宋代专卖的物品范围除了传统的盐、茶、酒外，矾、香药、铁、石炭、醋等都在其列。法律规定，凡是私自贩盐、私造酒和私贩茶等要受到法律的严惩。

4. **手工业法**。宋朝加强了对手工业的经营和管理力度。对于像铸造钱币这类关系重大的项目，国家直接管理，由专司负责，国家严禁民间私铸钱币，否则依照法律治罪。涉及金、银、铜、铁等金属用品的手工业生产也不得擅自经营，一般由国家负责管理，违反者以盗论处。对于手工业产品的质量也规定了相关的标准，国家要对手工工匠进行必要的技术培训。国家对手工业品的生产制造明确了规格和式样，生产者必须将自己的姓名、生产时间等题于产品之上，这样一旦有产品质量问题，国家可以追究产品责任。

5. **市场交易法**。宋代颁布了专门的市场管理法。熙宁五年（1072年）三月宋朝政府颁行"市易法"。法律的内容是在汴京设立市易务，作为管理市场、调节物价和控制商业贸易的专门机构。市易务由政府拨付资金，依据市场情况负责平抑市场价格，向商人收购或出售货物，在一定意义上，"市易法"对稳定市场秩序起到了一定作用。

6. **财政金融法**。宋代虽然物资丰富、经济繁荣，但是频仍的战争使国家财政负担沉重，国家财政始终处于危机的阴影之中。宋三百多年来一直探索理财问题，国家始终以加强中央控制、监管为重心。宋代政府采取了以下做法：一是建立了比较完善的财政管理体制；二是明确划分中央与地方财政收入；三是严格中央与地方财政的预决算会计制度。

宋朝的货币以铜、铁为货币本位。法律禁止铜钱和铁钱流出境外，如果边关官吏失察，则可以判死罪。国家明令禁止不合法定规格的钱币流通。宋朝还出现了我国最早的纸币"交子"。纸币的流通极大地促进了商业发展。宋代法律还规定了交子发行的面值、流通领域及与铜钱的兑换比例，同时对伪造交子的行为要治罪。

宋代的经济立法同其他法律规定一样，不一定会得到彻底执行，但是宋代的经济立法明显比唐代范围更广泛、内容更丰富。虽然宋代的经济立法不能使朝廷摆脱财政危机，但是在一定程度上还是起到了缓解的作用。

三、司法制度的重要变化

宋代建立了高度集权的司法体制和相关的司法制度，司法制度严密而周详，在中国传统法制史上颇具特色。

（一）司法机构

1. 中央司法机构。宋代沿用唐制，中央三大司法机关仍为大理寺、刑部和御史台。大理寺是中央的最高审判机关，负责审理地方各州县上报的刑事案件以及京城百官案件，并且实行审判分离原则，审讯归断司，用法归议司；刑部仍作为中央的司法行政机关，同时还要复核大理寺所断的全国死刑已决案件；御史台负责监察职能。

宋朝时，为了加强皇帝对于司法权的控制，太宗淳化二年（991年）时设立了审刑院。凡是大理寺审判的案件，经刑部复核后，先送审刑院详议，再奏请皇帝批准。审刑院实际上是代表皇帝控制司法，侵夺了刑部原有的权力。在宋代初年，中央还增设了制勘院和推勘院作为临时的审判机构，负责审理皇帝交办的案件。宋代的中央机构如中书门下、枢密院和三司也都有参与审判的权力。宋朝司法机构的多元化分散了司法权力，为皇帝直接控制司法审判和行使最高的终审权提供了方便。但是，由于宋代司法机构过于繁杂、职权交叉重叠，导致司法程序复杂混乱，到神宗改制后撤销了审刑院，其职能划归了刑部。

2. 地方司法机构。宋代地方政权分为路、州（府、军、监）和县三级。州县与唐代一样，实行行政、司法合一制，知州（知府）、知县（县令）作为行政长官，兼理司法、审断狱讼，县的长官称为"知县"或"县令"。知县是一县的主要司法官，县行政机构兼司法审判机构。县有权决断杖刑以下案件，对徒刑以上案件，则须将案情审理清楚，写出初步意见，报送州、府，然后由州、府作出正式判决。由于宋代对县级审判不够重视，设置的县级属官较少，有些县只有县尉一人直接进行审判，因此，冤假错案在所难免，从而也使县级成为司法审判的薄弱环节。

宋时，州、府作为第二审级，有权判决徒以上案件，但对死刑案件作出的判决必须上报提刑司复核；重大疑难案件上报刑部，由大理寺审议，经皇帝批准后方可执行。在宋代，州、府还可以直接受理诉状。由于宋代州府经办的案件数量多、案情重，职责也尤其重要，所以州、府的官员也比县级多，并且州、府实行了审判分离的审判原则。

为了加强中央对地方的司法控制，宋代对各路设置提点刑狱司，但该机构不是一级审判机构，而是中央派出的代表机构，负责监察所辖州、县司法审判活动，同时负责复查地方审断案件。州、县已决案件，如果当事人喊冤，则由各路提点狱刑司复推。提点刑狱司一年两次巡按州、县平反冤狱，监察地方官吏。同时，各州、府的死刑案件必须经提点刑狱司审复，核准后方可执行。提点狱刑司的设置也是中央加强对地方司法控制的重要措施。

（二）诉讼制度

宋代的诉讼审判制度虽然沿袭唐代，但是却有了适应宋代商品经济发展的典型诉讼特色。

1. 刑、民诉讼有别。宋代的刑事诉讼制度基本仿唐制，但是宋代的民事诉讼有了前所未有的发展。宋代的"务限法"专门规定了民事案件根据农务而限制的起诉、受理、断遣的时限，这是宋代诉讼审判制度的一个重大发展。《宋刑统》设有"婚田入务"专条，其他律文和法规也对民事诉讼作了较为详细的规定。所谓的"务"指农务，"入务"就是指进入农忙时期，不受理民事诉讼案件；"开务"是指农闲时期，可以受理民事诉讼。法律规定凡是田宅、婚姻、债负等民事纠纷，要以"利农事、合农时"为原则，"取十月一日以后，许官司受理，至正月三十日住接词状，三月三十日以前断遣须毕，如未毕，具停滞刑狱事由闻奏"。[1] 宋法定每年农历二月初一至十月初一为务限期，在务限期内，州县官府不得受理民间民事诉讼。

宋代还规定了民事诉讼时效，超过诉讼时效的诉讼，官府不再受理。宋太祖时，因战乱离走、平安返回认领田宅者，超过十五年的官府不再受理。《宋刑统》还规定，田地房屋分界纠纷，如果当时不曾诉讼，事后家长见证人死亡、契书毁乱超过二十年的，不再受理；如果是债务纠纷，债务人、保人逃亡，过三十年不再受理。南宋高宗时还规定，买卖田宅依法满三年后再发生纠纷的，不再受理。民事案件如有不服可上诉，终审机关为中央户部。

两宋时期关于民事诉讼制度的详尽规定为中国古代法制史所罕见，它是我国古代司法审判与农业社会生产关系的总结，既有利于生产、生活，又便于各种纠纷的解决，在当时具有非常积极的进步意义。

2. 诉讼期限。宋代为了避免审判实践当中案件久拖不决的现象发生，规定了明确的诉讼期限。凡是二十缗以上的为大事，[2] 案件审结期限不超过二十五日；十缗以上为中事，审结期限不超过二十日；不满十缗为小事，审结期限不超过十日。宋代关于诉讼期限的规定对于防止积案和提高诉讼效率起到了一定的积极作用。

3. 证据制度。宋代在司法审判中比较重视证据的作用。由于宋代社会生产力和科学技术的发展，为司法证据的采集提供了条件，使宋代的证据制度进一步完善。在宋代的司法活动中，口供仍然是断案的重要依据；除此之外，书证和物证在宋代的司法实践中得到广泛应用。宋代强调依据证据定罪量刑，在物证确凿的情况下，虽无口供亦可定罪。宋徽宗时规定，审讯盗案必须要查出窝藏的赃物和地点，否则法官要受到徒二年的处罚。在田宅买卖案件中，盖有官印的契约是

---

〔1〕《宋刑统·户婚》。

〔2〕"缗"指古代穿铜钱用的绳子，"十缗"是指十串铜钱（一般每串为一千文）。

法官判案的最主要的证据，即"官司定夺，止凭契约"，〔1〕如果是杀人案的审理，则必须有尸首可验，如果没有则作为疑案上奏朝廷处理。

在宋代的司法实践中非常重视尸体的检验工作。南宋时的宋慈说："狱事莫重于大辟，大辟莫重于初情，初情莫重于检验。"〔2〕宋代对尸体检验工作制定了严格的检验制度，规定了报检、初检和复检三个程序。一旦发生了杀伤案件，地邻、地保有义务向州县官府报检；所在地的官府进行初检；复检由上级或相邻州县进行。宋代对司法检验工作的重视也促进了宋代法医学的发展，出现了一些总结和介绍检验实践经验和检验理论的著作：郑克著有《折狱龟鉴》、桂万荣著有《棠阴比事》、宋慈著有《洗冤集录》等。《洗冤集录》是中国最早的一部比较完整的法医学专著，也是世界上第一部法医学专著。这些理论书籍对于宋代检验制度的发展和完善产生了巨大的推动作用。

4. 鞫谳分司制度。鞫谳分司是宋代审判制度的一大特色。宋代从州、县到大理寺，都实行了鞫谳分司和审判分离的制度。大理寺、刑部设有详断官、详议官，分别负责审讯、检法用律，而后由长官审定断案。州、府设有司理院，由司理参军负责审讯人犯、传集人证、调查事实等审判事务；设司法参军，根据已经认定的事实，检索有关法律条文，定罪量刑；在这些工作的基础上，最后由知州或知府亲自决断。这种由专职官员分别负责审与判的制度叫做鞫谳分司制。在这种制度设计下，检法断刑的官员无权过问审判，负责审判的官员又无权检法断刑，两司独立活动，不得互通信息和协商办案。该制度在一定程度上防止了司法官吏的司法腐败行为，保证了司法审判的公正性。

5. "翻异别勘"制度。在宋代的诉讼过程中，如果犯人翻供或临刑喊冤，则须将案件交由另一部门或其他机关审理，称为"翻异别勘"。又分为"移司别勘"和"差官别推"，前者是移送本审判机关的另一部门审理，后者是将案件移送给邻近司法机关审理。宋代规定的翻异次数一般以三推为限，南宋孝宗时以五推为限，经五推后一般不再别推。"翻异别勘"制度在一定程度上避免了冤假错案的发生，从某种意义上也体现了统治者慎刑的思想。

〔1〕《名公书判清明集》卷五。
〔2〕（宋）宋慈：《洗冤集录·序》。

第三节　辽、西夏和金的法律制度

一、辽代法制变化

辽代是我国古代与宋朝并存，于北方内蒙通辽地区及东北与华北北部实行统治的历史朝代。从公元十世纪二十年代到八十年代，契丹民族经历了社会的巨大变革。随着首领阿保机创建契丹国家，推行扩张，其势力范围迅速达到营平诸州和渤海各地。

辽代法律从建国之初，就推行向中原汉人学习的方针。阿保机在位期间，"诸定契丹及诸夷之法，汉人则断以律令"，[1] 坚持对契丹与对汉人的分治原则。辽代的法律也"以国制治契丹，以汉制待汉人"。[2]

辽代的立法计有《重熙新宪条例》（1036 年）、《咸熙生修条例》等。其内容一方面大量引入能够适应契丹民族社会稳定的汉法，另一方面保留了原有的能够适应统治的习惯法。

辽代规定，政治体制及司法实行南北分治。北院"治宫帐部族属国之政"，南院"治汉人州县租赋军马之事"。北院下设夷离毕，执掌旧部族属国狱讼。南院下设南面分司官，"平理庶狱，采摭民隐"。[3]

辽代末年，"朝廷上下，无复纪律"，皇帝"荒暴尤甚"，法制败坏崩溃，很快就在金宋联军夹击下灭亡。

二、西夏的法律制度概况

（一）立法概况

西夏的政权是由党项族建立的。西夏在建立政权以前基本上处于比较落后的状态，既无法令，又无徭役，人民以畜牧为业，"不知稼穑"。[4] 西夏的民间纠纷一般都采用调解的方式进行解决；刑事案件则由官府选择"舌辩气直之人为和断官，听其曲直，杀人者纳命价，钱百二十千"。[5] 西夏在建立政权的过程中，注意吸收汉民族的文化，非常注意法律制度的建立。西夏现存的法典是仁宗天盛年间（1149～1169 年）颁布的《天盛改旧新定律令》。该部法典是目前可知的第一部用少数民族文字印行的法典，共二十卷，分为一百五十门，一千四百六十一

---

〔1〕《辽史·刑法志》。
〔2〕《辽史·白官志》。
〔3〕《辽史·刑法志》。
〔4〕《旧唐书》卷一百九十八。
〔5〕《辽史》卷一百一十五，《外纪西夏》。

条。从编纂体例和内容上看，既吸收、借鉴了唐宋法典的特色，沿袭了唐宋法律的内容，如有关于"十恶"、"八议"、"官当"等规定，而且该律典还保留了党项部落原有的习惯法的内容，从而形成了自身的特色。

（二）刑事法律概况

西夏刑事法律的基本内容和基本精神都是沿袭唐、宋的法律制度。唐、宋法律中的一些量刑原则和罪名，也都为西夏所沿用。但是西夏结合了本民族的一些习惯法，在某些犯罪和刑罚的适用上都出现了一些新的变化。

首先，在量刑原则方面，西夏采用重刑主义原则和按身份量刑原则。西夏的初创者以刑法作为威慑手段，奉行重刑主义原则。从法律内容来看，对于一些恶性犯罪以及危害社会政治经济秩序的犯罪，在量刑上一般都是适用重刑，比如侵犯财产的犯罪、破坏牲畜的犯罪和军事犯罪等。在刑罚制度上，出现了长期徒刑和无期徒刑，这在中国的立法史上还是第一次。按犯罪者的身份来定罪是中国古代刑法的一项基本原则，西夏的法律也继承了这一点。但是，西夏的法律规定更加具体。西夏对于贵族和官员犯罪，继承了前朝法律有关"八议"和"官当"的规定。对于属于"八议"的对象，可以享受减免的优待；对于官员的儿子和兄弟以及僧人、道士，除了个别犯罪外，可以根据官职大小，用官抵罪或者比照庶人减轻刑罚。西夏法律还专门规定了"亲节门"来处理亲属之间相犯的行为，而且还将服制关系写进了法典来作为量刑的依据。

其次，在刑罚制度方面，西夏创设了新的"五刑"制度。西夏的"五刑"制度同唐宋的规定不同，西夏的五刑为杖刑、短期徒刑、长期徒刑、无期徒刑和死刑五种。杖刑用大杖，分为七、八、十、十三下，共四等；短期徒刑分为三个月、六个月、一年、二年、三年、四年、五年、六年，共八等；长期徒刑分为八年、十年、十二年，共三等；无期徒刑需服十三年劳役，服役期满后留住服役地；死刑分绞、斩二等，斩刑一律用剑斩。官员犯罪的，可以用罚缗、罚马来代替应受的刑罚。除"五刑"外，西夏还以黥刑和戴铁枷为附加刑。

最后，在主要罪名方面，西夏有自己新的特色。西夏沿用了"十恶"罪名，但具体称谓较唐宋有了新的变化，西夏的"十恶"分为谋逆、失孝德礼、背叛、恶毒、为不道、大不恭、不孝顺、不睦、失义和内乱十种。西夏法律也规定了贪赃犯罪，将贪赃犯罪分为受贿与行贿两类。由于西夏是从游牧社会向农耕社会发展，加上不断进行的战争，对于牲畜的需求很大，因此法律对于牲畜的保护非常重视，法律对于擅自屠杀自属牲畜和盗杀他人牲畜都给予严厉的处罚。西夏政权建立后，对外继续推行武力扩张政策，经常发动战争，为了保证战争的胜利，法律对于有关军事的犯罪作了详细、具体的规定。

（三）民事法律概况

西夏沿袭了唐宋的民事法律规定，但在买卖、借贷和典当制度方面有些变化。西夏法律关于土地买卖方面与宋朝相比，一个重要的区别就在于不承认不动产地邻的先买权。如果以接邻而强买要判处刑罚。买卖关系的成立，必须建立在双方情愿的基础之上，禁止倚仗官府的权势强买强卖。借贷关系的成立，应当根据自愿的原则订立契约（文据），明确有关事项。日后如果有争执，则以契约为凭证。对于一时无法还债的，可给三次限期设法偿还，或以劳力抵债。在典当方面，法律规定，过期不取赎的，典当主可以将典当物自行处理。不许典当主擅自出卖典当物品。为了保证所典当的物品不是赃物，对于典价超过十缗的，如果典当主与出典者并不相识，则可要求其另寻熟人担保。

（四）司法制度概况

西夏的诉讼制度在很大程度上还带有习惯的影响。但诉讼制度与审判制度并不复杂。西夏的诉讼程序比较简单，普通的刑事案件和民事诉讼由地方官府受理，京师的案件由中兴府和御史审理。在监禁方面，凡"十恶"、长期徒刑等犯罪被拘禁的，不论有没有官职一律戴枷拘禁，其余犯罪视犯罪情节由官员共同商议是否戴枷。在审讯方面，对于事实明白而罪犯不说实话的情形，法律允许拷讯三次，一次答三十。对于违法拷讯、无理拷讯和导致被拷讯者死亡的情形，还要追究有关人员的刑事责任。在审讯期限的规定上，死刑以及长期徒刑不得超过四十天，有期徒刑服劳役者不得超过二十天，其余案件必须在十日内审理完毕。如果在期限内无正当理由不能审理完毕的，承办人员还要受处罚。

三、金的法律概况

（一）立法概况

金在进入中原以前还处于奴隶制阶段，法律仍为本民族的习惯法。金国在建国之初，基本沿袭了女真族的习惯法。但随着金国在北方统治地位的发展，在法制上也开始出现了辽、宋法与女真族习惯法并存的局面，后来统治地位稳固后，在法律制度上开始继承汉法律文化并稀释女真固有法律的立法活动。金熙宗皇统年间（1140～1149年），金国在女真族旧制的基础上，"兼采隋唐之制，参辽宋之法"，编纂了金国的第一部成文法典《皇统制》，共一千余条。

金章宗明昌元年（1190年）设置了详定所作为编修法律的专门机构。其后集历代刑律条文和《宋刑统》的疏义于一体，编成了《明昌律义》。泰和元年（1201年）又以《唐律疏议》为蓝本，完成《泰和律义》十二篇。《泰和律义》共五百六十三条，三十卷。《泰和律义》篇目与唐律相同，并有附注和疏义，但内容和唐律有所不同，是金最完备的法典。此外，金还有令、格、敕、式等立法形式。

由于金的法典均已失传，从《金史》等史料中可以看到金法律的大致内容。金在很短的时间内，注意汲取唐宋法律的精华，同时又保留了女真族固有习惯法中的平等精神，建立了比较系统和完备的法律制度。

（二）刑事法律概况

在金国的刑事法律中，比较典型的特征是重视惩治"盗贼"。金国旧俗就有"杀人及盗劫者，击其脑杀之，没其家资"的规定。金长期处于对宋的战争状态，把汉族人民的反抗斗争一概视为"盗贼"。窃盗罪不仅要征以三倍的赔偿，还要处以徒刑、刺字乃至以死刑。章宗时又加强了对"群盗"的缉捕。金在刑罚方面基本仿照唐宋五刑，略有变化。其中徒刑分为七等，附加杖刑。五刑允许以铜赎罪，但数量比唐增加了许多。同时金还保留有酷刑，比如行杖刑时用铁刃置于杖端等等。

（三）民事法律概况

金的民事法律比较有特色的是婚姻家庭制度。金在婚姻家庭制度中保留了旧的习俗，允许妇女寡居、宗族接续的"续婚"等。随着金被汉化的深入，金也开始接受"亲亲"、"尊尊"等原则，有了禁止子孙别籍异财等规定。

（四）司法制度概况

随着金的统治区域扩大到半个中国，汉族成为金国的主要统治对象，所以金的司法机关沿袭了唐宋的司法体制，中央司法机关有刑部、大理寺、御史台，御史台下设有"登闻鼓院"和"登闻检院"。金在地方的机构中设有路提刑司，后来改为按察使司，执掌司法。州、县仍由行政长官兼理司法事务。

思考题

1. 中国南宋规定户绝指家无男子承继。按照南宋的继承制度，若出现户绝，立继承人的方式有哪些？（2003 年司考，多选题）

    A. "立继"   B. "祖继"   C. "嗣继"   D. "命继"

2. 下列有关我国唐宋时期法制的表述哪些是正确的？（2004 年司考，多选题）

    A. 《永徽律疏》不仅是中华法系的代表性法典，也是中国封建法制的最高成就

    B. 《宋刑统》不仅是一部具有统括性和综合性的法典，也是中国历史上第一部刊印颁行的法典

    C. 自首、类推、化外人、区分公罪与私罪等原则都是唐律中重要的刑罚原则

    D. 唐代和宋代在中央司法机构的设置上是一致的，即在皇帝以下设置大理寺、刑部、御史台三大司法机构，分掌中央司法审判职权

3. 南宋庆元年间，某地发生一桩"杀妻案"。死者丈夫甲被当地州府逮捕，受尽

拷掠，只得招认"杀妻事实"。但在该案提交本路（路为宋代设置的地位高于州、县的地方行政区域）提刑司审核时，甲推翻原口供，断然否认杀妻指控。提刑司对本案可能做出的下列处置中，哪一种做法符合当时"翻异别勘"制度的规定？（2005 年司考，单选题）

A. 发回原审州府重审

B. 指定本路管辖的另一州级官府重审

C. 直接上报中央刑部审理

D. 直接上报中央御史台审理

4. 关于中国古代婚姻家庭与继承法律制度，下列哪一选项是错误的？（2007 年司考，单选题）

A. 西周时期"七出"、"三不去"的婚姻解除制度为宗法制度下夫权专制的典型反映，然而"三不去"制度更着眼于保护妻子权益

B. 西周的身份继承实行嫡长子继承制，而财产继承则实行诸子平分制

C. 宋承唐律，但也有变通，如《宋刑统》规定，夫外出 3 年不归、6 年不通问，准妻改嫁或离婚

D. 宋代法律规定遗产除由兄弟均分外，允许在室女享有部分的财产继承权

第八章

元代法制

◆　**内容提要**

　　元朝是中国历史上第一个由少数民族入主中原并建立起来的统一的中央集权封建君主专制国家。元朝是以蒙古贵族为主体包括汉族地主阶级和其他各族上层分子共同建立的政权。由于所统治的是文化高度成熟的汉族地区和人民，元统治者不得不吸收唐宋时期的法律成果，但同时保留了大量蒙古民族固有的习惯和制度，因此，元朝的法律制度带有浓厚的民族特色，许多制度对以后的明王朝产生了直接影响。特别是在法律形式、司法原则等诸方面的变化，以及有关民族、宗教、僧侣特权的法律规定和从中央到地方的监察制度的完善等方面，为传统法律文化提供了更加丰富的内容。与汉族法律相比，元朝法律制度受儒家思想影响较少，在中国法制史上居于特殊重要的地位。

◆　**案例导入**

"王黑儿收娶婶母许留奴"案

　　至元七年（1270年）河间路发生"王黑儿收娶婶母许留奴"案，在此案判决时，就在旧例"同类自相犯者，各从本俗法"下适用了旧例"侄儿男娶讫婶母，即是欺亲尊长为婚，同奸，法各离"。在此案中，由于双方当事人是汉人，所以在法律上"其汉儿人等，不合指例，比及通行定夺以来，依准本部所拟，无令接续"，王黑儿与许留奴"虽已经成亲，亦合离之"。这里直接适用了《唐律》的相关法律。此判决很快成为判例，在后来的类似司法案中得到了直接适用。

第一节　元代立法概况

一、时代特点

　　元朝是由居于漠北的游牧部落蒙古族所建。1206年成吉思汗统一草原各部落，建立"蒙古"汗国。"蒙古"汗国建立后，便开始了拓展疆域的南征北战。1227年和1234年窝阔台先后灭西夏及金。在灭掉西夏后，蒙古人于1234年与南宋联合攻灭了金朝，随后便攻打南宋。1260年忽必烈即位，到至元八年（1271年），因刘秉忠的奏请，始取《易经》"大哉乾元"之义，定国号为元（以前泛称蒙古）。1276 年宋帝投降，南宋灭亡。1279 年元朝消灭宋朝残余势力，实现了中国历史上前所未有的大统一。元朝的统一不仅促进了中国与世界各国的友好交往，把中国的先进科学技术传播到了西方各国，而且加强了国内各民族的联系与边疆地区的开发，加快了中华各民族的融合过程，推动了蒙古民族封建化的进程。

与此同时也不能不看到，蒙古民族用两百年的时间由原始社会步入阶级社会，此后却仅用六七十年的时间便由奴隶社会转为封建制社会。社会制度虽然发生了剧烈变化，但凭借军事征服建立起来的元朝国家，不可避免地保存着封建制游牧社会生产方式的残余影响，及其与这种生产方式相联系的落后风俗习惯与法律意识。所有这些表现在元朝统治上，则是将民族歧视与民族压迫的政策法律化、制度化，宗教及其意识盛行，从而反映出元朝法律制度偏离中华法系传统轨道的突出特点。

二、立法指导思想

（一）建元前的立法思想

自成吉思汗 1206 年统一各部落建立蒙古汗国至忽必烈建立元朝前，是蒙元制度的草创和统一时期。此时期的立法思想表现在三个方面：第一，"尽收诸国，各依风俗"；[1] 第二，尊重祖宗旧法；第三，耶鲁楚材主张的"慎刑恤民，确立法制"思想。

（二）建元后的立法思想

忽必烈在继位前，便在身边纠集了以刘秉忠为首的一批儒家知识分子；称帝后，一方面继续保持本民族传统，另一方面注重学习汉族地主阶级的统治经验，表现在立法思想上，则是"附会汉法"、"参照唐宋之制"。在上述立法思想的指导下，元朝法制呈现出三个重要特色：第一，保留了许多蒙古民族的旧有传统，尤其在婚姻、宗教及刑罚等方面最为突出；第二，强调在不同的民族区域实行不同的法律，形成法律体系上的多元结构，具有鲜明的民族特色；第三，法律的总体精神是参照唐宋旧制，推进法律的汉化或者儒家化。

三、立法活动

（一）蒙古汗国时期的立法

1. "大扎撒"的制定。古代蒙古部落首领对部众发布的命令称为"扎撒"。成吉思汗建立蒙古汗国以后，召集大会重新规定了训令、扎撒和原有习惯，用文字记载并下令颁布，史称《大扎撒》。《大扎撒》的主要特点：一是刑罚严酷，

---

〔1〕《元典章》卷五七，《刑部一九》。

大量使用死刑；二是原始性，包含了许多关于迷信禁忌的扎撒。

2. 蒙古汗国立法。成吉思汗建立国家时，曾下令郭宝玉制定法律，并批准颁布《条画五章》。这是蒙古国政权的第一次"汉化"的立法。忽必烈即位后，吸收金统治汉族的经验，凡治理北方汉人刑名之事，一体采用金《泰和律》。这一时期的立法主要有《中统权宜条理》、《中统条格》、《至元新立格》、《科税条格》、《设立宪台格例》、《户口条画》等。

（二）建元后的立法

1. 《至元新格》。至元二十八年（1291年），由中书参知政事何荣祖将"公规、治民、御盗、理财等十项辑为一书"，名曰《至元新格》，世祖命刻板颁行，使百司遵守。从形式上看，它"大致取一时所行事例编为条格而已，不比附旧律"，即是以当时陆续颁行的各种条例、成例为依据，内容兼有行政和刑事法律的性质。《至元新格》是元朝统一中国后所颁布的第一部较为系统的成文法律。

2. 《风宪宏纲》。元仁宗时，由赵世炎等以"格例条画有关风纪者，类集成书，号曰《风宪宏纲》"，[1] 是关于官吏风纪方面的规定。

3. 《大元通制》。至治三年（1323年），英宗命宰执儒臣以《风宪宏纲》等法律为基础制定，是元朝最完备的成文法典。这部法典共二千五百三十九条，分诏制、条格、断例、别类四部分。元朝的诏制相当于唐宋的敕条。条格，是元朝皇帝亲自发布，或直接由中书省等中央行政机关颁发给下属部门的政令，相当于唐宋时的令、格、式。断例，既包括"断一事而为一例"的断案事例，又包括了用于司法实践中的唐宋旧律。《大元通制》的篇目包括祭令、名例、卫禁、职制、学规、军律、户婚、食货、大恶、奸非、盗贼、诈伪、诉讼、斗殴、杀伤、禁令、杂犯、捕亡、恤刑、平反、赎刑，共二十一目。其内容大部分保留在《元史·刑法志》中。

4. 《元典章》。《元典章》全称《大元圣政国朝典章》，是英宗时由江西地方政府将元初至英宗至治三年（1323年）间有关政治、经济、军事等方面的圣旨、条画和判例等编集成的一部法律汇编。该书经中书省核准后，行文下发各地"照验施行"，共六十卷，分诏令、圣政、朝纲、台纲、吏部、户部、礼部、兵部、刑部、工部十门，三百七十三目。《元典章》的体例对明朝律、令有较大影响。

5. 《至正条格》。元顺帝时，取《大元通制》及其所颁条格修订而成，其体例与《大元通制》相同。

此外元朝政府还编纂了《经世大典》。《经世大典》是文宗时编纂的一部官

---

[1] 《元史·刑法志》。

修政书，全称《皇朝经世大典》，共八百八十卷，分为十篇：帝号、帝训、帝制、帝系、治典、赋典、礼典、政典、宪典、工典，其中《宪典》编集了大量法律的内容。《经世大典》在体例上仿《唐六典》，在内容上则多取《大元通制》等法典。

四、元朝法律形式

综观元朝立法过程，其法典编纂既有参用唐宋刑律的明显印记，同时又糅合了本族习惯法内容。在法律形式上，除继续沿用本族条画外，大量使用了唐宋以来令、格、敕、例等，特别是受宋朝编敕、编例的影响较大，主要表现在条格、断例的汇编。元朝从一开始就极力排斥汉族原有的法律体系，始终没有按唐宋的传统修订类似的律典。在令、格、敕、例、制这些法律形式中，又以反映社会习惯为主要内容的条格、断例占有绝对优势。这种情况虽有利于适应新情况，不拘泥于旧制，但也造成了"有例可援，无法可守"的混乱局面。元朝法律虽然在形式上特别是律典上没有沿用唐宋的立法形式，但在内容上多沿袭唐宋法典的规定，又大量吸取了蒙古族习惯法的内容。所有这些都同元朝统治者的"古今异宜，不必相沿，但取宜于今者"[1] 的指导思想有密切关联。因此说，元代对中国传统的法律文化既有继承，更有创新。

第二节 元代刑事法律

一、刑法原则

（一）确立民族压迫的刑法原则

由于元朝是中国历史上第一个由少数民族建立的统一的封建制国家，在统治多民族国家上缺少成功的可资借鉴的经验，元统治阶级不得不依靠"分而治之"的统治方式，采用本民族原有的法律意识与习惯传统来塑造新生政权的法律制度，用以防范各被压迫民族的联合反抗。这种"分而治之"的统治方式反映在刑事法律上，便是对各民族之间的犯罪行为实行同罪异罚。

同罪异罚最突出的表现是对蒙古人与汉人之间斗讼的处理，遇有蒙古人与汉人间的纠纷案件，法律规定多偏袒蒙古人。如窃盗罪，汉人均处黥刺之刑，而蒙古人则免刺。蒙古人因争斗或酒醉打死汉人，只是"断罚出征，并全征烧埋银（丧葬费）"[2] 反之，在同样情况下，汉人若打死蒙古人，则一律处死并付烧埋银。法律所规定的"杀人者死"的原则只适用于汉人杀蒙古人、蒙古人之间的

〔1〕《元史·成宗本纪》。

〔2〕《元史·刑法志》。

命案以及汉人之间的命案。汉人无论犯什么罪，无论罪轻罪重，不仅被监禁，还要戴沉重的枷锁，受各种残酷的刑罚。蒙古人除了犯死罪，概不监禁，甚至也不拘执；即使是犯死罪，蒙古人也可免拷掠，而且日给饮食。如果蒙古官员犯罪，连行刑也必须是蒙古人，且法律往往不规定对犯罪官吏的具体处罚；即使规定，其刑罚也比唐宋律规定的处罚轻。

烧埋银案例

至元二十四年（1287 年）江西袁州路有潘七五打死张曾八，因为犯人已病死，又没有四锭财产，只有一个女儿，判决是："将潘七五小女一名，钦依元奉圣旨事意，给付苦主，乞明降事。省府相度，既是潘七五名下事产变卖，不及合征烧埋钞数，即将潘七五小女孩一名，钦奉圣旨事意，就便断付苦主收管施行。"

（二）维护宗教僧侣的法律特权

在中国古代，宗教意识的传播对以往王朝的立法思想曾产生过不同程度的影响，但因君主专制主义笼罩一切，宗教思想只能居于从属地位，而不能成为统治阶级的正统思想。而在蒙古贵族统治下的元朝，情形发生了很大的转变。为了消除军事专制带来的影响，缓和社会上的不满情绪，元朝统治者大力提倡佛教，特别是推崇流行于西藏地区的黄衣喇嘛教。他们不仅奉佛教为"国教"，而且奉其领袖八思巴为大宝法王、大元帝师，赐其玉印。至此之后，帝师成为有明确的僧俗职权、有管辖的机构和有固定的继任办法的重要职位，形成了完善而成熟的帝师制度。

在政治上，僧侣上层人物可参与、影响国政。帝师的法旨在西部边疆与皇帝命令"并行"。帝师既是蒙古统治者精神上的领袖，又是全国佛教僧众的领袖，地位极其尊崇。元朝皇帝赐给历任帝师的均是玉印，地位高于诸王。佛教领袖经常以修佛事为名干预封建国家权力。他们以所谓"放生"为名，随意释放重罪囚犯乃至死刑犯，从而引起司法上的混乱。在以往的王朝，皇帝通过发布敕令释放囚犯，用以标榜"德政"，但具体使用时都比较慎重。而在元朝，宗教领袖却以神的名义取得了"大赦"权。从成宗元贞元年（1295 年）到文宗至顺二年（1331 年）的三十六年间，国师奏请皇帝释放的在押罪犯共有五百六十七名。其中，死刑犯一百八十一名，死刑以下重罪犯三百八十六名。

在经济上，僧侣们只纳商、地税，不用充当任何差役，他们的财产受到严格的保护，任何人不得侵夺，朝廷还向他们供应口粮，而宗教僧侣们所要做的就是为元廷皇帝祈福。

在司法上，对僧侣实行专门管辖。僧侣的一般犯罪不受法律制裁，司法机关只能对僧侣犯奸盗、诈伪、杀伤人命等重罪案件进行处理。法律还对一切侵害僧侣人身的行为予以严惩。

二、罪名

元朝法律基本沿袭了唐、宋、金等朝法律中制定的各种罪名。

元朝在保留"十恶"罪的同时，把罪名改为"诸恶"，处刑较唐律更重。在刑法中特别规定了私藏、私造兵器罪。若犯有此罪则以死罪论处。元朝还不许民间私造兵器，即使是铁制农具也由元政府设局专卖，制造武器的工匠由元政府严加管理。汉人养马者也要拘没入官。对于反抗激烈的江南地区，元朝还特别规定了宵禁制度，如禁夜期间，不准行人、不准闭门、不准屋内点灯。对强奸、贪污等犯罪作出较细密具体的规定。法律规定，凡强奸有夫之妇则处以死刑；强奸无夫之妇，杖一百零七。对强奸幼女作出特别规定，"凡称幼女，止十岁以下。"强奸幼女者处死刑。年老（七十岁以上）和未成丁男（十五岁以下）强奸幼女不得适用（其他犯罪可以适用）赎法，必须依律受刑。此外还规定了对职官犯奸的种种处罚。对于贪污犯赃行为，法律还具体列举了取受、侵盗、侵占、回钱、过钱、首赃、赃罚等罪名和犯罪特征，刑罚规定也比较细密。

强奸罪案例

至元五年（1268年）发生在陕西行省强奸六岁幼女案和至元七年（1270年）闰十一月发生在顺德路陈赛官强奸田菊花案中，罪犯都被判处死刑。刑部在考察了以上案例后，认为六安县徐保案依据白水县王解愁案判决是不适当的，应按后两案例判决。中书省要求刑部对强奸幼女案判决作出规定，为此刑部规定："今后若有强奸幼女者。谓十岁以下，虽和以同强。拟合依例处死。如官吏违例差断者，临事详情区处"，最后是"都省准拟"。这样通过判例的发展，导致了抽象法律的制定，并对幼女的概念进行界定，那就是十岁以下。

三、刑罚

（一）笞杖刑以七为尾数，徒刑附加杖刑，凌迟成为常刑

笞刑分为七、十七、二十七、三十七、四十七、五十七，共六等；杖刑分为六十七、七十七、八十七、九十七、一百零七，共五等。杖刑每等减免三下，即加七下。之所以如此，是由于元世祖宣称"天饶他一下，地饶他一下，我饶他一下"。[1] 徒刑分一年、一年半、两年、两年半、三年，共五等。每半年加杖十七

---

〔1〕（明）叶子奇：《草木子·杂志篇》，中华书局1959年版，第64页。

下。流刑不定里数，汉人、南人犯罪多流放辽阳、迤北等边缘地方。死刑分为凌迟和斩，无绞刑，而且凌迟成为常刑。不仅谋反罪的首犯及同情者一律凌迟处死，对子孙杀死祖父母、父母，以及奸夫同奸妇亲手杀死本夫者，也都凌迟处死。杀死父母的罪犯，如在行刑前即使已经死亡，仍须肢解尸体示众。从五刑体系而言，元朝的变通实质是加重了刑罚的程度。

（二）五刑之外设立肉刑

在司法实践中，元朝还有劓鼻、割舌、断手足、剥皮、抽筋等十数种酷刑。由于立法技术的粗陋，元朝有些条文无明确的刑罚规定，仅泛指"禁之"、"罪之"、"重罪之"等。有些刑罚，如"红泥粉壁"、"巡街"等，带有传统习俗的色彩。元朝严惩窃盗之罪，处刑多重于唐宋，规定"强盗皆死，盗牛马者劓，盗驴骡者黥"，恢复了许多野蛮落后的肉刑。另外，公开允许私刑的合法存在，确认奴隶主有权对奴婢任意施行刺面、钉头、铁枷、劓鼻等各种残酷的私刑，而且地主对佃户也可以"鞭笞驱使，视以奴仆"。

（三）对于违反礼教之类的犯罪处罚大大减轻

唐宋律规定，祖父母、父母在不得别籍异财，而根据《元典章》，只要父母允许，可以分家析产，国家并不禁止。元朝对遭父母丧而忘哀拜灵结婚者，杖八十七，并强制离婚；而唐律对此行为的处罚，除了同样的强制离婚外，还要判徒刑三年。

总体说来，与唐宋相比，元朝的刑罚制度无疑是一种倒退。

第三节　元代民商事法律

一、民事法律

元初经济暂时衰退，但很快得以复苏，出现了社会安定、民族融合、文化交流的景象和前所未有的统一局面，为商品经济的进一步发展提供了良好的外部环境。元朝的民事法律在宋朝的基础上更加丰富。

（一）身份

1. 将境内居民分为四等。自成吉思汗于十三世纪初征服各部、吞金灭宋、深入欧洲腹地，到1271年忽必烈建立元朝，蒙古族以游牧民族强大的军事力量建立了亚洲历史上空前未有的强大帝国，马蹄所到，所向披靡。但是由于当时蒙古族尚停留在较低的生产力水平下，素性较为蛮野，政治、文化方面也没有相应得体的措施，而其所征服的土地辽阔，民族众多而复杂。为了巩固政权，他们采取了种族压迫的政策。元朝按种族及其归属元朝统治的先后将全国所有居民划分为四个社会等级：第一等是蒙古人，这是创立帝国的主人，民族征服者、统治者，地位自然凌驾于其他民族之上；第二等是色目人，是指当时蒙古人克服西域诸地降来之人，也称之为西域人（回鹘、西夏包括在内）；第三等是汉人，辽金所统治的旧族；第四等是宋朝统治下的汉人即南人，汉人、南人之别，大致以宋、金疆域为断。每一等人的身份与地位是绝不相同的。反映在民事法律中，表现为汉人、南人的财产权利没有保障，而蒙古人和色目人在民事法律上享有免税、免役等各种特权。

2. 加强对佃户的剥削。元朝平民的主体是农民。佃种地主土地的佃户，法律上仍作为平民。佃户虽然有良人身份但实际地位与奴隶相差无几。地主不仅享有收二分之一以上地租的权力，对佃户还可以"鞭笞驱使，视为奴仆"。地主有权干涉佃户之间的婚姻。个别地方，地主还可以任意典卖佃户，与买卖驱口无异，有的甚至让佃户代为出征或者受刑。

元朝平民中，身份较为特殊的有匠户、站户和灶户。匠户是蒙古人在征服中掳获的手工业工匠，被编入特种户籍（计），是元朝的一个特殊而庞大的阶层，处于奴隶和半奴隶的社会地位，由匠作局专门管理。匠户世代为匠，终身为官府无偿劳动，没有人身自由，甚至婚配都由官府控制，不允许脱籍迁徙。这类工匠，仅元朝廷各机构所属局、院等处役使的就达近百万。站户是专供"站赤"（驿传）驱使的人户，在各地设提领所管辖。一所辖户五六百至二三千。站户也不得自由迁徙脱籍。灶户是从事官办盐业生产的人户。不同户籍的人不得擅自改籍。

3. 扩大奴隶占有制度。元朝法律确保蒙汉地主阶级对奴隶的广泛占有，即通过战争获取俘虏，再转变为奴隶。除战争中俘获的汉族人外，元朝奴隶的来源还有高利贷、掳掠、强迫犯罪人妻子为奴等。因此，元朝形成了一个由家奴、军奴、寺奴和孛兰奚（主人亡失而由政府拘管之官奴）等构成的人数众多的奴隶阶层。元朝的奴隶名称，男称"奴"，女称"婢"，总称为"驱口"。奴隶没有人格，被奴隶占有者视为"与钱物同"的所有权客体。他们不享有法定的民事权利，可以被主人随便买卖、转移以致杀死。

（二）所有权

元朝民事法律中的所有权，包括动产和不动产两部分，前者称为"产"，后者称为"财"、"物"、"资财"。元朝对所有权的规定基本沿用宋律，但有关阑遗物，如奴婢和牲畜的所有权归属规定明显增多，《通制条格》卷二十八《条令·阑遗门》共收有九条规定。要求对阑遗的奴婢、牲畜，应公告十天，若无人认领，即归官府收系，和宋朝的三十天相比，大大缩短了期限。这显然是出于游牧民族的传统。

另外，元朝统治者注重保护僧侣特权利益，特别是对寺院田产所有权的法律保护。元朝甚至用碑刻圣旨的形式特意保护寺产，这在中国民法史上也是相当少见的。

（三）契约

1. 买卖契约。对于田宅等不动产的买卖和典卖，元朝强调"经官给据"、"先问亲邻"、"印契税契"、"过割赋税"四个法定要件。"经官给据"是指所有权人在出卖土地时要提出申请，经官勘查后发给出据才可交易。"经官给据"是元朝独创，也是古代民法史上仅见的。这一制度在一定程度上可以防止非法处分他人田宅的行为，但手续过于复杂，不利于交易。"先问亲邻"，即亲邻享有优先购买权。元朝对"先问亲邻"有所发展。元朝将"典主"排在房亲、邻人之后，也取得优先购买权。元朝统治者在给予卖主的房亲、邻人、典主以优先购买权的同时，又严格限制其运用优先购买权的时间，以免此类人因享有优先购买权而故意拖延时间，影响土地买卖的顺利进行。对此，元朝法律规定，房亲、邻人、典主不愿买者，则必须于十日内在卖主出立的定约上批字，明确表示不愿购买，以便卖主及时与他人交易。若违限不批，则决亲邻、典主笞十七。若亲邻、典主自愿购买，其时间也有严格限制，限十五日内必须批价，依例立契成交，违限不酬者，也要追究亲邻、典主笞的法律责任，笞二十七。"印契税契"，即书面契约必须经官府加盖官印、缴纳交易税和契税。"过割赋税"，即在买卖田宅的同时，必须将附着其上的赋税义务转移给新业主（占有者）。元朝独创契尾制度，即在买卖土地时，卖主必须将税票粘连契尾一并交给买方的制度。契尾是验证土地契约是否合法的主要标记，这一制度对明清都产生了影响。元朝买卖契约还注重维护家长的决定权与处分权。据《大元通制》："诸典卖田宅，须从尊长书押给据立账。"否则，其买卖行为视为无效。

2. 典当契约。元朝典卖称典质、典当。法律要求典当土地须与买卖土地契约同样具有"经官给据"、"先问亲邻"、"印契税契"、"过割赋税"四个法定要件，而且要求必须以书面合同的形式进行。对于典当动产者，元朝要求须到"解典库"立有"解帖"，依法取利。所有权人若满二周年不赎，所有权归典主。法律称之为"下架"。典主对典物负有保管之责，若典物亡失毁损者，必须赔偿。

3. 借贷契约。强调借贷双方必须签订债权债务契约，中人、牙人、保人、代书人都必须画押，而且贷款利息不得超过法律规定利率，违犯者就要受罚。

4. 租佃契约。元朝租佃契约的对象主要是土地和房屋。土地租佃可分为官田租佃和私田租佃。私田租佃关系通过两种形式建立，具体表现为：一是通过签订租佃契约；二是国家通过封赐土地，划拨领户，受封赐者与领户形成租佃关系。房屋租赁的对象包括官房和民房。

（四）婚姻与继承

原以游牧为基本生活方式的蒙古民族在统一中国后，仍然保留不少本民族的婚姻习惯。这同深受儒家思想影响的中原地区有较大的差异，表现出游牧民族在婚姻关系上的"自由主义"倾向。元朝采取较为开放、灵活的婚姻政策与法律，以适应多民族国家的复杂性与多样性要求。譬如，元世祖至元八年（1271 年）定制："诸色人同类自相婚姻者，各从本俗法；递相婚姻者，以男为主；蒙古人不在此限。"[1] 也就是说，同一民族的人相互结婚，应遵从本民族的婚俗；对不同民族通婚者，则以男方习俗为主；蒙古族人与其他民族发生婚姻关系的，则按照蒙古族的婚娶习俗，举行结婚仪式。

1. 婚姻关系的成立。根据元朝法律，婚姻成立的要件之一是必须订立婚书，婚书即书面婚约，婚书的各项内容均应作明确规定。此外，私约也是婚约的一种形式。法律对已经订立婚书或有私约，或者已经接受聘财而反悔的人处以刑罚。婚姻成立的另一要件是按照法律规定下聘财。元朝婚姻成立还必须门当户对，禁止不同等级的良、贱为婚，即所谓的"驱口不嫁良人，驱口不娶良人"。但到至元十四年（1277 年）后，该项规定有所松动。法律上虽然禁止良贱为婚，但考虑到事实婚姻必然给后代带来严重影响，故对贱人之后采取了"从良"的宽容方针，这是值得肯定的。

2. 收继婚。收继婚，就是未婚男性收娶家中的寡妇为妻。这是蒙古旧俗，"父死则妻其母，兄死则收其妻"。蒙古入主中原后，收继婚仍被允许，但是一般禁止汉人、南人采用收继婚。此种婚俗产生的主要原因是出于对父系氏族社会里血缘关系和政治经济权利的维护。古代各氏族或部落之间经常发生矛盾，每个氏族或部落都千方百计维护本族的利益，嫁到某一氏族的外族女子，便不能离开该氏族。特别是为了使财产不外流、政权不外溢、血统不外传以扩大氏族，最便通的办法即是死者寡妇在本氏族"转房"。如此便产生了父死妻其后母，兄死弟娶嫂为妻的习俗，蒙古族盛行此风自古如此。古代蒙古族妇女不仅享有财产继承权，甚至可以代替已故丈夫的位置统领一个部落，这种势力也为收继者所垂涎。况且，就已寡妇女而言，再嫁本族子弟也可以承继新夫家业。蒙古婚俗的"收继婚（转房制）"实际上是把妇女（哪怕是王妃）当成财产，转换于奴隶主之间。虽然依蒙古习俗，只要赡养得起可以随便多娶，但限于经济能力，民间男子不可能娶很多妻子，多妻只有在皇室和贵族之间盛行。

元朝对婚姻关系成立的限制大致与唐宋相仿，但体现出民族分制的特色，而

---

[1] 《通制条格·户令·婚娶》。

且对某些限制的执行也不像前代那样严格。具体表现为：一是同姓不得为婚；二是禁止汉人"兄收弟妻"及"故婚有夫妻妾"；三是禁止重婚，对重婚者强制离异。

3. 婚姻关系的解除。在离婚问题上，元朝法律也没有受到太多封建伦理道德的影响。元朝法典《大元通制·户婚部》中，没有以往时代出嫁妇女被迫离婚的"七出"规定，同样也没有以往因"义绝"而双方必须强制离婚的规定，更不存在结婚妇女必须"从一而终"的规定。允许生活不和睦的夫妇自由离婚，即所谓"夫妇不和睦……合离者，不坐。写休书赴官告押执照，即听改嫁。"[1] 同时还规定：男子"五年无故不娶者，有司给据改嫁"，如果"女子已许嫁而未成婚……若其夫为盗及犯远流者，皆听改嫁"。

4. 继承制度。在继承问题上，元朝部分摆脱了封建宗祧继承制的影响，主张蒙古人与色目人各依本族习惯法进行财产与权位上的继承。但对汉族人的继承则主要沿袭前朝法律，采取嫡长子继承爵位与权位、财产实行诸子均分的方法。母亲、妻子无权单独继承财产，丈夫亡故，家庭财产归子女继承，无子女可由侄子女继承。其中，无男性后嗣的家庭称为绝户，其所遗留的财产称为绝户产。其重大变化是，元律规定在室女可以全份继承遗产，这是元朝继承法的一大特色。

二、商事法律

元朝为保障国家的财政收入，制定了各类商事法律。其中比较突出的是规定了"外贸法"、"税法"和"专卖法"等。

（一）外贸法

元朝的海外贸易十分发达，这和元朝统治者的积极支持有关。元朝管理海外贸易的机构叫市舶司。市舶司的主要职责是对进出港的中外货船进行管理，并根据所运货物收税。同时，市舶司自己也备船备货，雇佣商人经营，所得利润七三分成。根据海外贸易的发展，元朝制定了《市舶司则例》二十二条，进行航运管理。《市舶司则例》的主要内容：第一，规定了市舶司的抽分比例，即粗货十五分取二，细货十分取二；第二，大小商船出海须取得官府发给的法律凭证，凡"舶商大船给公验，小船给公凭"，并依"公验"、"公凭"出海经营；第三，舶商请给"公验"、"公凭"时，须说明去处，船之长短、人员多少、货物名称，且须保人作保；第四，不准携带违禁物品。如手续不全，或运物挟带走私物品，要给予杖一百零七的处罚，而且"船物并没官"[2] 如果船主填写不实，或"转变渗泄作弊"者，与挟带走私物品一样治罪。另外，如市舶司官吏与国内外商人

---

〔1〕《大元通制·户婚部》。

〔2〕《元史·刑法志》。

合伙走私，或泄漏重要情报，则给予杖一百零七，除名不叙的处罚。

（二）税法和专卖法

据《大元通制·食货部》载，元朝规定："诸在城及乡村有市集之处，课税有常法。"凡是"匿税者，物货一半没官，于没官物内一半付告人充赏"。即通过奖励告发的方法，清查惩处偷税漏税的违法行为。同时还规定税务官勒索货主财物的惩罚条款，即"监临官吏辄于税课求索什物者，以盗官物论，取与同坐。"元朝赋税制度最大的特点是北方和南方的区别政策：元统治者定下了北方以户口为准，南方以土地为准的赋税征收原则。

元朝对盐茶等物实行国家专卖，法律明确规定：凡"犯私盐者，杖七十七，徒二年，财产一半没官，于没官物内一半付告人充赏"[1]提点官如不严禁，给予笞四十七至八十七的处罚，甚至上级官吏也要"一同归断"[2]凡触犯茶叶专卖的，也要给予处罚，即"凡私茶者，杖七十七，茶一半没官，一半付告人充赏"。船主知情挟带、协运的，"杖七十七，徒二年，财产一半没官，有首告者，于没官物内一半付赏"[3]对于私自开采金矿、冶炼铁矿、铜矿者，也要进行相应的处罚。

第四节 元代行政法律

一、国家政权体系

（一）中央政权体系

元朝建立后，结束了前期蒙古国家以万户统军旅，断事官掌刑狱的简单方法，在继承唐宋管理经验的基础上，建立了从中央到地方的行政管理体制。

1. 大汗。元朝的最高统治者称为大汗。在蒙古国时期，汗位继承的传统做法是召开"忽里台"大会，经诸王百官集议，然后定策，推举汗位继承。这种推举大汗的做法，带有原始的民主制传统，但往往具有多种不确定因素，如现任大汗突然死去等情况出现时，势必引起蒙古贵族内部的激烈争夺。忽必烈统一中国后，废除了"忽里台"制度，仿照中原汉制，立皇储确定汗位继承人，改推举制为大汗世袭制。

2. 中书省。元朝的中央最高行政管理机关是中书省。元建国之初，官制系统相当简要。成吉思汗大蒙古国时代，只有掌政刑的判事官。直到忽必烈初年，

---

〔1〕《元史·刑法志》。
〔2〕《元史·刑法志》。
〔3〕《元史·刑法志》。

设置大断事作为蒙古国最高行政官，既掌管民户的分配，又掌握司法大权，相当于汉族官制的丞相。元世祖曾经采纳汉官高鸣的"一省代三省"的建议，把原有的门下省、尚书省或者撤销，或者合并。中书省以中书令为长官，由皇太子兼领。中书令以下有左右丞相、平章政事、左右丞、参知政事等，丞相以下各官，实际担负着指挥政务的责任，在元朝统称为宰相。为防止中书长官擅权独断，世祖以后不常设置中书令。中书省下又设吏、户、礼、兵、刑、工六部，都隶属于中书省各部门，并按照圣旨具体处理国家行政事务。其他与六部相关的行政管理机关，如院、寺、监、府等基本沿袭了唐朝的九寺五监的建制。

3. 枢密院。元朝沿袭宋制，由枢密院掌管军事。枢密院地位次于中书省，这与宋朝的中书省与枢密院并列为"二府"不同。元朝依靠武力建立政权统治，因此十分重视军事事务的管理。枢密院以枢密使为长官，一般由皇太子兼任，其下设枢密副使、同知院事等官。汉族官吏虽然可以在枢密院供职，但属一般性工作，不得过问军机要务。有关布防、兵籍、军队调遣等军事机密，仅由皇帝与两三个亲近的蒙古贵族密议掌握。为加强地方治安管理，以及镇压各族人民的反抗，元朝在四川、江淮等地临时设置行枢密院，以后又扩大到岭北等地。行枢密院设置知院为长官，同知为副职。行枢密院作为中央的派出机构，在所在地区代行枢密院的各项职权。

4. 御史台。御史台是最高监察机构，于至元五年（1268 年）设置。作为中央监察机关，御史台受到最高统治者的重视。如元世祖所说："中书朕左手，枢密朕右手，御史台是朕医两手的。"御史台的监察范围十分广泛，职掌纠察百官善恶、政治得失，并负责处理百官奸邪贪贿不职者的贪赃枉法行为。御史台最高长官为御史大夫，副职为御史中丞，属官有侍御史、治书御史，协助御史大夫治理一切监察事务。并设经历、都事、照磨等官吏分管具体文案工作。御史大夫官为从一品，同中书令等比肩，成为元朝中央相对分立的司法监察与司法审判的机关。

5. 蒙古翰林院。大汗以下，元朝设置了蒙古翰林院，负责起草皇帝诏旨，作为中央最高的制令与发令机构。

6. 宣政院。元朝提倡宗教精神，提高僧侣地位，因此造成当时各种教派并存、教派间纠纷日益增加的状况。为加强宗教管理，元朝在中央设置宣政院，总管全国宗教事宜。"其用人则自为选，其为选则军民通摄，僧俗并用"[1]。元朝统治者崇信喇嘛教，著名宗教人物有很高的政治地位。无论中央和地方，凡与宗

〔1〕《元史》卷八十七，《百官志三》。

教和民族事务有关的部门，都要服从宣政院的调度指挥。因而主管宗教事务的宣政院权力很大，还兼管吐蕃地方事宜。充分利用宗教作为统治工具根据不同宗教信仰来划分统治体系，也是元朝政治的一个重要特点。

此外，元朝的中央政府设置的机构还有通政院，负责管理驿站；匠作院，主管工匠；集贤院，掌管学校事务。与唐宋时期相比，元朝中央行政管理机构确实有较大的变化。

（二）地方管理体制

（1）行中书省。行中书省原是中央临时派出机构，以后由于需要，固定在地方。元朝除中书省直辖河北、河南、山东、山西（时称腹里）等要害之地，宣政院管理吐蕃等地外，先后在内地设置十一个行省，在边疆地区或少数民族聚集地区设置了四个行省。行中书省作为元朝地方最高行政管理机关，负有很大的责任。行中书省以丞相为长官，多由蒙古王公贵族担任。下设平章政事、左右丞与参知政事等职官，辅佐丞相行使职权。元朝的行省制是蒙古统治者在行政区划和政治制度上的创制，具有重要的历史价值。它创立了一种以行省为枢纽，以中央集权为主，辅以部分地方分权的新体制。它具有地方最高官府和朝廷派出机构的两重性质，加强了中央对地方政治的统治和军事的控制。地方上凡钱粮、兵甲、屯种、漕运、军国重事，无不受之统领。对明清两代地方省的建制确定提供了重要前提。

（2）路。路是行省以下级别较高的行政管理机关。路设总管府，以总管为长官，下设属官辅佐总管处理具体行政事务。路以下另设掌握实权的蒙古管事官达鲁花赤一名，职权较大，不但有权监督地方行政长官，而且可以直接行使管理权。元朝在行省与路之间，还设置两类道：一类是设在边疆少数民族地区执掌军民政务的宣慰使司；另一类是遍设全国各地的执掌监察权力的肃政廉访司，它受中央御史台与江南、陕西二行御史台领导，在性质上为地方监察机关。

（3）府。元朝府是级别低于路的一级行政管理机关。有时又称为散府。府以府尹或知府为长官，下设若干属官，辅佐府尹或者知府处理具体政务。

（4）州。州以州尹或者知州为长官。在非腹里地区，设路、州、县三级，州的级别级别与府相同；在腹里地区，设路、府、州、县四级，州的级别低于府。

（5）县。县是元朝最基层的行政管理机关。县以县尹为长官，通常掌印办公。元朝县以下的基层社会组织是以自然村落为基础结成的民间乡村组织即"村社制"。村社的具体职能主要是科差、劝农、教化、互助和治安。按照元朝规定，社的编制为五十家，以乡耆或者汉族地主为社长，负责管理居民与代征赋税等。社以下有里或者甲，里（甲）的编制为二十家，甲设甲主，由蒙古人或者色目人充当，他们对居民实行半军事化管理，具有无上权威，其饮食各项俱由居民供给。

二、职官管理制度

元世祖忽必烈统治之初建立了职官管理制度。

（一）官吏选拔

元朝选任官吏，强调种族与出身，无论是中央各部门长官或者地方政府首脑，几乎由蒙古人充任，副职则由色目人充任。汉人只能担任中下级官吏或者属吏。即使史天泽和贺惟一二人担任过中枢长官，但二人已完全蒙古贵族化。另外虽还有个别汉人充当副丞相，但却不得参与机要事宜。

科举考试是元朝选官取士的重要途径。元朝首倡以儒学取士的是耶鲁楚材。但在是否承袭唐宋以来的科举选官的做法上，却由于蒙古和色目统治者内部基于民族偏见和自身特权利益的考虑，只是制定了制度，而没有施行。从元世祖建元开始，科举停废约半个世纪。直到仁宗延佑二年（1315 年）才开始正式开科取士。元朝科举考试，每三年举行一次，分乡试（行省考）、会试（礼部考）、御试（殿试）三级。全国乡试取三百人，然后赴京参加会试，再取一百人。其中蒙古人、色目人、汉人、南人各二十五人，参加御试。无论乡试、会试、御试，都分两组，蒙古人、色目人一组，汉人、南人一组，不仅分卷考试，而且分榜题名。蒙古人、色目人为右榜（蒙古人以右为上），汉人、南人为左榜。总之，从考试程序到考试科目的难易程度及最后录取，各方面的规定都带有明显种族偏见和民族歧视的色彩。在乡试、会试时，蒙古人、色目人考两场，汉人、南人考三场。考取后放官也有高下之分。大体上蒙古人高色目人一等，色目人高汉人、南人一等。

元朝的科举制度值得一提的是首创以程朱理学为内容的经义取士制度。仁宗皇庆二年（1313 年），"将律赋省题诗小义等都不用，只存留诏诰章表，专立德行明经科；明经内，《四书》、《五经》以程氏、朱晦庵注解为主，是格物致知、修己治人之学"。[1] 开始了以《四书》、《五经》为科举考试的主要内容。元朝的科举考试只进行了九次，但它结束了以诗赋取士的传统，首创以"程朱"理学为内容的经义取士制度，此制经明代直至晚清，维持了将近六百年。从这一点上说，元朝科举对后世制度的影响是非常大的。

元朝也有在国子监学、蒙古字学、回回国学、医学、阴阳学等校学成而从仕的。另外，贵族勋臣之家，依例享有荫袭世选特权。

---

〔1〕《元典章·礼部·学校·儒学》。

（二）官吏考课

元世祖时期曾规定考课的法律《五事三等考课升殿法》，即"以五事考课不升殿：户口增、田野辟、诉讼简、盗贼息、赋役平。凡五事全备者为上选，内三事成者为中选，五事具不举者黜"。[1]

元朝对官吏的考课，往往由考官组成考核班子进行考核。其中，中书省负责考核京都职官，吏部负责考核外任官吏。此外，元朝非常重视提拔熟悉行政事务，富于办事经验的各类书吏、典吏。

三、监察制度

（一）监察法规

元政权为了实现对全国的统治，不得不利用汉族官员。但为防止汉官拥权自重，便通过监察机构严密监视其活动。因此元朝的行政立法与行政管理制度中，以行政监察制度最为发达，也独具特色。对于监察机关的重要性，元世祖有着清醒的认识。在最高统治者的重视下，有元一代颁布了一系列的监察法规。著名的有元世祖至元五年（1268年）颁布的《宪台格例》三十六条、至元六年（1269年）的《察司体察等例》、至元十四年（1277年）制定的《行台体察等例》、至元二十一年（1281年）《禁治察司等例》、至元二十五年（1288年）的《察司合察事例》、至元二十九年（1292年）颁布的《廉访司合行条例》等。这些监察法规十分详尽地规定了各级监察机关的设置、职责范围、监察官员的选任、考纠等。

依照上述法规，中央监察机关御史台与尚书省互不统属，地位相同。御史大夫由二品提到从一品。法规对监察机关的职权作了系列的规定：第一，考察百官；第二，监察司法；第三，参与审判。值得一提的是，元朝废除了前朝以审判活动为主要职责的大理寺，扩大了刑部的司法权。原大理寺与刑部之间的监督、制衡权全部收归御史台。另外，元朝还对御史台原有的三院制进行改革，御史台只设察院，台院的职权并入察院，殿院降为殿中司。台院的并入使察院一跃而成为御史台的主要组织。而且从中央到地方的监察官员都由御史台提名，奏请皇帝批准。御史台这样自成系统、人多权重、并享有相对的人事推荐权，为历世所罕见。同时，说明元朝对监察工作的重视和加强。

（二）监察机构

元朝除在中央设置御史台为监察机关外（又称御史内台），又在南京和西安设江南、陕西行御史台（又称御史外台），作为中央的派出机构，并依法对监察

---

[1]《元史·选举志》。

官员本身实行监察。元朝将全国分为二十二道监察区，其中御史台直辖八道，称内八道；江南行御史台辖十道；陕西行御史台辖四道。各道设置肃政廉访司常驻地方，负责纠察、督促地方各级官吏，以使他们恪尽职守。廉访司设置廉访使、副使、佥使、经历等官员。廉访司职责重大且广泛，据《元典章》记载，共有三十多种。主要是纠察地方官员邪恶，考察政治得失；分巡、按复各路已结案件。所谓分巡，就是指廉访司对所管各路进行监察，每年八月分巡，次年四月还司。凡遇重大案件，须当面复审查实，然后移文本路结案，申刑部待报。元朝监察官员地位提高，权力扩大，责任也加重。元朝将御史大夫由二品提升为一品，一般御史由唐宋时的六品、七品提升为四品、五品。元律规定，各道肃政廉访使有权处理六品以下官吏犯罪案件，对五品的官员犯罪，才须上报中央处理。但监察官员如果犯赃罪，加二等治罪。即使不枉法，也要除名。

元朝从中央到地方监察机关体系的形成，是同元朝统治的特殊历史条件分不开的。元朝法律与其他王朝相比，确实存在不少缺陷，但由于种种原因，元朝监察制度却有许多独到之处。尽管有些规定未必能得到贯彻，但其中的内容却不乏借鉴价值。

第五节　司法制度

一、司法机关

(一) 中央司法机构

元朝和以往王朝不同，突出维护蒙古民族，特别是蒙古王公贵族的特权，故在中央建立保障他们特权的司法体系。元朝相继设立大宗正府、刑部、御史台、宣政院、枢密院等中央专职与兼职审判机关。

(1) 大宗正府。元朝废除大理寺，改建大宗府，并提高它在中央司法机关中的地位，同中书省、枢密院并列，不受御史台监督，以利于保护蒙古民族的特权。大宗正府以蒙古王公为府长，专门受理蒙古人犯罪案件，特别是蒙古王公贵族官僚犯罪案件，成为独立于法律监督之外的中央司法机构。

(2) 刑部。元朝主要司法行政及审判机构。刑部以尚书与侍郎为正、副长官，执掌"天下刑名，法律之政令"，[1] 负责审理地方上报的重大案件，平反冤狱，以及复审、复核录囚等各项工作。

(3) 御史台。御史台负责纠举内外百官违法犯罪案件，监督京师地区以及

---

[1] 《元史·百官志》。

外省州县司法审判工作。

（4）枢密院。枢密院与中书省同掌军政大计，同时负责审理涉及军事机密的重要案件。

（5）宣政院。宣政院是全国最高的宗教管理机关和宗教审判机关。宣政院曾在一些地方（吐蕃、浙江）设置"行宣政院"，或"宣慰司使"。宣政院负责审理僧侣的重大案件以及各教派之间的纠纷。凡各地涉及僧侣的奸盗、诈伪、人命重案虽然也由地方官审理，但必须上报宣政院。这在我国历史上首次形成了宗教与世俗权力共存的特殊司法制度。

（6）中政院。中政院除负责供应皇室外，还兼皇族与宫内案件的审理工作。

（7）奥鲁。元朝在驻蒙古军和军户的地方设立由枢密院统辖的奥鲁机关（老小营），兼管军民婚姻、债负、斗殴、私奸、杂犯等不属军官提捕的民事诉讼。

从元朝中央司法机关的设置看，不仅各机构交错重叠，而且军、政、宗教等各部门同时兼理司法，又"不相统摄"，造成元朝司法机构的多重性与适用法律的混乱。

（二）地方司法机构

元朝地方司法机关与行政机关一样分为行省、路、府（州）、县四级，以行省为地方最高政务机关与司法审判机关。与之同级的有行枢密院和行御史台，行枢密院负责军人的司法事务，行御史台所设肃政廉访司，有权监督各路司法断决官吏犯罪，审覆民间冤案。

各路设有总管府，总管府设有推官，专门负责审理刑民案件，具体处理审判事务。军人的司法事务则由"奥鲁"官府管领，不受路及府（州）县的统辖。此外，路一级还设有僧录司，负责审理僧尼词讼。府（州）、县均由地方行政长官兼理司法。路、府（州）、县各设有蒙古管事官达鲁花赤一人，操纵地方政务，也可直接审判案件。达鲁花赤一般由蒙古人担任，只有那些蒙古人不愿去的地方才允许汉人担任。路、府（州）、县可自行断决杖罪以下案件，徒、流、死罪则要由司法监察机构复审。无冤，则移文本路，然后申奏刑部。如果军民之间、僧侣之间发生重大案件，则由地方官约会该管军官与宗教领袖会同审理。基层乡里设置"社"，由社长指挥。对乡里子女不孝、违法犯罪者，有权大书其过于门，督促其及早改正。

二、诉讼审判制度

（一）诉讼制度

元朝以前的法律中没有"诉讼"专篇。元朝诉讼制度最明显的特点之一，就是让诉讼在法典上独立成篇。表现在：民事诉讼与刑事诉讼、程序法与实体法已有初步分离的趋势，诸如原告、被告、书状、刑狱、问事等均详细给予规定；规定了一套较为严格的诉讼制度。

（1）起诉。元朝承袭以往，规定两种起诉方式：一是当事人自诉，称之为告诉；二是官吏主动纠举犯罪，称之为告劾。元朝对自诉案件规定了不少限制条款。譬如，在诉状中须"注明年月，指陈事实，不得称疑"。卑幼子孙不得控告尊长亲属，妻子不得控告丈夫，严格限制奴婢告发主人。反映出汉族传统法律文化对元朝法律的影响。

（2）上诉。元朝虽然允许逐级上诉，但一般不准越诉。但也规定有击登闻鼓与邀车驾等直诉皇帝的制度。但不得冲撞皇帝仪仗，违者要罚。

（二）管辖

元朝司法管辖比以往朝代更加复杂。有级别管辖、地区管辖和专门管辖等种类。元朝级别管辖和地区管辖与前朝大体相同。针对特定民族、特定宗教、特定职业，元朝规定了专门管辖。这同以往朝代有很大不同。元朝由于民族的不同以及各色户籍的隶属系统有异，所以遇到不同户籍（计）、不同民族及僧俗之间发生刑名词讼，就由政府将有关户籍（计）的直属上司请来后共同审理，这就是"约会"制度。"约会"制度适用于轻微的刑名词讼。"约会"是元朝法律特有的制度。元朝有关专门管辖的规定，是为了维护各个特权阶层的特殊利益，明显地反映出元朝法律屈从于宗教，维护民族不平等和军事专制的固有特征。

（三）审判

元朝建立后实行皇权专制，皇帝不但是国家行政首脑，而且是最高司法审判官。皇帝圣旨有最高法律效力，有权决定案件审理的最终结果。

1. 刑事审判方面。元朝规定了比较严格的勘验制度。其中严禁司法官"私自抄没人家"、"摘录私书"、"辄兴狱讼"等，还规定了《诸杀检验条》以及当日验尸的方式。

元朝确认刑讯逼供的合法性，对拒不交代口供的罪犯，经过办理手续，可以使用刑讯手段，逼迫犯人交代供词，因为口供是结案的重要依据；但又一定程度限制非法刑讯：除非强盗等重罪，不得使用酷刑。而且还规定，除去重大案件外，不得夜审；拷讯囚徒，必须经主管官吏会议立案后按规定施行，任意用刑导致被告人伤亡的，"坐判署官吏"。[1]

刑事审判案例

大德六年（1302 年）三月在江西行省发生王文才因弟弟王柳仔做贼偷

---

〔1〕《大元通制·诉讼部》。

盗屡教不改，用砍柴刀把弟弟砍死。此案到官府后，在判决时适用的是大德二年（1298年）湖广行省发生的相似案件的判决。大德二年湖广行省的案件是哥哥李梦龙把弟弟李辛六杀死，他杀弟弟的原因是弟弟先打他。此案发生后遇到大赦。最后，李梦龙被赦免，又因为兄弟同居不征烧埋银。此时王文才杀弟案与李梦龙杀弟一样也遇到大赦，案情也相同，都是弟弟有过错。所以本案最后是参照李梦龙杀弟案加以判决。

2. 民事审判方面。元朝发展了代理制度：一是退休或者暂时离任的官员可以找其亲属家人代诉；二是允许年老笃疾残废等人的同居亲属代理诉讼。但同居亲属或亲属家人只限于男性，妇人、典客不得为人代诉。若妇人寡居无依或者有男子干碍、事须告理者，则是例外。元朝的代理制度不完全限于民事诉讼，但根据现有资料，确实是以田宅、婚姻、继承占多数，特别是延及普通民众，这应当说是个重要进步。

在民事审判中，元朝广泛运用调解方式来解决民事纠纷。首先，元朝强调基层社长的调解作用，即"诸论诉婚姻、家财、田宅、债负，若不系违法重事，并听社长以理谕解，免使妨废农务，烦扰官司"[1]。社长对邻里纠纷的调解属于民间调解，它有助化解矛盾。民间调解依法律可以由社长主动调解，也可由原、被告当事人的任何一方委托调解。社长在双方自愿的情况下，把调解结果写成书面文字，以合同的形式订立私约，并以此作为凭证。为防止再因此事引起诉讼，特向具有审判权限的当事人所在地的司法机关申请备案，并请求发给官方公据，以绝兴讼之源。其次，元朝还强调各级司法机关对民事纠纷的调解作用。双方接受调解后，调解意见就具有法律效力。诉讼双方一般不得再以同样的事实和理由重新提起诉讼。调解方式之所以在元朝推行开来，原因是民事纠纷繁多，审判耗费精力而结果未必令人满意。元统治阶级通过多种调解方式，既可以减少司法机关的压力，又可以缓解社会矛盾。元朝的调解制度对明清产生了重大的影响。此外，元朝对民诉采取不告不理的原则。

（四）法官责任

元朝承袭前代，严格规定法官的责任制度。要求法官必须依律审理案件，不得营私舞弊，贪赃枉法。如果出于故意"出入人罪"者，或按全罪论处，或按所出入罪减一等处罚；出于过失"出入人罪"者，减所失出入罪三等或者五等处罚。同时要求审判官员慎重对待死刑案件，"凡死罪必详谳而后刑"。对于官司拖延审判，或因法官执见不同而又不及时报告上级的情况，由监察御史及廉访

---

[1] 《至元新格》。

使对有关人员进行纠治。元朝法律还规定，诉讼官吏在"事关有服之亲并婚姻之家，及曾受业之师与所仇嫌之人时应该回避"。

思考题

1. 简述元朝法律中民族分治的内容。
2. 简述元朝法制的特点。
3. 简述元朝法律与中华法系的关系。
4. 简述元朝的行政监察制度。
5. 试述元朝法制中民族特色的表现。
6. 试述元朝司法机关设置的多元化趋势。
7. 试述元朝法律中保留蒙古族自己的原有习惯的主要表现。

第九章

明代法律制度

◆ **内容提要**

明代于公元 1368 年由朱元璋建立，历经二百七十七年，是中国历史上最后一个由汉人建立的封建王朝。明初统治者吸取元朝灭亡的历史教训，提出了"重典治国"、"明刑弼教"的立法思想。随着封建君主专制制度的极端发展，厂卫司法、廷杖制度、"奸党罪"等一系列加强集权君主统治的制度应运而生。明代法制虽在继承唐宋旧制的基础上有所发展、变化，但专制主义的极端发展预示着中国封建社会已经走向衰亡。

◆ **案例导入**

"郭桓贪污"案

洪武十八年（1385 年）三月，朱元璋怀疑北平二司官吏李彧、赵德全等与户部侍郎郭桓、胡益等互相勾结，合伙贪污，便下令法司严刑拷问，查出郭桓等人贪污官粮达七百余万石，史称"郭桓贪污"案。参与者礼部尚书赵瑁、刑部尚书王惠迪、兵部侍郎王志、工部侍郎麦至德全部伏诛。由此案而下狱拟罪的达数万人，很多无辜的官吏都被牵连进去了；追赃的时候，又任意扩大范围，百姓中中产以上之家几乎都因此而破产；而且下诏指明对贪官污吏的惩罚永远不能赦免。民间一时怨声载道。由于"郭桓贪污"案乃有明开国以来第一大贪污案，朱元璋不免借以造势，以儆效尤。御史余敏、丁廷举等上疏奏报民情不平，朱元璋就亲自下诏列举郭桓等人的罪状。余敏等又奏郭桓案所指证的都是法司严刑拷打逼迫招供的，大多是冤案。朱元璋只好一面将郭桓等人的罪状用皇榜示于天下，一面将制造冤案的右审刑吴庸等处以极刑，借以平息人们的怨恨。

在郭桓贪污案中，朱元璋虽然借之生事，株连了无辜，但却反映了他对这件开国以来最大的贪污案的警醒与重视，想用严刑杜绝官吏的贪赃之风。

第一节　明初立法思想和立法活动

一、明初立法思想

（一）刑乱国用重典

明太祖朱元璋出身贫苦，他亲身经历了元末的残暴统治及农民起义，深知元朝官吏腐败、法纪松弛、人民备受困苦，是元朝灭亡的主要原因。因此，以明太祖朱元璋为代表的明初统治者注意总结前代统治的经验教训，以元朝灭亡为鉴，决心效法唐制，肃正纲纪，以图明王朝的长治久安。他们提出了一系列的治国方略，其中对明初法制建设影响最大的是重典治国的立法思想。朱元璋曾说："奈何胡元以宽而失，朕收平中国，非猛不可！"[1]

　　当然，这一立法指导思想的形成也有其现实的社会政治基础。朱元璋认为当时的社会是一个政治经济形势错综复杂、内外矛盾交织的乱世。明王朝建立初期，由于连年战争的破坏，社会经济凋敝，起义农民和大量流民仍然存在，元朝残余势力还在不断反抗，统治阶级内部也存在激烈的斗争。这些都对明朝统治构成严重威胁。面对这样的社会形势，朱元璋急于治世，因此他把这些问题看得非常严重。他认为要消除这些威胁，就必须实行重典治国。朱元璋宣称，"吾治乱世，刑不得不重"，[2]只有用重典才能"惩创奸顽"，使"事权归于朝廷"，巩固中央集权的统治。

　　明初重典治国首先表现在重典治吏方面。朱元璋认为元朝中央集权统治削弱，吏治腐败，特别是地主豪绅、贪官污吏的盘剥和掠夺是激起农民起义的重要根源，也是导致元朝灭亡的主要原因。因此，朱元璋希望通过重典治吏达到强化中央集权统治、缓和农民与新政权之间的矛盾的目的。朱元璋曾告谕群臣："从前朕在民间时，见州县官吏多不恤民，往往贪财好色、饮酒废事，凡民疾苦，视之漠然，心实怒之。故今要严立法禁，但遇官吏贪污蠹害吾民者，罪之不恕。"[3]重典治吏是朱元璋对历代治国经验的总结，是强化君主专制皇权的重要措施。实际上，重典治吏还隐藏着更深层的政治原因，即借治吏之机剪除明王朝的隐患。明初仅胡蓝之狱，株连达八九万人之众。清朝赵翼对此评价说："汉高诛戮功臣，固属残忍，然其所必去者，亦止韩、彭。至于栾布，则因其反而诛之，卢绾、韩王信亦以谋反有端而后征讨。其余萧、绛、灌等，方且倚为心膂，欲以托孤寄命，未尝概加猜忌也。独至明祖，藉诸功臣以取天下，及天下既定，即尽举天下之人而尽杀之，其残忍实千古所未有。"[4]

　　重典治国的另一表现是重典治民。明朝初年，由于土地和赋税等问题没有得到真正解决，一些参加反元起义的农民转而对抗新建立的明朝。针对这一严重威胁，朱元璋主张用重刑严惩那些敢于反对明朝统治的"顽民"，以达到"欲民畏

---

〔1〕《明太祖宝训》卷五。
〔2〕《明史·刑法志》。
〔3〕《明太祖实录》卷三十九。
〔4〕（清）赵翼：《廿二史札记·胡蓝之狱》。

而不犯"，[1]"使人知所警惧，不敢轻易犯法"[2] 的目的。为此，明初忠实执行朱元璋的重典治民思想，严厉镇压犯上作乱者的反抗活动，企图以此稳定统治秩序。明朝初年的法律大大扩大了反叛、大逆等罪的范围，加重了对贼盗及有关"帑项钱粮等事"的量刑。

（二）法贵简当、划一稳定

朱元璋认为，宋元法律比较繁杂，"格条繁冗，吏得因缘出入为奸，其害不胜"，[3] 既不利于普通百姓知法守法，也容易导致司法官员徇私枉法。因此，他主张"法贵简当，使人易晓"，要求立法简单明了，便于实施，反对法律"条绪繁多，或一事两端，可轻可重"，以防止贪官污吏出入人罪。他还进一步认为："网密则无大鱼，法密则无全民。"[4] 在对《大明律》的几次修订中，都注意贯彻简当的原则。整体而言，"明律视唐简赅"。[5] 另一方面，朱元璋还注意保持法律的稳定性。洪武三十年（1397 年），《大明律》最终刊定，朱元璋下令："子孙守之。群臣有稍议更改，即坐以变乱祖制之罪。"[6] 这种将法律的稳定性推向极端的做法对明朝法制是极为不利的。

（三）礼法结合、明刑弼教

明太祖朱元璋虽然推行重典治国思想，但同时也从历代经验教训中清醒地认识到，仅靠严刑峻法一味镇压，只能取得一时成效，不能从根本上解决问题。为了保证明朝政权的长治久安，在采用重典治国思想的同时，他也坚持奉行礼刑并用政策，曾明确提出"朕仿古为治，明礼以导民，定律以绳顽"；"明刑所以弼教"。[7]

朱元璋在立法的同时，还重视法律的宣传，以使吏民知法。吴元年（1367年）律令颁布后，朱元璋担心百姓难以知晓，影响其实施效果，就曾命臣下编成《律令直解》，印发全国各地，要求百姓了解其内容。这些措施对于宣传普及法律，重建封建法制，巩固统治秩序，起到了重要作用。

二、立法活动

（一）《大明律》的制定

在元朝末年，官僚腐败，法制无存，百姓民不聊生，于是人们纷纷揭竿而

---

[1] 《大明律·序》。
[2] 《明太祖实录》卷二百三十九。
[3] 《明太祖实录》卷二十二。
[4] 《明史》卷九十三，《刑法志一》。
[5] 《明史·刑法志》。
[6] 《明史·刑法志》。
[7] 《明史》卷九十三，《刑法志一》。

起，朱元璋作为农民起义领袖，在取得政权后，吸取元代灭亡的教训，认为："夫法度者，朝廷所以治天下也"。从而把肃正纲纪、建设封建法律制度作为治理天下、确保明王朝长治久安的重要措施。因此，他非常重视立法工作，在统一的明朝建立之前，便于吴元年（1367年）十月，令左丞相李善长等议拟律令。经过前后近三十年的努力，最终制定完成了明朝的基本法典——《大明律》。《明史·刑法志》概括《大明律》的制定过程为："太祖之于律令也，草创于吴元年，更订于洪武六年，整齐于二十二年，至三十年始颁示天下。日久而虑精，一代法始定。"这里所说的"一代法始定"，其意是作为明代根本法典的《大明律》正式完成。朱元璋大规模修订《大明律》共进行了三次。第一次开始于洪武六年（1372年）十一月，次年二月书成进上，名曰《大明律》，篇目仿《唐律》，分"卫禁"、"职制"、"户婚"、"厩库"、"擅兴"、"盗贼"、"斗讼"、"诈伪"、"杂律"、"捕亡"、"断狱"、"名例"，共十二门。这部洪武七年《大明律》就体例来看，完全是《唐律》的翻版，就内容来说，则由四部分组成：一是采用吴元年"旧律"；二是"续律"；三是吴元年"旧令"上升为律；四是立国以来法律实践中的"因事制律"。体例虽旧，但律条内容为据明初社会状况因时而设，且较"吴元年律"有很大的进步。比如，有鉴于"吴元年律"量刑过重给社会稳定带来的不良影响，七年（1374年）《大明律》对此有所救弊，摒弃了一些较为严酷的条文，但整体上科罪量刑远较《唐律》等著名法典严峻。

洪武七年（1374年）《大明律》颁行以后，又经历了两次局部的修订。到洪武二十二年（1389年），由于朱元璋因事制例的习惯，七年（1374年）《大明律》逐年增多的"条例"已经发展到了影响明律条文正确、实用的程度。因此刑部上言："比年条例增损不一，以致断狱失当。请编类颁行，俾中外知所遵守。"朱元璋采纳刑部建议，决定以七年（1374年）《大明律》为基础，对《大明律》作大手术。根据当时丞相之职已废、六部分掌中书省职权的实际情况，这次修订的《大明律》，完全打破了沿仿《唐律》旧例的做法，按六部职掌分为吏、户、礼、兵、刑、工六律。冠《名例律》于篇首，合为三十卷，凡四百六十条。二十二年《大明律》使隋唐以来沿袭了八百多年的我国古代法典体制结构发生了重大变化。这是二十二年《大明律》的典型特点。但就科罪量刑方面来说，二十二年《大明律》中依然保留了许多"畸重"的条款，即仍体现着朱元璋"刑用重典"的立法精神。

洪武二十五年（1392年），皇太孙朱允炆立，并开始参预政事。据史书记载，太孙生性宽仁，深感二十二年（1389年）《大明律》用刑苛重，乃请于朱元璋曰："明刑所以弼教，凡与五伦相涉者宜屈法以伸情"。朱元璋深然其说，命他捡出二十二年（1389年）《大明律》中刑重条文凡七十条款改定之。至洪武三十年（1397 年），《大明律》最后定本刊行。几经修改，三十年（1397 年）《大明律》在刑罚方面明显较前有所减轻。朱元璋为了纠补这种刑轻现象，贯彻其以"刚猛治国"的既定方针，在三十年（1397 年）《大明律》刊布时，特将其另行制订的《大诰》条目，撮其要略，附载于律后，并申令："今后法司只依《律》与《大诰》议罪。"因此，律、诰并行，以诰补律，是三十年《大明律》的典型特色。

经过洪武七年（1374 年）、二十二年（1389 年）、三十年（1397 年）的三次大规模修订，到三十年《大明律》正式颁布实施，明代大张旗鼓的修订《大明律》活动可以说基本结束。

（二）明《大诰》的编撰

朱元璋在花大力气制定大明律的同时，于洪武十八年（1385 年）至二十年（1387 年）间，又亲自主持编订了《大诰》。大诰是明朝初期朱元璋在位时的一种特别的刑事法规。大诰的名称来自于《尚书》中的《大诰》篇，原来的意思是周公东征时对臣民所说的训诫。朱元璋为了从重处理犯罪特别是官吏犯罪，就将自己亲自审理的案件加以汇总，再加上就案而发的言论，合成一种训诫天下臣民必须严格遵守的刑事特别法。《大诰》包括《御制大诰》七十四条、《御制大诰续编》八十七条、《御制大诰三编》四十三条和《大诰武臣》三十二条，共二百三十六条。

为了保证大诰的贯彻执行，朱元璋在颁布大诰时宣布："一切官民诸色人等，户户有此一本，若犯笞、杖、徒、流罪名，每减一等。无者，每加一等。"[1] 明太祖规定，《大诰》每户一本，家传人诵。家有《大诰》者，犯笞、杖、徒、流之罪减一等；无《大诰》者，加一等；拒不接收者，迁居化外，永不令归。学校课士和科举策试也以《大诰》为题。据说其时各地讲读《大诰》的师生来京朝见者达十九万余人。

《大诰》集中体现了朱元璋重典治世的思想，《大诰》处罚比《大明律》都要重，而且其效力在律之上，大诰使用了很多的法外酷刑，如断手、阉割为奴等，在刑罚制度上是一大倒退。与《大明律》相比，明《大诰》有着明显的区别：①用刑加重。明《大诰》列举的案例，绝大多数是轻罪重刑。有的犯罪在《大明律》中已有规定，但明《大诰》则加重处以非常之刑。如滥设官吏，《大明律》仅杖一百、徒三年，明《大诰》则以其乱政而改处族诛；违限不纳夏粮，《大明律》仅杖一百，明《大诰》却改处凌迟；贪赃罪，《大明律》计赃论罪，

---

[1] 《御制大诰·颁行大诰》。

明《大诰》一律处死。②法外处刑。明《大诰》的许多规定，是《大明律》所没有的。如几位有气节的文人，因应征不到、拒绝做官、不食皇粮，明《大诰》即将其处死，并株连亲属。③酷刑繁多。明《大诰》推行重典治国原则，规定了许多《大明律》所没有的酷刑，如墨面纹身、挑筋去指或去膝盖、断手、刖足、阉割等。④重典治吏。在明《大诰》的二百三十六条中，治吏之条占百分之八十以上，有关惩治贪官污吏和豪强作恶的案例尤多。朱元璋试图通过打击贪官污吏和豪强作恶，改善吏治状况，强化专制统治的整体效能，通过治吏达到治民的目的。

到朱元璋统治晚期，他认为国家治理大有成效，于是将《大诰》中的很多内容并入其他法规里边，同时也废除了使用过的法外酷刑。在朱元璋死后，《大诰》基本上没有了法律效力，不过其影响还有，如明朝末年时，如果有人家还保存有《大诰》，那么在犯流罪以下罪行时可以减轻一等处罚。

（三）《问刑条例》的修订

《问刑条例》是明代中后期最重要的刑事法律。明初在司法实践中，除律、诰之外，曾运用条例。洪武二十二年（1389 年）更定《大明律》时，刑部奏言："比年条例增损不一，以致断狱失当。请编类颁行，俾中外知所遵守。"朱元璋遂命翰林院会同刑部官，"取比年所增者，以类附入"。可见，条例在当时已经广泛使用，且为朱元璋所认可，被编类颁行。二十五年（1391 年），刑部还曾建议更定与条例不同的律条。虽然遭到朱元璋的反对，但说明条例在司法活动中已有较高地位。三十年（1397 年），在颁行《大明律》的御制序中，虽然提到"尽行革去"一切"榜文禁例"，但对有些罪行仍准"依赎罪例论断"。[1] 宪宗成化元年（1465 年），曾下令"谳囚者一依正律，尽革所有条例"。但到孝宗弘治（1488 ~ 1505 年）年间，又命九卿议定《问刑条例》二百九十七条，颁行天下，与律并行。世宗嘉靖（1522 ~ 1566 年）年间，"以事例繁多，引拟失当"，"将新旧条例参订划一"[2]，重修为二百四十九条。神宗万历（1573 ~ 1619 年）年间，又增至三百八十二条，并以"律为正文，例为附注"，[3] 将条例与《大明律》合编刻印，称为《大明律附例》。综上所述，明朝中期以前，《问刑条例》一直与《大明律》并行；至万历以后，又以条例附于律后，采取律例合编形式。这一做法也为后来的清律所沿用。三次删定后的《问刑条例》，均贯彻了"革冗琐难行"、"情法适中"、"立例以辅律"、"必求经久可行"的指导思想，对《大

---

〔1〕《明史》卷九十三，《刑法志一》。
〔2〕 万历《大明会典》卷一百六十，按语。
〔3〕《明史》卷九十三，《刑法志一》。

明律》和前一《问刑条例》的过时条款予以修正，针对当时出现的社会问题，适时补充了许多新的规定。《问刑条例》的修订和颁行，突破了"祖宗成法不可更改"的格局，革除了明王朝开国百年来因事起例、轻重失宜的弊端，使刑事条例整齐划一，对维护明王朝的统治起了重要作用。

（四）《明会典》的修撰

《明会典》是明代官修的一部以行政法为内容的法典。英宗时，累朝典制，散见于简册卷牍之间，百司难以查阅，民间无法悉知，故命儒臣分馆编辑，着手编订会典。孝宗弘治十五年（1502 年）书成，称《大明会典》，共一百八十卷。明武宗正德年间（1506~1521 年）重校刊行，通称《正德会典》。明世宗嘉靖八年（1529 年）续纂，然未颁行。明神宗万历四年（1576 年）重修，至十五年（1587 年）二月书成，称《万历重修会典》。

《明会典》以六部官制为纲，分述各行政机构的职掌和事例。首卷为宗人府，其下依吏、户、礼、兵、刑、工六部及都察院、六科与各寺、府、监、司等为序，计吏部十二卷，户部二十九卷，礼部七十五卷，兵部四十一卷，刑部二十二卷，工部二十八卷，都察院三卷，通政使司、六科、大理寺、太常寺、詹事府、光禄寺、太仆寺、鸿胪寺、国子监、翰林院、尚宝司、钦天监、太医院、上林苑监、僧禄司各一卷。以上为文职衙门，共二百二十六卷，武职衙门仅两卷，列叙五军都督府和各卫等。各官职之下多列有详细统计数字，如田土、户口、驻军、粮饷等。

《明会典》内容广博，记述详备，是研究明朝典章制度及行政立法的宝贵资料。明朝会典的名称及体例，也为后来的清朝所沿用。

第二节　明代的行政法制

一、行政管理

明初的政治制度沿袭元朝旧制，设中书省统领六部，主管全国一切行政事务；设都督府管理军事；设御史台掌管监察，统称"三大府"。中书省长官丞相，不仅参与国家重要政务的决策，而且有权发号施令，直接指挥六部和其他部门的工作，因而成为皇权的严重威胁。为了限制相权，洪武十年（1377 年）朱元璋下令："天下臣民凡言事者实封直达朕前"。[1] 洪武十三年（1380 年），朱元璋借口左丞相胡惟庸谋反，废除传统的丞相制度和三省制度，由皇帝直接控制

---

〔1〕《明太祖实录》卷一百一十三。

吏、户、礼、兵、刑、工六部;同时,将军事指挥权分别由前、后、左、右、中五军都督府掌握,将御史台扩大为都察院,并特设通政使司统一收发各部门与皇帝之间的奏章文件。六部尚书与都察院左都御史、大理寺卿、通政使合称"九卿",为中央最高官员。为了巩固这一制度,朱元璋下令"国家罢丞相,设府、部、院、寺以分理庶务,立法至为详善,以后嗣君,其毋得议置丞相。臣下有奏请设立者,论以极刑"。[1]

明朝将一切政务决策权集中于皇帝,但实际上皇帝不可能事必躬亲。因此,从朱元璋开始,由皇帝指定一些翰林学士为皇帝审阅奏章、草拟"圣旨"。这些翰林学士在宫殿"大内"办公,冠以"某某殿(阁)大学士"的官衔,简称"内阁",逐渐成为事实上的决策机构。大学士官阶仅正五品,比地方知府官阶(正四品)还低,但实际权力很大,而且他们后来一般兼任某部尚书。首席大学士称"首辅",虽无宰相之名,却有宰相之职。

明初地方行政机构也仿元朝旧制,设行中书省,统管地方军政事宜。后来在废除丞相的同时,也废除了权力过于集中的行中书省,地方分为省、府、县三级。各省设布政使司掌行政,按察使司掌司法和监察,都指挥使司掌军事,合称"三司",同为一省长官。三司的设立,使地方机关职权趋向专一化,有利于提高行政效率。另外,三司直接隶属于中央,彼此地位平等,互不统属,又相互牵制,有利于中央对地方的监督、控制。省以下设府、县两级。府设知府,县设知县,统掌所辖行政、司法等事务。

此外,明朝为了加强中央对地方的控制与监督,在省府之间设置监察区"道",还设有没有固定监察区域的专职道员,如督粮道、提督学道等。明初还以省为单位设立大监察区,派监察御史前往稽查,称为"巡按某处监察御史"。成祖永乐年间,在此基础上又创巡抚制度。初为临时性差遣,宣宗以后逐渐固定。代宗景泰年间,又创设总督制度。地方监察机构的重叠设置体现了明朝君主专制中央集权统治的加强。

二、职官管理

(一) 职官的选任

明朝的官吏选拔由吏部负责,明朝官吏"选举之法,大略有四:曰学校、曰科目、曰荐举、曰铨选。学校以教育之,科举以登进之,荐举以旁招之,铨选以布列之,天下人才尽于是矣"。[2] 但在这四种选任方式中,始终以科举作为选官的基本途径。但吏员经若干年服役也可以选官,一般只任辅助性的低级官职。官

---

〔1〕《明史·职官制》。

〔2〕《明史·选举志》。

职一般每三年轮换一次。在地方官的任免上，严格实行"北人官南，南人官北"的籍贯回避制度。明朝中期起，吏部还以抽签的方式决定官员的任职地方。官员满六十岁退休，回乡官员称"乡宦"，仍享有免役与司法特权。

明朝的科举制度与唐宋科举制相比，在内容和程序上有很大变化。明朝从洪武十五年（1382 年）设科取士起，"三年一行，为定制"[1] 科举考试分为乡试、会试、殿试。中乡试者为举人，中会试者参加由皇帝主持的殿试。殿试会三甲，一甲三名赐进士及第，二甲若干名赐进士出身，三甲若干名赐同进士出身。明代科举考试采取的是八股取士。明太祖朱元璋采纳刘基的建议，规定科举考试专用"四书""五经"命题，考生不能抒发自己的见解，只能以程朱理学家的解释为准。宪宗时，创立"八股"格式，将读书人的精力集中到一种刻板的文章格式中，完全脱离了社会生活的实际。八股取士制度在专制政权的扶持下，在中国延续了数百年，直到清末才被废除。

（二）职官的考核

明朝的官吏考课制度更趋严密，分考满和考察两种。考满是对所有官员的全面考核，无论内外官员，任职满三年为初考，六年为再考，九年为通考。由上级主管官员对任期届满的下级官员进行考察评定，并依据被考察官员任期内的政绩表现，作出称职、平常、不称职三类"考语"（即评语）；称职者升官，平常者复职（在同一级别内转任其他官职），不称职者降级调用。考查分为京察和外察两种。京察由都察院主持，考查在京各级官员，"四品以上自陈以取上裁，五品以下分别致仕、降调、闲居为民者有差，具册奏请"[2] 京察每六年举行一次；外察是对外官的考察，由各地上级官员对下级进行考查，每三年举行一次。考查的主要内容，是按"八法"[3] 纠查违法失职官员。八法标准为：贪、酷、浮躁、不及、老、病、疲、不谨。考查中发现官吏有营私舞弊行为，按保举连坐法严惩。

（三）行政监察

明朝的行政监察权，主要由都察院和六科给事中掌握。明初监察制度沿袭唐宋旧制，设御史台为中央监察机关。洪武十五年（1382 年），将御史台改称都察院。都察院号称"风宪衙门"、"天子耳目"，其长官为左都御史，下设左、右副都御史和左、右佥都御史。所有御史必须科举出身，职权颇重，对任何官员都可进行监督弹劾。宣德十年（1435 年），都察院增设十三道监察御史，每年轮换出京至各省巡察。出巡各省的御史称"巡按御史"，号称"代天子巡狩"，是皇帝

〔1〕《明史·太祖纪》。
〔2〕《明史·选举志》。
〔3〕《明史·选举志》。

的特派员。他们虽然官阶仅正七品（与知县同级），但至各省可与三司长官平起平坐，府以下官员都得跪拜迎送。巡按御史的主要职责是监督地方官是否有违法乱纪行为，大事奏裁，小事立断。

明朝监察机关除都察院系统外，还创设了六科给事中组织。六科给事中与都察院并列，直接向皇帝负责，负责监察六部日常政务活动，核查上奏的奏章及奉旨执行政务的情况。另外，为加强中央对地方的控制，明朝还时常派出尚书、侍郎一级官员"巡抚"各省，明朝中期以后形成惯例。巡抚每省派一员，统掌行政、司法。如遇战事，则派出总督统掌军政。明朝后期，巡抚、总督成为实际上的地方长官，并为清朝所沿袭。

此外，地方的提刑按察使司也享有监察权。提刑按察使司又称"行在都察院"、"外台"，其职责是"掌一省刑名按劾之事。纠官邪，戢奸暴，平狱讼，雪冤抑，以振扬风纪，而澄清其吏治"。[1]

第三节　明代的刑事法制

一、刑事法律的发展变化

明朝的刑事法律基本上沿袭唐宋律。但基于朱元璋"胡元以宽而失，朕收平中国，非猛不可"[2] 的重典治国思想，明朝的刑事法律与唐律相比又出现了一些变化。清朝律学家薛允升所著《唐明律合编》对唐明律作了比较研究，他把明律刑罚适用制度的一大变化归结为"重其重罪，轻其轻罪"。"大抵事关典礼及风俗教化等事，唐律均较明律为重；贼盗及有关帑项钱粮等事，明律则又较唐律为重，亦可以观世变矣。"[3]

（一）危害封建统治方面的处罚加重

1. 谋反、大逆犯罪处罚加重。为了巩固和加强君主专制集权制度，凡谋反、谋大逆等直接危害其统治的重罪，明律都比唐律处刑更重。如唐律区分不同情节，对谋反及大逆罪，本人斩，父及十六岁以上子绞，十五岁以下子和母女、妻妾、祖孙、兄弟、姊妹等没为官府奴婢，伯叔父、兄弟之子等旁支亲属流三千里；"词理不能动众，威力不足以率人者"，本人斩，父子、母女、妻妾等流三千里；"口陈欲反之言，心无真实之计，而无状可寻者"，本人仅流二千里。[4]

---

〔1〕《明史·职官志》。

〔2〕（明）刘基:《诚意伯文集》卷一。

〔3〕（清）薛允升:《唐明律合编》卷九。

〔4〕《唐律疏议》卷十七，《贼盗律》。

明律则采取重罪加重的处罚原则，"凡谋反及大逆，但共谋者，不分首从，皆凌迟处死。祖父、父、子、孙、兄弟及同居之人不分异姓，及伯叔父、兄弟之子不限籍之同异，年十六以上，不论笃疾、废疾，皆斩。其十五以下及母女、妻妾、姊妹，若子之妻妾，给付功臣之家为奴"，[1] 并且不分不同情节。明律还扩大了"十恶"罪的范围。明律规定，凡部民杀死本管知县、知州、知府，军士杀死本管百户、千户、指挥，均属于十恶中"不义"罪，一律极刑不赦。而唐律中，只有吏卒杀死本部五品以上长官才构成不义罪。而且明律中还规定，"知情故纵隐匿者斩。有所捕获者，民授以民官，军授以军职，仍将犯人财产全部充赏"，"知而首告，官为捕获者，止给财产"。[2] 朝廷通过奖惩手段鼓励人们告发反逆行为。

2. 侵犯财产罪处罚加重。对于财产性犯罪，明律的处罚与唐律相比加重。如强盗罪，唐律既区别是否得财或赃数多少，又区别是否持械和有无杀伤人，给予不同刑罚：不得财者徒二年，得财价值十匹及伤人者绞，杀人者斩；持杖者，不得财流三千里，得财五匹绞，伤人者斩。明律则规定，凡强盗已行不得财者，皆杖一百，流三千里；但得财者，不分首从，皆斩。明律的量刑显然比唐律严厉得多。明律还设立"盗贼窝主"专条，凡盗贼窝主，或造意共谋，或分赃者，斩。盗内府财物也加重处罚。万历《问刑条例》规定："盗内府财物、系乘舆服御物者、仍作真犯死罪。其余监守盗银三十两、钱帛等物、值银三十两以上、常人盗银六十两、钱帛等物、值银六十两以上、俱问发边卫永远充军。内犯奏请发充净军。"[3]

3. 严惩官吏渎职与贪赃。为强化吏治，明朝通过一系列行政法规明确官吏的职责权限，如《大明律·吏律二·公式》"讲读律令"条规定，要求"百司官吏务要熟读"国家律令，并能"讲明律意，剖决事务"。每年年终还要进行考核，初犯罚俸钱一个月，再犯笞四十，三犯降职叙用；若擅为更改，变乱成法，则要处斩。《兵律》中的"激变良民"条也规定，牧民之官失于抚字，非法行事，因而激变农民聚众反叛，失陷城池者，也要处斩。明朝严惩官吏赃罪的法律规定，主要集中于《大明律》和明《大诰》中。明律沿用唐律原有的六赃罪名，将六种非法占有公私财物的犯罪列为"六赃"，并绘制成图置于律首，作为仅次于"十恶"的重罪予以惩处。其中监守盗、受财枉法、受财不枉法和坐赃四种罪名，均涉及官吏贪赃行为。此外，明律中专列"受赃"一篇，列有各种赃罪

---

〔1〕《大明律》卷十八，《刑律一·贼盗》。
〔2〕《大明律·刑律·贼盗》。
〔3〕《明史纪事本末》卷六十六。

十一条及其具体刑罚，在其他篇目中也有处罚赃罪的条文。和唐律比较，明律条文数量减少了，但赃罪条文却比唐律大大增加。而且量刑方面明显重于唐、宋、元各律，如监守盗，不分首从，并赃论罪，一贯以下杖八十，四十贯处斩；而唐宋律规定三十匹绞，元朝规定三百贯处死。再如官员受财枉法，一贯以下杖七十，八十贯绞；而唐律规定十五匹绞，元朝规定一百贯以上杖一百零七。特别是对监察官利用职权受贿索财行为，明律规定对其还要比其他官吏加重二等惩罚。官吏一旦犯有赃罪，立即除名，永不叙用。

明《大诰》惩治贪官污吏的规定更加严厉。在《大诰》四编二百三十六条中，惩贪条文多达一半以上。有的按律免死，《大诰》则规定凌迟，并且家财没官，家人迁往化外。如明律规定，官吏犯赃，计赃科罪，凡不枉法，均不处死刑；但《大诰》却有众多官吏因不枉法赃罪被凌迟或枭首。据史书记载，洪武十八年（1385 年），户部侍郎郭桓等人贪污巨额官粮。案发后，牵连坐罪者极广，中央六部侍郎以下数百官员被处死，其他官吏及地主豪绅有数万人被下狱治罪。

朱元璋重惩贪官污吏还体现在惩一儆百上。他曾创用"剥皮实草"之刑，将犯赃满六十两以上官吏，在本地衙门旁边专设的"皮场庙"剥皮装草，然后立于官府公堂，以警告继任官吏。他还利用民众惩治贪赃官吏，允许各地百姓监督、陈告、扭送赃官，并可越级诉讼，直至进京。如明律规定，官吏征收税粮和摊派差役作弊枉法者，受害者可以捉拿该官吏，并自下而上陈告；若上司拒绝受理，也要依法论处。《大诰》还规定，对于违旨下乡、动扰民众的贪赃官吏，百姓可将其捉拿赴京。利用民力扼制贪赃犯罪。

此外，为了强化吏治，使官吏尽职尽责，明律还规定了名目繁多的失职渎职罪。如《大明律·兵律》规定，有人擅入太庙或宫殿门，警卫人员未觉察或故纵者，分别处杖刑直至绞刑；宿卫守卫人员私自代替，各杖一百；随从车驾人员违期不到或早退，依职务高低分别处绞刑或杖刑。其他如失误军机、不操练、纵放军人歇役等都属于处刑的失职罪。《大明律·吏律》规定，贡举非其人，或应贡举而不贡举，一人杖八十，罪止杖一百；保举有过官吏，杖一百，罢职役不叙；官吏无故擅离职役，应值班、值宿而不值者，笞四十至二十；官员赴任过限期，无故不朝参、不办公，一日笞十，罪止杖八十。此外，文卷失错、漏使印信、收粮违限等失职行为也要予以处罪。

4. 严禁臣下结党与内外勾结。朱元璋即位后，鉴于历代臣下结党导致国亡民乱的教训，为巩固集权统治，防止大权旁落，曾立铁牌于宫中，上书："内宦不得干预政事，犯者斩"。严禁内臣干政。洪武五年（1372 年），又作《铁榜》九条，告诫功臣不得营私谋利，官军不得私自为公侯服务。《大明律》"交结近侍官员”条规定：“凡诸衙门官吏，若与内官及近侍人员互相交接，泄漏事情，夤缘作弊，而附同奏启者，皆斩，妻子流二千里安置。”在《大明律·吏律一·职制》中，增设了汉、晋、唐、宋法典从来没有的“奸党”条目，严惩官吏交结朋党、营私乱政。根据该条规定，凡有下列行为之一者，均属奸党，一律严惩：“凡奸邪进谗言，左使杀人者，斩。若犯罪律该处死，其大臣小官巧言谏免，暗邀人心者，亦斩。若在朝官员交结朋党，紊乱朝政者，皆斩。妻子为奴，财产入官。若刑部及大小各衙门官吏不执法律，听长上司主使出入人罪者，罪亦如之。”《大明律·吏律一·职制》还规定：“凡诸衙门官吏及士庶人等，若有上言宰执大臣美政才德者，即是奸党，务鞫问穷究来历明白，犯人处斩，妻子为奴，财产入官。若宰执大臣知情，与同罪。”

明朝统治者强化君主专制集权，严厉惩处奸党罪，不仅处刑极其苛重，而且不惜罗织罪名，株连虐杀无辜。洪武年间（1368～1398年），宰相胡惟庸与凉国公蓝玉两案，坐奸党罪被杀的文武官吏达四五万人之多。史称：“当时公、侯诸宿将坐奸党，先后丽法，稀得免者。”[1] 朱元璋还利用胡惟庸案，罢除丞相官职，将其所属权力收归皇帝独揽。

（二）对礼教风化方面的处刑减轻

元朝时对礼教犯罪减轻处罚就有所表现，明律也继续发展了这一趋势，如对祖父母、父母在，子孙别籍异财，唐律处徒三年，明律只处杖一百，减轻了五等；闻父母丧，匿不举哀，唐律流二千里，明律则杖六十，徒一年。之所以出现重刑轻礼的趋势，是由于封建社会后期商品经济的发展和统治者统治经验的积累。

二、增设新的刑罚

明律仍规定五刑制度，但徒刑五等分别附加杖六十至一百，流刑三等分别附加杖一百。此外，又增加凌迟、充军、枷号等律外酷刑。

凌迟作为一种刑罚始于五代，宋朝开始将其规定在法律之中，但是只是规定在《条法事类》中，并未规定在宋刑统中。到明朝将凌迟正式规定在《大明律》，有十三项罪名适用凌迟刑，是明朝广泛适用的一种酷刑。充军刑源于宋朝刺配刑，明初只是把犯人送到边疆开荒种地，后来逐渐成为常刑。明朝的充军分六等：极边，烟瘴，边远，边卫，沿海，附近。又分为终身和永远两种情况：终身是指本人充军到死，人死刑罚执行完毕；永远是指子孙世代充军，直至“丁尽户绝”为止。枷号是强制罪犯在监狱外或官衙前戴大枷示众，以对其进行羞辱折

---

〔1〕《明史·汤和传》。

磨的一种刑罚。它起始于唐末，宋元时被广泛使用。明朝枷号的刑期为一、二、三、六个月及永远五种，大枷重量有十几斤至几十斤不等。但明代皇帝和权臣为了打击政敌，滥施淫威，常常用重达百斤的大枷枷刑犯人，往往几天之内便置犯人于死地。

为强化皇权，重治朝臣，明朝还设有廷杖制度。这是明朝皇帝处罚大臣的一种特殊刑罚。所谓廷杖，就是按照皇帝指示，由司礼监太监监刑，锦衣卫行杖，在廷殿之上，当众责打违背皇帝旨意的文朝武臣的一种酷刑。其杖数无限，轻者皮开肉绽，重者立毙杖下。这种令臣僚羞辱冤屈的残忍杖责，明律中并无规定，但实际上已成为明朝施用的"常刑"。明朝的廷杖是朱元璋创立的，他曾将永嘉侯朱亮祖父子杖死于朝堂，工部尚书薛祥也死于杖下。朱元璋死后，其子孙继承和发展了这一传统，廷杖的实施愈演愈烈。武宗正德年间（1506~1521年），一批朝臣谏止皇帝南巡，结果竟有一百四十六人受廷杖，十一人被杖死。世宗嘉靖年间（1522~1566年），群臣谏争大礼仪，又有一百三十四人被廷杖，十六人死于杖下。这种以极其残忍的刑责羞辱朝臣的做法，在中国历史上前所未有。

除以上刑罚外，明代还有其他法外酷刑，如挑筋、剁指、刺心、断脊等。明朝刑罚的残酷反映了专制主义的强化和社会矛盾的尖锐。

第四节　明代的民事与经济法制

一、民事法律规范

（一）民事主体

贵族、官僚、地主不仅是具有完全行为能力的民事主体，而且在许多民事法律关系中还享有特权。农民包括佃客是民事主体。洪武五年（1372年），太祖曾下令将田主和佃农之间的"主仆"关系改为"长幼"关系，因而佃客在身份上具有独立性，是具有完全民事行为能力的民事主体。商人既是商品流通领域内的民事主体，而且参与土地买卖、租佃、借贷等民事活动。因此，明朝虽然推行抑商政策，但总的来说商人也是具备完全民事行为能力的民事主体。手工业工人虽为民事主体，但由于明朝实行匠籍制度，脱籍者按逃匠严惩，这样就限制了手工业者从事民事活动的自由。为了保证国家能够控制更多的民户，明代严禁诱骗拐卖良民为奴隶，禁止一切形式的人身买卖，限制养奴蓄婢的数量。法律上承认良贱之间的不平等，奴婢、贱民几乎无法律权利可言。至于"雇工人"的法律地位，以"立有文券，议有年限者"为据。他们同其他平民发生民事关系时，具有完全的民事行为能力和平等的民事地位，但与雇主之间则是一种不平等的地位与关系。

根据明律的规定，十六岁作为成丁开始服役，至六十岁免役。成丁之年即"丁年"，法律认定其有能力负担差役，相当于确认其民事行为能力。

（二）所有权

1. 土地所有权。"明土田之制，凡二等：曰官田、曰民田"，[1] 明朝的土地所有权包括国有与私有两种形式，其中以各级官僚贵族地主的土地所有权为主要形式。为了发展农业，确保土地的使用，明代强调先占原则，保护先占者的利益。朱元璋在建国之初就规定，凡逃弃荒田，一律归先占开垦者所有，旧主即使回归也丧失土地所有权，只可请求返还房屋、坟墓。洪武年间（1368～1398年）曾多次下诏，确认垦荒者拥有土地所有权，国家给予一定期限的免税奖励。

明朝统治者从法律上确认各种土地所有权，并排除各种不法侵害。凡盗卖、盗种、换易、冒认及侵占他人土地与房屋者，田一亩、屋一间以下笞五十；田五亩、屋三间加一等，最高至徒三年；若系强占，则杖一百、流三千里。

2. 财产所有权。在土地以外的其他财产所有权方面，动产的所有权也分为国家所有和私人所有。明律对于动产所有权的保护，除一般规定外，重点在于确认取得方式的合法性。如沿用传统的先占原则，这一规定主要表现在遗失物与埋藏物的归属方面。

唐宋以来，法律否认拾得人对所拾遗失物的所有权。明朝却作出相反的规定，明确了拾得人的权利。明律"得遗失物"条规定："凡得遗失之物，限五日内送官。官物还官，私物召人识认，于内一半给予得物人充赏，一半给还失物人。如三十日内无人识认者，全给。"[2] 拾得人负有送官的义务，但失主认领原物后，要将其一半付给拾得人。三十日内无人认领，拾得人就可获得该物的全部所有权。在埋藏物的归属问题上，"得遗失物"条也作出了类似的规定："若于官私地内掘得埋藏之物者，并听收用。"[3] 埋藏物完全归发现人所有，只是"古器、钟鼎、符印、异常之物"必须送官。在财产所有权上强调先占原则，保护先占人的所有权，反映了明朝社会财产私有权观念的深化。在不动产中，房屋所有权归房屋所有人独占，拥有对其房屋的占有、使用和处分的权利，法律对其权利予以保护。

（三）契约制度

1. 买卖契约。明代简化了买卖契约的订立程序，仅强调不动产买卖与奴婢买卖必须税契印契，田宅买卖过割赋役。然而在实际执行中，民间更流行的还是

---

〔1〕《明史·食货志》。

〔2〕《大明律·户律六·钱债》。

〔3〕《大明律·户律六·钱债》。

未经税契印契的"白契"。虽然法律上不再硬性要求土地买卖先问亲邻,但该传统仍然保留。

此外,明朝典卖制度得到进一步完善。明律规定,典卖田宅必须订立书面契约,缴纳"契税",由州县官府加盖官印;否则,"笞五十,仍追田宅价钱一半入官"。契税税率为契价的百分之二。过割赋税即转换土地登记及纳税人也是法定手续;否则,"一亩至五亩,笞四十,每五亩加一等,罪止杖一百,其田入官"。明律在典卖制度方面的基本精神,一方面在于保护典权人的利益。如规定一物不得两典,违者处刑;典期届满,典卖人无力回赎者,可另立绝卖契纸,或听其别卖,归还原典价。但另一方面明律也规定,典期届满后,典卖人"备价取赎,若典主托故不肯放赎者,笞四十",以保护典卖人的利益。[1]

2. 借贷契约。明朝规定,借贷必须订立契约,写明借贷双方姓名、籍贯、借款原因、数量、日期和利率,并附保证条款,由借贷双方及中人签字画押。《大明律·户律六·钱债》"违禁取利"条规定,借贷利息不得超过月利百分之三,累计利息总额与本金相等即停止计息,利息最高不得超过本金的百分之一百,违者处笞刑四十;债务人欠债不还五贯以上满三个月者,也要追究刑事责任,最高杖六十。在债务担保方面,禁止债权人强夺债务人的财产抵债,违者杖八十;并禁止债权人"虚钱实契",夺取债务人的土地房屋,违者由笞五十至杖八十、徒二年。

3. 租佃契约。明朝规定,土地租佃必须订立租佃契约,明确租佃标的物、地租、交租期限与方式、承佃人其他义务、违约责任、保人连带责任等。租佃标的物包括归属权、数量、位置等都要在契约上载明,它是租佃关系成立的前提。地租包括劳役地租、实物地租和货币地租三种形式,必须明确租佃双方的权利和义务。劳役地租,承租人要为出租人承担各种劳役;实物地租,承租人要定期向出租人交纳一定实物,不得少欠、拖欠;货币地租,承租人向出租人交纳规定的租银。交租有"秋收交还"、"到冬交纳"、"按季理还",有一次性交清,也有分期交纳等形式。交租方式有承租人送租到家,也有送至祠堂交纳等。承佃人的主要义务规定为"不许转佃、不许荒废";如有损坏,须"照旧修补成田"。违约责任是出现少欠、拖欠、转佃、荒田等情况时,出佃人可即时召佃、罚款,或由地主任意理论。保人连带责任是指承佃人久缺租金时,由保人代付。

(四)婚姻家庭继承制度

《大明律·户律三·婚姻》规定:"凡男女定婚之初,如有疾残、老幼、庶

---

〔1〕《大明律》卷二,《户律二·田宅》。

出、过房、乞养者，务要两家明白通知，各从所愿，写立婚书，依礼聘嫁"；若许嫁女方已报婚书及有私约，或虽无婚书但已接受聘财而悔婚者，答五十。此外，不得收留在逃女因为妻妾，不得强占良家妻女为妻妾，府州县长官不得于任内娶部民妇女为妻妾，监临官也不得娶为事人妻妾或妇女为妻妾，违犯者依法论罪。在违律婚姻的处刑方面，明律量刑比唐律略有减轻。例如，"同姓为婚者"，唐律规定"各徒二年"，而明律只规定"各杖六十"。

明朝仍然注重维护家庭的稳定，维护家长的权威。国家在赋予家长权利的同时，强调家长对国家的义务。例如，家长拥有子孙的主婚权，但如果违法成婚，被追究责任的也是家长。另外，对于子孙的忤逆行为，法律上区分轻重，坚决严惩；相对轻微的行为如子孙奉养有缺等，处罚比唐律减轻，将"徒二年"改为"杖一百"。目的是避免子孙借接受处罚，逃避应尽的责任和义务。

在爵位和宗祧继承方面，仍实行嫡长子继承制；如无嫡子，可立嫡长孙，或立庶长子，违者处刑。明律规定，立嫡子违法者，杖八十；立异姓义子者，以乱宗论，杖六十。

在财产继承方面，仍实行诸子均分制。明律规定，嫡庶子男，不问妻妾婢生，只以子数均分；对户绝财产，无同宗应继者，由所生亲女承受；无女者，财产入官。妻子是特殊顺序的继承人，寡妻如有子，由寡妻掌管家产，并不发生析产问题；如无子守志，寡妻应与族长择同宗应继之人立为亡夫嗣子；如无子而招进赘婿，必须为死者另立嗣子，家产均分。

二、经济法律规范

（一）农业法

明初大力推行移民垦荒政策。朝廷招诱流民从事农业生产，规定山东、河南、安徽一带无主荒地，有能开垦者，即为己业，"永不起科"。[1]《大明律·户律》中规定了惩罚无故荒芜田土的条款，而且以垦田多少作为考核官吏和决定其黜陟的重要依据。

除移民垦荒外，明朝还实行屯田，以增加农业收入。屯田有军屯、民屯、商屯、戍罪屯、赎罪屯等。为了保护屯田，明律规定："凡用强占种屯田五十亩以上，不纳子粒者，问罪。照数追纳。完日，官调边卫带俸差操，旗军军丁发边卫充军。"[2]

此外，明初还设置营田司专掌水利。《大明律》中规定："盗决河防者，杖一百，盗掘圩岸陂塘者，杖八十。""不修河防圩岸或修而失时者，答三十，因

---

〔1〕《明会典》卷十七，《户部四·田土》。
〔2〕《问刑条例·户律二·田宅》。

而淹没田禾者，笞五十。""若毁害人家，漂失财物者，杖六十。因而致伤人命者，杖八十。"

（二）工商禁榷制度

明朝是封建社会晚期商品经济显著发展的时期，统治者为了加强对经济关系的调整，确保封建国家的经济收入，采取保护官营手工业的垄断政策，在盐、茶等销售方面实行严格的专卖制度。

明朝保护官营手工业的垄断政策首先表现在建立匠籍制度上。手工业工人一旦被编入匠籍，便世代为官府劳作，不许脱籍，没有自己经营和迁徙的自由。

明代商业立法在传统的重农抑商政策基础上，加强了国家对于盐、茶的官营专卖立法。早在元至正二十一年（1361年），朱元璋便制定《盐法》。《大明律·户律五·课程》首次设立"盐法"及"私茶"专条，确立国家对盐、茶经营的垄断地位。洪武元年（1368年）更定《盐引条例》以后，又有一系列榷盐、榷茶的法令和条例陆续颁布。明律规定，盐商、茶商必须经过法定手续，取得"盐引"、"茶引"等官方发给的专卖许可证，才能经营，否则构成私盐、私茶罪。凡犯私盐罪者，杖一百徒三年；若有军器，加一等；拒捕者，斩。即使买食私盐者，也要杖一百；如果买后又转卖者，杖一百徒三年。国家鼓励百姓告发私盐犯和私盐犯自首，并且打击专商倒买倒卖盐引和盐货，以保证盐法的顺利实施。凡犯私茶罪者，同私盐法论罪。《私茶条例》甚至规定，内地人潜往边境贩卖私茶，与化外人交易，则不论斤两，连同知情人，一律发往烟瘴地区充军；倘若私茶出境和关隘失察者，并凌迟处死。明朝加强茶法，目的在于保障国家以官茶换取周边少数民族政权的物产。

明代的市场管理法规也有了相应的发展。第一，严格统一度量衡的标准。各级官府按照中央统一颁发的标准式样，制造和校勘度量衡器具，市面上使用的度量衡必须经过官府"校勘"、"印烙"。第二，严格规定市场管理机关在平抑物价上的责任。如《大明律》中规定："凡诸物行人评估物价，或贵或贱，令价不平者，计所增减之价，坐赃论；入己者，准盗窃论，免刺。"第三，严格管理市场交易的中介人牙行、埠头。规定牙行、埠头所选用的人户，必须持有官府所发的"印信文簿"，每日还须向官府呈报自己经手促成交易的情况。

（三）财政金融制度

明朝的赋税种类较多，在明律中专列税法。明朝初期，基本沿用唐宋以来的两税法。核定天下土地，分夏、秋两季征收田赋，夏季所征称夏税，限当年八月纳完；秋季所征称秋粮，限第二年二月交清。一般纳税以实物为主，除米麦等之外，还可以钱、钞、金、银等折纳。男子十六岁至六十岁均需服差役。明朝的土地税和人口税以黄册和鱼鳞册为征收依据。黄册是登记全国人户的户籍，鱼鳞册是对全国土地进行丈量后绘制的图册，每家每户的土地位置、大小、形状等都在鱼鳞册中标注出来。《大明律·户律》中设有"脱漏户口"、"欺隐田粮"、"纳粮违限"以及"隐蔽差役"、"赋役不均"、"逃避差役"等罪名。

明朝中期，由于赋役苛烦，百姓多有被迫逃亡，生产遭到严重破坏，国家财政陷入危机。神宗万历年间（1573～1620年），为了解决赋役不均和征收混乱的税制弊端，首辅张居正开始推行一条鞭法。其内容大致包括：第一，简化征税手续，将过去征发的所有项目合并为一条；第二，实行田赋和徭役合一，统一征收银两，将过去按户按丁摊派的徭役归于田亩；第三，以雇役制代替差役制，每年征缴一次代征银，各州县所需力役，由官府出钱雇募。一条鞭法的推行，在中国古代税法史上占有重要地位。它将过去的所有税目合并为一条，并将徭役折银摊入地亩，既简化了税制，又由实物税转化为货币税，有利于商品货币经济的发展。

明朝的税收除了田赋以外，另外一个重要来源就是商业税。明朝的商业税主要有市税、关税和舶税三种。为加强对商业税的管理，《大明律·户律五·课程》"匿税"条规定，凡城镇乡村的商贸集市和海港码头，都由官府设置的人员专门管理；凡客商匿税及酒、醋店铺不纳税者，笞五十，货物一半入官。为奖励告发偷税、漏税者，还将没收货物的十分之三给予告发人。对客商船户发给"印信"、"文簿"，登记其籍贯、户口、货物；若私自交易逃避检查或纳税的，要处以杖刑，钱货入官。明朝不但重视国内税收立法，而且对外商载货入境作了严格规定。凡海上贸易活动，船舶一靠岸，即必须向官府申报，按十分之一征收进出口税；若不报或报而不实，杖一百，货物入官；窝藏货物者同罪，告发者给予奖励。

明代的货币管理规定沿袭历代做法，将铸造和印制货币的权力始终控制在国家手中。任何危害国家货币制度，破坏国家金融管理的行为，都要受到严厉打击。明代货币分钱、钞两种。《大明律·户律四·仓库》中首次设立"钱法"、"钞法"专条，确立了宝钞与铜钱并行使用的制度。

第五节　明代的司法制度

一、司法机关
（一）中央司法机关
明朝中央司法机关分别是刑部、大理寺和都察院，统称三法司。但与唐宋中央司法体制不同的是，明朝以刑部掌审判，大理寺掌复核，都察院掌监督纠察。

"刑部受天下刑名，都察院纠察，大理寺驳正。"[1]

刑部由唐宋时期的复核机关改为中央最高审判机关，相应其组织机构也进一步扩大。明初下设四司，后扩充为十三清吏司，分别受理地方上诉案件，审核各地重大案件和审理中央百官的案件。刑部有权判决流刑以下案件，但案件定罪后须报送大理寺复核。死刑案件则必须经刑部审理并由大理寺复核后，奏请皇帝批准。

大理寺由唐宋时期的中央审判机关改为复核机关，主要复核刑部和地方判决的徒、流刑以上案件。如发现判决不当，可驳回原审机关或改由刑部重审，死刑案件则须奏请皇帝批准。都察院属于风宪衙门，除纠察弹劾各级官员的违法失职行为外，有权监督检察刑部和大理寺的审判复核活动，并且经常与刑部和大理寺共同会审重大案件。

（二）地方司法机关

明代地方司法机关分为省、府（州）、县三级，府、县仍由行政长官兼理司法，而省一级变化较大。省级设提刑按察使"掌一省刑名按劾之事"，[2] 同时是府县的上诉机关。按察使有权判决徒刑以下案件，徒刑以上案件须报送刑部审查批准。

（三）军户案件的管辖

明朝实行军户、民户分别治理的体制。相应司法管辖也有所不同。军户诉讼由专门的军事司法机关负责。军户之间发生奸盗、诈伪、户婚、田土、斗殴纠纷，一般不受普通司法机构管辖，而由各卫所的镇抚司、省都指挥使司的断事司审理。但人命案件则应会同当地司法机构检验审理，军民交叉诉讼也由军事机构与当地司法官会同审理。

（四）申明亭制度

明朝各地基层乡里组织设有"申明亭"，拥有民事和轻微刑事案件的审判权。洪武二十七年（1384年）四月诏："命有司择民间高年老人公正可任事者，理其乡之词讼，若户婚、田宅、斗殴则会里胥决之。事涉重者，始白于官。若不由里老处分径诉县官，此之谓越诉。"[3] 由本乡人推举三五名正直公允的老人主持，负责调处民间纠纷争讼。经调解后不愿和解者，也可向官府起诉。这一组织的设立，已具有基层民间调解制度的性质，对于维护封建统治秩序、确保封建政权的稳定发挥了重要作用。

---

〔1〕《明史·刑法志》。

〔2〕《明史·职官志四》。

〔3〕（明）顾炎武:《日知录》卷八。

二、会审制度

明朝的诉讼审判制度与前朝相比有了很大的发展。突出表现在形成了一套会官审录制度。为了加强皇帝对审判权的控制，并对司法机关的审判活动予以监督，明朝对重案、疑案以及死刑复核案实行会审制度，包括三司会审、九卿圆审、朝审、大审、热审等。

（一）三司会审与圆审

三司会审源于唐朝的"三司推事"，是由刑部、大理寺、都察院三法司长官共同审理重大案件的制度。它由唐朝时期针对特别重大案件而临时采用的审判形式发展为一种常制。

圆审即九卿圆审，是对特别重大案件或经反复审判，人犯仍然翻供不服案件，由三法司长官会同吏、户、礼、兵、工五部尚书及通政使等九家重要官员共同审理的制度。但最后判决仍须奏请皇帝审核批准。

（二）朝审

朝审即由三法司长官与公、侯、伯等爵高位重者，在每年霜降后共同审录刑部在押囚犯的制度。它始于英宗天顺三年（1459年）。英宗天顺二年（1458年）九月，鉴于"人命至重，死者不可复生"，下令"自天顺三年（1459年）为始，每至霜降后，但有该决重囚，著三法司奏请会官人等，从实审录，庶不冤枉，永为实例"。[1] 自此，朝审制度被正式固定下来。朝审的对象是死刑监候案件。审理结果分为"情真"、"缓决"、"可矜"、"可疑"四种类型。除第一类情况属实须执行死刑外，其他三种一般都可免除死刑。因此，朝审实际上可以起到慎刑和轻刑的作用。明代朝审是清朝秋审和朝审制度的发端。

（三）大审

大审是由皇帝委派太监会同三法司官员共同审录囚徒的制度。它始于英宗正统年间（1436～1449年），宪宗成化十七年（1481年）后定制，每五年举行一次。"成化十七年（1481年），命司礼太监一员会同三法司堂上官于大理寺审录，谓之大审。……自此定例，每五年辄大审。"[2] 这是明朝独有的一种由宦官指挥司法、会审重囚的制度。

大审的对象主要是累诉冤枉的囚犯，而且五年一次的录囚也适用于地方。地方录囚一般由布政司与巡按御史主持。录囚结果同中央大审一样都要奏报皇帝。因为是全国性的录囚，故谓之"大审"。

---

〔1〕《明史·英宗纪》。
〔2〕《明史·刑法志》。

（四）热审

热审是由司礼监传旨刑部，会同都察院、锦衣卫于小满后十余天暑热季节进行的会审制度。审理对象主要为轻囚。自永乐二年（1404年）起，因夏天炎热，为清理牢狱，乃令中央府、部、科协同三法司遣放或审决在押囚犯。一般笞罪无干证者，即行释放；徒、流刑以下减等发落；重囚有疑难者以及戴有枷号者，奏请皇帝最后裁决。明朝会审制度的推行，在清理积案、审慎刑罚并对各级司法机关进行监督检查方面起到了一定作用，也保证了皇帝对司法权的有效控制。

三、厂卫制度

厂卫干预司法活动是明朝司法制度的突出特点。厂指东厂、西厂、内行厂，卫指锦衣卫，合称厂卫，是明朝统治者为了强化君主专制统治，在普通常设司法机关之外设立的特务司法机构。

锦衣卫由保卫皇帝安全的侍卫亲军组成，是皇帝最亲信的贴身禁卫军，主要负责皇宫警卫及皇帝出行仪仗事宜。洪武十五年（1382年），朱元璋为加强中央集权统治，特令其掌管刑狱，赋予巡察缉捕之权，从事侦察、逮捕、审问活动，并直接对皇帝负责，大理寺和刑部不得过问其审判活动。锦衣卫下设南北镇抚司，其中北镇抚司专理诏狱，并设有专门监狱。

东厂、西厂、内行厂是由宦官指挥组织的特务司法机构。永乐十八年（1420年），成祖依靠宦官设立东厂，专门从事侦缉活动，并行使审判权。"防微杜渐无所不用其极，初令锦衣卫官暗行缉访谋逆、妖言、大奸、大恶等事，犹恐外官徇情，随设东厂，令内臣提督控制之，彼此并行，内外相制"[1] 由于东厂直接听命于皇帝，事无大小一律向皇帝奏报，而且东厂人数众多，形成了以京师为中心的全国性的特务网，权力很大。宪宗成化年间，社会治安进一步恶化，原有的厂卫机构已不能满足需要，于是又设立西厂。西厂四处刺探民间反叛行为，权力和人数又大大超过东厂，进一步发展了特务司法机构。武宗正德年间，为强化镇压职能，又在东、西厂之外设立内行厂，其不仅侦缉官民，而且还操纵、控制、监视东、西厂，权力更在东、西厂之上。

明朝厂卫是受皇帝指使的法外司法机关，具有独立的侦查、缉捕、审讯权。"刑法有创之自明不衷古制者，廷杖、东西厂、锦衣卫、镇抚司狱是已。是数者，杀人至惨，而不丽于法。踵而行之，至末造而极。举朝野命，一听武夫、宦竖之手，良可叹也。"[2] 厂卫不受法律和司法程序约束，而有一套特殊的手段和程序，可监视各类会审，可随意到各级官府或各地侦缉、查讯，可自设法庭对犯人

---

[1]《宪宗实录》卷二百二十五。
[2]《明史·刑法志》。

进行随时随地的刑讯问罪，可制造口供、迫害异己、严刑定案、任意杀戮。这些做法加深了统治阶级的内部矛盾，官僚与厂卫之间的冲突也日益激烈，成为明朝中后期的一大政治弊端。厂卫干预司法，也破坏了正常的司法制度，破坏了正常的封建法制状态，加速了明王朝的灭亡。

四、监狱制度

自汉朝以来，监狱多称为"狱"；明朝以后，监狱始称"监"。监正式出现在律文中是万历十三（1585年）年修订的《问刑条例》，"在京法司监候枭首重囚在监病故……"明代监狱的设置在前代的基础上更加完善，分为中央和地方两种。中央有刑部司狱司管辖的刑部监狱、都察院监狱、五军都督府和兵部下属的军事监狱及锦衣卫监狱，地方各省、府、州、县也设立监狱。全国监狱均由刑部提牢厅管辖。

明朝的监狱管理制度有所发展和完善，当时已有男监、女监、内监、外监之分。为了保障监狱系囚安全，明朝正式规定了狱官"点视"制度，定时点检囚犯、巡视监狱。对于提牢主事、典狱官以及狱卒失职或纵囚行为，明律处罚严厉。明朝对于狱囚的生活待遇，在前朝的基础上又有所重视。明太祖洪武元年（1367年）曾颁布敕令，要求："枷抽常须洗涤，席苇常须铺置，冬设暖匣，夏备凉浆。无家属者，日给仓米一升，冬给棉衣一件，夜给油灯，病给医药，并令于本处有司在官钱粮内支付"，并于十五年（1382年）制订出粮的具体标准，即每日一升。

思考题

1. 简述明初的立法指导思想。
2. 简述明朝的立法成就。
3. 明律为什么会发生"重其所重"、"轻其所轻"的变化？
4. 简述明朝司法制度的经验和教训。

清代封建法制

◆　内容提要

清代的前身是 1615 年由女真（1636 年改为满洲，新中国成立后称满族）贵族努尔哈赤建立的后金政权。1636 努尔哈赤之子皇太极改国号为清，自 1644 年清军入关统一中国至 1911 年辛亥革命，共二百六十八年。中国传统法制辗转至清，已相当完备。清代继承了唐宋明律之主干，并有所发展，尤其典章制度发达。表现在法律体系上：由民事、刑事、行政、诉讼、狱政等法律规范组成了较为完备的法律体系。表现在司法制度上：程序完备，审级严格，会审和死刑复核进一步制度化、法律化。由于清初的"文治武功"及多民族国家的形成，统治者还针对边陲少数民族聚居区制定了相应的专门法律。

随之，清代进入"康雍乾盛世"，人口大增。但是随后清代又渐渐落入中国历代世袭王朝"兴起—鼎盛—衰落"的宿命。不过与以前不同的是，清代并不是亡在另一个农业文明的手中，而是在资产阶级革命下寿终正寝。因为这个时候，清代遇到一个中国历史上前所未有的情况，那就是以英、法等代表的西方工商业文明的入侵。所以清代的法律制度大致以 1840 年为界，分为前期和后期，后期中国传统社会逐渐解体，法律制度也是与前期有所不同，甚至是颠覆性的变化，如近代宪法、刑法、民商法等的制定。传统法典上的"诸法合体，民刑不分"被打破，中华法系走向解体。首先我们进入清代前期的法律制度。

◆　案例导入

"杨乃武与小白菜"案

毕秀姑，俗称小白菜。清末四大奇案之杨乃武案的女主角。她嫁给了葛品连，在古代中国，女人嫁夫随夫姓，所以她也被称为"葛毕氏"。

1873 年，小白菜被诬与杨乃武毒杀丈夫葛品连，并被屈打成招。虽然杨乃武的姐姐杨淑英（杨菊贞）和妻子詹彩凤一路上告，但从来没有成功过。杨淑英尝试了三十多遍的滚钉板，但每次都被判为诬告，毒打后赶出去。获夏同善等相助后洗冤。

葛品连的尸骨连带棺材也一并从余杭一路千里被押解到了北京，重新打开棺木，由仵作重新鉴定葛品连是不是中毒而死。结果这次检查发现，根据一些医生的最终认定，葛品连确属疾病而死，是病故，在所有尸骨的检测中，没有发现任何砒霜的成分，这样最为核心的问题一旦查明，当时也在公堂上的余杭县令刘锡同和仵作沈祥供认不讳，说确实是我们当时在检测葛品连尸体的时候工作没有做细，主观认定他们有罪，所以就刑讯逼供，那么这样一个前后延续了三年多将近四年的案子最后定案：杨乃武、小白菜沉冤昭雪，葛品连不是中毒身亡，而是病故。

此案平反以后，慈禧太后一下子连续发布旨意，惩罚余杭知县刘锡同，判处流刑远发黑龙江。余杭知县刘锡同勘验不认真，导致这起冤案的发生他是罪魁祸首，发配黑龙江；仵作沈祥以及其他相关人等三十多位官员被革职、充军或查办；浙江巡抚杨昌浚、浙江学政胡瑞澜，杭州知府陈鲁一干官员一百余位，革除顶戴花翎，永不叙用。这个沸沸扬扬的杨乃武、小白菜案以一大批官员的落马而告终。

怎样认识以及分析这个案例，这就需要我们认真学习清代的法制。

第一节　立法概况

一、立法思想

清代前期的法律思想经历了由"参汉酌金"到"详译明律，参以国制"的发展历程。满族历史上属游牧民族，入关之前因为游牧民族的社会关系比农业民族（主要是汉族）的社会关系相对简单，其法律制度与明代比相对简陋，但满族人已经受到汉族农业文明的影响，努尔哈赤、皇太极时期颁布的《离主条例》、《崇德会典》等，多是在汉族成文法影响下对原有习惯的整理汇编。这个时期，对于汉族的法律，并不是奉行拿来主义，皇太极时其臣宁完我曾说："《大明会典》虽是好书，中国今日全照他行不得"，自明初到明末，不知修改了几次，我们也不应该拿来就用，应"参汉酌金，用心筹思，就今日规模，立个《金典》来……务使去因循之习，渐就中国之制"。[1] 这种主张很得皇太极赏识。可以说，"参汉酌金""渐就中国之制"成为满族统治者入关之前的立法思想。"参汉"就是引用或借用汉族（明代）法制，"酌金"就是斟酌整理满族人固有的习惯法，二者结合起来以实现"渐就中国之制"，即向汉族政权法制靠拢。

在此指导思想之下，满族统治者就制定了一系列特色鲜明的法律制度，如皇太极时期，以"十恶"入律，但摈弃"八议"；既鼓励和保护奴仆首告家主，又

---

〔1〕《天聪臣工奏议》卷中，第35页。

对举首加以限制；有世爵者犯一般罪可罚赎以代身体刑，但世爵愈高罚赎愈重。此外，还有不以服制定罪，不株族连坐，斩决犯人不待时节，父母在别籍异财不为罪，等等，[1] 放松了对社会的控制。

入关之后，为了巩固统治，在中原站稳脚跟，进而统一中国。清统治者的法律思想也进一步转变，在"参汉酌金"的基础上，提出了"详译明律，参以国制"的指导方针。所谓"详译明律"，既对明律详细推导演绎；所谓"国制"即清代的情况。"详译明律，参以国制"这一法律思想，在于要全面理解、吸收隋唐以来尤其是明代的法制，根据自己的实际情况和需要，制定出一套既能体现儒家传统法律文化精神，又适合自己的法律体系或制度，如《大清律集解附例》就是在明律的基础上修订的。有学者指出，《大清律集解附例》只是简单地抄袭《大明律集解附例》，例文也多有抄错，律内注文甚至出现"大诰"字眼。[2]

在"详译明律，参以国制"这一指导思想下，清代法律经顺治、康熙、雍正三朝，至乾隆初期基本定型，此后不在修改，仅定期增修"条例"。

二、清代立法概况

清代沿袭明代法制，但略有改变。法律形式为律、例、会典、条款、通制、事宜等，以律、例、会典为主：

（一）律

清入关前的法律如前文指出较为简单。入关初期清统治者为了不招致更多汉族人的反抗，也由于没有一部自己通行全国的法律，仍用明律，如，1644 年 6 月，摄政王多尔衮即下令"问刑衙门准以明律治罪"。旋即清统治者着手制定自己的法律，顺治二年（1645 年），清廷即设置律例馆，负责修律。顺治三年（1646 年）五月，经过"广集廷议"，"增损裁量"，制定《大清律集解附例》，于次年颁行天下。《大清律集解附例》律文共四百五十九条，比明律少一条，篇门条目之名一准明律，律文之后附相关"条例"（附例）。这是清代第一部完整的成文法典。

由于《大清律集解附例》存在诸多问题，康熙帝继位后，刑部奏请校正律文，并于康熙九年（1670 年）完成。康熙十八年（1679 年），为了解决律与例之间轻重互异的矛盾，皇帝命刑部将所有新旧条例重新酌定并酌拟新则，刑部于次年编成《刑部现行则例》。康熙二十八年（1689 年），修律诸臣对《大清律集解附例》进行了较大修改，并于每条正文后增加总注，疏解律文。但终康熙之世，修律一直未正式完成，真正使用的是《刑部现行则例》。

〔1〕 张晋藩主编：《中国法制史》，高等教育出版社 2003 年版，第 252 页。
〔2〕 曾宪义主编：《中国法制史》，北京大学出版社、高等教育出版社 2000 年版，第 220 页。

雍正帝继位后，命大学士朱轼为总裁负责修律，于雍正五年（1727 年）颁行，仍曰《大清律集解附例》，律文有些增删调整，定为七门三十目四百三十六条，律文后又加上了康熙年间拟而未发的总注。重点是对条例作了修改，分为"原例"（顺治及以前之例）、"现行例"（或"增例"，即康熙年间所增之例）、"钦定例"（雍正帝新定之例）三部分。

乾隆帝继位后，命大臣三泰为总裁负责修律。乾隆五年（1740 年）完成，定名《大清律例》，"刊布中外，永远遵行"。这次修订律文仍为七门三十目四百三十六条，附例一千零四十九条。此次修订，律名删去"集解"二字，因为自顺治三年（1646 年）以来并无诸家注解汇集之事。自此次修律止，清律基本稳定，与明律比略有个性，直到清末律文没有改变。《大清律例》是中国历史上最后一部传统法典，也是传统法典的集大成者。

《大清律例》的体例由律正文、律注或律解、（条）例组成。律正文是关于某一犯罪及处罚的原始的、正式的、一般的规定。律注或律解是各条正文的必要注解，一般以小字夹编在格律条相应的文字之间。律注或律解的作用是弥补正文因语言太简略而带来的缺漏，或消除因简约而产生的歧义，另外也能创造刑罚，如（绞、斩）监候。律注一般分为两大类：官注和私注。官注由政府作出；私注由私人学者作出，如康熙时律学家沈之奇的《大清律辑注》。虽然《清史稿·刑法志》只提及官注本，大多数情况下，公开发行的清律法典兼采官、私两种注解。（条）例为刑事特别法规，大多是在特殊形势下为惩罚特别类。

（二）例

清代的例由明代的例发展而来，但种类更多，有条例、则例、事例和成例等，其中以条例和则例最为重要。

（1）条例。条例是单行法规，是司法部门（刑部）根据案件拟定的条文化的单行法规，经皇帝批准后颁布施行。其作用在于补充律，发律所不及，而不是要废弃律。条例编入律中是在明万历十三年（1585 年），从此律、例合二为一。到清乾隆五年（1740 年）《大清律例》颁布后，该法典的律文部分不再变化，但是附于该法典律文后的条例则可以修改、增删。乾隆十一年（1746 年）定制：条例五年一小修、十年一大修。在刑部之下特设律例馆，主持其事。同治二年（1863 年）条例达到最高峰，为一千八百九十二条。清代最后一次大规模修例是在光绪三十一年（1905 年），为一千三百二十七条。[1]

（2）则例。则例是由中央政府各部门就本部门的行政事务随时作出的实例，

〔1〕　曾宪义主编：《中国法制史》，北京大学出版社、高等教育出版社 2000 年版，第 47 页。

经有关人员审议通过，交由皇帝批准生效的单性法规。根据调整范围不同，则例又分为一般则例和特别则例。一般则例是针对部院一般行政事条而定的则例。这主要有《刑部现行则例》（后并入律内）、《钦定吏部则例》（具有各部组织法和人事行政法规性质）、《钦定户部则例》（有户部组织法和民事、经济、行政法规性质）、《钦定礼部则例》（有关礼仪的法规）、《钦定工部则例》（有关于营缮、河防、水利、船政、军火的法规）、《理藩院则例》（当时习称"蒙古律"或"蒙古例"，关于蒙、回、藏等少数民族及宗教事务的法规）等。特别则例是指就各部所管辖特定事项而制定的行政规章。有《钦定八旗则例》（关于八旗居民的特权及管理规则）、《兵部督捕则例》（关于惩治逃奴的规则，乾隆时废）、《回疆则例》（管理回疆地区的特别法规）等。

（3）事例。事例指皇帝就某项事物发布的"上谕"或经皇帝批准的政府部门提出的建议。事例一般不自动具有永久的、普遍的效力，但可以作为处理某项特定事务的指导原则。

（4）成例，也称"定例"，指经过整理编订的事例，是一项单行法规。成例是一种统称，包括条例及行政方面的单行法规。

（三）会典

为了规范国家机关的组织、活动，加强行政管理，提高官吏的统治效能，清政府仿效明代编制会典，先后修订完成了《康熙会典》、《雍正会典》、《乾隆会典》、《嘉庆会典》、《光绪会典》，合称"五朝会典"，统称《大清会典》，其发端于康熙，定型于乾隆。康熙二十三年（1684 年），仿照《大明会典》起草会典，历时六年完成，史称《康熙会典》。该会典"以官统事，以事类官"，按宗人府、内阁、六部、理藩院、都察院、通政使司、内务府、大理寺等机构分目，首尾相衔接，内容完备。每一机关条目下，开列其机构建置、官品职数编制、执掌权限，并考述其沿革及附载历年事例或则例。

自乾隆二十七年编纂《乾隆会典》开始，《清会典》的编纂遵循"以典为纲，以则例为目"的原则，典、例分别编辑遂成固定体例。"会典"所载一般为国家基本体制，少有变动。具体的变更则在增修"则例"中完成。此后，只记载"经久常行之制"。

（四）其他法律形式

清代前期的法律形式还有条款、通制、事宜等。这些大都是针对蒙、回、藏、苗等少数民族颁布的专门法规。雍正年间从"蒙古例"中摘选适用于青海地区的条文，制定了《番例条款》。乾隆初年确立了西藏政教合一的权力体制，颁布了《钦定西藏章程》，不久修订为《西藏通制》。《西藏通制》规定：设驻藏大臣二人，地位与达赖喇嘛、班禅额尔德尼平行；西藏对外事务由驻藏大臣负责；设立金瓶掣签制度决定达赖喇嘛和班禅灵通转世，作为选灵童的金瓶掣签制度在今日仍在使用。乾隆年间还对苗族地区颁布了《苗疆事宜》、《苗汉杂居章程》、《苗疆善后事宜》等法律规范。当然对于西南地区，清政府实施的主要是"改土归流"政策，即逐渐废除土司，改派流官。对台湾也颁布了《台湾善后事宜》。

　　这些法律加上前面的《理藩院则例》、《大清律例》中关于苗疆的十余条苗例等，构成了清政府对其他少数民族管理的法律规范。由此，清政府创立了维护满族统治者的优越地位、坚持法制统一、因时因地制宜、尊重少数民族地区宗教信仰及风俗习惯、原则性与灵活性结合等的法律制度。

第二节　清代封建刑事法律制度

　　清代的刑事制度以"禁暴止奸，安全良善"、"劝善莫先惩恶"为指导原则，随着历史背景的变化，以形式严厉的刑罚制度维护统治。

一、主要罪名

（一）反逆罪

　　与前代一样，清代最严重的犯罪为"十恶"。不同之处则在于立法上加重了处罚。清律仍以"谋反"为"十恶"之首。沈之奇在律注中说：谋反乃"无君无亲，反伦乱德，天地所不容，神人所共愤者，故特表而出之，以为世诫"。其次为"谋大逆"。唐律"谋反"、"谋大逆"区分已行、未行，连坐家属亦有区分。清律对"谋反"、"谋大逆"不作区分，但共谋者，不分首从，皆凌迟；其父子、祖孙、兄弟之同居之人，不分异姓及伯叔父、兄弟之子，不限籍之异同，十六岁以上，不论笃疾、废疾皆斩；十五岁以下者及母、女、妻妾、姊妹及子之妻妾，"皆给付功臣之家为奴，财产入官"。即使子孙确不知情，十一岁以上也要阉割，并发往新疆给官为奴。

　　对于背叛本朝、私通和投降外敌的谋叛罪，"但共谋者，不分首从皆斩，妻妾、子女，给付功臣为奴，财产并入官。若逃避山泽，不服追唤者，以谋叛未行论。其拒敌官兵者，以谋叛已行论"。为了防止民间聚众反抗，"凡异姓人歃血定盟结拜兄弟者，照谋叛未行律，为首者拟绞监候，为从，减一等。若聚众至二十人以上，为首者绞决，为从者发云贵、两广极边烟瘴充军"。凡触犯皇帝的尊严、蔑视皇帝的权威，便构成大不敬罪。

　　清统治者除运用法律手段对"异端思想"进行处罚以外，还直接承袭了明代的"文字狱"做法，迭兴文字大狱。文字狱由于引用"大逆"定罪处罚，一案构成，往往全家被杀或灭族，甚至他人也被株连。如"庄廷龙"案，庄廷龙本人被开棺戮尸（案发时已死），其兄弟、子侄及刻者、读者、保存者，甚至事先未发觉的知府等七十余人被处死。

（二）奸党罪

明代朱元璋首创奸党罪，是为防止百官臣僚朋比结党、消除对皇权的威胁而设的一个特殊的罪名。在《大清律例》中，全部承袭了明律中的奸党罪条款，特别禁止内外官交结，除亲友世谊乡情彼此往来外，违者革职。即使现居外任的各旗王公所属人员进京，也不许谒见本管王公，违者杖一百，该王公交由宗人府照违制律论处。鉴于明朝宦官干预政治之害，清代严禁宦官涉猎政治，太监中接纳官员、擅奏外事者处凌迟。

（三）侵犯人身与财产犯罪

侵犯人身乃至生命的犯罪，从一般的斗殴至谋杀人再至杀一家三口，刑罚也从笞三十（斗殴无伤）至斩立决再至凌迟。而对于尊卑、贵贱的规定又与常人异，这是对服制定罪（准五服治罪）的继承。尊贵者对卑贱的人身犯罪处罚比常人轻；而卑贱对尊贵的人身犯罪要比常人重，如杀死兄长，无论首犯还是从犯，皆处斩。

对于强盗行为，清律规定了严厉的刑罚。强盗且得财者（无论数额多少），不分首从皆斩；即使造意不行且不分赃，也杖一百，流三千里；并出现了"江洋大盗"等罪名。"江洋大盗"是指在"滨海沿江行劫客船"的强盗，只要得财，不分首从均拟斩决，并规定了"枭首示众"、"立斩枭示"、"就地正法"等。对于普通盗窃行为，已行不得财者，笞五十；得财一两至一百二十两者，分十四等，按等处罚，从杖六十直至绞监候。强盗、盗窃犯罪，除以上刑法外，还要刺字（普通盗窃已行不得财者，免刺）。

二、刑罚制度

1. 监禁与赎刑。在介绍五刑之前，应当注意监禁和罚金这两种未被正式认可的独立的刑种。监禁是在正式判决之前就地关押一段时间，限制自由，但并不强制服劳役，类似于今天的刑事拘留。赎刑本身并不是一种独立的刑种，通常情况下，是作为其他正式刑种的替代刑。在清代，只是具有特定身份的才允许适用赎刑，如妇女、七十岁以上者、十五岁以下者、官吏、官吏之妻等，符合上述身份条件，也不一定能适用赎刑，只有法律规定的某些犯罪，经个案处理后才可能适用赎刑。

2. 笞刑与杖刑。罪犯受笞杖刑时，其受刑部位为臀部，男子要脱去衣裤，而女子则可保留衬裤。

笞刑五等，法定行刑量为十至五十。杖刑五等，法定行刑量为六十至一百。但实际执行要少，顺治时各折半计算；康熙时又改为以四折十（打四折），减去不够五的零数。具体如下表：

笞刑五等	法定行刑量	实际执行量	杖刑五等	法定行刑量	实际执行量
1	10	4	1	60	20
2	20	5	2	70	25
3	30	10	3	80	30
4	40	15	4	90	35
5	50	20	5	100	40

对于笞杖刑实际执行量的减少，《清史稿·刑法志》称"法外之仁"。但也有学者指出，由于清代笞杖行刑工具在尺寸上比前代大出多倍，若按法定行刑量执行，被行刑者极有可能被打死，[1] 所以才打折执行。

3. 徒刑。徒刑其含义为：强制犯人离开原居地，在另外一个地方服苦役数年。清代初期，服刑地沿用明代。雍正三年（1725 年）对服刑地进行了改革，改革后徒刑犯人不再被送至外省，改在本省服苦役，一般被安排在驿站之中，若无驿站，则安排在衙门公署里。徒刑的等次分为正刑五等，由轻至重分别为：徒一年，杖六十；徒一年半，杖七十；徒二年，杖八十；徒二年半，杖九十；徒三年，杖一百。杖刑实际执行数量见前表。

4. 流刑。流刑乃把犯人押送到边远地方服劳役的刑罚。法律借用"流"字作为刑种之一，以表示服刑者与其亲属、邻居流散、分离，但也只表示从一省被"流"至另一省，而没有"流"之国外。流刑自二千里至三千里，分为三等，每五百里加一等。初由各省巡抚衙门按照里数，酌情发往各处荒芜或濒海州县。乾隆年间（1736 年~1795 年）刑部编订《三流道里表》将某省某府属流犯，按照里数不同，应发往何省何府属安置，计算里程，限定地点，逐省逐府，具体载明。清代还规定，因某些较轻的罪行被判流刑的，可改为徒刑。流刑在传统五刑之中是仅次于死刑的刑罚。[2] 在实际上略有些不同，还有高于流刑的军流刑、发遣刑。

---

〔1〕［美］D. 布迪、C. 莫里斯著，朱勇译：《中华帝国的法律》，江苏人民出版社 2003 年版，第 60 页。该书指出：自唐至明代，行刑工具为木棍，由一种类似灌木的小树木制成。此木棍分大小两种，每一种又有大小头之别。小棍大头直径为 0.2 寸，小头直径为 0.15 寸；大棍大头直径为 0.27 寸，小头直径为 0.17 寸。而清代为竹棍，也分大、小两种。小竹棍大头直径 1.5 寸，小头 1 寸；大竹棍大头直径为 2 寸，小头直径为 1.5 寸。1 寸合 3.33 厘米。至于为什么不把法定执行量修订到实际执行量，乃我国人历来注重名称上的延续性，常常无视内容变化。

〔2〕古代中国为农业文明国家，大多数人被束缚在土地上，安土重迁。人们普遍强调家族主义，子多福多。儿孙满堂、四世同堂，成为多数中国人梦寐以求的理想。即使死在外地，还要迁回故土落叶归根。在这样的环境中，无论是谁，一旦遭受流刑，一定被认为是一件极为不幸的事情。

5. 军流刑。军流刑又称充军，就是罚犯人到边远地区从事强迫性的屯种或充实军伍，是轻于死刑、重于流刑的一种刑罚，作为死刑代用刑。清代将军流刑定为重于流刑的刑罚，分为近充军(二千里)、近边充军(二千五百里)、边远充军(三千里)、极边充军(四千里)、烟瘴[1]充军(四千里)五等，称为"五军"。清代也为各省府编制了《五军道里表》，按照里数不同，应发往何省何府属安置，计算里程，限定地点，逐省逐府，具体载明。由于清代军制与明代不同，罪犯充军至某地后并不编为军户，也没有"终身充军"和"永远充军"的区别，所以实际上，充军与流刑并无不同，只是极边、烟瘴的距离远于流三千里而已。

6. 发遣刑。发遣刑是清代创设的一种刑罚方法，是指将犯罪人发往边疆地区（新疆或黑龙江）给驻防官兵为奴，这是一种比充军更重的刑罚，多适用于政治性案犯。如在一些文字狱案中，曾经将罪人发遣至新疆伊犁等地。

7. 死刑。清代将死罪按是否在秋后处决分为立决（一经皇帝批准，立即执行，又称决不待时）和监候（先监禁，等候秋审决定是否再执行死刑）两类，具体有绞监候、斩监候、绞立决、斩立决四种。处绞监候和斩监候者，虽是死罪，仍有一线生存希望，因此，所犯之罪分别比绞立决和斩立决要轻。另外，还有凌迟、戮尸等。清代，凌迟仍然是死刑方式之一，称之为极刑，适用此刑者比明代多。枭首又称枭示，即把人头砍下挂在木头或城门上示众。先秦时已有类似于枭首的刑罚，秦代时形成枭首刑。戮尸是根据死者生前犯罪行为而斩戮其尸体，如凌迟罪犯在行刑前自然死亡，仍须戮尸。

8. 附加刑。附加刑有枷号、刺字、拷讯等。枷号系明代创设的一种耻辱刑。枷，一种方形木质项圈，以套住脖子，有时还套住双手，作为惩罚。强制罪犯戴枷于监狱外或官府衙门前示众，以示羞辱，使之痛苦。清代继续使用枷号，适用于犯奸、赌博、逃军、逃流等罪。枷轻者二十五斤，重者三十五斤。枷号的时间，短者三、五日，长者至一年。刺字为古代肉刑之一——墨的复活，适用于发冢、窃盗、逃军、逃流等罪。初犯在右小臂膊上刺字，再犯刺左小臂膊，三犯刺右脸，四犯刺左脸。若遇上大赦或犯罪者立功等，法律特许除去所刺字迹，恢复普通人身份。拷讯又称"拷鞫"、"刑讯"、"掠治"、"拷问"，是指在审讯过程中，用暴力手段逼取口供作为定罪量刑的依据。《大清律例》准许在一定限度内使用拷打方法，以对付拒绝认罪的嫌犯（犯罪嫌疑人）。

清承明制，刑事法律没有多少创新之处。但是与明代相比，清代法律的残暴性和苛刻性稍逊一筹，如：已不再使用廷杖；没了厂卫；笞杖刑以四折十；徒刑

---

〔1〕旧指两广（广东、广西，十九世纪以后已不再是）、云南、贵州等地。极边向南至福建、江西、浙江，向西至甘肃。向东向北都不可能：向东不够距离，向北要出国境。

已不再送至外省服苦役；军流刑已于普通流刑无异；死刑之中出现了监候（类似于今日的死刑缓期执行）；等等。清代立法者宁愿保留旧的残酷的法律条款，这是由于：其一，传统刑事法律受法家的影响，强调刑法的威慑功能，用严厉乃至恐怖的字眼、条款，令违法者望而却步；其二，中国人历来往往只注重名称上的延续性（或者说尊重传统），而不问实际内容变化。

第三节　清代封建民事制度变化

一、人的身份地位趋于平等

士农工商之间、良贱之间身份地位的不平等，是中国传统法律的重要内容之一，《大清律例》也保留了这些条款规定，清代初期事实上也继承前代的这些身份地位上的不平等。但从满族统治者入关后不久，这些身份地位之间的不平等现象逐渐被打破。

1. 工商阶层法律地位的提高。顺治三年（1646 年）下令，废除明朝匠籍制度，将匠户编入民籍，与农民一体纳税当差，禁止官府以任何名义无偿役使手工业工人，使其获得了与农民相同的法律地位。同时，放宽了国家对手工业的专擅垄断，除了武器制造、货币铸造及宫廷所需重要物品由官府经营外，其他行业经过官府批准并按规定纳税，都允许民间手工业者经营。为了发展私营商业，清代废除了明末加征的各项税负，并提高了商人的地位。

2. 提高雇工的法律地位。清代前期及以前，雇主与雇工有主仆名分，在法律上处于不平等地位。但自乾隆五十五年（1790 年）修订的《雇工人法》之后，雇主雇工的主仆名分淡化，雇工地位提高。

3. 奴婢可以开户为民。清代盛行蓄养奴婢，但自康熙时开始，允许奴婢可以赎身为民。奴婢向主人交纳一定的身份银，取得同意，然后呈明本旗，便可以赎身，获得民人（农民）地位。至乾隆时，又规定：凡八旗户下家人，不分年代，只要本主情愿放出为民，即可呈明本旗，经过官府，而后收入民籍。但本人不得参加科举考试，其子孙则无所限制。

4. 贱民身份的变化。清代属于贱民的除"奴仆"、"娼优"、"隶卒"、"皂隶"等外，还有山西、陕西的"乐户"、江南的"丐户"、广东的"疍户"等。贱民列入贱籍，是社会的最低层，被剥夺了种种权利。至雍正、乾隆两代，不断下令开豁贱民贱籍，虽不够彻底，但毕竟标志着超经济剥削的削弱和社会的进步。

二、进一步明确典权的性质

雍正十三年（1735 年）诏谕："民间活契典业者，乃一时借贷银钱，原不再买卖纳税之列。"认识到典的担保性质，并且与买卖契约区分开，典契不必经过官府加盖官印，不必缴契税，也无须过割赋役。

清代又进一步明确了房屋出典后的风险问题。乾隆十二年（1747年）定例规定，出典的房屋若失火烧毁，在年限未满的情况下，由双方各出价一半重建，典期延长三年，三年后业主仍以原典价赎回，如果业主无力出资，由典主单独出资建造，典期仍延长三年，但三年后业主须按原典价的百分之一百四十赎回；相反，若典主无力出资，由业主自建，则原定期满后，业主可以按原典价的百分之六十赎回。在出典年限已满的情况下，典主单独建造，仍加典三年，业主按原典价的百分之一百四十赎回；业主自建，则按原典价的百分之五十赎回。若双方均无力量重建，则应将地基出卖，得价的三分之一归还业主。

三、继承的变化

1. 独子兼祧的确立。清代的继承分为身份继承和财产继承。身份继承包括宗祧继承和封爵继承。宗祧继承通常以嫡长子为第一顺位继承人，无嫡长子则立嫡长孙，以下按嫡次子、孙及庶长子、孙，依次继承。清代宗祧继承在前代的基础上，又创设了独子兼祧制。兼祧指在宗法制度下，一个男子同时继承两家宗祧的习俗。兼祧人不脱离原来家庭的裔系，兼做所继承家庭的嗣子。中国一直有祭祖的传统，祭祀祖先的权利即宗祧祭祀权成为一种重要的身份权，一般由嫡长子继承。唐宋以后，若没有儿子可以收同宗侄辈为嗣子，嗣子出继后则与亲生父亲形成叔侄。若出继者为独子，则会遇到其亲生父亲即本房绝嗣的问题，因此，独子能否出继就成为一个法律难题。《大清律例》有："如可继之人亦系独子，而情属同父周亲，两厢情愿者，取具阖族甘结，亦准其继承两房宗祧。"即一人可继承两房宗祧，称为"兼祧"，民间俗称"两房合一子"。封爵继承的顺序与宗祧同。

2. 财产继承。清代的财产继承，以家长的遗嘱为准，无论分配是否公允，子孙只能遵守。如果家长生前或临终时没有表示分家产的意向，才发生分割家产的问题。妇女无子守志者，可继承丈夫的遗产，所谓"合承夫份"。赘婿和养子也有一定的继承份额。

第四节　清代封建政府管理制度

一、高度集权的政府机构的建立

（一）中央政府机构的变化

清代前期实施的是满族上层贵族参预处理国政的制度，即"议政王大臣会议"。"议政王大臣会议"指清王朝宗室贵族中的王与八旗固山额真、议政大臣共同议政的形式。"议政王大臣会议"是皇帝以下具有决策性质的组织，有关军国大事往往由它拟议具奏，然后交由六部执行。清入关后，受中原"天无二日，地无二主"思想影响，为了加强皇权，就极力削弱"议政王大臣会议"，直至取消。由此，逐渐建立了一个以皇帝为核心的"乾纲独断"的高度集权的政府机构。

康熙九年（1670年）仿明制，确立内阁制。内阁作为决策中枢拥有大权。据《清史稿·职官志》载，内阁职责有四：一是"掌议政事，宣布纶音"。内阁侍奉皇帝左右，既充当皇帝的顾问，又为皇帝草拟旨令、处理公文；二是办理本章，即将皇帝的旨令随时报转六科，抄发各部院执行；三是典礼祭祀，即凡是隆重的典礼与祭祀，如皇帝登基、立后等都由内阁一手办理；四是组织修书，修正档案。内阁大学士虽为正一品，但实权远不及明代。因皇帝担心大权旁落，一方面，皇帝亲自批答内外大臣，"阁臣不得与闻，天子有诏则面授阁臣，退而具草以进，曰可，乃下"；另一方面，设有议政处、南书房牵制其职权。雍正以后，内阁宰辅名存实亡。

雍正继位后，因西北用兵而设立军机处，取代传统的议政王大臣会议，这是清代皇帝集权的重要措施，也是清代政府体制区别于前代的突出标志。军机处原是临时设立的办理机务的机构，既无公署，又无专官，所以《大清会典》只称为"办理军机处"。但由于它便于指挥一切军政事务，因此，并没有因对西北用兵的结束而撤销，相反，成为常设机构。军机处的职责包括以下六项：一是撰拟皇帝御旨，处理官员奏折；二是办理皇帝交议的军政；三是办理重大狱案；四是重要官吏的考试任免；五是侍从皇帝出巡；六是可以钦差身份奉旨巡查或处理重要的军政事务。

军机处的设立，不仅侵夺了内阁对重大政务票拟[1]批答的职权，而且有权修改内阁的票拟。军机处起草的诏旨，有的"先下内阁，以次及于部院"，叫"明发"；有的不经内阁由军机大臣封缄严密，由驿站传递直达督抚，叫"廷寄"；地方督抚的奏章也经由军机处直达皇帝。雍正时，还大盛秘密奏折，简称密折。所谓密折，就是折子不走正常的渠道上达天听，而是径直报皇帝亲拆御览，皇帝有什么指示意见，随手用朱笔批于折后，然后再密封发还给原奏人，所

---

〔1〕　票拟，也叫做票旨、条旨，也就是说对于来自全国各方面的奏章，在送呈皇帝批示以前，由内阁学士"用小票墨书"，即把批阅建议写在纸上并贴在各奏疏的对面上以进呈。明自英宗后，凡朝廷重要文书，由内阁拟定批答文字，以墨笔写于票签上，送请皇帝批准，称票拟，亦称票旨、条旨或调旨。这实际上就是代拟好"御批"的稿本，供皇帝采纳。在君主专制体制下，掌握代替皇帝起草批示的职权，其重要意义可想而知。

有内容除君臣二人外界不得而知。这些措施的建立，进一步加强了地方和皇帝的联系，使皇帝的诏旨能够不受阻碍地直达地方，内阁大学士成了执掌例行公事的"伴食丞相"，尤其使执掌封驳奏章御旨的通政使司形同虚设。

清代的中央行政管理机关，仍沿用明制建立吏、户、礼、兵、刑、工六部，分设满汉尚书各一人，满汉侍郎各二人，以下设郎中、员外郎等属官。六部长官对皇帝负责，只能奏请皇帝颁发必要的诏令，无权向地方直接发布命令。

六部之外的院、寺、府、监均有较大裁并。九寺只剩下审理狱刑的大理寺，管理祭祀的太常寺，管理典祀筵宴朝会的光禄寺和鸿胪寺，以及管理马政的太仆寺；五监仅剩下掌国学政令的国子监。只有培养统治人才的翰林院仍旧维持明代的地位。

清代中央监察机关仍为都察院。乾隆十三年（1748年）以左都御史和左副都御使执掌都察院；右都御使和右副都御使作为地方总督、巡抚、河道总督、漕运总督的兼衔。为了集中皇权，雍正元年（1723年）取消的六科给事中历来执掌的封驳权，将六科并于都察院。六科给事中与道监察御史合称"科道"，分别负责对京内外官员的监察和纠弹。自唐以来的"台"、"谏"并列体制，就此合二为一。为了充分发挥科道官员作为皇帝耳目之司的作用，康熙二十九年（1690年）令左都御使为议政大臣参与议政，并为最高审级三法司的成员。

此外，还设立了专管民族事务的理藩院和管理皇族事物的宗人府，前者同时还管理一部分涉外事务，后者掌管皇族属籍，纂修"玉牒"，[1]议叙或议处皇族官员，审理皇族之间的争讼。宗人府的地位在六部之上。另设有内务府，掌管宫廷事务和为皇族衣食住行服务，该府机构庞大，属员众多，职要权重，反映了皇帝集权的发展。

（二）地方政府机构的变化

清朝地方政府分为省、道、府、县四级。明代临时派遣的督抚[2]到清代已成为固定的省级长官，握有地方军政大权。布政使司和提刑按察使司失去了明代的独立性，成为隶属于督抚的分理地方民财、狱刑的两个机关，但督抚的重要活动必须秉承朝廷指示行事。

省下为道，以道员（俗称道台）为长官。自乾隆时起，专设"守道"、"巡道"，前者有固定辖区，主要管理钱谷政务，后者分巡某一地区，主要负责刑名

〔1〕 玉牒是记载帝王谱系、历数及政令因革之书，宫廷文献，皇帝家族之谱册。

〔2〕 总督和巡抚的合称。总督在清代为地方最高级长官，位在巡抚之上，管辖一省或二三省，兼都察院右都御史衔，正二品；加兵部尚书衔，从一品。清代巡抚主管一省军政、民政，兼都察院右副都御史衔，从二品，加兵部侍郎衔，正二品。

案件。道员自改为实官后多加兵备衔，节制境内都司以下武职官员，并负有监察权。此外，还有因专门事务而特设的道，如：督粮道、盐法道、兵备道、海关道等。道下为府，以知府为长官。由于知府以下各官经常在境内分防，逐渐形成固定的行政单位——厅，在不宜设州县的少数民族聚居区也设厅。此外，州也是府的行政单位。厅与州虽为固定的行政单位，但不是一级行政机关。府下为县，设知县管理一县的政令、赋役、诉讼、文教。清代的基层组织是负责征收赋税钱粮的里甲和负责防范盗贼的保甲。

清代高度集权的政府机构的建立固然强化了皇权，加强了皇帝对臣下的控制与管理，方便了体察下情，当然为爱民之意；但是由于皇帝个人能力与精力等的差异，地方官员（乃至中央官员）基本丧失了对军政事务的决断权。中国历代世袭王朝的"兴起—鼎盛—衰落"宿命，以及清代中后期的特殊背景等因素，为清代中后期鸦片战争及以后的反抗西方列强侵略的屡次失败埋下了祸根。

二、职官管理进一步完善

（一）职官的选任

清代选任官职的途径虽多种多样，但以科举为正途。每三年一考，分乡试、会试、殿试三级。乡试在省城举行，凡取得秀才资格者可参加。会试在京城由礼部主持，取得举人资格者可参加。考中会试再参加由皇帝亲自主持的殿试，殿试分三甲，头名曰状元，二名称榜眼，三名唤作探花。科举考试主要是针对汉人，仍采八股取士。除科举考试之外，还规定了两种入仕的方式：捐纳与门荫。捐纳即以捐资纳粟换取官职、官衔；门荫即凭借祖先的功勋循例做官。

（二）职官的考绩

清初对职官的考绩沿用明代的考满法，即内外官任职满三年为一考，六年再考，九年通考黜陟。每次"考满"分上、中、下三等，即"称职"、"平常"、"不称职"。按三次考核的政绩决定去留。至康熙四年（1665 年）废除"考满"法，实行"京察"与"大计"。"京察"是对京官的考绩，每三年举行一次。三品以上京官和地方总督、巡抚自陈政事得失，由皇帝敕裁；三品以下京官由吏部和都察院负责考核。京察分三等，一等为称职，二等为勤职，三等为供职，根据等级，实行奖惩。"大计"是对（除督抚外）外官（藩、臬、道、府及州县官）的考绩，也是三年一次。大计的程序是先期藩、臬、道、府察其贤否，申之督抚，督抚核其事状，注考造册，送礼部复核。大计的等级分卓异和供职两等，按等予以奖惩。

无论京察与大计，考核的标准是统一的，即"四格"、"六法"（初为"八法"，乾隆二十四年将"贪"、"酷"除去，改为"六法"）。所谓"四格"，是才（长、平、短）、守（廉、平、贪）、政（勤、平、怠）、年（青、中、老）；所谓"六法"，是"不谨、罢软无为、浮躁、才力不足、年老、有疾"。不谨、罢软无为者，革职；浮躁、不才者，降调；年老、有疾者，退休。至于为官贪、酷者，治罪。考绩优异可以得到引荐、升官、晋级、赏赐与封赠，考绩差劣给予罚俸、降级留任、革职等处分。但至清中叶以后，无论京察还是大计都流于形式。

第五节 清代封建司法制度

后金时期，女真人长期治以军制，没有专门的司法机关。到1615年，始有八大臣及四十断事官集议审判之"常例"建立。到后金皇太极天聪五年（1631年），始仿明制设刑部。基层军事单位牛录也成为基层司法机关，审理轻微民、刑事案件。牛录之上是各旗，设十六大臣审判较大狱讼。更为重大的案件则由汗或皇帝直接审理。入关以后，仿明代迅速建立了自己的司法制度。

一、司法机关

（一）中央司法机关

清承明制，以刑部、大理寺、都察院为"三法司"，成为既听命于皇帝，又相互制衡的中央最高司法机关，但其职权较明代相去甚远，而且有清一代也屡有变化。

1. 刑部。刑部为清代最高审判机关。依《大清会典》，刑部职掌应是"掌天下刑罚之政令"，主要是与复审和刑罚执行有关的行政工作。但实际上，刑部几乎独揽了最高司法权力。"外省刑案，统由刑部复核。不会法者，院、寺无由过问；应会法者，亦有刑部主审。在京狱讼，无论奏咨俱由刑部审理，而部权特重。"[1] 刑部的实际权限有三个方面：第一，在皇帝的统帅下行使全国最高审判权，包括核拟死刑案件上报皇帝最后批准，批节全国充军流放案件，审理发生在京师的笞杖以上现审案件及中央官吏犯罪案件；第二，司法行政权，如造办黄册（人命、盗贼重案囚犯统计册及秋审等事宜的统计册等）、狱政管理、赃款罚没之管理等；第三，立法方面的职权，主要是负责律例馆工作，主持修订律例，平时积累案例，开馆时纂修定拟。

2. 大理寺。大理寺职"掌平天下之刑名，凡重辟则率其属而会勘。大政事下九卿议者则与焉，与秋审朝审"。大理寺本是古制上的最高审判机关，但清代地位大降，主要是负责复核刑部拟判的死刑案件。如发现刑部定拟不当，可以驳回。同时也主持热审案件。不过，大理寺在复核死刑、参与秋审、朝审时只是

---

[1]《清史稿·刑法志三》。

陪衬。

3. 都察院。都察院号称"风宪衙门",是法纪监督机关,主掌官员监察,并职司谏议。清代实行"台谏合一",关于司法的职权仅是其职权的一方面。都察院参与司法事务主要在两方面:一是参与会谳。即各省死刑案件在刑部核拟以后送都察院,都察院列署其意见转大理寺;大理寺副署意见退回刑部办理题奏。京师发生的死刑案则由三法司的司官现行会审,而后三法司堂官再会审定谳,此分为"会小法"、"会大法"。二是参见秋审和朝审,执行复奏之职。都察院内设十五道、六科,分掌地方各省及中央六部之纠察,尤其是对刑名事宜进行监察。

综上,三法司之中刑部主审判,大理寺复核,都察院监察。但实际上大理寺、都察院无司法审判实权。

(二) 地方司法机关

地方司法机构主要是京师地方司法机关、京师外地方司法机关、旗人地方司法机构。

1. 京师地方司法机关。清代京师地方司法机关主要是五城察院。京师分为东、西、南、北、中五城,每城设一衙门,掌治安。长官为巡城御史,并设有兵马司,设指挥、副指挥、吏目[1]等官。五城察院审理管界内发生的户婚、田土(或田宅)、钱债、斗讼等案件。杖刑以下案件由巡城御史自行审结,徒刑以上案件报刑部定案。凡人命案,由五城兵马司指挥相验报巡城御史审判;盗窃案件,由副指挥与吏目踏勘审结,重者报巡城御史审理。凡徒刑以上的命盗案均拟判后报刑部定案。此外步军统领衙门也设有专官"平决狱讼"。杖刑以下案件自行完结,徒刑以上案件经审讯后报送刑部定拟。

2. 京师外地方司法机关。清代京师外地方司法机构分为县、府、省提刑按察使司、督抚四级。

(1) 县(州、厅)为第一审级。州县官有权审决笞、杖(含如田土、户婚等民事案件[2])、徒刑案件;流刑、死刑案件只可预审转呈府衙判决。州县除知州知县为唯一法官外,还设有佐贰官(辅助主官的副官)辅助审判。另外,州设吏目、县设典史为捕官,专司缉捕和监狱,但无权受理诉讼。

(2) 府(直隶厅、州)为第二审级。负责复审州县上报的刑事案件及乡民不服州县判决而上诉申诉的案件。直隶厅、州也辖理一审案件,因其与府平级,

---

〔1〕 吏目为中国古代文官官职名,清在知州下佐理刑狱并管理文书。位阶为从八品、从九品或不入流。其职能通常总务面杂役,为配置如太医院、兵马司的基层官员编制之一。

〔2〕 我国古代没有明确的民事诉讼和刑事诉讼之分,而是笼统地从刑事方面看待和处理这两个方面,民事败诉往往会处以笞、杖刑。民事案件一般最高审级是布政使司,基本与通政使司平行。

故呈道台为第二审。州县上报刑事案件（流刑以上案件），府复审后提出判决意见，再上报省按察使司。

（3）省提刑按察使司为第三审级。提刑按察使司对府（直隶厅、州）上报的刑案进行复审，其中对徒刑案件仅进行复核（因徒刑人犯不解省），对军流、死刑案件及人犯进行复审。如无异议便加以"审供无异"之看语，上报督抚；如发现有问题，则驳回重审或改发别的县州更审。

（4）督抚为第四审级。督抚这一审级是清代的创制。督抚有权批复省按察使司复核无异议的徒刑案件，并决定执行。对军流刑案件加以复核。如对按察使司的看语无异议，则咨报刑部听候批复。对死刑案件，督抚无须对犯人进行复审。在当堂亲审后，如"与司、府、县审供相同"，就作出看语，专案向皇帝奏报，曰具题，并将题本副本咨送都察院、大理寺。

3. 旗人地方司法机构。旗人就是清朝时在旗的满族人。因为八旗子弟对清代的开国立有赫赫战功，所以特权也特别多，其中之一就表现在司法上。旗人在地方民、刑事案件，不由州县审理，而由"理事厅"审理。"理事厅"是各府理事同知或通判的办事机构。理事同知是清代设置的专门负责联络八旗军与当地政权关系及处理有关旗人事务的专官，都由旗人担任，审理旗人的民、刑事案件是其主要职责之一。如旗人罪至徒、流、死，则由该旗都统将军题奏皇帝请旨。这些特殊管辖及对满族人的某些司法特权在咸丰朝后逐步瓦解。

二、刑事诉讼与审判制度

（一）逐级审转复核程序

清代刑法沿用唐明之制，分为笞、杖、徒、流、死五级。除笞、杖可以由州县自处外，徒、流以上的刑事案件，特别是死刑等重大案件，有一套极其严密的逐级审转复核程序，这既是清代诉讼审判制度的重要特点，同时也是清代诉讼审判制度较为完善的重要标志。整个司法体制的运作状况，可以归纳为下表:[1]

审级 职责 案件种类	死刑案	流刑案及涉及杀人的徒刑案	徒刑案	笞、杖刑案
州、县	侦查	侦查	侦查	审判
府	转报上级机关	转报上级机关	转报上级机关	汇集上报
提刑按察使司	审判	审判	审判	最高上诉机关
督抚	批示	批示	批示	

---

〔1〕 ［美］D. 布迪、C. 莫里斯著，朱勇译:《中华帝国的法律》，江苏人民出版社2003年版，第88页。

（续表）

案件种类 审级　职责	死刑案	流刑案及涉及 杀人的徒刑案	徒刑案	笞、杖刑案
刑部	复审	最终判决	汇集上报	.
三法司	最终判决			
皇帝	批示			

由上可见，清代司法审判制度中，每一级都将不属于自己权限的案件逐级上报，层层审转，直至有权作出判决的审级批准后才终审，形成了严密的逐级审转制度。这种制度的设计是为了各级各负其责，减少营私舞弊。但由于整个司法系统下级对上级负责，实践中也难免不出现弊病。

（二）刑讯的规定

刑事审判活动的核心是认定犯罪事实,据此对案件作出判决,因此,证据是定案的基础。为取得证据尤其是口供,清代允许刑讯,但对刑讯种类有严格的规定。

常规刑讯种类有笞、杖，是为正刑，此外还有枷号、夹棍、拶指等加重的刑讯，亦为法律所认可。但只有三法司和各省督抚、提刑按察使司和府、州县正印官（长官）才可动用夹棍、拶指，其他衙门不准擅用。对于州县审理"自理案件"，不得擅用夹讯，如初审用过夹拶，则应报上司"察验"。按清律规定"老幼不拷讯"，凡七十岁以上、十五岁以下及废疾者，不得用刑，审判时依"众犯"（三人以上的证言）定罪。

对因挟嫌报复、敲诈勒索而刑讯致死囚犯者，处斩（监候）；其他刑讯致死囚犯，处从杖一百至流三千里不等刑罚。但是对于"依法拷讯，邂逅致死，或受刑后因他病而死者，均照邂逅致死律，勿论"，这对实际审判过程中滥用刑讯提供了可乘之机，未免不是一缺憾。

（三）秋审、朝审、热审

秋审、朝审是清代的死刑复审制度。秋审是清代的一种审判制度，从明朝发展而来。明代的朝审制度被清代继承后，又有发展变化。清代将朝审发展为两种，即朝审和秋审，但这两种审判方式形式基本相同，只是审判的对象有区别。秋审的对象是复审各省上报的被处以死刑的囚犯，而朝审则是复审刑部在押的死刑犯。审判官的组成是相同的，由九卿（六部尚书、大理寺卿、都察院左都御史、通政司通政使）、詹事、科道以及军机大臣、内阁大学士等组成。审理地点都在天安门前金水桥西。朝审和秋审的区别还在于时间上，朝审要晚一些，在每年霜降后十日举行。

案件经秋审或朝审后，分四种情况处理：

（1）情实。罪情属实，罪名恰当，奏请执行死刑。

（2）缓决。案情虽然属实，但危害性不大者，可减为流三千里，或减发烟瘴、极边充军，或再押监候办。

（3）可矜。案情属实，但有可矜或可疑之处，可免死刑，一般减为流、徒刑。

（4）留养承祀。案情属实、罪名恰当，但有亲老单丁情形，合乎申请留养者，按留养案奏请皇帝裁决。

热审也是清代实行的一种复审形式，于每年小满后十日至立秋前一日举行，由大理寺左、右二寺官员，会同各道御史及刑部承办司官员审理发生在京师的笞、杖刑案件。一般笞、杖罪决后释放，徒、流以下减等发落。目的是加快笞、杖刑案件的审理判决，疏通监狱，以防在暑热天气瘐毙狱囚。

（三）刑名幕友

所谓刑名幕友(或刑名幕吏,俗称"师爷"),是指在国家各政府部门、衙署中协助主管官员办理诉讼案件的书吏和幕友,其对实际司法进行控制和操纵。清代的官员,绝大多数是通过"八股"式的科举考试而获得官职,对于国家的律法、刑名钱谷等具体事务并不熟悉,在涉及具体案件的处理时,往往需要借助书吏和幕僚的帮助,因此,刑名幕吏就在实际上成为一种重要的职业。清代的书吏受雇于官府,不是国家官员,没有品秩和俸禄,刑名书吏是最重要的吏职;幕友一般受雇于各级官员,以私人幕僚的身份为雇主工作,所以,一般幕友的身份要高于书吏。

清代负责刑名案件的书吏和幕友,多是常年接触刑事案件的老吏员,或是经过专门学习、培训的专才,一般都精通律例,并有丰富的刑案经验和官场经验,对于科场出身的官员来说,是其办理案件的重要帮手。实际生活中,许多案件的批词判语,都是出自幕友或书吏之手。刑名幕吏在司法中这种独特的地位,就成了他们操纵司法、上下其手的重要资本。由于清代的幕友和书吏不拿国家俸禄,衙门的"工食银两"或雇主给的佣金又比较微薄,利用司法上的方便来获取额外的经济利益,就成为大部分刑名幕吏的追求。因此,这对清代司法的公正性又多了一重消极影响。

思考题

1. 简述清朝学习沿用汉法编撰大清律例的主要原因。
2. 简述清朝法制特点。
3. 简述大清会典的主要内容。
4. 简述清代司法的变化。

第十一章

太平天国时期的法制

◆　**内容提要**

太平天国是中国清代后期，由洪秀全（称号"天王"）所建立的政权，前身为 1843 年创立之"拜上帝会"（或"拜上帝教"）。1851 年成立太平天国，1853 年太平军攻陷南京，改名为天京并定都于此，至 1864 年南京陷落止，计存在十三年。

太平天国政权是中国近代影响最大的农民政权，其法制具有农民阶级的显著特色。学习本章应着重了解太平天国法制的主要内容和经验教训。

◆　**案例导入**

"傅善祥"案

傅善祥，金陵人，自幼习学文史。太平军陷江宁，掳入军中，见其习书善写，用为女书记，一直在东王宫中掌文书。傅善祥貌美得东王宠，恃宠而骄，批阅文牍，屡骂诸首领猪狗不如。东王杨秀清侦知傅善祥语侵及己，大怒。即以傅善祥吸食黄烟为罪，逮之枷于女馆示众。情急之下，傅善祥亲笔作书于东王，备极哀怜。东王怜之，遂释其罪。傅善祥得间逃去。东王派人大索，不得。

怎样认识以及分析这个案例，这就需要我们认真学习太平天国时期的法制。

第一节　太平天国的立法概况

太平天国大致可以分为起义前后、永安定制、定都南京、叛乱分裂之后四个时期。不同时期的立法活动有着不同的表现形式。

一、金田起义前后的立法活动

1. 《十款天条》。《十款天条》是"拜上帝会"的基本教义和戒律，是洪秀全、冯云山仿照基督教圣经《旧约全书》中的摩西所传上帝耶和华的十诫，并结合中国传统道德信条，在传教实践中加以总结提炼，于道光二十七年（1847 年）在广西桂平县紫荆山区制定出来的。咸丰二年（1852 年）正式刊行，为《天条书》的重要部分。内容为：第一，崇拜皇上帝；第二，不好拜邪神；第三，不好妄题皇上帝之名；第四，七日礼拜，颂赞皇上帝恩德；第五，孝顺父母；第六，不好杀人害人；第七，不好奸邪淫乱；第八，不好偷窃劫抢；第九，不好讲谎话；第十，不好起贪心。前四条属于宗教信仰，后六条是《原道救世歌》所举"六不正"的内容，平时当作拜上帝会会员的生活守则，战时则为军事纪律，违犯者重则立即处决，轻者枷杖，在太平天国运动中起了很大作用。

2.《太平条规》。《太平条规》又称"太平营规"，为太平天国重要军事法规。其中包括"定营规条十要"和"行营规矩十条"两部分。内容规定：定营时官兵要恪守天令，熟习天条，分别男营女营，熟习鼓角号令，不得徇私包庇，不许越营误公，不许隐藏兵器，不许讹传将令；行营时必须装备整齐，听令杀敌，不得率乱行列，不许入乡取食、毁坏民房、掳掠财物等。它显示了起义军的严明纪律。

二、永安定制时期的立法活动

太平军于咸丰二年（1852 年）攻陷永安，以封王五诏确立太平天国领导制度，天王为最高领袖，下分东西南北翼五王，五王听命于天王，但受东王节制。颁布《缴获归圣库诏》，初步建立太平天国物物归公的圣库制度。

三、定都南京后的立法活动

这一时期的立法主要有《天朝田亩制度》——为太平天国描绘未来的社会蓝图，以及打击清政府势力、处理太平军叛乱行为的《太平刑律》。

四、叛乱分裂后的立法活动

太平天国分裂后，洪仁玕佐理朝政，于咸丰九年（1859 年）著《资政新篇》，作为改革的全面纲领。

第二节　太平天国法制的主要内容

太平天国的法制主要是前期的《天朝田亩制度》和后期的《资政新篇》两部纲领性法律文件。在刑事、民事、诉讼法律等方面有一定成果。

一、《天朝田亩制度》

太平天国定都南京后颁布了《天朝田亩制度》，这是太平天国的基本建国纲领。《天朝田亩制度》是以土地制度为核心的经济、政治、教育、婚姻家庭、社会改革等方案，主要内容体现在三个方面：

（1）土地制度。《大朝田亩制度》以土地制度为核心，具体规定了土地所有、劳动方式、财产分配等一系列农民极为关心的制度。其基本原则是土地平均占有、共同参加劳动、财产"圣库"所有、平均分配。实施这一制度的目的在于彻底废除贫富不均的社会现象，真正实现所有的社会成员"有田同耕，有饭同吃，有钱同使，无处不均匀，无人不饱暖"。

（2）政治制度。《天朝田亩制度》确认了一切军政大事均有"天王""降旨主断"的君主政体；创建了颇具特色的乡官（军以下军政官员）保举制度，保举条件为"能遵守条命及力农"；规定了兵农合一、寓兵于农的制度。

（3）诉讼审判制度。《天朝田亩制度》规定了普通诉讼的管辖、审判及复核程序，确立了天王独揽终审裁决权的审判体制。

二、《资政新篇》

《资政新篇》是太平天国革命后期提出的带有资本主义色彩的纲领性文件，在政治、政权建设、社会改革、经济发展、法制等方面提出了一系列改革措施。

（1）在政治方面。洪仁玕主张加强中央集权，反对分裂，使权归于一。这主要是针对由于太平天国后期的统治集团内部的分裂、叛乱削弱了自身力量而提出的。

（2）在经济方面。洪仁玕主张学习西方兴办实业，要发展铁路、公路、轮船，开办银行、矿业，实施专利制度、保险制度。

（3）在社会方面。主张举办近代文化教育福利事业，移风易俗。主要有兴办新闻馆；建立邮亭；设立医院；建设跛盲聋哑院及鳏寡孤独院；倡导男女平等，提倡一夫一妻，改善妇女地位；禁止社会旧俗，如买卖子女、溺婴、吸食鸦片等。

（4）在法制方面。主张建立法制，改革刑罚制度。洪仁玕认为法制事关纲常伦纪等世道人心，必须建立。同时针对太平天国前期残酷的刑罚制度提出了改革，如废除酷刑、善待轻犯等。

《资政新篇》的核心思想是健全太平天国的政权体制，加强国家与社会的法制化程度，并通过法律手段，推行具有资本主义性质的商业、贸易和生产。洪仁玕认为，国家的强盛与衰弱和法律制度是否健全密切相关。他主张仿效英美的法律体系，使整个社会规范化、有序化。在此体系下，国家应建立正常的官民沟通机制，确立新闻官和官员民选制度。

三、刑事法律

刑事法律在太平天国的法律中占据最大的比重，其法源是《十款天条》和《太平条规》。太平天国定都天京后，制订了《太平刑律》，其内容主要是：打击敌对分子和活动；严厉打击各种刑事犯罪，主要有滥杀无辜、奸邪淫乱、贪污盗窃劫掠、破坏行军作战及社会秩序、吸食鸦片等；禁止和取缔"妖书邪说"（反儒）；实行严刑峻法，如五马分尸、点天灯、剥皮等。整个刑法体系简单且刑罚残酷。

太平天国的刑事立法从罪名设定到刑罚的适用都明显是为了适应战争的环境和对宗教信仰、政治理想的追求，发挥了威慑犯罪、稳固政权的作用。但其死刑和酷刑的规定却造成了刑罚的滥用。

四、民事法律

太平天国民事方面的法律的特点主要体现在婚姻家庭上——确立了男女平等的婚姻原则。《天朝田亩制度》中有"凡天下婚姻不论财"及"一切旧时歪例尽除"的规定。形式上，婚姻成立不以"六礼"为要件；男女结婚不以旧俗，由基层乡官两司马主持仪式，突出宗教色彩。其结婚证书名为"合挥"。婚姻关系上，在居民中强制推行一夫一妻（无妾），在上层尤其是各王却是一夫一妻多妾的事实。

五、诉讼审判

太平天国的审判机构、诉讼程序均属草创，很不完备。诉讼审判制度主要内容为：实施行政、司法合一的审判体制、逐级上诉和"天王"主断、击鼓鸣冤的直诉形式、审判与行刑公开。由两司马负责审理纠纷，但实践中多由总制或军政长官裁决案件。

第三节　太平天国法律制度的经验和教训

一、太平天国法律制度的经验

太平天国的法律制度体现了农民意志，在否定传统土地占有上，它反映了几千年来中国社会矛盾的核心。太平天国提倡发展资本主义、男女平等，禁止吸食鸦片等，具有一定的积极意义。

二、太平天国法律制度的教训

太平天国政权所确立的思想理论主要有《天朝田亩制度》和《资政新篇》，二者代表性质不同的生产方式，但都不能在中国社会中实现。

1.《天朝田亩制度》主要的缺陷在于其内在的逻辑矛盾。作为这次起义的主要参与者的农民，渴望经济上的自主和身份上的平等，渴望从根本上消除产生贫困两极分化的制度。但他们所勾画的新社会蓝图，受其所代表的生产力、生产关系的影响，不可能具有历史进步性，不可能带动社会的前进。它的理论一旦付诸实施，甚至不能保证必要的生产、再生产的社会秩序。一方面，在财产分配制度上反对贫富不均，进而反对私有制，主张实行财产公有、平均消费的军事公产制度，超出了现实的经济基础和社会条件，挫伤了生产者的积极性，对社会生产、再生产产生了极大的消极作用。另一方面，西方基督教教义与中国传统的宗法观念在理论上难以融合。太平天国的领袖们运用前者的平等思想来发动群众，组织起义；但又用后者来架构政权，确立皇权至上、等级特权的社会政治结构。财产分配的极端化和社会结构的旧体系，直接影响了新政权赖以建立的经济基础及赖以维持和发展的民众凝聚力。

2. 虽然起义后期提出的《资政新篇》具有重要的思想价值，代表了资本主义的生产方式，但颁布时，太平天国已处于内外交困的处境，在此时颁布与《天朝田亩制度》有直接冲突的《资政新篇》作为国家建设的纲领，在很大程度上是脱离了太平天国的现状，不具备付诸实施的现实基础。《资政新篇》提出的法治方针与经济政策，也由于战事激烈未能实施，更未能挽救太平天国。

由于制定者主观上的局限性，《资政新篇》也有浓厚的落后性，表现在：它的内容充斥着宗教迷信色彩；讲求等级特权原则；打击面过宽，不能较好的处理群众内部的矛盾，未能划清敌我界限。

总之，由于太平天国是一场农民运动，不可避免地保留了小农经济的浓重色彩，其法制也就自然地体现了小农经济的特点，无力摆脱传统社会法制的桎梏，有很大的局限，最终，这场轰轰烈烈的农民运动还是无法逃脱走向失败的命运。

思考题

1. 简述太平天国法制失败的主要教训及其基本原因。
2. 简述天朝田亩制度的主要内容及其特点。
3. 简述资政新编的主要内容及其特点。

清末变法修律

◆ **内容提要**

　　1840 年至 1911 年，清朝统治者为挽救垂危的统治被迫实行"新政"。"新政"涉及的法律制度措施有：预备立宪及宪法性文件的制定；部门法的修订；司法制度的改革等。由此中国的法律制度逐步开始了从传统向近代的转型。

◆ **案例导入**

"天津教案"

　　同治九年（1870 年）四月，天津发生多起以妖术迷拐人口案，案犯供称迷药来源于教民王三。于是民间便传说天主教堂派人迷拐小孩，挖眼剖心以作药用，更传义冢内尸骸暴露者为教堂所弃，一时群情激愤。五月二十三日，五口通商大臣崇厚及天津道周家勋会同法国领事丰大业审讯案犯。天津市民闻讯后围观并与教堂人员发生冲突。崇厚派人弹压无效，法国领事丰大业责骂崇厚并向崇厚开枪恫吓。出城弹压民众的官兵在回来的路上与丰大业相遇，丰大业枪击官兵。围观的民众愤而将丰大业打死，并鸣锣集众，烧毁教堂等，并杀伤教民等数十人，误杀俄商人三名。案发后，清政府极为重视善后处理，遂派直隶总督曾国藩与崇厚会同办理此案。不久，曾国藩调任两江总督，李鸿章接任直隶总督，与曾国藩协办此案。最后，滋事人二十名被处以死刑，其他二十余人发配。清政府出资二十一万两银子修建教堂，赔偿死亡英、法、俄国人殡葬银二十五万两。

　　天津教案中反映了清末民众对列强在华以领事裁判权为代表的司法特权的坚决抵制。收回领事裁判权、缓和国内外矛盾是促使清廷变法修律的直接动因。

第一节　清末变法修律概述

一、变法修律的背景与动因

　　从 1840 年鸦片战争开始，到 1912 年清帝退位的七十二年间，中国历史逐渐进入半殖民地半封建社会。西方列强以坚船利炮轰开了封闭三千余年的中华帝国的大门，逼迫清政府与之签订了一连串割地、赔款、求和的不平等条约，侵犯中国主权。清政府丧权辱国和亡国灭种的腐败无能行为激化了民族矛盾，引起国内

"排满兴汉"民族解放运动的爆发,清政府的统治陷入危机。以西太后为首的当权集团面对来自内忧外患的压力,一改原本固守的"祖宗之法不可变"的理念,在"西狩"途中发布了变法改革诏谕。光绪二十六年(1901年)十二月,清政府宣布"变通政治",实行"新政",1902年2月和4月又相继下诏实行变法修律:"现在通商交涉事宜繁多,著(派)沈家本、伍廷芳将一切现行律例按照交涉情形,参酌各国法律,悉心考订,妥为拟议,务期中外通行,有裨治理。"[1]一场针对中国传统法律制度的变革——清末修律,由此拉开了帷幕,中国开始了法律制度走向近代化的历程。清政府这一法律制度变革的出现,蕴涵着深刻的社会原因和动机。

(一)近代资本主义经济发展的影响

鸦片战争后中国社会出现一个重要变化,就是在中国传统的手工业大批破产和东南沿海地区自然经济瓦解的同时,近代企业产生和发展起来。自十九世纪六十年代起,清政府和一些官僚、地主、商人便开始投资近代工业,到1900年,国内已有各种类型的近代企业五百七十家,其资金规模从万元到二三十万元不等,其资金总额达六千九百余万元。[2] 随着近代企业的兴起,市场经济有了一定的发展,社会经济的变化要求有新的法律与之适应。1910年"川汉铁路公司虚报股价、亏短巨款"案即体现了经济的发展对近代公司法、刑法、诉讼法等的需求:

"川汉铁路公司虚投股价、亏短巨款"案

1910年,川汉铁路发生了亏短巨额款项的大案,该公司经营沪款的职员施典章先后侵占、挪用路款百余万元。案发后,四川京官邓熔及资政院先后提出应照公司律关于查账人和公司清算的规定,公举查账人会同部派人员进行制裁。后来,主管该案的邮传部在1911年经过几个月的调查后,认为,《商律》第一百二十九条规定,董事总办或经理人、司事人等,如果有偷窃亏空公司款项或冒骗他人财物者,除追缴及充公外,依其事轻重,监禁少至一月,多至三年,并罚以少至一千元,多至一万元之数。从而认为,施典章虚报股票价值、侵蚀公司银十二万余两,依照商律追缴充公。待案件办完后,交有管辖权的地方官监禁三年,罚金一万元缴清后才能释放。

(二)近代法律意识的觉醒

随着西方资本主义文化的逐渐涌入,传统中国"闭目塞听"的局面有所改

---

〔1〕《清实录》卷四九八。
〔2〕 樊百川:"二十世纪初期中国资本主义发展的概况与特点",载《历史研究》1983年第4期。

变，洋务派在江南制造总局设翻译馆等新式机构，翻译出版介绍西方资产阶级法制理念的进化论、"天赋人权"论、"社会契约"论、"分权"论的书籍，宣传资产阶级的民权、平等、自由思想，对传统的君主专制制度和"三纲五常"理论予以批驳。思想家集团中出现了"礼法分野"、"诸法并重"、"司法独立"等先进呼声；并认为传统的中国法律不公正和量刑太严，建议废除斩首和肉刑，用劳役刑代替监禁刑，改善监狱条件等主张。

（三）修律的直接动因——收回领事裁判权

领事裁判权即治外法权，是列强根据与中国缔结的不平等条约而享有的一种司法特权。该制度规定，发生在有约国外国人之间的案件，由外国领事或其在中国的特设法庭管辖，适用外国法律；发生在有约国与中国人之间的争讼，无论是民事案件还是刑事案件，均归被告所属国家的法庭管辖，适用被告人本国的法律。领事裁判权的设立，严重破坏中国司法主权的独立性，出现了在中国领土上"外人不受中国之刑章，而华人反就外国之裁判"的荒谬现象，列强在华的领事裁判权，极大破坏了中国的司法主权，深深刺伤了中国人民的自尊心，造成了民族矛盾的急剧深化。

英、美、日、葡等列强要求领事裁判权的主要借口在于，中国传统法律太过落后野蛮，与西方国家法律的基本精神及主要制度不相一致。例如，清律中死罪条目相当多，刑罚非常残酷；审判中司法与行政不分；刑讯逼供惨无人道；监狱条件恶劣；等等。并允诺："一俟查悉中国律例情形及其断案办法……与各国改同一律……（英国）允弃其领事裁判权。"既然有了列强的承诺，加上又有日本在修改法律后取消了领事裁判权的先例，朝野上下莫不欢欣鼓舞，急欲通过修律来收回领事裁判权，借此走向独立与富强之路。

二、清末变法修律的指导思想及主要特点

面对一场被迫而来的变法修律，清政府有其明确的指导思想："参酌各国法律，悉心考订，妥为拟议，务期中外通行，有裨治理。"据此，整个变法修律体现出"中体西用，中西结合"的特点：

1. 在立法指导思想上，清末修律自始至终贯穿着借用西方近代资本主义法律形式，固守中国封建法制传统的基本方针。为适应时变，清政府不得不"改弦更张"、"参酌各国法律"进行变法修律，但在涉及纲常礼教、家庭伦理等根本问题上又坚持修律应"不戾乎中国数千年相传之礼教民情"，即变法修律不能违背中国传统的封建伦理道德，不能从实质上损害中国的封建政治制度与封建社会秩序。

2. 在内容上，清末修订的法律表现出封建专制主义传统和西方资本主义法学最新成果的奇怪混合。一方面，清末修律坚持君主专制体制及封建伦理纲常

"不可率行改变"，在新修订的法律中继续保持肯定和维护有利专制统治的传统，坚持中国固有的封建制度的内容；另一方面，又标榜"折衷世界各国大同之良规，兼采近世最新之学说"，大量移植引用西方法律理论、原则、制度和法律术语，使得保守落后的封建内容与先进的近现代法律形式同时显现在这些新的法律法规之中。

第二节　清末修律的基本进程和内容

清末的变法修律大致可分为"预备立宪"和各种新法的制订两个部分。

一、"预备立宪"阶段

开始于 1906 年的"预备立宪"，是清政府实行"新政"的核心，由于这场变革关系到清廷的政治命运，最高统治集团对其具体方式和结果并无把握，因此，1905 年清政府专门设立考察政治馆（1907 年改为宪政编查馆）具体负责宪政事务，并派载泽等五大臣，赴日本、英国、美国、德国等国考察宪政情况。考察的结果，使清廷终于放心了：立宪可以实现三大利——皇位永固、外患渐轻、内乱可弭，这正是以慈禧为首的清朝统治集团所希望达到的目的。经过一个多月的讨论酝酿，1906 年 9 月颁布"预备仿行立宪"诏谕，以"大权统于朝廷，庶政公诸舆论"为立宪根本原则，从改革官制入手，继而厘定法律、广兴教育等为立宪基础；同时申明由于"目前规制未备，民智未开"，只能先行"预备立宪"，预备期将从 1908 年正式启动至 1916 年完成，历时九年。

在长达数年的"预备立宪"活动中，与法律制度有关的预备立宪活动主要有三：其一，设立资政院与谘议局；其二，实行官制改革；其三，颁布《钦定宪法大纲》和《宪法重大信条十九条》（《十九信条》）。

（一）机构设置

为效仿西方的议会制度，清政府特别设立了中央资政院和各省谘议局，以此作为议会召开前的咨议、咨询机关。资政院和谘议局本应起到代表民意的权力机关的作用，但从两机构的职能、权限以及议员产生条件来看，其实质只是清政府"预备立宪"的一个道具而已。

1. 资政院。历经三年筹备，1910 年 9 月中央资政院正式设立。依照 1908 年《资政院院章》的规定，该院主要职能有：议决国家的年度预决算、税法与公债；法典的修订、修改以及其他奉"特旨"交议事项。但是，由于资政院的一切决议事项，均须报请皇帝定夺，军机大臣和各部行政长官有权要求复议，若双方意见不一，则分别上奏皇帝；皇帝有权谕令资政院停会或解散。并且，资政院议员的产生，由"钦选"与"民选"产生的各一百人组成。钦选议员即为皇帝指定，包括宗室贵族和高官显贵（八十人），硕学通儒者（十人）和纳税多者（十人），显然议员代表的只是少数的上层阶层。民选议员由各省谘议局议员互选产生，但须各省督抚圈定。显而易见，资政院的实际效能非常有限。

随着资政院的设立，国家立法增加了由资政院审议通过的程序，其通过立法的方式与西方国家一样，实行三读通过制。虽然在清朝崩溃前未能全部实现，但新立法制度已经开始出现。资政院成立不久即发生了赫赫有名的"弹劾军机大臣"案：

"弹劾军机大臣"案

1910 年 10 月 3 日（宣统二年九月初一），资政院举行第一次常年会议，经过二十天的激烈讨论，全体表决通过了"速开国会案"。同年 11 月 22 日。湖南议员易宗夔以军机大臣在处理滇、桂二案中有"侵犯了资政院的权、违犯了资政院的法"的行为，依据《资政院院章》第二十一条"军机大臣或各部行政大臣如有侵夺资政院权限，或违背法律等事，得由总裁、副总裁据实奏陈，请旨裁夺。前项奏陈事件，非有三分之二以上之同意，不得议决。"奏请弹劾军机大臣，并力陈军机大臣"责任不明，难资辅弼"，"尸立旷官，上负天恩，下孤民望"等数条弊习，呼吁"迅即组织内阁，并于内阁未经成立以前明降谕旨，将军机大臣必应担负责任之处宣示天下，俾无推诿"。经表决该议案以 112:12 的绝对优势获得通过。弹劾的结果是朝廷对资政院的一番斥责："朕维设官制禄及黜陟百司之权为朝廷大权，载在先朝钦定宪法大纲，是军机大臣负责任与不负责任，暨设立责任内阁事宜，朝廷自有权衡，非该院总裁所得擅预，所请着毋庸议。"对以庆亲王、那桐为首的军机大臣则抚慰有倍，极力挽留。此后资政院又有两次弹劾军机大臣的努力，但结局是"中国依然，军机大臣依然"。

这场弹劾案是中国历史上首次大臣敢于与朝廷抗争，以争取权力的尝试，尽管没有成功，但折射出了近代宪政运动的启蒙作用。

2. 谘议局。清政府 1907 年筹建、1909 年开始在各省设立地方性咨询机关——谘议局。1908 年由宪政编查馆草拟了《谘议局章程》及《谘议局议员选举章程》，被批准颁行。依照这两个章程的规定，谘议局活动的宗旨在于"指陈通省利病，筹计地方治安"，其权限是：讨论本省兴革事宜；议决本省预决算、税收、公债；制定或修改本省单行法规、章程；接受本省民众陈请与建议；对本省行政机构行使有限的监督权以及选举资政议员、申复资政院或本省督抚的咨询；等等。但其所议定事项，可决权归属本省督抚，督抚对于谘议局，不仅有监督、裁夺之权，而且有令其停会及奏请解散之权。谘议局议员名曰民选，但实际有选举权的不过千分之几，因为选举条件极为苛刻：本省籍贯二十五岁以上之男子，并有秀才或中学以上学历、五千元以上资产、或曾任七品以上文官者。

产生于中国封建专制土壤中的资政院和谘议局，有着"即为将来上、下议院法之始基"的目的，但实质并不具备近现代社会的国家或地方议会性质。这一方面反映了清廷对立宪的敷衍及对大权的控制，另一方面也说明了单纯移植西方某些制度是不可能有生命力的。尽管存在的时间不长，但立宪派和进步人士利用这个平台，对军国大政进行公开讨论，并通过报刊杂志的宣传，将民主的观念、宪政的观念灌输给广大民众，激励了民众参政议政的热情。资政院和谘议局在各自的权限范围内对推动清政府的改良宪政运动作出了贡献，如：通过速开国会案、弹劾军机大臣与速组责任内阁案、迅即颁布宪法请愿活动等，为受几千年绝对封建专制制度控制的中国社会带来了新气象，有利于国民的民主意识和权利意识的开启。

（二）实行官制改革

清政府对中央行政机构进行改革实际从 1901 年 7 月开始的。当时是根据外国列强的要求和人事安排，将总理各国事务衙门改为外务部，设总理大臣一人，会办大臣二人（其中一人兼尚书）。

清政府借鉴日本明治维新的经验，将官制改革作为廓清积弊、推行新政的第一步。光绪三十二年二月二十日（1906 年 11 月 6 日），慈禧太后相继颁布《厘定官制谕》，设置了编制馆，指派载泽等十四人为编纂大臣，作为预备立宪重要环节的官制改革正式展开。在中央机构改革方面，将六部、五寺等合并为十一个部，但军机处、内务府太监机构、翰林院、八旗制等不变，即使改革的十一个部也大部分控制在满洲贵族手中。地方官制的改革从 1907 年开始，主要是与中央机构改革相配套，对各省、府、州、县的行政机构作了新的规定，重心也在于把地方的军权、财权收归中央，在相当的程度上削弱了地方督抚的权力，强化了中央集权。

显然，这场官制改革是对权力的再分配，不可能触动满清政府的核心部门，相反，满族贵族还利用这次官制改革机会，不仅在满汉官员比例上排挤汉族官僚，且将重要部的职位皆操控于满族贵族手中，使得在中央机构中，满族势力占据绝对优势。更有甚者，就 1911 年成立的中国历史上第一个责任内阁而言，十三名内阁成员中汉族官员四人，蒙古族一人，其余都为满族官员，其中皇族成员就有五名，约占内阁百分之三十八，故时有"皇族内阁"之讥称。名为立宪而生的内阁实则是对皇权的强化，"立宪派"的美好愿望再次破灭。因此，"立宪派"报纸抨击改革，各省立宪团体联名上书请求速开国会，甚至对地方官制改革不满的封疆大吏也要求加快立宪。清政府在各方压力下，被迫在 1908 年宣布了预备立宪的明确时间表。

在这场"声大而实小"的官制改革中，司法领域官制改革的成效应该是值得肯定的。依据西方司法与行政分立的原则，戴鸿慈、奕诓等先后上奏认为"臣等谓宜采各国公例，将全国司法事务离而独立，不与行政官相丽"[1] 必须使立法、行政、司法三者各自分开，以资政院为暂时之立法机关，行政权属内阁，司法之权属法部，以大理院任审判之职，而法部实行监督。这一措施确实得到了落实，但就法部所掌司法范围，大理院所掌审判范围两者如何划分，官制改革方案并没有正式解释。由此，（法）部与（大理）院之间在审判权限、人事任免、行政事务等方面展开了一系列的论争，这就是当时的"部院之争"，直到《法院编制法》颁布才将两者性质和分工予以明确

（三）《钦定宪法大纲》与《宪法重大信条十九条》

1.《钦定宪法大纲》。清政府在宣布预备立宪以后，设立了宪政编查馆。1908 年颁布的由宪政编查馆编订、皇帝批准的《钦定宪法大纲》成为中国历史上第一个宪法性文件。

编制体例上，《钦定宪法大纲》采用德、日君主立宪制度，分为正文和附录两部分，共二十三条。其中正文"君上大权"十四条，附录"臣民权利义务"九条。这种编制体例，已说明这部宪法大纲重君权、轻民权的特点。内容上，正文十四条中，第一、二条规定了皇帝至高无上的地位："大清皇帝统治大清帝国，万世一系，永永遵戴"；"君上神圣尊严，不可侵犯"。第三条至第十四条具体规定了君主的"大权"为："凡立法、行政、司法皆归总揽，而以议员协赞立法，以政府辅弼行政，以法院遵律司法"。另外有"颁行法律及发交议案之权"，"召集、开闭、停展及解散议员之权"，"统率陆、海军之权"，"宣布战争与媾和之权"，"宣告戒严之权"，"总揽司法权委任审判衙门"等方面的各项绝对权力，并在许多条文之后加上"议院不得干涉"、"皆非议院所得干预"等词语，以保障绝对皇权、限制议会的权力。至于"附录"九条，虽然加了诸多限制，但却是中国第一次以法律形式规定了民众的自由与权利，臣民在法律范围内有言论、著作、出版、集会、结社等自由；非按法律不得逮捕，财产及居住无故不加侵扰。这是一个开天辟地的变化。《钦定宪法大纲》虽然完全符合"大权统于朝廷"的立宪宗旨，其实质在于给封建君主专制制度披上"宪法"的外衣。其颁布后即遭到反对和批评，但该大纲毕竟以法律形式，在中国历史上首次搬抄了一些臣民权利义务，由此中国法律制度史上开始书写"宪法"的历史。

〔1〕《清末筹备立宪档案史料》，第 379 页。

2.《宪法重大信条十九条》。清政府的"预备立宪"，并不能替自己找到一条有效的自救之路。1911年10月10日，辛亥革命爆发，革命风暴很快席卷大半个中国，南方各省纷纷宣布独立，清王朝的统治处于土崩瓦解之中。清政府一面急忙调兵遣将；一面下"罪己诏"，并责令资政院迅速起草宪法，企图继续以承诺立宪来度过危机。1911年11月3日，由代行国会职权的资政院经过法定程序制定、皇帝颁布的《宪法重大信条十九条》，在应急之需中诞生了。所谓"重大信条"是指经过修改的涉及国家根本制度的条款。

《十九信条》与三年多前公布的"钦定宪法"相大致比较，在立法宗旨、政体模式、法律效力等方面均有较大变化。首先，立法宗旨上，"钦定宪法"以君权至上为宗旨，《十九信条》则采抑制君权为宗旨。其次，政体模式上，"钦定宪法"采日本君主立宪模式，君主权力极大；《十九信条》则采英国虚君共和制模式，名为君主立宪，实际上除了保留皇室以外，皇帝只是一个名义上的国家元首而已，与共和制相差无几。实行议会政治、责任内阁，皇帝的权力、皇位继承顺序由宪法规定，国际条约、年度预算、皇室经费都由国会决定，总理大臣由国会推举有权组阁，皇族不得为国务大臣和省一级长官，国会有权弹劾总理，总理有权一次性解散国会，形成一种相互制衡的原则。最后，法律效力上，《十九信条》由临时国会——资政院，经法定程序制定，具有临时宪法的效力。

二、各种新法的制订

1902年3月，清政府下达修律谕旨，责成袁世凯、刘坤一、张之洞等选择熟悉中西法律的人负责修律。经过举荐，沈家本、伍廷芳成为修律的负责人。1904年，清廷设立修订法律馆专门负责修律，清末修律正式拉开了帷幕。

从1902年清政府正式决定修律到1912年清王朝覆灭，修订法律馆及相关机构先后起草、颁行了多部法律文件，内容涵盖了刑法、民法、商法、诉讼法、法院组织法等多个领域。修律无论是在数量上，还是在引进西方先进原则与制度的力度上，都可谓成绩斐然。一个全新的法律体系逐渐呈现，为中国法律的近代化转型作好了铺垫。

（一）刑律的修订

中国传统法律以刑事法律为中心，而且各国要求领事裁判权的主要借口都是指向刑律，因此刑律修订是清末修律的重中之重，历时最久，阻力最大。

1.《大清现行刑律》。《大清现行刑律》是清政府于1910年5月15日颁行的一部过渡性法典，是基于《大清律例》的基础稍加删改而成，共三十六卷，三百八十九条；另有附例一千三百二十七条，并附《禁烟条例》十二条和《秋审条例》一百六十五条。作为《大清新刑律》制定完成之前的一部过渡性的法典，其基本内容和篇目名称依旧没有摆脱中国封建法典的传统，但毕竟也带来了近代社会的气息。《大清现行刑律》的变化主要体现在以下四个方面：

（1）删除六律总目，初步区分刑民。以往《大明律》、《大清律》都是按照六律分篇，但1906年官制改革时，六部已改为十五部，因此须将《大清律例》按六部名称而分的六律总目删除，法典条款按其性质以《名例律》为首分隶三十门。同时，关于继承、分产、婚姻、田宅、钱等纯属民事性质的条款单列，放在律文的后部分，不再科刑，以适应新潮流。

（2）改革刑罚制度。主要是废除了一些残酷的刑罚手段，删除了凌迟、枭首、戮尸、刺字等刑罚和缘坐制度，停止刑讯。将主体刑罚确定为死刑（斩、绞）、遣刑、流刑、徒刑、罚金五种。

（3）删除过时的条款。主要是一些等级方面的条款，如良贱的区别，满汉的区别，如删除了"良贱相殴"、"良贱相奸"条，改"奴婢"为"雇工人"，取消了奴婢在法律"律比畜产"的不平等地位；另还删除了"违禁下海"等规定。

（4）增加新罪名。主要是清末以来应形式发展变化而产生的，诸如妨害国交罪、妨害选举罪、私铸银元罪以及破坏交通、电讯等罪名。

但由于它颁行于辛亥革命前夕，因而实施不久即被废除。

2.《大清新刑律》。《大清新刑律》由修订法律馆于1906年开始起草，1910年12月颁布，历时五年之久。但由于该法中，以沈家本为首的"法理派"依据了西方刑法理论和引进了西方的刑法体系与制度，使得该法的制定触及了中国传统法律核心——伦理道德，引起了以张之洞、劳乃宣为代表的"礼教派"的强烈攻击和反对，两派间的激烈争执史称为"礼法之争"。这场争论导致《大清新刑律》直到1911年1月25日清政府才予以公布，然而公布后不久就因清王朝覆亡而未得正式施行。

（1）《大清新刑律》的折中变通。《大清新刑律》是沈家本主持修订的法律中最具有代表性的法典，集中体现了沈家本的刑法思想。他将法典分五十三章，四百一十一条，以西方刑法总则和分则的体例进行编纂，较以往旧律而言，有五方面的变通：

第一，体例上打破了原来诸法合体的体例。完全按照西方刑法典体例编制，成为中国历史上第一部专门的刑法典，近代部门法体系开始形成。

第二，采用西方近代刑罚体系，把刑罚分为主刑和从刑。主刑包括死刑、无期徒刑、有期徒刑、拘役、罚金，从刑规定为褫夺公权和没收。其中死刑采用死刑唯一原则，以绞刑为唯一死刑。

第三，引进西方一系列的刑法原则、制度和术语。刑法原则方面，确立罪刑法定原则和正当防卫原则，删除比附原则。规定："法律无正条者，不问何种行为，不为罪。"刑法制度方面，首次采用了"缓刑"、"假释"、"时效"等制度，体现了以自由刑为中心的理念。刑法术语方面，借鉴了惯犯、偶犯、既遂、未遂、紧急避险等。

第四，调整了一系列罪名。原来属于封建伦理道德方面的特权法、家族主义法都废除了，比如八议、官当、十恶、准五服制罪等都被取消了。新增加了一些罪名，比如国交、外患、选举、交通、卫生等方面的罪名。还有个别罪名换了名称，如"谋反罪"改为"内乱罪"，并与"十恶"中的内乱罪意思完全不同。

第五，《大清新刑律》倡导对青少年犯罪采用教育与惩治相结合的感化手段等，使得人道主义精神在该律中充分得到体现。因此不论是从体例和内容的视角，还是从该法反映出的刑法思想角度看，沈家本不愧为融合中西法律制度的"冰人"。《大清新刑律》也因此成为中国历史上第一部具有近代意义的新式刑法典。

（2）"礼法之争"。"礼法之争"的焦点是《大清新刑律》中关于中国传统法律制度所体现的封建礼教的重大条款是存是废的问题。主要集中在以下几个方面：

第一，"干名犯义"罪名的存废问题。"干名犯义"是传统法律中一个重要罪名，专指子孙控告祖父母、父母的行为。以"礼教派"看来，亲属相互告言"亏教伤情"，属"十恶"之条。沈家本等人则从西方法理出发，提出亲属控告亦属"告诉之事"，"应于编纂判决录时……详叙办法，不必另立专条"。

第二，"存留养亲"制度。长期以来，礼教派认为，"存留养亲"一直被视为"仁政"、鼓励孝行的重要方式，各代已形成了一整套完善的制度，不能随便就排除在新律之外。沈家本等则认为，该制度"非以施仁，实以长奸，转以诱人犯法"。

第三，"无夫奸"和"亲属相奸"问题。依传统理论，"奸非"和"亲属相奸"均属"大犯礼教之事，故旧律定罪极重"，在新律中也应当有特别的规定。"法理派"认为，"此事有关风化，当于教育上别筹办法，不必编入刑律之中。旧律重至立决，未免过严"。

第四，"子孙违反教令"问题。传统社会里凡是子孙违背尊长意志、命令的，都属于"子孙违反教令"的内容，法律要予以处罚。"礼教派"认为，这样"子孙治罪之权，全在祖父母、父母，实为教孝之盛轨"。"法理派"则认为："违反教令出乎家庭，此全是教育上事，应别设感化院之类，以宏教育之方。此无关于刑事，不必规定于刑律中也。"

第五，子孙卑幼对尊长能否行使正当防卫问题。"礼教派"认为，子孙对父母祖父母的教训、惩治，只有接受的道理，绝无"正当防卫"之说。"法理派"

则认为："国家刑法，是君主对于全国人民的一种限制。父杀其子，君主治以不慈之罪；子杀其父，则治以不孝之罪……方为平允。"

1907 年，《大清新刑律》（草案）交各部及督抚签署意见，遭到以军机大臣张之洞为首的保守势力的猛烈攻讦和责难，指责新刑律内容有悖于"因伦制礼，准理制刑"的立法原则，是"败坏礼教"，凡有违伦理之处，概"应全行改正"。在各省一片附和声中，朝廷下谕强调"中国素重纲常，故于干名犯义之条，立法特为严重"，令沈家本"务本此义"，对新刑律草案予以修改。其结果是"于有关伦纪各类，恪遵谕旨，加重一等"。不仅如此，法部又在正文之后增加了五条附则，即《暂行章程》五条，规定十恶、亲属容隐、干名犯义、存留养亲等仍依旧律惩处；危害乘舆、内乱、资敌、杀害尊亲属等仍用斩刑；对尊亲属不得适用正当防卫。

1910 年，被迫修订后的新刑律，再次交宪政编查馆核定，又遭到了以劳乃宣为首的保守派的攻击，其目的是要在新刑律中将传统法典有关伦纪礼教各条悉数纳入。一时，新律大有被全盘推翻之势。沈家本为首的法理派，再次奋起逐一驳斥，最后双方争论集中在"无夫奸"和"子孙违反教令"是否为罪问题上。互不相让的双方，争论也从媒体一直到资政院会议闭会仍无结果。这样，清廷最终颁布了由总则、分则和《暂行章程》五条体例编撰而成的《大清新刑律》，并确定于 1912 年正式实施。不久沈家本也遭礼教派的弹劾，被迫辞去修订法律大臣和资政院副总裁的职务。中国历史上首次中西两种完全不同的法律文化的正面交锋宣告落幕。它的意义不单纯是一部新旧杂糅的新式刑律的诞生，更重要的是它显示了西方法理学说（尤其是刑法学说）与中国传统礼教学说间的斗争，并不是以法理派的彻底失败而结束，相反，法理派在诸如"子孙违犯教令"不入刑律方面的力争也得到了实现。虽然这种胜利相对礼教派的胜利来说是弱小的，然而在有几千年封建礼教传统下的中国社会，其胜利有破封建礼教之坚冰的意义，为以后民国时期刑法的制订奠定了基础。

（二）民商事立法的初创

1.《大清民律草案》。《大清民律草案》的制定始于 1907 年 6 月，1911 年 8 月完成，共分总则、债、物权、亲属、继承五编，一千五百六十九条。是中国历史上第一部民法草案。

为制定好这部具有开创意义的民法典，修订法律馆在沈家本的带领下，一方面为贯彻"重世界最普遍之法则"和"原本后出最精之法理"的宗旨，聘请日本法学家松冈正义等人仿照德、日民法典的体例和内容草拟而成总则、债、物权三编，吸收了大量的西方资产阶级民法的理论、制度和原则，如平等原则、契约自由原则、过失责任原则、保护所有权原则等，在法典中都有体现。另一方面则对中国传统的礼教民事习俗进行了大规模的调查，以"求最适于中国民情之法则"和"期于改进上最有利益之法"。故而由礼学馆草成的亲属、继承两篇，其中国封建制度和封建礼教的色彩依然浓厚。

由于清王朝在草案起草完成后随即崩溃，这部民律草案并未正式颁布与施行。而且由于立法者们肩负着"模范列强"、"推行宪政"、收回"治外法权"的重重政治诉求，已使立法者们无暇顾及法典本身的"法律问题"了。因此草案的内容和精神都非一贯之西方民法理念，中西杂糅的修律特点表现鲜明。尽管如此，《大清民律草案》的制定，终于使民法成为一个独立、重要的法律部门，打破了中国几千年来刑民不分的编纂体例，为中国近代民法典的修订确定了框架体系；所确立的许多原则、制度、概念、术语等为后来民国制定民法典奠定了重要基础；所引进的平等、公平等民法理念，促进了中国民事法律思想的转变；注重中国民间习惯对民事行为的调节，并进行大量社会调查的编纂方法，值得后人深思。

2. 商事立法。中国传统官商一体的社会政治经济结构，为清末商律的修订提供了历史基础。同时，近代与西方资本主义列强的"商战"，客观上刺激了国内工商业的发展；随之而来的是对商法的迫切需要。清廷"农商并重"政策的转变和一些有识之士对制定商事立法的积极倡导，终于促使清廷在 1903 年 4 月下谕先制商法，9 月商部成立，商事立法的步伐加快。商法成为清末修律活动中最早着手制定的部门法。

清末商事立法大致可以分为两个阶段：1903 年至 1907 年为第一阶段；1907年至 1911 年为第二阶段。在第一阶段，商事立法主要由商部负责。其主要任务是根据当时的需要，颁行一些应急的法律和法规，主要有：1904 年 1 月颁布了由《商人通例》和《公司律》组成的《钦定大清商律》，是中国历史上具有重要意义的第一部独立的商法。其中，《商人通例》九条，确定了商人的概念、规定了商人的能力和条件以及妇女经商、商号、商业账簿等方面的问题，在法律上承认了商人的合法地位，具有商法总则的性质；《公司律》一百三十一条，共十一节，对公司的分种类及创办呈报办法、股份、股东权利各事宜、董事、查账人、董事会议、众股东会议、账目、更改公司章程、停闭、罚例，作了初步的规定。自颁布后一直实施到 1914 年民国北京政府颁布新《商人通例》和《公司条例》才告失效。此外，还有 1904 年 6 月颁行的《公司注册试办章程》，1904 年 7 月颁布的《商标注册试办章程》、《商标注册试办章程》，1906 年 5 月颁行的《破产律》以及其他有关商务和奖励实业的章程。总体上看，由于时间仓促，这一阶段所订的商法内容显得比较简单、粗糙，而且门类不全，不能满足清廷与社会的需要。但积累的商事立法经验为以后立法的完善奠定了基础。

在第二阶段，1906 年官制改革后，主要商事法典改由修订法律馆主持起草，单行法规仍由各有关部门拟定，须经宪政编查馆和资政院审议后请旨颁行。在此期间，修订法律馆于 1908 年 9 月聘日本法学博士志田钾太郎起草了《大清商律草案》（亦称《志田案》），计有总则、商行为、公司律、票据法、海船律五编，共一千零八条。该法典以德、日商法为蓝本，体例严谨、内容周详，但也有不少条款不合中国实际。此外还起草了《交易行律草案》、《保险规则草案》、《破产律草案》等。由于清朝覆灭，以上立法均未正式颁行。在此期间颁布施行的单行商事法规有 1908 年的《银行则例》、《银行注册章程》，1910 年的《大小轮船公司注册给照章程》、《运送章程》等。此外，清政府还制订并颁布了一些与商法有密切关系的法规，如《商会简明章程》、《华商办理农工商实业爵赏章程》、《奖励华商公司章程》等，以鼓励近现代形式的华商事业发展。

（三）诉讼法的转型

中国传统法律一向是诸法合体，程序法不单独编纂的。这种体例和模式已经不能适应鸦片战争后近代中国社会形势的变化，在相当的程度上也成了西方列强攫取领事裁判权的重要借口。深谙西方法律制度的沈家本清醒地意识到，法制"大致以刑法为体，以诉讼法为用；体不全，无以标立法之宗旨；用不备，无以收行法之实功。二者相因，不容偏废。"[1] 遂在 1905 年提出了效行西方诉讼法，制订简明诉讼法，将刑事诉讼、民事诉讼规定在一部法典中，既可使裁判、诉讼咸得其宜，又有助于收回治外法权。在沈家本等人的努力下，清廷前后共制定了三部诉讼法。

1.《大清刑事民事诉讼法草案》。完成于 1906 年 5 月的《大清刑事民事诉讼法草案》是中国历史上第一部诉讼法草案。该法典采用刑事诉讼法和民事诉讼法合一的体例，分总纲、刑事规则、民事规则、刑事民事通用规则、中外交涉事件等五章，二百六十条。整部草案较为系统地规定了各项诉讼程序，并首次采用了近代英美法系中的陪审制度和律师制度，沈家本反复强调此二者"俱我法所未备，尤为挽回法权最要之端"，[2] 但最终还是因遭到各省督抚的反对和礼教派的攻击，该法律草案未实际颁行。

2.《大清刑事诉讼律草案》。在各省督抚对《大清刑事民事诉讼法草案》提出种种反驳意见的同时，沈家本等人在日本法学家冈田朝太郎、松冈正义等的协助下，以《大清刑事民事诉讼法草案》为基础，开始着手编订新的诉讼法草案。经过三年的努力，于 1910 年底完成。其中《大清刑事诉讼律草案》分为总则、

---

〔1〕《光绪朝东华录》，光绪三十二年四月，第 5503 页。
〔2〕《光绪朝东华录》，光绪三十二年四月，第 5506 页。

第一审、上诉、再理、特别诉讼程序及附则六编。内容上更多的采纳了西方国家的一系列诉讼原则和制度，民、刑事诉讼从此分离，原、被告诉讼地位对等，公开审判，即使是遭到反对的陪审制度和律师制度也得以保留。应当说《大清刑事诉讼律草案》标志着中国刑事诉讼法开始走向近代化，在中国诉讼法历史上具有重要地位。

3.《大清民事诉讼律草案》。"保护私权，实关重要"是沈家本对民事诉讼法重要性的认识，在日本法学家松冈正义的参与下，1910 年修订法律馆完成了中国第一部独立的民事诉讼法，包括审判衙门、当事人、普通程序和特别程序四编，共八百条。

以上这三部诉讼法草案，均未及颁行，但都未完全废弃，后来民国政府的诉讼法在相当的程度上受上述三部诉讼法草案的直接影响，对其条款援引使用。

（四）法院组织法的创立

中国传统社会实行行政与司法合一的体制，缺乏对审判系统的机构和相关原则的独立规定。为适应清政府"新政"的需要，有关审判组织方面的规定陆续出台。主要有：

1.《大理院审判编制法》。是清政府为配合官制改革，于 1906 年制定的关于大理院和京师审判组织的单行法规。规定了大理院和京师地方审判机关的管辖、职责和权限，确立了四级三审、审检合署、审判合议、司法权独立行使、刑事案件由检察官提起公诉以及审判监督机制等司法制度和原则。它的制定成为中国法制史上第一部关于法院组织方面的法规。

2.《法院编制法》。是 1910 年清政府公布的关于法院组织的法规。该法规仿照日本裁判所构成法拟定而成，共十六章一百六十四条，内容涉及各级审判机构的设置、组织、权限、审判规则及司法行政事务等，并吸收了西方国家的一系列新的司法原则，如司法独立、辩护制度、公开审判、合议制度等。虽并未能真正实施，但它是第一部全国性的、较全面、系统的法院组织法规，为司法制度的近代化奠定了基础。

清末修律本是清政府为挽救政权而抛出的应急之作，其实质在于配合立宪，缓和矛盾，抵制革命，妄图借助资产阶级法律形式来掩盖和延续君主专制统治。但客观上，通过变法修律在一定程度上推动了中国资本主义经济的发展，引进和传播了西方近现代的法律学说和法律制度，导致中华法系走向解体，加快了中国法律近代化转型的步伐。

第三节　清末司法制度的变化

一、清末司法制度的半殖民地化

1. 领事裁判权。领事裁判权的设立原因和基本内容已如本章第一节所述。尽管从表面上看来列强获取领事裁判权有一定的正当性，但是列强更深层次的动机则是通过领事裁判权来保护本国人员在中国从事各种活动，包括贩卖鸦片等非法活动，从而最大限度地攫取本国的在华利益。因此，领事裁判权无异于为西方列强在中国的领土上为所欲为、暴虐横行提供了法律与事实上的保护伞。该制度直到 1943 年才在法律上废除。

2. 观审制度。西方列强在攫取了领事裁判权以后，犹未满足，仍想方设法获取更多的司法特权。由于领事裁判权主要适用于案件被告是外国人的情形，而在案件原告是外国人、被告是中国人时，一般由中国法庭予以审理。在这种情况下，列强则设法以"观审"之权对中国的司法加以干涉。1896 年的《中英烟台条约》是第一个确立了观审制度的条约。该条约规定，在内地各省或通商口岸发生的有关英国人的命盗案件，应由英国大臣派员前往观审。之后的《中美北京条约》对观审制度有更为明确具体的规定：凡是中美人士之间的案件，被告为哪国人，即由哪国官员审理，原告国家的官员在审判时，可以前往观审，而且有权提出传讯证人，并对其认为办理不公的案件进行辩论。通过观审制度，即使是中国法庭审理的案件，外国官员也可以到现场指手划脚，横加干涉。这种观审制度是对原有领事裁判权的扩充，进一步侵犯了中国的司法主权。

3. 会审公廨。会审公廨又称会审公堂，是清政府在租界内设置的特殊审判机关。1864 年，清政府与英、美、法三国驻上海领事协议在租界内设立专门审判机构，正式形成会审公廨制度。会审公廨名义上是清政府派驻租界的基层法庭，但凡遇诉讼牵涉洋人必应到案者，必须有领事官员参与会审。凡华洋互控案件，被告为有约国人的，由该国领事裁判；被告为无约国人的，也须由外国官员陪审；凡洋人的中国雇员涉诉，须先通过领事馆，审判时由领事官员到厅听讼。对于纯属华人之间的诉讼案件，虽规定由中国官员自行讯断，但实际上外国领事也来观审并操纵判决。会审公廨是领事裁判权的扩大和延伸，成为了侵犯中国司法主权的毒瘤。清政府也逐渐认识到会审制度对于其统治的危害性，因而对各国增设会审公廨、扩大会审公廨司法权限的要求进行了一定的抵制。例如，1904 年清政府拒绝了天津团提出的在天津设立会审机构的要求；1905 年，又拒绝了上海领事团提出的扩大领事司法权力和会审公廨权限的要求。

二、清末司法机构的调整与诉讼审判制度的改革

在清末变法修律过程中，为配合官制改革及一些新的诉讼法规的颁行，清政府也对相传已久的旧诉讼体制和审判制度进行了一些改革，主要表现在：

1. 司法机构调整。司法机构的调整是在 1906 年开始的官制改革中进行的。当时，改刑部为法部，掌管全国司法行政事务，不再具有审判职能，改省一级的按察使司为提法使司，负责地方司法行政与司法监督；改大理寺为大理院，为全国最高审判机关并有权解释法律、监督各级地方审判活动。地方设初级、地方、高等审判厅等审判机构；实行审检合署，在各级审判厅中相应设置初级检察厅、地方检察厅、高等检察厅及总检察厅，负责对刑事案件进行侦察、提起公诉、实行审判监督，充当民事案件的诉讼当事人或公益代表人。秦以来的监察机构御史台在经历了明清都察院的演变后，至此结束了使命。

2. 诉讼审判制度的改革。主要引进了一系列西方近代诉讼审判原则和具体制度，表现在：

（1）在审级上实行四级三审终审制。在审判中明确实施辩论制、回避制及审判公开制等，并明确了预审、合议、公判、复审等程序。

（2）规定了刑事案件公诉制度、公诉附带民事制度、民事案件自诉及代理制度、证据制度、管收及保释制度、诉讼费用等，承认律师活动的合法性。但规定妇女不得充当代诉人。

（3）初步规定了法官、检察官考试任用制度。

（4）改良监狱，实施"罪犯习艺所"等犯人感化制度。

需要明确的是，清末的司法制度改革，如同整个"预备立宪"、变法修律活动一样，大多仅停留在文字上，在实际施行过程中，往往仅是流于形式而已。

思考题

一、名词解释

1. "礼法之争"。
2. 《钦定宪法大纲》。
3. 会审公廨。

二、问答题

1. 试述清政府实行"预备立宪"的社会背景及主要过程。
2. 《大清新刑律》对《大清现行刑律》有哪些变化？
3. 试论领事裁判权制度及其对近代中国法制的影响。

第十三章

中华民国南京临时政府的法律制度

◆ **内容提要**

中华民国南京临时政府指 1912 年 1 月 1 日孙中山在南京就任临时大总统，宣布中华民国成立，到 1912 年 4 月上旬袁世凯在北京接任临时大总统后北迁结束为止，仅仅存在三个月。中华民国南京临时政府时期的立法思想主要以孙中山为代表的资产阶级革命派法律思想为主，提倡民主共和，反对君主立宪，主张自由与平等，实行民主与法治。在其存续的三个月内，颁布了三十余件法律和法令，其中以《中华民国临时约法》最具代表。中华民国南京临时政府开启了中国资产阶级法制建设历程，在观念方面对中国近代法制产生了重大影响。

◆ **案例导入**

"姚荣泽"案

周实丹（又名周实）、阮梦桃（又名阮式）为江苏山阳县（现淮安县）人，二人"皆系南社之员、同盟会友，奔走革命事业者多年"。武昌起义爆发后，他们在山阳组织巡逻队，担任正副队长，并于 1911 年农历 9 月 24 日宣布山阳县脱离清朝独立。独立之日，前清江苏省山阳县县令姚荣泽匿不到会，受到阮式的当众斥责，姚对周、阮二人怀恨在心，伺机报复。9 月 27 日，周、阮二人被光复后任县司法长的姚荣泽派人残忍地杀害。南京临时政府成立后，孙中山最初指令在原案发地江苏审理，又因被害人家属及南社等向沪军都督告发，沪军都督陈其美以"旧官僚残杀革命志士的严重事件"向孙中山电请把姚荣泽押解来上海按照军法进行审讯。孙中山于 1912 年 2 月 9 日、10 日连续三次发电告知有关部门，要求尽快把姚荣泽绳之于法，以顺应革命形势的需要。1912 年 2 月姚荣泽被押解到上海。对于怎么审理姚案，由谁来审理，时任临时政府司法总长的伍廷芳和沪军都督陈其美产生了激烈的争论。最后，姚案由三人任审判官，组成临时合议庭，允许被告聘请律师出庭辩护，允许所涉外国人出庭指证。经过三次开庭审理，姚荣泽被判处死刑。终审判决后姚荣泽发言，称杀死周、阮二人"系受绅团逼迫，非出己意，哀求减轻"，七名陪审员"共表同情"，经承审官认可，由陪审员集体禀请大总统"恩施轻减"。最后姚荣泽在袁世凯的特赦令中获释，改判十年监禁，并处罚金。实际上姚只被关押三个月就释放了。

"姚荣泽"案是民国成立后的第一大案。中华民国南京临时政府成立后,革命派根据三权分立的原则主张司法独立。然民初战乱频繁、政局动荡,有法不依、以权犯法的情况时有发生。围绕姚荣泽案所发生的有关司法独立的论争、文明审判原则的确立、辩护制和陪审制等近代法律制度的创建,等等,在当时具有很大的代表性。

第一节 资产阶级革命派的法律思想

一、资产阶级革命派法律思想的产生

早在洋务运动时期,伴随"西学东渐"的历史潮流,西方近代政治与法律观念开始传入中国。"维新改良运动"前后,在严复、梁启超等近代启蒙思想家的宣传下,民主法制观念为更多的新兴知识分子接受。1898 年,"戊戌维新运动"失败,标志着以康、梁为首的改良主义道路在腐朽的清王朝已走到尽头,一部分资产阶级知识分子转而投身民主革命。

早在 1895 年,孙中山在香港建立兴中会,即提出了"驱除鞑虏,恢复中华,创立合众政府"的口号。1901 年《辛丑条约》的签订更加剧了中华民族的生存危机,越来越多的青年学生和学者成为资产阶级革命思想的拥护者与宣传者,逐渐形成了较为系统的政治法律思想。资产阶级民主派成为政治舞台的主角,孙中山、章太炎、陈天华、邹容、宋教仁、胡汉民等人是这一历史时期的主要代表人物,其法律思想的主要特点是反封建性、民主性、民族性和一定的反帝性。

二、资产阶级革命派法律思想的主要内容

在辛亥革命准备时期,以孙中山为代表的资产阶级革命派,试图以西方的政治与法律制度来挽救并改造灾难深重的中国。在抨击腐朽的清王朝,以及与"保皇派"的论战中,这些资产阶级的思想家与革命家形成了自己的法律思想。这些思想家的法律思想不尽相同,甚至在不同的历史阶段其思想也不完全一致,但在推翻清朝政府、建立共和政府、保护人权、反对封建法制等重大问题上则是一致的。综观资产阶级民主革命派的政治与法律思想,主要有以下内容:

1. 实行民主共和,反对君主立宪。资产阶级革命派都要求建立资产阶级政权,反对君主立宪,认为君主专制和君主立宪都是"反夫进化之公理也,是不知文明真价也",必须拿起武器推翻清朝封建专制统治,实行民主革命。但民国究竟应该建立怎样的政体,孙中山、章太炎、宋教仁等人之间分歧甚大。孙中山先是主张建立美国式的总统制,后又提出实行"五权"宪法,认为这样才最适合中国国情,才能把国家治理好;章太炎认为国家应"以行政、司法为两途",设立总统掌行政、外交和国防,司法掌裁判,但他反对设立议会;而宋教仁则强烈

鼓吹实行政府对议会负责的责任内阁制。

2. 主张自由与平等。资产阶级革命派反对封建专制制度，主张国民平等，尊重并保护个人自由与权利。邹容在《革命军》中提出："生命自由及一切利益之事，皆属天赋之权利"；"凡为国人，男女一律平等，无上下贵贱之分"；"不得侵人自由，如言论、思想、出版等事"〔1〕孙中山则将平等、自由主张高度概括为民权主义，作为其三民主义思想的基本内容。

3. 实行民主与法治。资产阶级革命派推崇资本主义法治。章太炎通过对战国时期法家与秦始皇"以法律为治"思想的肯定，认为国家应当"以法律为治"，极力主张实行资产阶级的法治。宋教仁则极力宣传其宪政治国的思想，认为"宪法者，共和政体之保障也。中国为共和政体与否，当视诸将来之宪法而定"；〔2〕"吾人只求制定真正的共和宪法……此后政治进行，先问诸宪法，然后问诸人"〔3〕在民国建立后所颁布的一系列法律法令中，资产阶级革命派贯彻了他们的近代法治原则。他们认识到"国家除了官吏以外，次重要的是法律"，一个国家"当专以法律为治"。他们要求"使最宜之治法，适应于吾群，吾群之进步，适应于世界"〔4〕

4. 改革司法制度。辛亥革命准备时期，"革命派"对清政府专制、野蛮的司法制度进行了猛烈抨击。孙中山指出，近世文明国家的刑罚，其目的已不在于往昔之恐吓与报复主义，因而中国的刑罚亦应行人道。侵犯人权的身体刑应予废止。伍廷芳认为，以口供为必要证据必然导致司法滥施刑讯，而刑讯往往多致冤案，故应废止。章太炎认为文明国家的司法制度应该保护民权，制约权力，司法必须独立，只有如此，民权才有保障。伍廷芳将司法独立视为一国文明与否的标志，甚至是治国之第一要政。

第二节　南京临时政府时期的宪政立法

一、《中华民国临时政府组织大纲》
（一）《临时政府组织大纲》的制定

1911 年 10 月 10 日，武昌起义爆发。次日，湖北革命党人组织成立中华民国

---

〔1〕 中共中央党校文史教研室中国近代史组编：《中国近代政治思想论著选集》（下），中华书局1986年版，第684~685页。

〔2〕《宋教仁集》（下册），中华书局1981年版，第460页。

〔3〕《宋教仁集》（下册），中华书局1981年版，第487页。

〔4〕孙文："〈民报〉发刊词"，载《中国近代史资料选编》（下册），中华书局1977年版，第231页。

鄂州军政府，颁布"鄂州临时约法"。武昌起义后，各省纷纷宣布脱离清廷独立，并成立各省都督府。为在军事与政治上取得统一，从 1911 年 11 月 15 日至 12 月 3 日，各省都督府代表先后在上海、汉口、南京开会，决议组织中华民国临时政府，制定并由各省代表签名公布了《中华民国临时政府组织大纲》。

（二）《临时政府组织大纲》的内容和特点

《中华民国临时政府组织大纲》共四章二十一条。[1] 第一章"临时大总统、副总统"（修正案增加"副总统"），规定中华民国临时大总统、副总统由各省都督府代表选举产生，以及临时大总统的各项权限。第二章"参议院"，规定参议院的组成、议员的产生以及参议院的职权和表决办法。第三章"行政各部"，规定临时政府设立外交、内务、财务、军务、交通六个行政部门，以及各部部长的任免及其权限。第四章"附则"，规定《临时政府组织大纲》的施行期限至中华民国宪法成立之日止。

作为一个宪法文件，《中华民国临时政府组织大纲》的特点是：①仿效美国 1787 年宪法模式，采用总统制共和政体。②中央国家机关权力分配实行资产阶级三权分立原则。③采取一院制的议会政制体制，设立参议院作为国家立法机关，议员由各省选派。

《中华民国临时政府组织大纲》还不是一部完整的宪法，只是一个"国家之构成法"，即政府组织法，但在当时却起着临时宪法的作用。它用法律的形式肯定了辛亥革命推翻封建帝制的重要成果，用资产阶级民主共和国代替封建君主制，为建立统一的资产阶级政府奠定了法律基础，树立了革命法统。1911 年 12 月 29 日，各省代表以此为依据，在南京举行各省代表大会，选举孙中山为中华民国南京临时政府第一任临时大总统。1912 年元旦，中华民国南京临时政府宣告成立。

二、《中华民国临时约法》

（一）南北议和与《中华民国临时约法》的制定

武昌起义爆发后，清政府重新起用袁世凯，授权袁世凯总理政务，负责统兵南下镇压革命。袁世凯率领北洋新军，一方面陈兵汉阳，向南方革命政府施加压力；另一方面又秘密派代表与南方革命政府进行"南北和谈"，并以革命力量胁迫清帝退位，以此作为换取共和国总统权位的筹码。在袁世凯的威逼和欺骗下，南方革命政府与袁世凯的代表达成协议，在袁世凯服从共和、逼迫清帝退位的条件下，推举他为临时大总统。

---

〔1〕《南京临时政府公报》，大总统府印铸局 1912 年编印，第一、二号。

迫于国内迅速发展的革命形势和袁世凯的威逼,清朝皇帝溥仪于1912年2月12日下诏"辞位"。次日,孙中山向参议院提出辞去中华民国临时大总统的职务。为防止袁世凯独裁,孙中山向参议院提出袁世凯继任临时大总统的三个条件:①临时政府设在南京;②新总统必须到南京就职;③新总统必须遵守《中华民国临时约法》。在南方革命政府迫使袁世凯南下以脱离北洋集团的努力落空后,《临时约法》成为革命党人维护共和民主政权的最后防线。

《临时约法》于1912年1月开始起草。3月8日,参议院完成对《临时约法》的三读程序,并交临时大总统予以公布。11日,孙中山以临时大总统名义,于《临时政府公报》第三十五号公布《中华民国临时约法》(简称《临时约法》)。

(二)《临时约法》的主要内容

《临时约法》共七章五十六条,分别是"总纲"、"人民"、"参议院"、"临时大总统副总统"、"国务员"、"法院"、"附则",其主要内容包括:

1. 明确宣示中华民国为统一的民主共和国。"总纲"规定:"中华民国由中华人民组织之";"中华民国之主权,属于国民全体"。明确肯定了民族资产阶级以及支持他们的各个阶层在中华民国国家政权中的阶级地位。在编纂体例上,将"人民"一章列于"参议院"和"临时大总统副总统"两章之前,以示"主权在民"、"民权至上"的思想。以根本法形式宣告"朕即国家"的君主专制制度的灭亡和资产阶级民主共和国的诞生。

《临时约法》还对领土问题加以明确规定,指出"中华民国领土,为二十二行省,内外蒙古、西藏、青海"。第一次用根本法的形式向全世界宣告:中国是一个领土完整、主权独立、统一的多民族国家。其意义对外在于维护中国领土完整,不容外人侵犯;对内则在于反对民族分裂,明确并加强人民的领土意识。

2. 确立"三权分立"的政治制度。"总纲"概括规定:"中华民国以参议院、临时大总统、国务员、法院行使其统治权"。第三至第六章规定:参议院为中央立法机关,行使立法权。参议院有向国务员提出质疑,并要求其出席答复之权。临时大总统有违法谋叛行为或国务员有违法行为时,参议院可以对其进行弹劾。

临时大总统代表临时政府总揽政务,公布法律。国务员辅佐临时大总统负其责任,在临时大总统提出法律案、公布法律及发布命令时,须副署之。

法院为司法机关,依法律审判民、刑事诉讼。法官审判独立,不受上级官厅的干涉。由参议院对临时大总统提起的弹劾案,由最高法院进行审判。

《临时约法》将立法、行政、司法三权分隶于参议院、临时大总统及国务员、法院,使之相互监督制衡,防止个人独裁,彻底否定了君主集权专制政体。

3. 规定人民享有广泛的权利及应尽的义务。第二章 "人民" 规定："中华民国人民" 享有 "一律平等" 的权利，"无种族、阶级、宗教之区别"。享有身体、家宅、保有财产及营业、言论、著作、刊行、集会、结社等自由权，也有纳税、服兵役的义务。

4. 规定严格的修改程序。为防止临时大总统专权，擅自修改根本法。《临时约法》对自身的修改进行了严格的限定。"附则" 规定：在宪法未实施以前，本约法效力与宪法同。本约法由参议院议员三分之二以上或临时大总统提议，经参议员五分之四以上出席，出席者四分之三之可决，得增修之。这种严格修改程序，在近代宪法史上是绝无仅有的。

（三）《临时约法》的历史意义与局限

《临时约法》吸收西方资产阶级国家 "三权分立"、"私有财产神圣不可侵犯"、"平等自由" 等法治原则，首次以根本大法的形式废除了封建帝制和等级特权制度，确立了资产阶级民主共和国的国家制度。首次将人民久已渴望的民主、平等、自由愿望赋予法律效力，是中国历史上亘古未有的伟大创举。它的诞生确认了辛亥革命的积极成果，唤醒了人民的民主意识，使资产阶级民主共和思想深入人心，为以后反对帝制复辟奠定了思想基础。《临时约法》规定 "人民保有财产及营业之自由"，肯定了资本主义生产关系的合法地位，冲击了 "重农抑商" 传统政策，反映了发展资本主义的愿望，有历史进步意义。同时《临时约法》确立的民主法制原则，在中国法制史上也是创举，在维护民主权利，一切依法办事，彻底否定积弊已久的君主乾纲独断、以言代法的封建法统等方面，都产生了深远影响。

但《临时约法》也反映出资产阶级固有的软弱与局限性。首先，《临时约法》没有提出一个彻底反帝反封建的革命纲领，反映出民族资产阶级对帝国主义心存畏惧，抱有幻想。其次，《临时约法》没有废除封建土地所有制的内容，同盟会纲领中 "平均地权" 的口号在《临时约法》中也未有反映，说明资产阶级并不能根本解决土地问题，使其民主色彩大为减退。最后，《临时约法》虽允诺人民享有许多民主自由权利，但未提供实现它的物质基础，这些权利可望而不可及。

《临时约法》的制定还存在因人立法的缺陷。《临时约法》在政体上将原《临时政府组织大纲》规定的总统制改为责任内阁制，责任内阁（政府）对国会负责，总统公布法律命令须内阁成员副署。《临时约法》还扩大参议院职权，参议院除拥有议决法律、预决算、税法及质询国务员等职权外，还可对 "认为有谋叛行为" 的临时大总统行弹劾之权，总统的许多大权 "须提交参议院议决"、"须得参议院之同意" 方能行使，将临时大总统置于国会监督之下，从而削弱了临时大总统单独行使任何重大职权的能力。明确显示出资产阶级革命派限制袁世凯专权、保卫共和的意图，但这样一来，又造成彼此制衡、相互制约的分权体制遭到破坏。

第三节　南京临时政府其他推进社会变革的法令

南京临时政府在三个月的存续期间，除了《中华民国临时约法》外，还开展了广泛的立法活动，颁布了一系列包含保障民权、革除社会陋习、整顿吏治等内容的法律、法令、章程、条例等，极大地推动了中国法律近代化的历史进程。

一、有关保障人权的法令

南京临时政府时期，孙中山根据中国的国史民情和西方"天赋人权"思想和"自由、博爱"精神，颁布了一系列保障人权，废除封建等级特权的法令。

为保障人权，废除奴婢制度，1912年3月2日，临时大总统颁布《大总统令内务部禁止买卖人口文》，明令废除一切卖身契约，不得再有主奴之分，原契约双方为雇主与雇人关系，并要求内务部迅速编定暂行条例，禁止人口买卖。清朝时名列贱籍的，除各种服务于家庭的家奴、优倡、隶卒外，还有闽粤之疍户、浙之惰民、豫之丐户、晋之乐户等，贱人于法律上的权利远低于良人。根据《临时约法》规定的平等原则，1912年3月，孙中山颁布《大总统通令开放疍户、惰民等许其一体享有公权私文》，废除各种贱民身份。

近代以来，很多中国劳工被掠卖至海外沦为奴隶，被蔑称为"猪仔"。为保护华工，3月19日，孙中山发布《大总统令外交部妥筹禁绝贩卖猪仔及保护华侨办法文》、《大总统令广东都督严行禁止贩卖猪仔文》，严禁沿海各省拐贩"猪仔"，并饬令外交部制定杜绝贩卖及保护海外华侨办法。尤其严令广东都督严行禁止以重人道，并维护中国的尊严。

在担任临时大总统期间，孙中山领导的临时政府还发布了《革除前清官厅称呼文》，废除清代标志等级尊卑的"大人"、"老爷"等名称，要求中央与各地方官厅一律以官职相称，非官员则以先生或君相称，不得再沿用前清之恶称，以示平等。取消官僚特权，革除官厅陋习。

二、发扬"国魂"，革除封建陋习

传统社会的陈规陋习阻碍社会进步，临时政府十分重视移风易俗，颁行了一系列"除旧布新"的法令。

1. 发布《大总统令内务部通饬禁烟文》，禁烟禁赌。要求吸食者摒绝恶习，若沉湎忘返者，将立法"剥夺其选举被选一切公权"。[1] 对于赌博，临时政府内务部特令中央、地方各有关部门严切注意，"无论何项赌博，一体禁除"。售卖赌具者自行销毁，"嗣后永远不准出售"，"倘有违犯,各按现行律科罪"。[2]

2. 颁布《劝禁缠足文》，劝禁缠足。临时政府指出：缠足恶习，虽害一人，却病及子孙，因此，为"培国本"，务必革除此等恶习，要求内务部"通饬各省一体劝禁。其有故违令者，予其家属以相当之处罚"。[3]

2. 发布《晓示人民一律剪辫文》。指出"编辫之制"是民族压迫的一个重要象征。为"涤旧染之污，作新国之民"，要求凡未去辫者，必须剪除净尽。"有不遵者，以违法论处。"[4] 同时还行易服，以中山装取代拖遢萎靡的长袍马褂，给人焕然一新的面貌。

三、保护私人财产

1912 年 2 月 3 日，临时政府内务部公布《内务部通饬保护人民财产令》。该法令规定，除在民国势力范围内之清政府官产以及反对民国之清政府官吏之财产，应一律查抄归民国政府享有外，凡在民国势力范围内之人民，其所有的一切财产，均归本人所有。对于前清官吏，只要没有确实反对民国之证据，其私产由民国政府保护，候其投归民国时交还本人。3 月 30 日，孙中山发布《大总统令各都督保护人民生命财产电文》，要求各省都督对各地行政与军事长官违法勒索掠夺民财、非法侵入民宅的行为加以制止，并晓喻人民如遭到非法侵害，可赴平政院或本省都督府控告。这些法令都明确保护私人财产不受侵犯。

四、改革教育法令

清末新政时期，清政府曾对中国传统教育进行过初步的改革，但仍保留有浓厚的封建色彩。民国成立后，临时政府教育部于 1912 年 1 月 19 日颁布《普通教育暂行办法》。该办法规定，初等小学可以男女同校；小学读经科一律废止；清学部颁行之教科书一律禁用；凡民间之教科书，须合共和民国之宗旨，其中如有尊崇清朝廷及旧时官制、军制等课，并避讳抬头字样，应由各书局修改，呈送样本于教育部及本省民政司教育总会备案。3 月 2 日，教育部又发布《禁用前清各

---

〔1〕 中国科学院近代史研究所史料编辑组编：《近代史资料·辛亥革命》，中华书局出版社 1961 年版，第 213、215 页。

〔2〕 中国科学院近代史研究所史料编辑组编：《近代史资料·辛亥革命》，中华书局出版社 1961 年版，第 235 页。

〔3〕 中国科学院近代史研究所史料编辑组编：《近代史资料·辛亥革命》，中华书局出版社 1961 年版，第 280 页。

〔4〕 中国科学院近代史研究所史料编辑组编：《近代史资料·辛亥革命》，中华书局出版社 1961 年版，第 233 页。

书通告各省电文》，要求各省高等学校一律废止《大清会典》、《大清律例》、《皇朝掌故》、《国朝事实》等有碍民国精神的科目及前清御批书等。

除了上述法律、法令外，南京临时政府还颁布了一系列政府、军事等机构的组织法、军法法令。同时在具体的司法实践中援用了部分前清的法律。

第四节　南京临时政府司法制度

一、司法机关

(一) 中央司法机关

根据《中华民国临时政府中央各部及其权限》的规定，南京临时政府的最高司法机关为司法部。1912 年 4 月 6 日参议院正式通过《司法部官制》七条，规定司法总长管理民事、刑事、非讼事件、户籍、监狱及出狱人保护事务，监督所辖各级官署及法官，以及其他一切相关行政事务。司法部内设置承政厅和法务司、狱务司两司。

在中央司法审判机关方面，《修正中华民国临时政府组织大纲》规定："临时大总统得参议院之同意，有设立临时中央审判所之权"。《中华民国临时约法》第四十八条规定："法院以临时大总统及司法总长分别任命之法官组成之。法院之编制及法官之资格，以法律定之"。第四十一条规定"临时大总统受参议院弹劾后，由最高法院全院审判官互选九人组成特别法庭审判之"。根据上述规定，司法部拟制《临时中央裁判所官制令草案》呈送大总统，交法制局审定后，咨参议院议决，再请察核颁布施行。孙中山当即以大总统令发送法制局审定呈复。然而在临时政府存续期间，没有完成该法案的立法程序。

(二) 地方司法机关

关于地方审判机关体制，在辛亥革命初期，各地方军政府均着手建立了自己的司法机构。如辛亥首义后，湖北军政府设司法部，张知本任司法部长，并设立江夏临时裁判所，专理江夏人民诉讼案件。同时在省城设临时上诉审判所，专理各属人民上诉案件。南京临时政府成立后，地方审判机构的设置未及制定新法，各地司法机构暂时沿用前清法院编制规定，称"审判厅"。

(三) 审级制度

关于审级制度，根据 1912 年 3 月《大总统据法制局局长宋教仁转呈江西南昌地方检察长郭翰所拟各省审检厅暂行大纲令交司法部藉备参考文》，孙中山认为"四级三审之制，较为完备"，不能以前清曾经采用，遂而鄙弃。由于南京临时政府未及统一规定，因此尽管有许多初步设想，但还没有来得及建立起一个真正独立完整的司法体制。如湖北地区就没有制定明确的审级制度，规定只要不服府厅州县临时审判所判决者，均可直接上诉于临时上诉审判所。而上海则明文规定了四级三审制，审级制度比较完善。

二、诉讼审判制度的改革

中国封建司法存在多种司法弊端，临时政府仿照西方文明的审判方式，对专制野蛮的封建审判制度进行了改革，使之适应资产阶级民主与法制建设的需要。

（一）司法独立

南京临时政府改革司法制度的最重大举措，是主张司法独立，实现审判权同行政权的分离。根据三权分立的原则，《临时约法》对司法组织和司法独立作了一些具体规定，如"法官独立审判，不受上级官厅之干涉"；采用法官常任制、薪俸保障制等。

（二）禁止非法逮捕拘禁，废除刑讯体罚

《临时约法》第六条规定：人民之身体，非依法律不得逮捕、拘禁、审问、处罚。司法总长伍廷芳在答复沪军军法司蔡冶民1912年2月25日来函时指出，共和确立，人民之自由权亟宜竭力保障。如有不依据法律逮捕拘禁，实属蹂躏人民之自由权，必须严加禁止，"以重人权，而维法纪"。

1912年3月，临时政府陆续颁布《大总统令内务司法两部通饬所属禁止刑讯文》、《司法部咨各省都督停止刑讯文》、《大总统令内务司法部通饬所属禁止体罚文》。宣布："不论行政司法官署，及何种案件，一概不准刑讯。……其从前不法刑具，悉令焚毁。"[1] 鞫狱当视证据之充实与否，不当偏重口供。由司法部随时派员巡视各地，对于滥用刑讯体罚的"不肖官吏"给予严惩。

（三）罪刑法定，不溯及既往

1912年1月28日，孙中山针对近闻各省仇杀"保皇党"人之事，《致陈炯明及各省都督电》规定："法令所加，只问其现在有无违法，不得执既往之名称以为罪罚。"[2] 1912年2月，内务部对保护人民财产令的答疑时指出：法令效力不能追溯既往。

（四）公开审判

《临时约法》规定："法院之审判，须公开之；但有认为妨害安宁秩序者，得秘密之。"根据这一规定，对于案件的审理，南京临时政府确立了一般采用公开审判的原则。但是，对于特殊案件，即妨害安宁秩序者，仍秘密审理。

---

〔1〕 中国科学院近代史研究所史料编辑组编：《近代史资料·辛亥革命》，中华书局1961年版，第215页。

〔2〕《孙中山全集》第二卷，中华书局1982年版，第47页。

（五）律师辩护制度

辛亥革命以后，受民主革命的影响，各地律师制度迅速发展，律师组织不断涌现，这些组织多获得地方政府的支持，同时南京临时政府也在积极进行律师制度的立法工作。1912 年 1 月 11 日，上海《民立报》开始连载《中华民国律师总公会章程》，共计六章十八条。各章的名称是：总纲、资格、会员、职员、职务、公费。律师总公会的宗旨是：巩固法律，尊重人权。经沪军都督核准，咨请司法总长备案，入会律师得有在国内各级审判厅及公共会审公堂莅庭辩护之权。1912 年 1 月 28 日在上海召开了中华民国律师总公会成立大会，选举蔡寅为临时会长。

1912 年 4 月 1 日，《临时政府公报》登载了内务部警务司长孙润宇为建议施行律师制度向孙中山呈递的报告。该呈文指出："司法独立为法治国分权精神所系，而尤不可无律师以辅助之。"[1] 孙润宇的《律师法草案》呈送给孙中山后，孙中山作出如下批复："查律师制度与司法独立相辅为用，夙为文明各国所通行。现各处既纷纷设立律师公会，尤应亟定法律，俾资依据，合将原呈及草案发交法局，仰即审核呈复，以便咨送参议院议决。"[2] 肯定了律师制度与司法独立相辅为用，有亟定法律、尽早建立的必要。可惜的是，《律师法草案》交到法制局后的审核程序终未完成。

（六）改良监狱，尊重人道主义

1912 年 3 月 2 日，临时政府颁布《大总统令内务、司法两部通伤所属禁止刑讯文》，指出："国家之所以惩创罪人者，非快私人报复之私，亦非以示惩创，使后来相戒，盖非此不足以保持国家之生存，而成人道之均平也。反对报复主义和威胁主义。"[3] 3 月 20 日，临时政府发布《司法部咨江苏都督提江宁模范监狱旧存款项文》和《司法部批筹办南京监狱改良进行总会发起人孔繁藻等请立案呈》，指出，监狱系人民生命，至为重要，应改良监狱，尊重人道主义。

南京临时政府在其存续的三个多月中，发布了一系列体现资产阶级法治原则的法律法规，尽管所产生的实际影响有限，但却开创了近代法制的新纪元。它所确立的一系列近代法制原则，也影响到后来的整个民国时期。

---

[1] "内务部警务司长孙润宇建议施行律师制度呈孙大总统文"，载《临时政府公报》1912 年 4 月 1 日。

[2] "大总统令法制局审核呈复律师法草案文"，载《临时政府公报》1912 年 3 月 22 日。

[3] 《南京临时政府公报》，第二十七号。

思考题

1. 《中华民国临时政府组织大纲》的主要内容是什么?

2. 《中华民国临时约法》的主要内容及意义是什么?

3. 南京临时政府实施了哪些司法改革措施?

4. 下列有关中国宪法发展史的表述,何者为正确? (2005 年司考,多选题)

   A. 《中华民国临时约法》是中国历史上唯一的一部资产阶级共和国性质的宪法性文件

   B. 1949 年《中国人民政治协商会议共同纲领》是中国历史上的第一部社会主义类型的宪法

   C. 1982 年宪法是中华人民共和国成立后制定的第三部宪法

   D. 《钦定宪法大纲》是中国历史上的第一部宪法性文件

第十四章

中华民国北京政府的法律制度

◆　内容提要

中华民国北京政府指 1912 年 4 月上旬临时政府迁至北京，中华民国北京政府建立，到 1928 年 6 月北伐军进占北京，民国北京政府最后消亡这十七年时间。由于受到特定历史条件的影响，中华民国北京政府的立法思想在这一时期是复杂的、多元的，既采用了西方资本主义国家某些法律原则与制度，又通过"隆礼"、"重刑"倡导封建伦理纲常，维护封建买办政府的统治秩序。在法制建设上，中华民国北京政府一方面开始援用清末颁行的法律；另一方面对清末以来的法律草案进行修订，司法制度也得到较快发展。中国法制近代化在中华民国北京政府时期得到一定发展。

◆　案例导入

"穆金布与李臣忠因买地纠葛"上告案
（大理院民事判决二年上字第三号）

1913 年年初，大理院就吉林双城府旗人穆金布对于中华民国元年（1912 年）十月十四日吉林高等审判厅就"穆金布与李臣忠因买地纠葛"一案所为第二审判决声明上告案进行判决。涉案双方所争执的焦点是吉林地方土地买卖先买权的习惯是否成立，以及该案另一当事人那永海能否将十六垧地卖给被上告人李臣忠，该交易是否合法。在判决书中，大理院负责审判该案的推事提出："判别本案两造主张之是非，其一应解决之点即吉林习惯对于本族、本旗、本屯人买地时有先买之权，此种习惯是否可认为地方习惯法。凡习惯法成立之要件有四：①要有内部要素，即人人有法之确信心。②要有外部要素，即于一定期间内就同一事项反复为同一之行为。③要系法令所未规定之事项。④要无悖于公共秩序、利益。本案上告人所主张之旧惯纵谓第一至第三要件皆备，而独于第四要件不能无缺。盖此种习惯非仅为所有权处分作用限制，及于经济上流通与地方之发达均不无障碍，为公共秩序、利益计，断难与以法之效力。则是上告所称先买权即无可存在之理，该上告人第一主张实毫无正当理由。"最后判定该案上告驳回。

大理院通过审理这起上告案中，确立了"习惯法成立的四项要件"，其意义远远大于该案的判决本身。该判例建立了一个确认民事习惯成为习惯法的法律机制，这个机制不仅给各级司法审判机构认定习惯的有效性以一个明确的标准，同时也给中国近代民法的发展树立了一个原则，即公共秩序和社会利益大于个人和集体的权益。大理院的这个判例说明我国民法在发展之初就具有明显的社会化特征，这也是符合世界法律发展潮流的。

第一节　中华民国北京政府的立法思想与特点

一、立法思想

北洋政府时期，军阀独裁与内战频繁，各派军阀交替控制北京政府成为这一时期的特点。这一阶段也是我国民族资产阶级蓬勃发展时期，社会各阶级力量对比关系发生了重大变化，前半期（1912～1918年），政党政治运动、"二次革命"、"护国运动"、"护法运动"此起彼伏，连绵不断；后半期（1919～1928年），新民主主义革命蓬勃兴起。这一复杂的历史条件，决定了中华民国北京政府的立法思想是复杂和多元的。

辛亥革命后，随着统治中国几千年的封建专制制度的灭亡，两次帝制复辟与反帝制复辟的较量，民主与共和观念深入人心，"敢有帝制自为者，天下共击之"[1] 轮番控制北京政府的北洋军阀统治者们，为了求得自身的生存与发展，打击竞争对手，给自己的统治披上合法的外衣，不得不在形式上采取西方资产阶级的民主共和制形式。袁世凯曾宣誓要"发扬共和之精神，荡涤专制之瑕秽"[2]。段祺瑞、曹锟等在上台后也纷纷以"再造共和"、"恢复法统"自相标榜。在法律制度建设方面，采用了某些近代资本主义的立法原则及近代法律的体系和内容。

尽管在形式上建立了民主共和的政治体制，但北洋政府在本质上是一个封建独裁政权，因此在法治建设上受封建主义思想的影响，不仅在民法上保留了大量封建主义的伦理道德观念，在刑法上也采取了隆礼与重刑并重的刑法指导思想。北洋政府一方面"以礼教号召天下"，另一方面"以重典胁服人心"。

1912年9月20日，袁世凯宣称："中华民国以孝悌忠义礼义廉耻为人道之大经，政体虽更，民彝无改。"要求全国国民"恪守礼法，共济时艰"[3] 1913年6月和1914年9月，袁世凯先后两次通令全国各学校尊孔读经：1913年《中华民国宪法草案》规定："国民教育，以孔子之道为修身之本"；1916年《中华

〔1〕 "军政府宣言"，载《孙中山全集》卷一，中华书局1981年版，第297页。
〔2〕 徐有朋编：《袁大总统书牍汇编》卷一，广益书局1914年版，第1页。
〔3〕 徐有朋编：《袁大总统书牍汇编》卷二，广益书局1914年版，第17～18页。

民国宪法草案》规定："中华民国人民有尊崇孔子及宗教信仰之自由，非依法律不受限制。"

北洋政府通过倡导封建伦理纲常，维护其封建买办政权的统治秩序；同时又实等所谓的"重典"，用严刑峻法镇压人民的反抗。1914年袁世凯在《惩治盗匪法施行法》的令文中宣布："慨自改革以来，盗匪充斥，民不聊生，将欲除暴安民，非峻法不足以资惩艾，故刑乱不嫌用重，纵恶适以长奸。"在这乱世用重典的法律指导思想下，北京政府刑事立法总趋势是从重从快。

二、立法特点

作为一个披着民主外衣的军阀政权，北洋政府的立法活动有着其独特的立法特点。

（一）大量援用清末法律

清末"新政"时期，清政府在沈家本主持下进行了大规模的近代法律修订活动。北洋政府封建性色彩浓厚，具有与清末政权一脉相传的继承关系。北洋政府成立后，袁世凯下令"暂行援用"清末法律。大量援用清末法律成为北洋政府的一个立法特点。清末的修律活动符合近代法制文明发展的进步方向，具有一定的科学性。由于清政府的瓦解，清末修律大多停留于草案阶段，这些法律在北洋政府时期得以贯彻实施，推进了中国法律制度的近代化。

（二）频繁进行制宪活动

为了给自己的统治披上"合法"外衣，控制北京中央政权的各派军阀，都十分注意制定宪法或宪法性文件。从1913年第一届国会宪法起草委员会拟订的《中华民国宪法草案》（"天坛宪草"）至1925年段祺瑞重掌北京政府后炮制的《中华民国宪法草案》（"十四年宪草"），先后制定了五部宪法性文件。在这些宪法性文件中，只有曹锟在贿选后制定的《中华民国宪法》（"贿选宪法"）是正式宪法；而正式颁布并施行者，只有1914年5月袁世凯颁布的《中华民国约法》（"袁记约法"）。此外，北洋政府时期，一些割据一方的军阀也打出"宪政"旗号，先后自制省宪，出现一股联省自治风潮。从中央到地方，各路军阀都把制宪作为重要立法活动，并或多或少地罗列一些公民自由权利。这既是军阀统治虚伪性的表现，同时体现了中国近代宪政运动的迅速发展，民主与自由已成为时代发展潮流。这在一定程度上也限制了军阀的独裁与专制。

（三）大量发布并利用判例和解释例

北洋政府时期军阀混战不断，国会长期休会，立法活动受到严重影响，未建立完备的法律体系。在这种情况下，为解决司法实践中遇到的实际问题，大理院发布了大量的判例和解释例。从1912年到1927年，北洋政府大理院汇编的判例约有三百九十件，公布的解释例则达二千多件。在民法等成文法不甚完备的领域，广泛运用判例和解释例，在一定程度上弥补了立法的不足，同时也为以后的立法积累了经验。

（四）大量适用特别法

北洋政府是一个军事专制独裁的政府。为了加强对人民的统治，北洋政府在普通法律之外，还颁布了大量的特别法。特别法效力高于普通法。通过这些特别法，北洋政府不受普通法限制，剥夺人民的诉讼权利，复活旧刑罚，加强军事审判机关权力，破坏了法制的正常发展。

第二节　中华民国北京政府的立法概况

一、代议制的蜕变与制宪活动

袁世凯夺取辛亥革命成果后，积极地开展了制宪活动。希望通过所谓的制宪，一方面解除《临时约法》对自己独裁统治的制约，早日当上正式大总统；另一方面妄图通过制宪活动限制资产阶级革命派的活动，消灭异己。袁世凯称帝失败并在不久死去后，北洋军阀各派系为争夺中央统治权，为自己的统治制造合法的依据，也纷纷进行制宪，形成了一系列宪法性文件。

（一）《天坛宪草》的制定

根据《中华民国临时约法》规定，"本约法施行后，限十个月内由临时大总统召集国会"。袁世凯上台后，于1912年8月10日公布了由参议院制定的《中华民国国会组织法》，规定国会由参、众两院组成，并公布了《参议院议员选举法》和《众议院议员选举法》，对两院的产生、议员任期及职权和会议制度等予以规定。国民党议员幻想以议会政治限制袁氏专横，确保民主共和国体。袁世凯则认为《临时约法》对总统的权力束缚太大，也希望利用国会爬上正式大总统宝座并进而制定宪法，取消《临时约法》。国会选举中，以同盟会为基础改组的国民党取得绝对优势。

1913年4月8日，民国首届国会正式召开。之后按《国会组织法》规定，由参、众两院各选出委员三十名组成"宪法起草委员会"，在北京天坛祈年殿开始宪法起草工作。制宪期间，袁世凯以争取国际承认民国为由，提出先选举总统后制定宪法，并策动十九省区都督通电同意。国会迫于袁氏压力，改变先通过宪法后选举总统的程序，于1913年10月4日通过并宣布了《大总统选举法》。10月10日在袁世凯的武力威胁下，国会未等制定《宪法》，就把他选为正式大总统。10月31日国会"宪法起草委员会"三读通过了《中华民国宪法草案》（即《天坛宪草》），共十一章一百一十三条。这部宪法草案继承了《临时约法》的立法精神，采用了资产阶级宪法形式和原则，肯定了中华民国为资产阶级共和国。

宪法草案规定采取责任内阁制，国务总理的任命和各部部长的责任关系均系于众议院，实际行政权由总理和各部部长行使，总统仅处于虚位元首的地位；宪法草案还规定设立国会委员会，限制总统的紧急处分权；此外，宪法草案还规定设立独立于行政机关的审计院，对财政支出的支付令行使核准权。审计院之审计长和其他审计员均由国会选举产生。

由于《天坛宪草》不合袁意，限制了他的权力，袁世凯深为不满，策动北洋系的地方长官通电反对，并施展种种手段使国会达不到法定人数，无法继续开会。1914 年 1 月 10 日袁世凯下令解散国会，《天坛宪草》未及公布便被彻底搁置。

（二）《中华民国约法》及其实质

1913 年 11 月初，袁世凯解散国会，另组织"中央政治会议"作为立法机关。政治会议秉承袁世凯的旨意，设立了"约法会议"，修改《临时约法》，着手拟定新约法草案。1914 年 3 月，袁氏向约法会议提出《增修临时约法大纲》咨文案，列举了七个修改意见，其中有：宪法起草权属于总统及参政院；公民权利之被夺与恢复，总统得自由行之；总统有紧急命令之权；总统有紧急处分财产之权；等等。约法会议据此精神，在美国宪法顾问古德诺的直接策划与参与下，拟定出《中华民国约法》，于同年 5 月 1 日正式公布，时人讥称其为"袁记约法"。至此，《中华民国临时约法》被正式废除。新制定的《中华民国约法》分十章，计"国家"、"人民"、"大总统"、"立法"、"行政"、"司法"、"参议院"、"会计"、"制定宪法程序"、"附则"，共六十八条。《中华民国约法》在"国家"、"人民"两章确立了共和国体、保障人民基本民主权利，在形式上确立了共和国体。约法还在形式上采取三权分立原则，规定了立法、行政和司法三权分立的国家政权组织原则。不过在实际上却是总统独揽国家统治权。

与《临时约法》相比，《中华民国约法》大大地扩充了总统的权力，主要表现在：

1. 废除责任内阁制，行总统制。约法第十四条规定："大总统为国之元首，总揽统治权"。同时"行政以大总统为首长，置国务卿一人赞襄之"，约法以附属于总统的国务卿，取代了以前牵制总统的内阁总理。

2. 无限扩张总统权力。约法规定大总统对外可以代表国家宣战、媾和或者缔结条约；对内可统率全国海、陆军；制定官制、官规不再经参议院议决，任免国务员、外交大使，亦无须参议院同意。此外，总统还有宣告大赦、特赦、减刑、复权之权，发布命令、赦令之权，财政紧急处分权，宣告戒严权，任命法官、组织法院司法之权，等等。约法还特别赋予总统财政紧急处分权和发布教令权，把总统的权力扩大到与封建帝王一样。其后，依据《中华民国约法》成立的参政院，又公布了《修正大总统选举法》，使总统任期改为十年，而且可以连选连任，可以选定继承人。

3. 废除国会制，设立立法院。约法规定：一院制的立法院为立法机关，立法院有议决法律、预算、募集公债等诸多职权。但立法院受总统领导，且无权弹劾总统，而总统却有解散立法院之权。另设参政院，作为大总统咨询机构，立法院未成立前，其职责由参政院代行。袁世凯执政时期立法院始终未成立。

凭借这部独裁性的"袁记约法"，袁世凯任命亲信官僚政客组成参政院，并假手参政院复辟帝制。1915年12月，在所谓"国民代表"的拥戴下，袁世凯下令改共和国体为帝国，定次年为洪宪元年。袁氏的复辟行为遭到全国人民的强烈反对，在做了八十三天的皇帝后，袁世凯不得不取消帝制，不久便羞愧交加，重病死去。

（三）《中华民国宪法》的制定和公布

袁世凯死后，北洋军阀各派系为争夺权力，不断混战。1922年6月，直系军阀曹锟控制北京政权。为当上总统，曹锟以每票五千元贿赂国会议员，成为"贿选总统"。曹锟一方面打出"法统重光"的旗号，宣布再行《临时约法》，以达到其政治目的；另一方面重开国会，继续修订《天坛宪草》，并在此基础上完成了一部《中华民国宪法》，即"贿选宪法"。《中华民国宪法》是近代史上中华民国首部正式颁行的"宪法"。该宪法分十三章一百四十一条，主要内容及特点是：

1. 以资产阶级共和国粉饰军阀独裁专制。从条文上看，《中华民国宪法》是北京政府时期最民主的一部宪法。该法第一条规定："中华民国永远为统一民主国"，并规定："国体不得为修改之议题。"该法吸取西方近代宪法的基本原则，规定了代议制、责任内阁制、司法独立和财政审计制度等。该法规定大总统各项权力行使，须依法律或经国会同意；任命国务总理须经众议院同意；众议院对大总统、国务员有弹劾权；等等。但在北洋时期，事实是有兵便有权，大总统作为一派军阀首领，决不会受制于无实权的国会。

2. 以资产阶级民主自由掩盖军阀独裁统治。《中华民国宪法》规定人民具有广泛的民主权利。规定：中华民国人民一律平等，无种族、阶级、宗教区别，人民依法享有保有财产、营业、言论、著作、刊行、集会、结社、通信秘密、居住迁徙、信教等自由，有请愿、诉讼、选举、被选举等权利。然而事实则相反，仅1923年2月7日京汉铁路总罢工中，在武汉江岸一地，吴佩孚的军警当场就杀害工人三十七人，伤二百多人，逮捕林祥谦等六十多人。

3. 名义上实行地方自治，实质上确认各大小军阀的利益格局。该法《地方制度》一章规定：省设省务院，省务员由省民直接选举；县设县长，县长由县民直接选举。曹锟政府之所以接受地方自治制度，实际上是大小军阀利益分配的需要，就此拉拢地方军阀与之合作，以期对奉系和皖系军阀进行制衡。

"贿选宪法"出笼后，遭到孙中山领导的国民党和中国共产党的反对，全国各地纷纷通电声讨。不及一年，曹锟政权垮台，段祺瑞执掌北京政府，废除曹锟的贿选宪法，《临时约法》也不再恢复，至此，西方的代议制宪法模式在中国成为历史遗物。

二、其他立法活动

北京政府成立后，袁世凯于 1912 年 3 月发布《暂行援用前清法律及新刑律令》："现在民国法律，未经议定颁布，所有从前施行之法律及新刑律，除与民国国体抵触各条应失效力外，余均暂行援用，以资遵守。"[1] 北京政府立法活动，是以援用前清法律为始点的。针对司法审判活动中所遇到的具体问题，从 1912 年到 1927 年，北京政府大理院发布了大量的判例和解释例，这些判例和解释例为下级法院所遵循，成为这一时期重要的法律渊源。

（一）刑事立法

袁世凯发布暂时援用前清法律命令后，令法部对《大清新刑律》进行删修。将该律中与"民国国体"抵触各条，如"侵犯皇室罪"、"伪造御玺国宝罪"等加以删除；将律文中带有明显封建帝制性质的名词概念加以修改，如"帝国"改为"中华民国"，"臣民"改为"人民"等。并取消附加的《暂行章程》五条，更名为《暂行新刑律》。该律从 1912 年起施行，直到 1928 年南京国民政府刑法典颁布。

镇压"二次革命"后，袁世凯解散了国会，开始逐步强化其独裁统治。为复辟帝制，袁世凯企图以"礼教号召天下、重典胁服人心"，于 1914 年 12 月 24 日颁布《暂行刑律补充条例》共十五条，内容与前清的《暂行章程》五条性质相同，且加重了刑罚。1914 年，袁世凯设立"法律编查会"，聘请日本法学家冈田朝太郎参加修订工作，至 1915 年 4 月完成《修正刑法草案》，其中增加了"侵犯大总统"和"私盐罪"两章。1918 年段祺瑞政府设立"修订法律馆"，拟定了《刑法第二次修正案》，体系上有所变化，更多地采用资产阶级的刑法原则和内容。此外，北京政府还制定了一些单行刑事法规，主要有《戒严法》、《惩治盗匪法》、《治安警察法》、《陆军刑事条例》、《海军刑事条例》等。

（二）民商事立法

北京政府成立初期，司法部曾一度呈请援用《大清民律草案》，但被参议院否决。针对民法典缺乏的状况，大理院发布大理院上字第五〇四号判例称："民

---

〔1〕　北京政府《临时公报》1912 年 4 月，参见《辛亥革命资料》，中华书局 1961 年版，第 307～308 页。

国民法法典尚未颁行，前清之现行律除裁判部分及与国体有抵触者外，当然继续有效。至前清现行律虽名为现行刑律，而除刑事部分外，关于民商事之规定，仍属不少，自不能以名称为刑律之故，即误会其为已废。"上字第九三八号判例规定："前清现行律关于民事各条，除与国体及嗣后颁行成文法相抵触之部分外，仍应认为继续有效。"所谓"现行律民事有效部分"包括《大清现行刑律》中的"服制图"、"服制"、"名例"中有关条款以及"户役"、"田宅"、"婚姻"、"钱债"等内容，另外还包括清《户部则例》中户口、田赋、税租等条款。1929 年 10 月南京国民政府公布民法典，"现行律民事有效部分"才告废止。

在实施"现行律民事有效部分"的同时，北京政府也颁布了一些民商事单行法规，主要有《矿业条例》、《不动产登记条例》、《商人通则》、《公司条例》、《商标法》等。此外，"法律编查会"在前清民律草案基础上吸收民国北京政府历年大理院判例，编订成一部新的《民律草案》，共计一千七百四十五条，于 1925 年至 1926 年分五编陆续公布。时值段祺瑞政府垮台，故未正式通过。

（三）诉讼法与法院组织法

北京政府成立后，于 1912 年 5 月颁布《民刑事诉讼律草案管辖各节》、《县知事审理诉讼暂行章程》等。于 1921 年编成《民事诉讼条例》，1922 年 1 月编成《刑事诉讼条例》，在东省特别区法院试行。关于法院组织，初用清末《各级审判厅试办章程》及《法院编制法》，并修正刊行，之后又行多次修订。此外还公布了《暂行各县地方分庭组织法》、《东省特别区域法院编制条例》等法规。

三、北京政府法律的本质与特征

民国北京政府继承的是南京临时政府，因此在形式上保留了南京临时政府民主共和的色彩，但实际上施行的是军阀专制主义统治，其法律特点突出体现在以中华民国之名，行军阀专制之实。为钳制人民群众反抗，颁布了一系列剥夺人民民主权利的法规。

1. 北京政府在立法中大量援用旧律威吓报复主义刑法原则。在其颁布的《暂行刑律补充条例》中，增设对娣母、继母出于虐待行为、夫之尊亲属出于义绝或虐待行为的防卫过当罪，藏匿刑事暂保释人罪，奸良家无夫妇女罪，奸有夫之妇罪，等等。尊亲属轻伤卑幼免除处罪，行亲权之父母为惩戒子女可请求法院施以六个月以下监禁处分等。在《徒刑改遣条例》中，将清末已废的遣刑重加恢复。在《易答条例》中，重新恢复临时政府明令废止的答刑，这无疑是古代折杖法的复萌。

2. 严刑峻罚镇压革命。北京政府在《暂行新刑律》专设《内乱罪》一章，规定："意图颠覆政府，僭窃土地及其他紊乱国宪而起暴动者为内乱罪。"将矛头直接指向人民的革命活动。该罪处罚严酷，"首魁"处死刑或无期徒刑。"执重要事务者"处死刑或无期徒刑或一等有期徒刑。"附和随行者"处二至四等有期徒刑,并夺公权。之后又颁布的《惩治盗匪法》,进一步加重内乱罪的刑罚等级,规定一律处死刑。如1912年北京政府颁布《戒严法》,1914年3月公布的《预戒条例》、《治安警察条例》和1915年11月颁行的《违警罚法》,均严格限制人民各项宪法权利,把人民置于严密的法律监督之下。

3. 维护地主、官僚买办阶级利益。北京政府的法律重视保护地主土地所有权和封建地租剥削。"现行律民事有效部分"的"典买田宅"条及其条例规定:若将已典卖与人的田宅重复典卖的,以所得价钱计赃准盗窃论,追价还主,田宅从原典买主为业。典限未满而业主强赎者,依律治罪。这是使地主合法地兼并农民土地。对地租规定每年按期缴纳,不因地主怠于行使而减轻,也不因积欠而免除。此外,北京政府先后还颁行了《中国银行则例》等一系列银行法规。保护官僚买办阶级垄断的银行,授予它们经理国库、募集资金或举借外债、发行国币等权力,由此掌握国家的经济命脉。

4. 确认帝国主义列强在华利益。北京政府统治时期,列强在华资本不断扩张。为确认其经济侵夺的合法,《矿产条例》规定:外国人与中国人合股可取得开采矿藏权。解释例统字九百一十一号又规定:"外国教堂依条约应特制认为法人,得享有土地所有权。"为帝国主义在中国随意开矿设厂、抢占土地、掠夺资源提供了法律保障。为保护列强在华政治特权,《暂行新刑律》专立《妨害国交罪》章,设"损坏、除去、污秽外国国旗、国章罪"、"私与外国开战罪"、"违背中立命令罪"等,严禁中国人民的反帝国主义活动。《陆军刑事条例》又规定:"凡未受宣战之告知,或已受休战媾和之告知,无故对外开战者,处死刑。"

第三节 中华民国北京政府的司法制度

一、司法机关

民国北京政府成立初期,对清末《法院编制法》略加删改,更名为《暂行法院编制法》,继续援用。1914年3月,公布《平政院编制令》,形成普通法院系统和行政法院系统并存的二元司法体制。

(一) 普通法院

北京政府普通法院系统包括大理院、高等审判厅、地方审判厅、初等审判厅等。京师设大理院为最高审判机关,设院长一人,总理全院事务。下设民事庭和刑事庭。各庭设庭长一人,推事若干人。在离京师较远或交通不便的省高等审判厅内设立大理院分院。推事由大理院选任,或由所在高等审判厅推事兼任。省设高等审判厅,设厅长一人,下设民事庭和刑事庭。府设地方审判厅,受理二审案件或重要的一审案件。州、县设初等审判厅，初等审判庭审理第一审轻微的刑事案件或诉讼标的价值较小的民事案件。

（二）兼理司法衙门

1914年4月，袁世凯下令裁撤全国三分之二的地方审判厅和检察厅，取消全部初级审判厅及检察厅，设立兼理司法机关，实行县知事兼理司法，下设承审员辅助之。县知事兼理司法制度的实施，意味着县行政长官重掌司法权，形成了兼理司法衙门。这实际是中国古代长期实行的地方行政权与司法权合一传统的延续，是司法制度的倒退。

（三）特别法院

北京政府时期司法制度的一大特点是设立了一大批特别法院。特别法院主要指包括陆军和海军在内的军事审判机关。根据普通法律规定，在正常情况下，军事审判机关只能受理以军人为被告或直接与军事有关的案件。但据《戒严法》等特别法规定，在宣布戒严或交战地区，普通案件也归军事审判机关管辖。北洋政府统治时期军阀混战，大部分地区在大部分情况下处于戒严状态。因此，在各级各类法院系统中，军事审判机关一直居于主导支配地位。

（四）平政院

北京政府平政院系统成立于1914年，主管行政诉讼。《平政院编制令》规定，平政院察理行政官吏之违法不正行为，就行政诉讼及纠弹事件行使审判权。平政院设院长一人，评事十五人。平政院还设肃政厅，纠弹行政官吏之违宪违纪事件，并得提起行政诉讼，监视平政院裁决之执行。南京国民政府时期改平政院为行政法院。

二、诉讼审判的主要特点

民国北京政府时期，诉讼审判的主要特点包括：

（一）大量运用判例和解释例

为弥补近代法律规范的缺乏，大理院以发布判例和解释例的方式确立了许多法律规范，指导下级法院进行司法审判。从1912年到1927年，大理院发布和汇编的判例和解释例汇编共六千多条。这些判例和解释例对于完善和丰富中国近代法律规范，以及以后的立法活动都产生了深远影响。

（二）实行四级三审制

在审判管辖上，北京政府实行四级三审制。轻微案件由初等审判厅作第一审，稍重的案件由地方审判厅作第一审。高等审判厅不受理第一审案件，大理院可以作为"内乱"及"妨碍国交"、"外患"等罪的第一审及终审机关。

（三）实行审检分立制度

北京政府实行审判权与检察权分立制度，在各级普通审判机关内部设立相应级别的检察厅，行使检察权。各级检察厅由若干检察官组成，设首席检察官一位；规模较小的初级审判厅只设一至两名检察官，不设首席检察官。检察厅虽设在审判厅内，但检察官独立行使检察权，检察官只对上级检察厅负责，不受同级审判厅及行政长官的干预。

（四）军阀借助军法审判干涉司法

北京政府统治时期，军阀连年混战，军法审判机关和军法审判在司法审判中占有突出的地位。军法会审机构不仅审理军人违反《陆军刑事条例》和《海军刑事条例》的案件，而且把续备、后备和退役军人以及军属，也包括在军法审判的范围。同时军法会审机构的审判活动，还随意强行审判其他非军人案件，任意残害革命志士和人民群众，军事法庭剥夺当事人一切诉讼权利，往往秘密审判，不准律师出庭辩护，动辄"立即枪决"，充分暴露了北京政府军事审判机构的反动本质。

思考题

1. 比较《天坛宪草》、《中华民国约法》（"袁记约法"）、《中华民国宪法》（"贿选宪法"）的异同。
2. 简述《惩治盗匪法》的主要特点。
3. 评述北洋政府的主要立宪活动。

第十五章

中华民国国民政府的法律制度

◆ 内容提要

中华民国国民政府于 1925 年 7 月 1 日在广州成立，至 1949 年 10 月 1 日中华人民共和国诞生而宣告灭亡，前后共存在二十四年，共经历了广州、武汉国民政府（1925 年 7 月～1927 年 7 月）和南京国民政府（1927 年 4 月～1949 年 9 月）两个不同性质的政权。南京国民政府以孙中山的"遗教"作为立法指导思想，以"三民主义"为建国最高原则和立法方针。在法制建设上，南京国民政府在继承和发展清末政府和北京政府的立法基础上，主要仿照大陆法系样式，兼采英美法律制度，大体建构完成了近代化的"六法全书"体系。南京国民政府"六法全书"体系标志着中国法律近代化完成。

◆ 案例导入

"七君子"案[1]

1936 年 11 月 22 日，国民党政府以"扰乱社会治安，危害民国"为借口，将要求国民党政府停止内战、释放政治犯、建立统一的抗日政权的"全国各界救国联合会"骨干成员沈均儒、邹韬奋、李公仆、沙千里、史良、章乃器、王造时七人非法秘密逮捕。

1937 年 4 月 3 日，江苏省高等法院检察厅以《危害民国紧急治罪法》第六条，对沈均儒等人正式提出"公诉"，罗织被告阻挠"平赤"之国策、作有利于共产党之宣传、组织和参加以危害民国为目的的团体等十大"罪状"。一些爱国律师组成辩护团为"七君子"辩护，以审判官拒不重视采用有利"被告"的证据，与检察官串通一气为理由，申请审判官回避，审判中断。审判中，国内民主人士和一些国际知名学者纷纷进行营救。宋庆龄、何香凝等还发起"爱国入狱运动"，联合具状要求以"爱国罪"入狱"羁押"。迫使国民政府授意江苏高等法院将"七君子"取保释放，沈均儒等胜利出狱。但直至 1939 年 1 月 26 日，才由四川高等法院第一分院宣布撤回这一案件的"起诉"，该案在程序上宣告了结。

国民时期实行"五权宪法"，形式上实现了司法与行政的分立。但是，南京

---

〔1〕 郭成伟、肖金泉主编：《中华法案大辞典》，中国国际广播出版社 1992 年版，第 893 页。

国民政府坚持"以党训政",并实行"司法党化",无论是行政还是司法都要受到国民党的节制,因此实际上并不存在独立的司法权,一切重大司法问题皆由国民党中央政治会议决断。对"七君子"的几次法律裁定完全都是根据国民党的政治需要而作出的。

第一节 广州、武汉国民政府时期的法律制度

一、立法思想与立法特点

1924 年 1 月,在共产国际和中国共产党的帮助下,孙中山对国民党进行了改组并在广州召开了中国国民党第一次全国代表大会。在这次会议上,通过了《中国国民党第一次全国代表大会宣言》。在宣言中,孙中山总结了辛亥革命以来的中国民主革命的经验和教训,提出了"联俄、联共、扶助农工"的三大政策,并对"三民主义"进行了重新解释。此宣言成为国共合作的政治纲领,也是广州、武汉国民政府的立法基础。

广州、武汉国民政府时期,中国共产党以个人身份加入国民党。国民党成为大革命统一战线组织。在法制建设上,国民党代行国家最高权力机关的职权。国民党全国代表大会讨论通过的各种政治纲领和决议具有最高的法律效力,成为国民政府的施政纲领和立法原则。在国民党全国代表大会闭会期间,国民党中央执行委员会是最高权力机关,讨论和议决国民政府的法律和法规。国民党中央政治委员会是最高政治指导机关,为了保证国民政府的各项工作符合国民党所确立的革命宗旨,由国民党通过中政会来行使立法权。国民党中政会不仅讨论和决定国民政府的政治方针,同时也议决法律案。

二、立法概况

(一)政府组织法

广州、武汉国民政府时期,受苏联建政经验的影响,国民政府根据一系列新的建政原则,建立了一个不同于近代西方资本主义国家总统制、议会制的新型政府。1925 年 7 月 1 日,广州国民政府公布的《中华民国国民政府组织法》。规定:"国民政府受中国国民党之指导与监督,掌理全国政务。"在政府组织制度上,国民政府采取集体领导原则,用集体领导的委员制代替行政长官个人集权制。"国民政府以委员若干人组织之,并于委员中推定一人为主席";"国民政府设置常务委员五人,处置日常政务";"国务由委员会议执行之"。

国民政府实行议行合一的"一权制",国民政府不仅是议政的机关,也是执行政务的机关。《国民政府组织法》规定:"国务由委员会议执行之";"国民政府设置军事、外交、财政各部,每部设部长一人,以委员兼任之,有添部之必要

时，经委员会议议决行之"。国民政府行使职权只对国民党的全国代表大会及其中央执行委员会负责，在国民党的指导和监督下，统掌全国政务。

（二）刑事立法

在国民政府成立初期，曾援用北京政府的《中华民国暂行新刑律》作为打击犯罪的主要刑事法规。后在中国共产党及国民党左派的积极推动下，为保护工农群众革命运动，国民政府也制定和颁行了一系列的刑事法规，这些法规服务于国民革命的总任务，将打击反革命势力和惩罚背叛革命的犯罪置于首位。主要包括：《陆军刑律》（1925 年 10 月 9 日）、《国民政府反革命罪条例》（1927 年 3 月 30 日）、《党员背誓罪条例》（1927 年 3 月 30 日）、《处分逆产条例》（于 1927 年 5 月 10 日）等。

（三）军事法规

广州、武汉国民政府十分注重军事立法，除了 1925 年 10 月颁布的《陆军刑律》外，还陆续制定与颁布了《中华民国国民政府军事委员会组织法》（1925 年 7 月 5 日）、《国民革命军总司令部组织大纲》（1926 年 7 月 7 日）、《军事委员会总政治部组织大纲案》（1927 年 3 月 15 日）、《中央执行委员会军事委员会组织大纲》（1927 年 3 月 30 日）等。这些军事法规规定，国民革命军军事委员会"受中国国民党之指导及监督，管理统率国民政府所辖境内海陆军、航空队及一切关于军事各机关"，其任务是"巩固国民政府统治下之疆域，扑灭国内反革命武力，以谋全国统一，并筹划国防，使不受帝国主义者对中国军事进攻之危害"。国民政府的军事立法正式规定了军队与执政党的关系，在中国近代法律制度史上开创了"党指挥枪"的原则，这对于改变旧中国军阀割据、独裁横行的状况是有益的。

（四）财政立法

广州国民政府成立后，为了创立和巩固国家财政和经济基础，着手统一财政。1926 年 1 月，国民党召开第二次全国代表大会，大会通过《关于财政决议案》，提出改善国家财政制度的措施是：统一国家财政；建立收支相符的国家及地方的预算；改善国家之租税制度；改良银行政策；创立良好币制；利用国家公债；厉行关税政策；等等。根据这一决议和政策的精神，广州、武汉国民政府相继制定和颁布了《审计法》、《审计法施行规则》、《缉私卫商暂行条例》、《内地税征收条例》、《国民政府财政部有奖公债条例》、《国民政府财政部国库券条例》、《财政部有奖债券条例》等。通过这些法规，加强了对国民政府及其下属机关的审计监督，对制止和减少可能发生的营私舞弊行为、集中财力支援国民革命和经济建设均起到了良好的作用。

（五）土地和劳动法规

国民革命开始后，孙中山认识到中国民主革命欲取得胜利，必须深入发动占人口绝大多数的广大工农劳苦民众，革命政党必须制定和颁布实施体现民众切身利益的政策，为此他将"扶助农工"列入三大政策之中。国民党"一大"宣言规定："严定田赋地税之法定额，禁止一切额外征收"；"改良农村组织，增进农人生活"。1926年1月，国民党第二次全国代表大会通过了《农民运动决议案》规定：在政治上，引导农民"成为有组织之民众，以参加国民革命"，"制定农民保护法"；在经济上，"严禁对于农民之高利贷"，"规定最高租额及最低谷价"，"取消苛税杂捐及额外征收，制止预征钱粮及取消无地钱粮"。

国民党"一大"宣言规定："制定劳工法，改善劳动者之生活状况，保障劳工团体，并扶助其发展。"国民党第二次全国代表大会还通过了《工人运动决议案》，表示要制定劳动法，实施"八小时工作制，禁止十小时以上的工作"；"设置劳动保险"；取消带有封建性的包工制；并主张"在法律上，工人有集会、结社、言论、出版、罢工之绝对自由"。

三、司法制度的改革

国民政府建立初期，其司法制度基本上沿用北京政府的四级三审制与审检合署分工制，即在中央设大理院，在地方上分别设立高等审判厅、地方审判厅、初级审判厅，并在大理院内设立总检察厅，在各级审判厅内分别设立高等检察厅、地方检察厅、初级检察厅。无论审判机关还是检察机关，都必须接受国民党中央执行委员会的指导和监督。

1927年初，国民政府在武汉召开司法会议，决定进行司法改革，并公布了《新司法制度》。其主要内容包括下列五个方面：

（1）更改审判机关名称与审级制度。废除大理院与审判厅的名称，一律改称为"法院"。法院分中央与地方二级。中央法院又分为最高法院与控诉法院；地方法院分县市法院与人民法院。最高法院设在国民政府所在地，控诉法院设在省城，冠以省名。县市法院设在县或市，冠以县市之名。对诉讼不发达的县，可以两县或三县设一法院。人民法院设在镇或乡村，为最基层的司法机关。审级制度原则上采取二级二审制，死刑案件以三审为终审。

（2）废止司法官不党之法禁。废除北洋政府时期所标榜的为维护司法官"公正"而禁止司法官参加任何政治党派的规定，改为具有三年以上法律经验的国民党员，可任司法官。

（3）废止法院内设立行政长官制。法院内不设行政长官，采取集体领导的原则，组织院内"行政委员会"负责处理各类行政事务。

（4）废止检察厅，酌设检察官，配置于法院内执行职务。改变北洋政府在大理院及各级审判厅院内设置检察厅的体制，酌设检察官行使检察权。

（5）采取参审制与陪审制。1927年，武汉国民政府制定《参审陪审条例》，规定法院除设审判官外，另设参审员，参与法律及事实之审判；县、市法院及中央法院的审判，除设庭长及审判官外，兼设陪审员，参与事实之审判。根据案件当事人的身分，遴选参审员或陪审员。通过参审与陪审制度，无论涉及工人、农民，还是妇女的案件都有相关组织派员参与诉讼，可以更好地依法维护这些当事人的权益，这也是发动人民群众参与和监督国家审判权行使的初步尝试，开辟了我国陪审制度的先河。

第二节　南京国民政府的立法思想与立法概况

1927年4月12日，蒋介石发动反革命政变，不久自立政府于南京，成立南京国民政府，直至1949年底被迫退到台湾。南京国民政府名义上依照三民主义，构建了中国第一个现代化的法律体系——六法体系。

一、立法指导思想

南京国民政府以南京临时政府的正统继承者自居，为适应大地主大资产阶级统治的需要，南京国民政府对孙中山的"三民主义"断章取义地加以运用，形成了一套完整的立法思想。

（一）从"以党治国"到"一党专政"

孙中山逝世后，蒋介石打着总理遗训的幌子，把"以党治国"主张演化为"一党专政"理论。1929年3月12日，国民党"三大"通过《确定总理遗教为训政时期中华民国根本法决议》，规定："中国国民党中央执行委员会应根据总理遗教，编制过去党之一切法令规章，以成统一系统"；"确定总理所著《三民主义》、《五权宪法》、《建国方略》、《建国大纲》和《地方自治开始实行法》为训政时期中华民国最高之根本法"。国民党正是用三民主义的权威掩盖其"以党治国，一党专政"的立法指导思想和基本原则，以专制独裁取代了民主共和制。

（二）从"权能分治"到"五权宪法"

根据"三民主义"的思想和原则，南京国民政府确立了"权能分治"理论与五权宪法的政府组织方案。"权"即政权，是人民管理政府的力量，包括选举、罢免、创制、复决四种权力；"能"即治权，就是政府管理国家事务的权能，包括行政、立法、司法、考试、监察五种权能。权能分治要实现人民有权、政府有能的宪政体制。根据该理论，人民直接选举国民代表，组成国民大会。国民大会为最高政权机关，通过四种政权，组织并监督政府。政府由行政、立法、司法、考试、监察五院组成，依据法律行使不同的权能，互相制约。

孙中山的宪政思想，直接成为南京国民政府立宪的理论依据。但是，它只为中国带来了一部形式上民主的宪法文件，中国并未因此而出现孙中山设想的"世界上最完全、最良善的政府"。

（三）从"建国三时期"到"训政保姆论"

孙中山曾认为，在中国创建民主国家是一个渐进的过程，需历三个时期。早在 1906 年同盟会军政府宣言中，便提出了"军法之治"、"约法之治"、"宪法之治"的构想。[1] 1914 年，在其手书的《中华革命党党章》中，又对革命进行时期进行了详细论述："一、军政时期，此期以积极武力，扫除一切障碍，而奠定民国基础。二、训政时期，此期以文明治理，督率国民建设地方自治。三、宪政时期，此期俟地方自治完备之后，乃由国民选举代表，组织宪法委员会，创制宪法；宪法颁布之日，即为革命成功之时。"[2] 孙中山认为宪政民主国家的建立过程要经过军政、训政和宪政三个阶段。军政时期以革命武装力量扫荡反革命势力，实行军法之治；训政时期由于人民还没有完全觉醒，需要由国民党训练和教导人民行使政权和管理国家事务，实行约法之治；宪政时期由国民代表大会制定宪法，依法建立五院政府，人民依据宪法行使治权，五院依据宪法行使政权。

根据孙中山《建国大纲》，南京国民政府确立了建国三时期和训政保姆论。孙中山"建国三时期"理论的目的是要实现全民民主政治，而且孙中山晚年并未再坚持这一观点，但它却被南京国民政府篡改、滥用。以蒋介石为首的国民党将孙中山的思想本末倒置，以人民智识低下为借口，长期实行"训政"，歪曲了孙中山的民主法治思想。

根据"三民主义"学说，南京国民政府还确立了国家社会本位的立法方针，在公法上强调国家利益至上，在私法上强调社会利益至上。

二、立法阶段与法律体系

（一）立法阶段

南京国民政府法律体系的建立经历了早期形成与确立（1927～1937 年）、战时发展与维持（1937～1945 年）和制宪及六法的衰败（1946～1949 年）三个时期。

1. 早期形成与确立时期（1927～1937 年）。南京国民政府建立之初，国民党中央政治会议决议授权国民党中央执行委员会政治会议决议一切法律，同时在北京政府修订的法律草案基础上，制定了《中华民国刑法》、《中华民国国民政府组织法》等，初步建立法律体系。1928 年 10 月立法院成立，进行了一系列立法

---

〔1〕《孙中山全集》第一卷，中华书局 1981 年版，第 296 页。
〔2〕邹鲁：《中国国民党史稿》，台湾商务印书馆 1976 年版，第 166 页。

活动，制定和修订了《训政纲领》、《中华民国训政时期约法》、《中华民国宪法草案》，修订了《中华民国国民政府组织法》，《中华民国民法》、《公司法》、《票据法》、《海商法》、《保险法》、《破产法》，修正了《中华民国刑法》、《中华民国民事诉讼法》、《中华民国刑事诉讼法》、《法院组织法》等。为剿灭"共匪"，还公布了一系列特别法，如《危害民国紧急治罪法》、《共产党人自首法》、《惩治盗匪暂行办法》等。基本确立了"六法体系"。

2. 战时发展与维持时期（1937～1945年）。抗日战争全面爆发后，以国共合作为基础建立了抗日民族统一战线。在统一战线的政治框架下，中国共产党领导下的革命根据地接受并适用《六法全书》。与此同时，南京国民政府为适应战局的需要，颁布了大量战时法规，如《战时军律》、《惩治汉奸条例》、《国家总动员法》、《妨害兵役治罪条例》、《出征抗敌军人婚姻保障条例》、《优待出征抗敌军人家属条例》等。

3. 制宪及六法的衰败时期（1946～1949年）。抗战胜利后，国共两党和其他民主党派为建立民主的联合政府曾举行政治协商会议，但国民党为维护一党专政，拒绝中共及朝野各界关于实现和平、民主、建立联合政府的正义要求，积极准备并悍然发动了全面内战。为给蒋介石独裁统治披上合法外衣，南京国民政府大搞制宪把戏。1946年11月，国民大会在国民党的操纵下召开，在没有共产党和其他民主党派参加的情况下通过了《中华民国宪法》，于1947年12月25日正式实施。为消灭共产党领导的人民政权以及其他民主力量，国民政府先后颁布了《战乱总动员令》、《戒严法》、《戡乱时期危害国家紧急治罪条例》、《动员戡乱时期临时条款》等法律。但随着国民党军队的节节败退，南京国民政府六法体系在大陆完全崩溃，《六法全书》仅在中国台湾省继续适用。

（二）法律体系

南京国民政府的法律主要由制定法、判例、解释例和党规党法、蒋氏手谕等构成。南京国民政府的立法机关是立法院。从1928年始南京国民政府立法院进行大规模立法活动，先后制定了宪法、民法、刑法、民事诉讼法、刑事诉讼法、行政法规，以及其他单行法规、特别法规。这些法律的汇编通称"六法全书"，是南京国民政府成文法的总称。

南京国民政府时期，司法院和最高法院继承了北京政府大理院发布的判例和解释例并大量增补，判例、解释例成为制定法的重要补充。此外，根据"训政"时期的思想和理论，国民党党规党法、蒋氏手谕、命令也是重要法律形式，具有最高的法律效力。

第三节 "六法全书"的主要内容及其特点

一、宪法性法律

南京国民政府时期，先后公布了四部宪法性法律，即 1928 年《训政纲领》、1931 年《中华民国训政时期约法》、1936 年《中华民国宪法草案》（"五五宪草"）、1947 年《中华民国宪法》。

（一）《训政纲领》

1928 年 10 月 3 日国民党中央常务委员会召开会议，确定了训政时期国民党"以党治国，以党训政"的施政方针，制定并通过《训政纲领》六条，其基本内容是：国民党中央掌握国家最高政权，国民党全国代表大会代行国民大会职权，为最高国家权力机关；国民政府从属于国民党，国民党中央执行委员会（其核心是政治会议）是国家最高权力机关的常设机关。《训政纲领》还规定了"政权"和"治权"的划分，人民应享有的四种政权由国民党训练国民逐渐推行，五种治权由国民政府总揽而执行之。蒋介石集团的训政，其核心是一党专政，以"训政"为借口，长期剥夺人民的民主权利。

（二）《训政时期约法》

1931 年 5 月 5 日，由国民党指派的所谓"国民会议"召开，5 月 12 日"国民会议"三读通过《中华民国训政时期约法》，并于 6 月 1 日由政府正式公布。该法共八章八十九条，仿照资产阶级宪法的形式，写进了一些民主的条文，如规定：中华民国"永为统一共和国"，主权属于全体国民。但同时该约法又规定国民党全国代表大会和中央执行委员会为最高权力机关，约法的解释权属国民党中央执行委员会，其本质是本着"以党治国"精神肯定国民党一党专政的制度。根据该约法，人民的政权，即选举、罢免、创制、复决四种权力的行使，由国民党政府训导之。实则人民只有纳税、服兵役、服从法律的义务。

（三）《中华民国宪法草案》（"五五宪草"）

1935 年 3 月南京国民政府召开国民大会议决宪法，并责成立法院起草宪法草案。1936 年 5 月 5 日《中华民国宪法草案》正式公布，史称"五五宪草"。该草案共八章一百四十八条，结构与《训政时期约法》基本相同，草案中的"五权"分治形式赋予总统极大权力，五权制实则是总统独裁制。这部宪法草案曾被当时的一些舆论评价为中国实行民主政治的依据和保障。但是，由于次年"卢沟桥事变"后抗日战争全面爆发，国民大会不具备召开条件，该宪法草案未能付诸议决。

（四）《中华民国宪法》

抗战胜利后，国共两党签订"双十协定"，并在此基础上召开政协会议，讨论召开国民大会、改组政府、制定宪法等问题。1946年国民政府撕毁政协协议，向解放区发动全面进攻，并于11月15日单独召开国民大会，同年12月25日通过以"五五宪草"为底本的《中华民国宪法》。1947年1月1日南京国民政府将其公布，并于1947年12月25日施行。《中华民国宪法》共十四章一百七十五条，主要内容包括：

（1）依三民主义和五权宪法确定国体与政体，规定："中华民国基于三民主义，为民有、民治、民享之民主共和国"，"中华民国之主权属于国民全体"。分章分别规定行政、立法、司法、考试、监察五权，以五权宪法构造宪法之主干。

（2）规定国民大会为全国最高政权机关，国民大会代表全国国民行使政权，治权由五院政府来行使。国民大会所行使的政权包括选举、罢免、创制、复决，在理论上是最高权力，总统及五院院长均在它的监督之下。不过这一权力被宪法的起草者有意加以限制。该宪法第二十七条规定："国民大会之职权仅限于选举和罢免总统、副总统，以及修改宪法、复决立法院提出的宪法修正案。"

（3）形式上采取总统制，但总体的权力受立法院、行政院和检察院的制约。该宪法规定：总统为国家元首，对外代表中华民国，统帅全国陆、海、空军。但总统依法公布法律，发布法令，"须经过行政院院长之副署"。总统依法宣布戒严，"须经立法院之通过或追认"。监察院也可对总统进行纠弹、罢免。

（4）规定人民享有广泛的宪法权利。《中华民国宪法》秉承民权主义，规定人民享有极为广泛的宪法权利，罗列众多，但规定为"除为防止妨碍他人自由，避免紧急危难，维持社会秩序，增进公益所必要"，"以法律限制之"，即用普通法律可以限制或剥夺宪法赋予的自由权利。

（5）采取中央和地方分权的体制。规定中央与地方的权限划分，省、县实行自治制度。

（6）巩固和发展官僚资本。该宪法宣称："国民经济应以民生主义为基本原则，实施平均地权，节制资本，以谋国计民生之均足。"（第一百四十二条）同时，又在保障私有权的前提下，明确实行"国家本位"主义："国家对于私人财富及私营事业，认为有妨害国计民生之平衡发展者，应以法律限制之。"（第一百四十五条）这就在肯定封建土地私有制和资本主义私有财产制度的基础上，维护了官僚资本的垄断地位。

如果单纯从文字上看，《中华民国宪法》可以说是一部非常民主的宪法，但在实际上，这部宪法只是国民党实行一党专政的工具。蒋介石利用《中华民国宪法》，于1948年3月29日召开国民大会选举其为大总统。随后国民大会制定

《动员勘乱时期临时条款》，规定："总统在动员战乱时期，为避免国家或人民遭遇紧急危难，应付财政经济上重大变故，得经行政院会议之决议，为紧急处分，不受《宪法》第三十九条或第四十三条所规定程序之限制。"

二、民商法及其特点

（一）民商合一的法律体系

南京国民政府成立后，于 1928 年开始起草民法典。国民政府法制局在继承清末和北京政府民律草案的基础上，借鉴德、日等资本主义国家民事立法原则和法律条文，结合传统习惯分期起草了民法典。

我国自清末修订《大清民律草案》和《大清商律草案》以来，采用的是民法典和商法典分别编撰的立法体系。对于新的民法典采取何种体系，南京国民政府内部曾有过很大的争议。最终国民党中央政治会议采纳了立法院院长胡汉民、副院长林森的意见，打破传统，采用民商合一的立法体系，只编撰一部民法典，将通常属于商法总则之经理人及代办商，商行为之交互结算、行纪、仓库、运送营业及承揽运送并入民法债编；其他不宜合并者，分别制定单行商事法规，不再制定专门的商法典。这一编撰方式在一定程度上受到了前苏联及瑞士民法的影响。

（二）《中华民国民法》的内容特点

自 1929 年 5 月 23 日起，南京国民政府分别公布民法"总则"、"债"、"物权"、"亲属"、"继承"等五编，共一千二百二十五条。其中总则编于 1929 年 5 月公布，10 月 10 日起生效，规定民事权利及法律关系的一般原则；债编于 1929 年 11 月公布，1930 年 5 月 5 日起生效，规定各种债的关系；物权编于 1930 年 11 月公布，5 月 5 日起生效，规定对物的直接管理与支配，并排除他人干涉等民事权利；亲属编于 1930 年 12 月公布，1931 年 5 月 5 日起生效，规定因婚姻、血缘和收养而产生的人与人之间的权利义务关系；继承编于 1930 年 12 月公布，1931 年 5 月 5 日起生效，规定被继承人死亡后其亲属继承财产的权利义务关系。

《中华民国民法典》是中国历史上第一部正式颁行的民法典，反映了中国近代民事立法的最高成就。其主要特点包括：

（1）在立法原则上，采取社会本位。《中华民国民法典》摒弃个人主义，重视社会公益，对私人所有权、契约自由和遗产继承均予以限制，并确立无过失损害赔偿原则。

（2）在法典编撰体例上，实行民商合一的体制。南京国民政府在起草民法典时，摒弃了清末和民国北京政府实行的民、商分立的法典编纂模式，参考瑞士等国民法典，实现民、商合一。一般的商事法律是民法的一部分，没有独立商法典，对于不能并入民法典的商事法律规则，以单行法另行规定。南京国民政府成立之初，继续援用北京政府颁布的《商人通例》、《商事公断处章程》调整各种商事活动。从 1929 年到 1946 年南京国民政府先后制定、修正公布《票据法》、《公司法》、《海商法》、《保险法》、《银行法》等，作为民法特别法。民法典从 1929 年 10 月 10 日起陆续施行。此外，还颁布了《著作权法》、《出版法》、《房屋租赁条例》等单行民事法规。

（3）在法律渊源上，肯定习惯的法律效力，并积极吸纳中国本土法。《中华民国民法》规定："民事法律所未规定者，依习惯。"同时规定："民事所适用之习惯，以不背于公共秩序或善良风俗为限。"此外，相当一部分具体的民事习惯，已作为本土法的重要组成部分，也被吸收到民法中，如典权制度的一系列规定等。

（4）在家庭婚姻方面，对传统的婚姻家庭制度有相当的保留。尽管《中华民国民法》对传统的婚姻家庭制度有很大变革，但仍保留了不少封建婚姻家庭制度的内容。如它确认以夫权为中心的封建婚姻制度，维护夫妻间事实上的不平等；确认以父权为中心的封建家长制度，规定"家置家长"，子女财产由父管理，父母得于必要范围内惩戒其子女；等等。此外，它还肯定包办婚姻为合法，允许父母在子女未成年时便为其定下终身。

《中华民国民法》是中国历史上第一部完整、独立的民法典，是我国法制走向文明和进步的表现，在法律发展史上具有重要的影响和地位。但从本质上看，这部民法典还是代表大地主大资产阶级利益的，其核心是维护私有制的经济制度，维护私有财产的所有权。

（三）单行商事法规的颁布

在民商合一的立法体系下，对于不宜编入民法典的商法内容，南京国民政府制定并颁布了大量单行商事法规。1929 年 1 月，立法院成立商法起草委员会，先后制定并颁布了一系列商事单行法，包括《保险法》（1929 年）、《票据法》（1929 年 10 月）、《公司法》（1929 年 12 月）、《交易所法》（1930 年 6 月）、《海商法》（1931 年 1 月）、《中央银行法》（1935 年 5 月）、《破产法》（1935 年 10 月）等。

不可否认，这些单行商事法规的颁布实施，对于完善我国近代的部门法体系具有积极意义，也是运用法律规范调整经济关系的进一步尝试。但是，这些商事法规却是维护大地主、大资产阶级利益的，并最终成为四大家族聚敛财富的工具。

三、刑法及其特点

南京国民政府成立之初，援用北京政府《暂行新刑律》，同时着手修订刑法典和各项单行刑事法规。1927 年 4 月，司法部长王宠惠主持修订刑法，以北京政府《暂行新刑律》和《第二次刑法修正案》为蓝本，吸收日、德等国家刑法原则，完成《刑法草案》。后经国民党中央常务委员会通过，定名为《中华民国刑法》，于 1928 年 9 月开始施行。该刑法实施后，国民党为了强化治安，不断颁布各种特别刑事法令，使得刑法体系极为复杂，加上这一时期世界刑事法律理论有重大发展，而 1928 年的《中华民国刑法》未加以吸收和借鉴，故国民政府在 1931 年 12 月成立刑法起草委员会重新修订刑法典，1935 年 7 月开始施行，仍名为《中华民国刑法》，通称"新刑法"，而前者则被称为"旧刑法"。

"新刑法"分两编，共四十七章三百五十七条。该法以三民主义为立法宗旨，立法原则采罪刑法定主义、主观人格主义、社会防卫主义，并注重传统伦理观念等等。不过，该法典增加了德、意等国带有法西斯性质的刑法内容，特别是增加《保安处分》专章。其主要特点有三：

1. 继受西方国家通行的刑事法律原则，并与中国传统伦理相适应。在立法原则方面，吸收了西方罪刑法定原则、罪行相适应原则、刑罚人道主义原则等。在罪名体系和刑罚制度方面，基本上借鉴了西方通行良规。与此同时，刑法中保留了大量传统内容。为维护封建宗法制家庭，亲属间犯罪可据不同情况加、减或免除刑罚。刑法还规定，直系血亲配偶或同财共居亲属间犯"盗窃"章所列各罪者，得免除其刑罚，这些都是传统法律精神的再现。

2. 采纳社会防卫主义，增设保安处分。保安处分是二十世纪刑法新学派理论之一，其本意是为保持社会秩序、预防犯罪发生所采取的一种社会防卫措施，用以补刑法之不足。适用对象不限于有犯罪行为者，还包括有犯罪嫌疑或有社会危害性者。国民政府仿效 1930 年意大利刑法典，专列"保安处分"章规定适用原则、保安处分的宣告与执行及处分种类。国民政府将这种制度法西斯化，使之成为任意残害共产党人和其他政治犯的重要工具。只要政府认为谁是有"犯罪之虞"，可以保安处分为名关进劳动场、集中营，接受特务机关的肉体和精神摧残、折磨。

3. 刑法体系中不仅存在大量的单行法，而且单行法的效力高于普通法。南京国民政府在不同时期，颁布了大量单行刑事法规，主要有《暂行反革命治罪法》、《惩治盗匪暂行条例》、《惩治盗匪暂行办法》、《危害民国紧急治罪法》、《惩治汉奸条例》、《妨害国家总动员惩罚暂行条例》、《戡乱时期危害国家紧急治罪条例》、《惩治叛乱条例》以及《陆海空军刑法》等。这些特别法主要是为了扩大对政治犯的惩治范围，任意加重对政治犯的量刑。1928 年 3 月 9 日南京国民政府公布《暂行反革命治罪法》，将"意图颠覆中国国民党及国民政府或破坏三民主义而起暴动者"，定为"反革命罪"。司法院第十六、二十一号解释称："共产党案件，应依反革命论罪"；"共产党员仅有宣传行为，应依《反革命罪条例》办理"。

四、诉讼法与法院组织法

（一）诉讼法及其关系法规

南京国民政府成立后，一度援用广州军政府和北京政府颁行的刑事、民事诉讼法。为统一法制，促进实体法的推行，1928 年，南京国民政府制定出刑事、民事诉讼法典，以及单行诉讼法规，建立起诉讼法体系。

南京国民政府《刑事诉讼法》以北京政府的《刑事诉讼条例》为蓝本，共九编五百一十三条。为适应刑法典的修改，1931 年，南京国民政府对《刑事诉讼法》进行修订，并于 1935 年 7 月 1 日施行。修正后的《刑事诉讼法》次序有所调整，内容也有较大变化。1945 年南京国民政府又对该法再行修正并颁行。

抗战期间，南京国民政府先后颁布《非常时期刑事诉讼条例》（1940 年 7 月）和《特种刑事案件诉讼条例》（1944 年 1 月）。抗战胜利后，南京国民政府还颁布了《复员后办理刑事诉讼补充条例》。这些法规都是对《刑事诉讼法》的重要补充。

在民事诉讼法方面，南京国民政府以北京政府《民事诉讼条例》为蓝本，拟定《民事诉讼法草案》，在 1928 年 7 月和 1930 年 12 月分两次通过审议，于 1932 年 5 月开始施行。《民事诉讼法》分"总则"、"第一审程序"、"上诉程序"、"再审程序"、"特别诉讼程序"，共五编六百条。1934 年 12 月，南京国民政府立法院再次通过修订的《民事诉讼法》，并于 1935 年 2 月公布。修订后的该法分"总则"、"第一审程序"、"上诉程序"、"抗告程序"、"再审程序"、"督促程序"、"保全程序"、"公示催告程序"、"人事诉讼程序"，共九编六百三十六条。1945 年 12 月，南京国民政府又对其再行修正。

此外，南京国民政府援用、制定了一些单行诉讼法规，主要有《县知事审理诉讼暂行章程》、《审理无约国人民民刑诉讼须知》、《战争罪犯审判办法》、《反革命案件陪审暂行法》、《陆海空军审判法》、《民事调解法》等。

（二）法院组织法

1928 年，南京国民政府司法院在北京政府《法院编制法》的基础上，制定《暂行法院组织法草案》。1930 年 6 月又拟出《法院组织法草案》。经多次修订，于 1932 年 10 月 8 日通过《法院组织法》，于同年 10 月 28 日公布，1935 年 2 月 1 日施行。该法分"总则"、"地方法院"、"高等法院"、"最高法院"、"检察署及检察官之配置"等，共十五章九十一条。1948 年南京国民政府公布《特种刑事法庭组织条例》十一条及《最高法院组织法》等法规。

第四节　南京国民政府时期的司法制度

一、司法机关

（一）司法院及其所属中央司法机关

南京国民政府最高司法机关是司法院。根据 1928 年 10 月公布的《中华民国国民政府组织法》规定："司法院为国民政府最高司法机关，掌握司法审判，司法行政官吏惩戒及行政审判之职权。"司法院之下设立各级法院。司法院院长总理全院事务，经最高法院院长及所属各庭庭长会议议决后，统一行使解释法令及变更判例之权。1947 年《中华民国宪法》规定，司法院为国家最高司法机关，有掌握民事、刑事、行政诉讼之审判及公务员之惩戒、解释宪法，并有统一解释法律及命令之权。

实际上司法院并不直接行使以上各项司法权。民事和刑事审判权由所属最高法院行使；司法行政权由司法行政部行使；行政审判权由行政法院行使；公务员惩戒事项由公务员惩戒委员会负责；解释法律事项由司法院院长召集最高法院院长和各庭庭长集体议决。1947 年设立大法官会议，专门负责抽象解释法律。

（二）普通法院

根据《法院组织法》，南京国民政府法院系统有普通法院、特别法庭之分。普通法院分地方、高等、最高法院三级，实行三级三审制。地方法院设于县、市，大市设分院，管辖第一审民刑事案件及非诉案件。

高等法院设于省会、特别区、首都和院（行政院）辖市，大省可设分院。管辖内乱、外患及妨害国家罪等刑事一审案件；不服地方法院及分院一审判决而上诉的民刑事案件和不服地方法院及分院裁定而抗告的案件。

最高法院设于国民政府所在地，管辖不服高等法院及其分院的一审判决；不服高等法院及其分院的一审民、刑事案件判决；不服高等法院及其分院裁定而抗告的案件；非常上诉案件。

国民政府实行审检合署制，将各级检察机构设于法院。最高法院内设检察署、设检察官若干人，设检察长一人。地方各级法院内设检察处，设检察官若干人，首席检察官一人。依照《法院组织法》规定，检察机关任务包括实施侦察、提起公诉、协助自诉、担当自诉、指挥刑事裁判的执行等。检察机关实行垂直领导，最高法院和检察署均受司法行政部门监督。

（三）特别法庭

特别法庭根据特别法规而设置。1948 年，南京国民政府颁布《特种刑事法庭组织条例》，设特种刑事法庭，分中央、高等特种刑事法庭二级。中央特种刑事法庭设于首都，隶属司法院。高等特种刑事法庭设于重庆、兰州两地。高等特种审判庭受理《戡乱时期危害国家紧急治罪条例》所规定的案件。中央特种刑事法庭复判高等特种刑事法庭判决的案件。

南京国民政府另一种特别法庭为军事审判组织，称军法会审。军法会审分简易、普通、高等军法会审三种，实行二审终审制。

（四）其他特殊审判机关

国民党有一套严密的特务组织，特务机关也控制司法审判权。其中最大的是"国民党中央调查统计局"（中统），以及"国民政府军事委员会调查统计局"（军统）。这些机关根据一党专制的政治需要，行使特别司法权，不经法律程序而非法逮捕审讯，肆意屠杀共产党人和革命人民。

另根据《戒严法》、《惩治盗匪条例》、《戡乱时期危害国家紧急治罪条例》等特别法规，军事司法机关对战区内发生的刑事案件有优先管辖权，亦可根据军事需要接管地方行政事务、管辖民事案件。国民政府往往以戒严之名控制地方司法审判权。

二、诉讼审判制度的特点

南京国民政府的诉讼法采取了资产阶级的诉讼原则，实行公开审判、律师辩护、合议审判等制度，具有进步意义，但同时又带有明显的一党专制、军事独裁和半殖民地色彩。其主要特点包括：

（一）盛行特别审判，司法机关成为国民党镇压人民的工具

自1928年立法院建立以后，南京国民政府先后公布了司法院组织法、法院组织法、行政法院组织法，以及民事、刑事和行政诉讼法等，建立了较为完备的诉讼制度。但实际上，由于长期的战争环境和国民党厉行一党专政，试图以武力维护专制统治，因此包括特种法院、军事司法机关、特务司法机关等在内的特种司法机关大量存在。为了达到政治目的，特种司法机关成为简单的专制工具，残酷镇压共产党和其他民主人士的活动。

（二）实行唯心主义的"自由心证"原则

南京国民政府的《民事诉讼法》和《刑事诉讼法》均在证据制度中采取"自由心证"原则，即对证据的取舍和对证明力的判断，法律不预先规定，由法官据其法律意识和内心确信自行判断。这是仿效资产阶级国家法律原则而确定的一项审判原则。南京国民政府法律的本质是为资产阶级服务的，"自由心证"原则使法官内心确证只能体现统治阶级的意志，为政府统治服务。

（三）维护帝国主义侵华军队的特权

自鸦片战争以来，西方列强通过不平等条约在中国攫取了包括领事裁判权在内的大量特权。抗日战争期间，鉴于中国军队在反法西斯战争中的巨大作用和贡

献，英美等国逐步废除了在中国的领事裁判权。然而，1943 年 10 月国民政府颁布了《处理在华美军人员刑事案件条例》，规定在华美军人员在中国境内犯罪的刑事案件，归美军军事法庭和军事当局裁判。抗战结束后，为取得美国的援助，国民政府又将该法有效期延长一年，严重出卖中国司法主权。

思考题

1. 简述中华民国南京国民政府的法律体系及其特点。
2. 南京国民政府刑事、民事立法的主要内容及其特点。
3. 南京国民政府的司法机关体系及诉讼审判制度的特点。
4. 南京国民政府于 1947 年公布和实施《中华民国宪法》。下列哪些是对这部宪法的正确表述？（2003 年司考，多选题）

   A. 该法规定了选举、罢免、创制、复决等制度

   B. 该法的基本精神沿袭《训政时期约法》和"五五宪草"

   C. 该法体现了《动员戡乱时期临时条款》的立法原则

   D. 该法确立的政权体制既不是内阁制，也不是总统制

革命根据地的法制

◆　**内容提要**

本章的学习目的及要求是：掌握人民民主革命各历史时期法制的发展状况；加深对革命根据地法制的理性认识，思考其对当今我国"法治国家"建设的价值所在。

◆　**案例导入**

"朱多伸反革命"案

1932 年 5 月 24 日，江西瑞金县苏维埃政府裁判部法庭开庭审理了一起反革命案件。该案件被告朱多伸，男，七十二岁，瑞金县壬田区人。法庭通过庭审查明，被告过去是劣绅，曾恃强欺弱，压迫群众，霸山骗田，他还冒充宁都、瑞金、石城三县的巡视员，吞没公款，克扣罚金，私扣军火，从中牟利。根据以上事实，按照中华苏维埃共和国中央执行委员会于1931 年 12 月通过的《处理反革命案件和建立司法机关的暂行程序》的第六号训令，法庭判处朱多伸死刑。此案上报中央苏维埃政府临时最高法庭审批后，临时最高法庭主席何叔衡认为，根据判决书所列事实及被告口供，该犯之罪不过是贪污及冒称三县巡视员等，故属普通刑事案件，不属反革命罪。又考虑朱多伸曾参加过革命，组织过游击队，且又年过七旬。因此决定将死刑改判为监禁二年。（载《红色中华》1932 年 6 月 2 日）

第一节　革命根据地的法制概述

一、立法指导思想

新民主主义立法指导思想是革命根据地时期，中国共产党领导全国人民在反帝反封建的革命斗争中，坚持以马克思列宁主义为根本指导思想，将马克思列宁主义与中国法制实践相结合而形成的一种新型的法制指导思想。新民主主义立法指导思想具有以下几个基本特征：首先，新民主主义立法指导思想是在中国共产党领导下，确立了马克思列宁主义、毛泽东思想为法制建设的指导方针。其次，新民主主义立法指导思想反映了无产阶级领导的以工农联盟为基础的人民大众的根本利益和要求。再次，新民主主义立法指导思想始终贯穿人民民主专政的原则。

二、主要立法成果

中国共产党于 1927 年召开了"八·七"会议，确定了开展土地革命和以武装斗争推翻国民党政权的总方针。此后，中国共产党领导人民，以马列主义国家观和法律观为指导，结合革命根据地不同历史时期的政治、经济和文化特点，建立起了比较系统的、完整的、各有历史特色的法律制度。概括起来，主要表现为：

1. 宪法性文件。

(1)《中华苏维埃共和国宪法大纲》。

(2)《陕甘宁边区施政纲领》。

(3)《陕甘宁边区宪法原则》。

(4)《华北人民政府施政方针》。

(5)《中国人民解放军宣言》。

2. 法律法规。

(1) 土地劳动法律法规：《井冈山土地法》；《中华苏维埃共和国土地法》；《陕甘宁边区土地条例》；《五四指示》；《中国土地法大纲》；《中华苏维埃共和国劳动法》。

(2) 刑事法规：《中华苏维埃共和国惩治反革命条例》；《陕甘宁边区刑法总分则草案》；《抗战时期惩治汉奸条例》；《惩处战争罪犯的命令》。

(3) 民事法律法规：《中华苏维埃共和国婚姻法》；《修正陕甘宁边区婚姻条例》。

(4) 诉讼司法法规：《中华苏维埃共和国劳动感化院暂行章程》；《陕甘宁边区军民诉讼暂行条例》；《中共中央关于废除国民党六法全书与确立解放区司法原则的指示》。

三、革命根据地法制的基本特点

(一) 以马列主义、毛泽东思想为立法指导思想

新民主主义革命是中国革命史上一次崭新的、史无前例的无产阶级革命，其历史使命定位于推翻帝国主义、封建主义和官僚资本主义的剥削和压迫。因此，伟大的新民主主义革命必须以马列主义为理论导向，这是保证革命得以成功的唯一思想基石。在实际的革命斗争中，我们党把马列主义的普遍真理与实际相结

合，产生了马列主义与实践的产物——毛泽东思想。[1] 革命根据地法制正是在马列主义、毛泽东思想的指导下破土而出，不断壮大和发展，发挥了其作为上层建筑的特有的历史作用，为新中国的建立作出了不可磨灭的贡献，也为新中国法制的形成和发展奠定了坚实的物质和思想基础。

（二）内容上以反帝、反封建，保障人民切身权益为目的

革命根据地法制在内容上以反帝、反封建为核心，以实现和保障广大劳苦人民的切身和根本利益为皈依。如1931年11月7日中华苏维埃第一次全国代表大会通过的《中华苏维埃共和国宪法大纲》规定，苏维埃政权以反帝、反封建为其目的与任务；苏维埃政权是属于工人、农民、红色战士及一切劳苦民众的，其所组建的是工人和农民的民主专政国家；一切劳苦群众不分男女、种族及宗教信仰，享有广泛的各项基本权利，并在法律面前一律平等；一切与反动政府订立的不平的条约无效，无条件收回帝国主义的租界，没收帝国主义手中的银行、铁路、矿山、工厂等归国家所有等。

（三）数量多，具有阶段性和灵活性的特征

在新民主主义革命的过程中，除第二次革命战争后期以外，均未建立起统一的中央政权。各根据地地位平等，均可以根据实际情况制定其域内的法律制度。这就不可避免地造成法律数量众多的现象。同时，在整个新民主主义革命过程中，由于存在着不同的革命历史时期及其特点，其法制的阶段性和灵活性就越发突出。如工农民主政权时期，国内的主要矛盾是阶级矛盾，因此，革命的指导方针是以暴力推翻反革命政权，开展土地革命[2]。抗日战争时期，国内的主要矛盾由阶级矛盾转化为民族矛盾。为建立抗日民族统一战线，党及时地调整了工作的指导方针和政策，如制定了"三三制"的政权原则，实施了"减租减息"的土地政策，确立了人民调解制度；等等。整个抗日民主政权的施政纲领体现了抗日、团结和民主的精神。解放战争时期的立法则又具有鲜明的时代和历史特征。如其刑事立法的主要任务定位于：摧毁一切反动组织，镇压反革命分子，保证人民解放战争的顺利进行等。

---

〔1〕　中国共产党于1945年4月23日至6月11日在延安召开了第七次全国代表大会。出席大会的正式代表五百四十七人，代表着全国一百二十一万党员。在这次大会上，毛泽东思想被正式确定为我党的指导思想。

〔2〕　1927年8月7日，中共中央在汉口秘密召开紧急会议，即"八·七"会议。会议确定了土地革命和武装反抗国民党反动派的总方针。

第二节 工农民主政权时期的法制

工农民主政权初期，由于尚没有统一的中央政权机关，各根据地根据中央的方针、政策，相继制定了一些地区性的法律法规；1931 年 11 月中华苏维埃共和国成立后，先后召开了两次工农兵代表大会，制定、形成了包括宪法大纲、土地法、劳动法、婚姻法、惩治反革命条例、司法制度等较为完善的法律制度。

一、宪法性文件——《中华苏维埃共和国宪法大纲》

1931 年 11 月 7 日，中华苏维埃第一次全国代表大会在江西瑞金召开，通过了《中华苏维埃共和国宪法大纲》（以下简称《大纲》），共十七条。翌年一月，苏维埃第二次全国代表大会对该《大纲》作了某些修改。最主要的变动是在第一条增加了"同中农巩固的联合"。

1.《大纲》的主要内容。

（1）规定了苏维埃国家性质是"工人和农民的民主专政国家"。以根本法的形式明确规定了苏维埃政权的阶级性质。

（2）规定了苏维埃国家政治制度是工农兵代表大会。这种制度设计将一切国家权力集中于代表机关，有利于工农大众参加国家管理。

（3）规定了工农群众的各项基本权利。包括政治、经济、文化教育等各方面。如《大纲》规定，公民在政治上享有选举权和被选举权，以及言论、出版、结社、集会、信教等各项民主自由权，享有参加革命战争的权利等。

（4）规定了苏维埃国家外交政策的基本原则。《大纲》宣布，中华民族完全自由独立，不承认帝国主义在中国的一切特权及一切不平等条约；与世界无产阶级和被压迫民族站在一起，对居住在苏区从事劳动的外国人给予法定政治权利等。

2.《大纲》的历史地位。《宪法大纲》是中国共产党领导人民制定的第一部宪法性文献。它首次以宪法的形式确认了劳动人民当家作主的政治制度和人民民主权利，揭开了我国宪法史的新篇章；它将已经取得的革命成果，用立法形式确认下来，同时指出了今后的奋斗目标和各项施政方针，具有"根本法与革命纲领的双重特点"。所有这些，对于促进全国革命运动的发展，具有极其重要的意义。

二、工农民主政权时期的土地立法

工农民主政权时期的土地立法呈现出一种历史性和阶段性。不同的历史时期土地立法的内容有所不同。大体来说，可以分为三个阶段：

1.初期的土地立法。1927 年党的"八·七"会议确定的土地革命方针，是这一时期土地立法的指导思想。其主要立法表现为：1928 年的《井冈山土地法》、1929 年的《兴国县土地法》、1930 年的《闽西土地法》、1930 年的《土地暂行法》及 1930 年的《苏维埃土地法》等。

2. 中期的土地立法。主要表现为 1931 年制定的《中华苏维埃共和国土地法》。该法由中华工农兵苏维埃第一次全国代表大会通过。该法规定没收地主、富农、反革命及农村公共土地；土地分配的原则是"地主不分田，富农分坏田"等，由此扩大了土地革命的打击面。

3. 后期的土地立法。为实行抗日民族统一政策，毛泽东于 1935 年 12 月年发布了《关于改变对富农的策略》，纠正了《中华苏维埃共和国土地法》的相关"左倾"错误。[1]

三、工农民主政权时期的劳动立法

中华苏维埃政权劳动立法的原则是：实行八小时工作制，增加工资，失业救济和社会保险。1933 年 10 月，在各苏区的立法基础上，颁布了《中华苏维埃共和国劳动法》。该法从以下四个方面规定了工人的各种权利：第一，废除劳资关系中的封建剥削及不合理的制度和习惯；第二，规定工人有集会，结社的权利；第三，规定工人每天八小时的工作制；第四，规定了劳动保护和社会保险制度等。这些规定有利于工人工作、革命积极性的提高。

四、工农民主政权时期的婚姻立法

1934 年 4 月公布的《中华苏维埃共和国婚姻法》，共七章二十一条。该法剔除了"三纲五常"中"夫为妻纲"等封建不平等思想，确立了婚姻自由，一夫一妻等婚姻制度及原则。规定：结婚必须双方自愿；达到法定年龄；无禁婚的血族关系和疾病；必须拥有合法的婚书；离婚自由。同时，该法规定：离婚后原土地财产、债务自行处理，婚后财产男女平分；离婚前所生子女及怀孕小孩归女方抚养，年长子女的抚养问题在尊重子女意见的基础上，由双方议定等。该法还对军婚给予了保护性规定：红军战士之妻要求离婚，必须经其夫同意方可。工农民主政权时期的婚姻立法，解开了长期以来旧的婚姻制度对妇女所形成的枷锁，有利于妇女的身心解放，为实现男女的宪法平等奠定了历史性的基础。

五、工农民主政权时期的刑事立法

（一）刑事立法的主要原则

为严厉打击反革命活动，惩办其他犯罪分子，保卫工农民主政权，工农民主政权时期的刑事立法确立了相应的原则。主要表现为：分清首要和附和，区别对待；对自首、自新者实行减免刑罚；罪行法定主义与类推原则相结合；废止肉

---

〔1〕　毛泽东在"关于改变对富农的策略"中指出，开展土地革命时，应没收富农用于出租剥削部分的土地，富农自耕及雇人经营之土地，不论其土地之好坏，均一概不在没收之列。

刑，实行革命的人道主义；实行按阶级成分及功绩定罪量刑等。

（二）主要刑法制度

工农民主政权时期，影响最大的刑事法规是《中华苏维埃共和国惩治反革命条例》。该条例公布于1934年，共四十一条。其规定了二十八种反革命罪。首先，对于该条例未列举的反革命行为，可以按本条例相似的规定进行处罚；其次，规定了定罪量刑的一般原则，如严惩反革命首犯、主犯；再次，规定了该条例的适用范围，无论外国人，中国人，无论案件是否发生在苏维埃领土，均适用此条例；最后，规定了刑罚的种类，主刑有死刑、六个月以上至十年的监禁，附加刑有没收财产及剥夺公民权利等。

六、工农民主政权时期的司法制度

（一）司法机关

中华苏维埃共和国成立前，各革命根据地民主政权的审判机关名称各不相同。1931年12月，中央执行委员会发布《处理反革命案件和建立司法机关的暂行程序》，逐步统一各根据地的司法机关，建立了适合于战争需要的"政审合一"的司法体制，同时实行"审检合一"，检察机关附设于审判机关内。这一时期的司法机关主要有：

（1）临时最高法庭。是中华苏维埃共和国的最高审判机关，在最高法院成立之前设立。

（2）地方各级裁判部。分别设立于省、县、区（市）各级政权机关内，为各级法院设立前的临时司法机构。

（3）国家政治保卫局。是中央人民委员会下设的同一切反革命、盗匪等重大刑事犯罪作斗争的专门司法机关。

（4）肃反委员会。是工农民主政权在革命政权建立尚不满六个月的新发展地区设立的司法机构。

（5）检察机关。附设于同级司法机关之内。最高法庭设检察长一名，副检察长一名，检察院若干。省县裁判部设检察员。

（二）诉讼审判制度

（1）实行两审终审制。1934年颁布的《中华苏维埃共和国司法程序》规定："苏维埃法庭为两级审判制"。但对反革命、豪绅及地主犯罪，亦可一审终审。

（2）公开审判制。1932年颁布的《中华苏维埃共和国裁判部暂行组织及裁判条例》规定了"审判案件必须公开"；但涉及秘密的可用秘密方式，宣判仍应公开。

（3）上诉制度。1934年颁布的《中华苏维埃共和国司法程序》规定，对一审判决不服的被告人有权上诉，上诉期为七天。

（4）人民陪审制度。《中华苏维埃共和国裁判部暂行组织及裁判条例》规定，法庭须由工人组织而成，裁判部长或裁判员为主审，其余两人为陪审员；无选举权者不得充当陪审员。

（5）辩护制度。《中华苏维埃共和国裁判部暂行组织及裁判条例》规定，被告人可以委托辩护人出庭辩护。

（6）回避及巡回审判制度。上述条例规定，审判主体与当事人有利害关系的，不得参加该案的审理。同时，在审判实践中，审判方式产生了变化。一种新的审判方式——巡回审判，诞生了。审判机关在案发地就地调查，就地审判，使群众深受教育。

（7）死刑复核制度。死刑案件，不论被告是否上诉，一律报请上级审判机关复核批准。

（8）教育感化制度 。1932 年 8 月颁布《中华苏维埃共和国劳动感化院暂行章程》，规定了狱政的指导思想及管理制度。

第三节　抗日战争时期的法制

一、宪法性文件——陕甘宁边区施政纲领

1. 施政纲领的制定背景。为了建立最广泛的抗日民族统一战线，举全国之力打击日本侵略者，1937 年 8 月，中共中央公布了《抗日救国十大纲领》，以后各根据地先后公布了“施政纲领”，如《晋冀鲁豫边区政府施政纲领》、《陕甘宁边区施政纲领》等。这些《施政纲领》紧紧围绕抗日、团结、民主三大中心任务，以建立最广泛的抗日民族统一战线。

2. 主要内容。在抗日方面，针对国民党政权妥协投降的倾向，《施政纲领》明确规定抗日民主政权的总任务是团结边区各社会阶层、各抗日党派，发动一切人力、物力、财力、智力，开展游击战争，全民武装自卫，扩大抗日武装，惩治汉奸卖国贼。在团结方面，强调一切党派、团体、军队团结合作。在政权的建设中贯彻“三三制”,[1] 调整各抗日阶级的利益关系，地主减租减息，农民交租交息。改良工人生活，同时也使资本家也有利可图。在民主方面，规定一切抗日的人民都享有广泛的民主自由权利，保护一切人民的政治权利、财产权利以及出版、集会、结社、信仰、居住、迁徙的自由等。

---

〔1〕 抗日民主政权的组织形式，即在民主政权组成人员的分配上，共产党员、非党的左派进步分子、中间分子各占三分之一。

3. 历史意义。施政纲领紧紧把握时代的主旋律，高举民主、团结和抗日的大旗，全面系统地反映了抗日民族统一战线的要求和抗战时期的宪政主张，为抗战胜利提供了宝贵的思想和理论支持。

二、抗日战争时期的土地立法

（一）抗战前期与后期的主要土地立法

1937 年 8 月颁布的《抗日救国十大纲领》确立了"减租减息"的原则。各根据地以此为蓝本，分别制定了本地区的土地法规。比较有代表性的土地立法有：《晋察冀边区减租减息单行条例》（1938 年）、《陕甘宁边区土地条例》（1939 年）、《晋察冀边区土地使用暂行条例》（1941 年）、《晋西北减租减息暂行条例》（1941 年）等。

（二）土地立法的主要内容

（1）保护土地所有权。公有土地所有权归边区政府，私有土地所有权在法定范围内可自由使用。公私土地所有权均受法律保护。

（2）减轻地租。法律规定，凡未经土地革命的地区，地主出租土地必须按照抗战以前原租额减轻百分之二十五。

（3）减轻债务利息，禁止高利贷。

三、抗日战争时期的劳动立法

这一时期的劳动立法很好地贯彻了"施政纲领"的精神，体现了"抗日、民主、团结"的内涵。其中的典型代表主要有《陕甘宁边区劳动保护草案》（1942 年）及《晋冀鲁豫边区劳工保护暂行条例》（1944 年）。其主要内容表现为：

（1）关于工人权利的规定。工人参加工会，有会议证明者，雇主不得干涉；雇主开除工人，事先必须经过工会同意。

（2）关于工时、工资及劳动保护的规定。实行八至十小时工作制，规定工资的最低标准，男女同工同酬，工人因公致伤，医疗费用由资方负担，等等。

（3）关于保护女工、青工及童工的规定。禁止使用女工、青工、童工从事特别繁重和危险的工作，禁止童工及怀孕、哺乳小孩的女工做夜工，等等。

（4）关于劳动合同和集体合同的规定。缔结劳动合同以劳资双方自愿为原则，集体合同由工会代表工人与资方订立，合同内容不得违反现行法规，等等。

四、抗日战争时期的婚姻立法

抗日战争时期的婚姻立法在总结、借鉴工农民主政权时期婚姻立法的经验基础上有所进步和发展。其间的主要婚姻立法有：《陕甘宁边区抗属离婚处理方法》（1943 年）、《修正陕甘宁边区婚姻条例》（1944 年）等。这一时期的婚姻立法对离婚特别做出了一些新的界定，其主要内容有如下几个方面：一是提出了男女平等的原则。沿袭保护军婚的原则，进一步强调保护抗日军人的合法婚姻。二是规定了离婚原则和具体条件。规定婚姻关系的解除需具备一定条件，如夫妻感情破裂，任何一方均可请求离婚，并需列举理由；女方怀孕及哺乳期间男方不得提出离婚等。三是离婚后财产的处理。婚后共同所得财产为共同财产，所负债务为共同债务，由双方共同处理。四是离婚后子女的教育抚养规定。确定了女方再婚后新夫的抚养责任等。

五、抗日战争时期的刑事立法

（一）主要刑事立法成果

运用刑罚手段惩治汉奸及一切破坏社会秩序的犯罪分子，是抗日战争时期刑事立法的一项重要任务。这一时期的主要刑事法规有：《抗战时期惩治汉奸条例》（1939 年）、《抗战时期惩治盗匪条例》（1939 年）、《惩治贪污条例》（1939 年）、《陕甘宁边区刑法总分则草案》（1942 年）等。

（二）刑事立法的主要特点

（1）贯彻镇压与宽大相结合的法治原则。着重镇压、惩办死不悔改、罪大恶极的汉奸及反共分子，对一般分子、愿意悔改者则采取宽大教育的政策，最大限度地孤立汉奸卖国贼及反共分子。

（2）贯彻法律面前人人平等的原则。不再因被告人、犯罪人的本人成分或家庭出生而加重或减轻处罚。

（三）刑事立法的主要内容

（1）惩治汉奸特务。各根据地的刑事立法都规定对汉奸罪处以有期徒刑至死刑，并附加没收财产，同时注重感化教育。

（2）保护人民坚壁财物[1]。各根据地法规一般都规定勾结敌伪盗毁空室、坚壁财物者，处十年有期徒刑、无期徒刑或死刑。

（3）惩治贪污行为。贪污罪的含义包括挪用公款、浪费公共财物供私人挥霍、收受贿赂等。

（4）保障抗日根据地的社会秩序。其中包括禁烟禁毒、取缔伪币、惩治盗匪等。

（5）规定了刑罚的种类。如陕甘宁边区有死刑、有期徒刑、拘役、褫夺公权、没收财产及罚金等。

---

〔1〕 坚壁财物也叫空室清野财物，指为防止日寇、汉奸破坏及掠夺而藏于地窖、山沟等隐蔽场所的一切公私财物及土石堵塞的建筑物等。

六、抗日战争时期的司法制度

（一）司法机构

抗日战争时期，司法体制实行的是司法、行政与审判合一制，各根据地相继颁布了一些有关诉讼审判方面的法律法规，这些法律法规为这一时期司法机构的建立提供了法理依据。这一时期的司法机构主要有：

（1）边区高等法院。为边区最高司法机关，负责全区案件审理及司法行政工作。

（2）高等法院分庭。是高等法院派出机关，为加强对县司法处的领导而设置的，审理县司法处一审上诉案件。

（3）县司法处。为县一级司法审判机构。

（4）检察机关。设于高等法院内，在院长领导下独立行使检察权。

（二）诉讼审判制度

（1）上诉制度。规定民事案件上诉期十五天；刑事案件上诉期为十天。

（2）人民陪审制度。陪审员由抗日团体互推产生，列席审判以三人为限。

（3）复核制度。陕甘宁边区规定，各县判处死刑的案件，无论被告是否上诉，都必须先行呈报高等法院复核批准。

（4）人民调解制度。人民调解制度是抗日民主政权司法制度的重要补充。初期调解的范围仅限某些民事案件，后发展为轻微刑事案件也可调解，社会危害大的刑事案件不可调解。调解必以法律为准绳，同时遵循双方自愿的原则。调解的方式有民间调解，政府调解，司法调解及群众团体调解等。

（5）"马锡五"审判方式。抗日战争时期，马锡五任陕甘宁边区高等法院陇东分庭庭长。他经常下乡，深入调查研究，亲自参加案件审判实践，进行巡回审判，及时纠正一些错案，解决了一些缠讼多年的疑难案件，是抗日民主政权创立的一种将群众路线的工作方针运用于司法审判工作的审判方式。这一方式在边区政权所辖范围内得到普遍的推广。其主要内容是简化诉讼手续，实行巡回审判、就地审判，在审判中依靠群众、调查研究，解决并纠正疑难与错案，使群众在审判活动中得到教育。人们把这种贯彻群众路线、实行审判与调解相结合的办案方法，亲切地称之为"马锡五"审判方式。"马锡五"审判方式的主要特点：一是深入农村、调查研究，实事求是地了解案情；二是依靠群众、教育群众，尊重群众意见；三是方便群众诉讼，手续简便，不拘形式；四是坚持原则，依法办事，廉洁公正。"马锡五"审判方式的实行有利于团结和生产，起到了"抗日、民主、团结"的历史作用。

第四节　解放战争时期的法制

解放战争的胜利进展与解放区土地改革运动的深入发展是分不开的。1946年5月，中共中央发出了《关于清算、减租及土地问题的指示》(《五四指示》)，它及时地将抗日战争时期的减租减息政策改变为没收地主土地分配给农民的政策。《五四指示》发布后，各解放区的土地改革运动取得了很大成绩，但仍有三分之一的地区尚未实行土改。为了总结《五四指示》发布以来土地改革的经验，更广泛更彻底地进行土地改革，1947年7月，中共中央在西柏坡召开了全国土地会议，通过了《中国土地法大纲》。大纲规定："废除封建及半封建性剥削的土地制度，实行耕者有其田的土地制度，乡村中一切土地实行按人口统一平均分配；各级农民代表大会及其委员会、贫农团为实行土改的合法执行机关等，……至1948年底，经过暴风骤雨般的群众运动，大约有一亿五千万人口的地区完成了土地改革任务，使一亿多无地、少地的农民获得了土地。"[1]

解放战争时期，土地立法是整个革命立法工作的重头戏。因为"如果我们能够普遍地解决土地问题，我们就获得了足以战胜一切敌人的最基本的条件"[2]。《五四指示》和《中国土地法大纲》就是在这样的背景下诞生的。《五四指示》揭开了解放区土地立法的序幕，为实现耕者有其田的土地革命指明了方向；《中国土地法大纲》则体现了土地改革的总路线，是解放战争时期土地改革最重要的法规。土地改革巩固了人民民主政权，鼓舞了解放区军民的士气，为解放战争的胜利奠定了坚实基础。

一、宪法性文件

(一)《陕甘宁边区宪法原则》

1946年4月通过。其规定：边区县、区、乡人民代表会议为政权管理机关；人民政治上享有各项自由权利；明确提出司法独立原则，规定各司法机关独立行使职权，除服从法律外，不受任何干涉；经济上可采用公营、合作、私营三种方式，以促进经济繁荣，消灭贫困；普及文化，消除文盲，保障学术自由，减少疾病和死亡等政策。

(二)《华北人民政府施政方针》

1948年8月通过。一是规定了解放区的基本工作任务，即继续进攻敌人，为

---

〔1〕　陈兴林主编：《中国史纲》，人民教育出版社2001年版。
〔2〕　毛泽东："目前形势和我们的任务"，载《毛泽东选集》卷四，人民出版社1992年版，第1252页。

解放全华北而奋斗；继续发展生产，支援前线；继续建设民主政治；培养干部等。二是确立了实现基本工作任务的途径，即健全人民代表大会制度，保障人民各项自由及权利，发展农业，建立农民生产合作互助组织，发展工商业，贯彻"发展生产，公私兼顾，劳资两利"的方针，确立了正规教育制度，提高人民的文化水平等。

（三）《中国人民解放军宣言》

1947 年 10 月中国人民解放军总部发布《中国人民解放军宣言》。其提出了"打倒蒋介石，解放全中国"的口号及"组织民主统一战线，成立民主联合政府"的政策。此宣言是中国共产党领导的人民民主政权的政治纲领，是新政治协商会议召开的基础。

二、解放战争时期的土地立法

（一）《五四指示》

1946 年 5 月 4 日中共中央发布的《关于清算、减租及土地问题的指示》的简称。该指示决定将减租减息的政策改为没收地主土地分配给农民。它揭开了解放区土地立法的序幕，为实现耕者有其田的土地革命指明了方向。

（二）《中国土地法大纲》

1. 主要内容。1947 年全国土地会议上通过，其主要有五个方面的内容：一是宣布废除封建性、半封建性剥削的土地制度；二是宣布以乡村为单位，按人口平均分配一切土地的土地分配方法；三是确立人民对分得土地的所有权；四是确立土地改革的合法执行机关为各级农民代表大会及其委员会、贫农团大会等；五是确立保护工商业的原则。

2. 历史意义。《中国土地法大纲》是解放战争时期土地改革最重要的法规。它总结了中国共产党二十多年土地革命的经验教训，确立了解放战争时期土地改革的总路线，极大地调动了农民革命与生产的积极性，巩固了人民民主政权，为保证解放战争的胜利奠定的坚实基础。

三、解放战争时期的劳动立法

1. 主要劳动立法制度。这一时期的劳动立法制度主要有《关于中国职工运动当前任务的决议》和《中华全国总工会章程》等。

2. 主要内容。规定工厂设管委会和职代会，工人有参与企业管理的权利；实行劳动保险制度；强调劳资两利的原则，及时处理劳资争议，规定各城市调解和仲裁一切劳资争议的专门机构为人民政府劳动局。

3. 主要特点。

（1）依靠工人阶级建立、管理城市。

（2）实行劳动保险制度。

（3）贯彻劳资两利原则，合理调处劳动争议。

四、解放战争时期的婚姻立法

解放战争时期的婚姻立法主要表现在如下几个方面：一是制定了处理城市婚姻之政策，纠正了城市有人对婚姻自由的错误理解。二是强调离婚的政治条件。规定夫妻一方是恶霸、地主、富农或有反革命活动者，他方可以此为理由提出离婚。三是规定了离婚后土地问题的处理原则。男女分得土地归个人所有，寡妇改嫁可带走归她本人的全部私产。四是规定了干部离婚原则。凡以威胁、利诱、欺骗等手段制造离婚案件的，原则上不准离异等。

五、解放战争时期的刑事立法

解放战争时期的刑事立法体现在中国共产党、中国人民解放军制定和发布的宣言、布告、指示之中。其中，中国人民解放军总部发布的《中国人民解放军宣言》及《惩处战争罪犯的命令》就是这一时期刑事立法的代表。

1. 刑事立法的原则。《中国人民解放军宣言》发布的"首恶者必办，胁从者不问，立功者受奖"的政策，成为这一时期刑事立法的重要原则。

2. 刑事立法的主要内容。一是镇压地主恶霸，规定对于破坏土地改革的罪犯和霸占他人土地、财产、妻女、杀人害命的恶霸，要严厉打击镇压；二是惩办战争罪犯；三是肃清政治土匪；四是取缔反动党团、特务组织；五是解散一切反动会、道、门迷信组织。

3. 管制制度的创制。解放战争时期人民民主政权创立的刑种。就是将已经登记的反革命分子交给当地政府及群众监督，责令其每隔一定时间必须向指定机关报告其行为，限制其自由的一种制度。

六、解放战争时期的司法制度

1. 司法机构。1948年以后，随着各大区人民政府的建立，新的人民法院系统开始设立。各解放区相继设立了区、省、县三级司法机关，一律改称人民法院。县以下设有人民法庭，专审一切违抗、破坏土地法的案件。

2. 废除国民党政府法统和"六法全书"，确立解放区司法原则。"中共中央关于废除国民党六法全书与确立解放区司法原则的指示"明确宣布废除国民党的全部法律制度，规定人民的司法工作不再以国民党的"六法全书"[1]为依据，确立了解放区的司法原则。规定人民司法工作必须以人民政府新的法律为依据，在法律不完备的情况下，以人民政府、人民解放军发布的各种纲领、命令、条例、决议为依据；在各纲领、命令、条例、决议也无规定的情况下，以新民主主

---

〔1〕 按照"中共中央关于废除国民党六法全书与确立解放区司法原则的指示"的解释，《六法全书》亦称"六法大全"，指国民党政府公布的宪法、民法、商法、刑法、民事诉讼法和刑事诉讼法。

义政策为依据。

七、解放战争时期的经济立法

1. 三大经济政策。解放战争时期，我党确立了没收封建阶级的土地归农民所有、没收垄断资本为新民主主义国家所有、保护民族工商业三大经济政策。这些政策有力地促进了根据地的发展和巩固，保障了战争供给，改良了人民生活。

2. 《关于工商业政策的指示》。是解放战争时期保护民族工商业的法令。毛泽东在《关于工商业政策的指示》中确立了"发展生产，公私兼顾，劳资两利"的方针。

课后练习题

1. 单项选择题

下列哪一个法律文件是中国近代史上第一部宪法性文件？（2008 年司法考试试卷一，第 13 题）

A. 《重大信条十九条》   B. 《钦定宪法大纲》

C. 《中华民国约法》   D. 《中华苏维埃共和国宪法大纲》

2. 名词解释

（1）马锡五审判方式。

（2）《中华苏维埃共和国土地法》。

3. 论述题

试述《中国土地法大纲》的主要内容及历史意义。

第十七章

新中国初期的法律制度

◆　内容提要

1949 年 10 月 1 日，中华人民共和国成立。在中国人民政治协商纲领指导下，新中国经历了镇反、土改、婚姻、三反五反等法制改革运动，至 1954 年颁行了第一部人民宪法，新中国社会主义法律初建。但受左倾思想影响，新中国的一系列立法并未得到实施。反右、人民公社、大跃进，偏离了社会主义法制，党的政策取代了法律，到文化大革命，法制被彻底破坏。

◆　案例导入

"刘青山、张子善贪污"案

1951 年天津市地委书记刘青山、时任地委书记兼专员张子善被发现为贪图不正当的个人享受，满足极端腐化的生活需要，凭借职权，不顾党纪国法，盗用机场建筑款、水灾区造船救济贷款，克扣地方粮、干部家属救济和民工供应粮等，共计一百七十一亿，用于经营他们秘密掌握的所谓"机关生产"；勾结奸商，以四十九亿元倒卖钢材，使国家蒙受二十一亿元损失；为了从东北盗购木材，他们不顾灾民疾苦，占用四亿元救灾款，并派人冒充军官进行倒买倒卖；将国家发给兴建海河等工程民工的好粮换成坏粮，抬高卖给民工的食品价格，从中渔利达二十二亿元。他们从盗窃的国家资财中贪污、挥霍、送礼共三亿七千万元以上，其中刘青山贪污一亿八千万元，张子善一亿九千万元。1951 年 11 月下旬，河北省委召开第三次党代会，与会代表集中地检举、揭发了刘青山、张子善的违法行为。经河北省委和中共中央华北局调查，并经周恩来同志的批准，将刘青山、张子善逮捕。12 月 4 日，河北省委作出了开除刘青山、张子善党籍的决议，经过慎重的调查与思考，党中央和毛主席决定对刘青山、张子善处以死刑，立即执行。

随着中国共产党领导的人民解放战争迅速取得全国性的胜利，新民主主义革命在全国范围内胜利的大势已定，新中国的成立被提上日程。1949 年 9 月 21 日中国人民政治协商会议第一届全体会议的胜利召开，为新中国的成立奠定了重要的基础。10 月 1 日，中华人民共和国中央人民政府在北京正式成立，中国历史进入了新纪元。新中国成立后，除继续对国民党残余与反革命分子进行肃清外，新中国在经济、文化、外交等领域进行了新的尝试与改革。[1]

至 1953 年，依据中国所面临的新形势，中共中央根据毛泽东同志的建议，适时的提出了党在过渡时期的总路线和总任务，即"从中华人民共和国成立，到社会主义改造基本完成，这是一个过渡时期。党在这个过渡时期的总路线和总任务，是要在一个相当长的时期内，逐步实现国家的社会主义工业化，并逐步实现国家对农业、对手工业和对资本主义工商业的社会主义改造。"到 1956 年全国绝大部分地区基本上完成了生产资料私有制的社会主义改造，建立了社会主义公有制，中国完成了由新民主主义向社会主义的转变，进入社会主义社会。在这段时期里，中国的法律也经历了一个从无到有、从简到备的过程。

第一节　新中国初期的法制建设概况及立法指导思想

一、新中国初期的法制建设概况

我国新民主主义社会法治的发展，大致经历的一下三个阶段：

（一）新民主主义社会法制的萌芽阶段（1949～1950 年）

革命首先需解决的就是国家政权问题。早至 1948 年，中共中央就在纪念"五一"劳动节口号中，号召"各民主党派、各人民团体、各社会贤达迅速召开政治协商会议"，"召集人民代表大会，成立民主联合政府"。1949 年 6 月 30 日，毛泽东发表了《论人民民主专政》一文，为实现这一政治主张，1949 年 9 月 21 日，中国人民政治协商会议第一届全体会议在北平召开，会议通过了《中国人民政治协商会议共同纲领》、《中国人民政治协商会议组织法》、《中华人民共和国中央人民政府组织法》、《关于中华人民共和国国都、纪年、国歌、国旗的决议》。其中《共同纲领》规定了中华人民共和国的政治基础及国家制度，在《宪法》尚未制定前，起到了临时宪法的作用。这些法律和决议，搭建出了新中国政治结构的基本框架，为新中国的成立和法制建设奠定了基础。

（二）新民主主义社会法制的初创阶段（1950～1953 年）

新中国成立后，在革命方面，为扫除国民党等反革命残余势力，中共中央制

---

　　〔1〕　经济方面，1950 年 6 月召开的中共七届三中全会，确定了恢复国民经济，争取国家财政经济状况根本好转的中心任务，并把土地改革工作放在八项工作任务的首位。至 1952 年底全国土地改革基本完成，加之"三反"、"五反"运动的胜利结束，国民经济逐渐恢复，以国营经济为主导的新民主主义经济制度已根本确立；文化方面，从 1951 年至 1952 年，知识分子思想改造运动在全国范围内轰轰烈烈的开展起来，对电影《武训传》的批评是本次运动的重心，其目的是为了宣传唯物主义思想，扩大马克思主义思想阵地，同时《毛泽东选集》的出版与热销，确立了马列主义毛泽东思想的领导地位；外交方面，依照毛泽东同志的"一边倒"、"另起炉灶"、"打扫干净屋子再请客"的基本方针，与多个社会主义和民族独立国家建立了外交关系，并与苏联签订了新中国第一个建立在平等基础上的对外条约。

定了《中华人民共和国惩治反革命条例》。在经济方面，面对国民经济的萧条和财政收入面临的重大困难，以七届三中全会的召开为标志，中共中央大力实施恢复国民经济、战胜财政经济困难的相关措施并制定了相关的法律政策，如1950年制定并颁布的《土地改革法》；在政权组织方面，制定了《省各界人民代表会议组织通则》、《市各界人民代表会议组织通知》、《县各界人民代表会议组织通则》、《省人民政府组织通则》、《市人民政府组织通则》、《县人民政府组织通则》对地方各级权力机关和行政机关加以规范；在整顿党风和社会风气方面，针对"三反"、"五反"运动，制定了相关规范性法律文件；[1] 在婚姻家庭方面，1950年颁布的《婚姻法》，是新中国第一部具有基本法性质的法律，破除了封建婚姻的禁锢，大大提高了妇女的地位，被外国学者成为"恢复女性人权宣言"。[2]

（三）新民主主义社会法制的发展阶段（1953～1956年）

至1953年，国民经济发展获得初步成效，地方政权组织也在积极的发挥效用，党中央适时的提出过渡时期的总路线，各项法律法规也开始逐步发展和完善。由于召开全国人民代表大会的时机已趋于成熟，为依照法定程序建立和健全人民民主政权的各级组织机构，1953年3月中国历史上第一部社会主义选举法《中华人民共和国全国人民代表大会及地方各级人民代表大会选举法》正式颁布。1954年9月15日，中华人民共和国第一届全国人民代表大会第一次会议在北京举行，会议通过了《中华人民共和国宪法》、《中华人民共和国人民法院组织法》、《中华人民共和国人民检察院组织法》、《中华人民共和国地方各级人民代表大会和地方各级人民委员会组织法》。这些法律在今后相当长的一段时间内为社会主义政权和法制建设创造了极为有利的条件。

二、新中国初期法制建设的基本特征和立法指导思想

（一）以维持和保障人民民主专政为中心

1949年《中华人民共和国政治协商共同纲领》第一条规定："中华人民共和国为新民主主义即人民民主主义的国家"，实行"人民民主专政"，1954年宪法对此进行了重复。因此不管是在政治上，镇压反革命分子以及以地方召开各级人民代表会议的形式逐渐过渡到地方人民代表大会；抑或是在经济上，没收官僚资本主义，进行土地改革，实行"一化三改"；还是在公民权利方面，提高妇女的权利与地位，各民族享有平等的权利和义务。都是以对人们实行自由民主，对敌人实行专制的人民民主专政为核心进行的立法。

---

〔1〕 1952年3月11日政务院公布了《关于处理贪污、浪费及克服官僚主义错误的若干规定》、1952年3月28日政务院通过了《中华人民共和国惩治贪污条例》。

〔2〕 ［日］富士谷笃子主编，张萍译：《女性学入门》，中国妇女出版社1986年版，第158页。

（二）以恢复国民经济，建设以国营经济为主体的新民主主义社会经济制度为目标

新中国成立后，中央财政面临巨大困难，百废待兴之际，统一全国财政经济、进行土地改革是恢复国民经济方面的重大措施。七届三中全会明确提出了努力克服经济财政方面的困顿的要求，并且通过了《为争取国家财政经济状况的好转而斗争》的书面报告，为配合振兴经济措施的施行，中央颁布了包括《土地改革法》在内的一系列的政策和立法。到1953年初，国民经济得到迅速恢复和发展，为今后有计划地进行社会主义建设打下了坚实的基础。

（三）以肃清新民主主义社会经济及政治成分，顺利向社会主义社会过渡为归宿

《共同纲领》第七条规定："中华人民共和国必须镇压一切反革命活动，严惩一切勾结帝国主义、背叛祖国、反对人民民主事业的国民党反革命战争罪犯和其他怙恶不悛的反革命首要分子。"这一规定成为党和政府决定开展镇反运动的法律依据和行动纲领。在开展镇反运动的同时，以毛泽东为代表的中共中央还不失时机的开展知识分子的学习和思想改造运动，争取将一切爱国知识分子纳入新中国正统思想之中；以及以"三反"、"五反"为代表的大规模的反贪污反浪费反官僚主义运动的开展，在最大程度上清洗了旧社会遗留下来的污毒。这一系列的革命运动都是以肃清新民主主义成分的指导原则之下而合理展开的，成为了这一时期的重要立法思想。

第二节　新中国初期的宪法和宪法性文献

一、《中国人民政治协商会议共同纲领》（简称《共同纲领》）

（一）《共同纲领》的制定

经过实践的教训，各民主党派和民主人士放弃对了美蒋反动派的幻想，开始否定"中间路线"。1948年5月，中共中央发布"五一"国际劳动节口号，同时号召社会各界召开政治协商会议。中共的号召立刻得到了各民主党派、各人民团体等民主人士的响应，同年9月底首批民主人士抵达哈尔滨，参与新政协筹备。1949年3月中国共产党七届二中全会在西柏坡村召开，会上对当前形势以及今后的政治、经济、外交等工作进行了系统的规划。同年6月，毛泽东发表了《论人民民主专政》一文，该文连同七届二中全会的报告，系统地阐述了共产党人的建国主张，为《共同纲领》的撰写提供了科学的依据。1949年9月17日，新政协筹备会第二次会议在北平召开，会上通过了由常委会所提出的《中国人民政治协商会议共同纲领（草案）》。1949年9月21日中国人民政治协商会议第一次全体

会议在北平召开，会议正式通过《中华人民政治协商会议共同纲领》，从此中国宪政制度开始了新的起点。

（二）《共同纲领》的主要内容

《中国人民政治协商会议共同纲领》共七章六十条。[1] 主要内容为：

1. 规定了国家的性质。总纲中第一条规定："中华人民共和国为新民主主义即人民民主主义的国家，实行工人阶级领导的、以工农联盟为基础的、团结各民主阶级和国内各民族的人民民主专政"，而"中国人民民主专政是中国工人阶级、农民阶级、小资产阶级、民族资产阶级及其他爱国民主分子的人民民主统一战线的政权"，同时规定"中国人民政治协商会议，就是人民民主统一战线的组织形式"。[2]

第一条还对新中国的任务加以了阐述："反对帝国主义、封建主义和官僚资本主义，为中国的独立、民主、和平、统一和富强而奋斗。"

2. 规定了国家的各级政权组织机关及其组织形式。《共同纲领》第十二条规定：各级人民代表大会和各级人民政府为人民行使国家政权的机关。国家最高政权机关为全国人民代表大会。全国人民代表大会闭会期间，中央人民政府为行使国家政权的最高机关。各级人民代表大会由人民普选产生，各级人民政府则由各级人民代表大会选举产生。"各级政权机关一律实行民主集中制。"[3]

但对于初解放的地区，由于政权基础尚不稳定，在初期实行军事管制。第十四条规定："凡人民解放军初解放的地方，应一律实施军事管制"，"在条件许可时召集各界人民代表会议"。也就是说人民代表会议作为人民代表大会的过渡形式而存在，只有当该地区"军事行动已经完全结束、土地改革已经彻底实现、各界人民已有充分组织"后，才"实行普选，召开地方的人民代表大会"。

同时根据当时的国情在十三条中规定：在全国人大召开之前由政治协商会议执行全国人大的职权，行使立法权；在全国人大召开后，政治协商会议也得"就有关国家建设事业的根本大计及其他重要措施，向全国人民代表大会或中央人民政府提出建议案"。

3. 规定了公民的基本权利与义务。《共同纲领》第九条规定："中华人民共

---

〔1〕《共同纲领》除序言外共有七章，分别为：总则、政权机关、军事制度、经济政策、文化教育政策、民族政策、外交政策。

〔2〕《共同纲领》序言。

〔3〕《共同纲领》第十五条："各级政权机关一律实行民主集中制。其主要原则为：人民代表大会向人民负责并报告工作。人民政府委员会向人民代表大会负责并报告工作。在人民代表大会和人民政府委员会内，实行少数服从多数的制度。各下级人民政府由上级人民政府加委并服从上级人民政府。全国各地方人民政府均服从中央人民政府。"

和国境内各民族，均有平等的权利和义务。"但是对于反革命分子则是进行严惩，并剥夺其的政治权利。[1] 第四条至第八条规定中华人民共和国人民依法享有以下一些权利和义务：①享有选举权和被选举权；②享有思想、言论、出版、集会、结社、通讯、人身、居住、迁徙、宗教信仰及示威游行的自由权；③妇女在各方面均享有与男子平等的权利，实行男女婚姻自由；④有保卫祖国、遵守法律，遵守劳动纪律、爱护公共财产、应征公役、兵役和缴纳赋税的义务。

4. 规定了国家各项政策。

（1）经济政策。①确定了国家经济建设的根本方针。《共同纲领》第二十六条规定："中华人民共和国经济建设的根本方针，是以公私兼顾、劳资两利、城乡互助、内外交流的政策，达到发展生产、繁荣经济之目的。"国家应"在经营范围、原料供给、销售市场、劳动条件、技术设备、财政政策、金融政策等方面"，调剂五种经济成分，使"各种社会经济成分在国营经济领导之下，分工合作，各得其所，以促进整个社会经济的发展"。②确立了土地改革的重要性。第二十七条规定："土地改革为发展生产力和国家工业化的必要条件。"③确定了各种经济成分的性质。《共同纲领》规定新中国初期五种经济成分为：国营经济、合作社经济、农民和手工业者的个体经济、私人资本主义经济和国家资本主义经济，其中国营经济为社会主义性质、合作社经济为半社会主义性质的经济、国家资本与私人资本合作的经济为国家资本主义性质的经济；④规定了农林渔牧业、工商业、金融业、合作社和财政政策的实施重点。[2]

（2）文化教育政策。①确立了新中国文化教育的性质与任务。第四十一条规定："中华人民共和国的文化教育为新民主主义的，即民族的、科学的、大众的文化教育。人民政府的文化教育工作，应以提高人民文化水平、培养国家建设人才、肃清封建的、买办的、法西斯主义的思想、发展为人民服务的思想为主要任务。"②提倡"五爱"公德及科学的教育观点和教育方法；③实行普及教育政策。

（3）民族政策。《共同纲领》第五十条至第五十三条对民族政策加以规定：中华人民共和国地内各民族一律平等，各少数民族聚居的地区，应实行民族的区域自治，建立各种民族自治机关。各少数民族均有发展其语言文字、保持或改革其风俗习惯及宗教信仰的自由。

（4）外交政策。《共同纲领》第五十四条规定了新中国外交的原则："为保障本国独立、自由和领土主权的完整，拥护国际的持久和平和各国人民间的友好合作，反对帝国主义的侵略政策和战争政策。""中华人民共和国中央人民政府

---

〔1〕《共同纲领》第七条。
〔2〕《共同纲领》第三十四条至第四十条。

可在平等、互利及互相尊重领土主权的基础上"与外国建立外交关系。

（5）军事制度。《共同纲领》规定：中华人民共和国建立统一的军队，即人民解放军和人民公安部队，受中央人民政府人民革命军事委员会统率。同时实行民兵制度，保卫地方秩序，建立国家动员基础，并准备在适当时机实行义务兵役制。

（三）《共同纲领》的特点与历史意义

1. 《共同纲领》是一部具有临时宪法性质的文献。《共同纲领》确定了国家的政权机构和军事制度，决定了国家的经济政策、文化教育政策、民族政策和外交政策。在当时缺少宪政立法的时期，《共同纲领》因其内容的特殊性和稳定性，在建国后的一段时期内充当了临时宪法的角色，同时也为我国1954年宪法的制定提供了脚本。

2. 《共同纲领》具有广泛的代表性和人民性。从形式上来看，《共同纲领》制定的主体范围较广，是广大人民群众意志的体现，具有广泛的代表性。另外从内容上看，《共同纲领》立足于"人民"，旨在建立一个"人民民主专政"的新中国，代表了人民的利益，具有较强的人民性。

3. 《共同纲领》是中国共产党妥协的产物。《共同纲领》制定于建国前夕，当时为了尽快达成建立统一的中华人民共和国的意见，为新中国的成立做好充分的准备，中国共产党召集国内外众多民主党派和民主人士召开中国人民政治协商会议商讨建国事宜。因此作为各党派协商会议的产物，《共同纲领》除反映了中国共产党的建国思想外，必定也会成为其他民主党派与民主人士的利益的诉求点，如文献中规定"在普选的全国人民代表大会召开以前，由中国人民政治协商会议的全体会议执行全国人民代表大会的职权"以及"在普选的全国人民代表大会召开以后，中国人民政治协商会议得就有关国家建设事业的根本大计及其他重要措施，向全国人民代表大会或中央人民政府提出建议案"，都是中国共产党与其他民主党派妥协的结果。

《共同纲领》是中国人民在总结了反对帝国主义、封建主义和官僚资本主义的革命斗争经验的基础之上制定一部建国纲领。它对于巩固人民民主政权，加强新民主主义革命法制，维护人民民主权利，建立新民主主义社会以及恢复和发展国民经济方面起到了重要的指导作用。它的许多基本原则在1954年宪法中都得到了进一步的继承与发展，因而在我国宪政立法上有着重要的历史意义。

二、1954年《中华人民共和国宪法》

（一）1954年宪法的制定

1949年《共同纲领》是中国共产党对建国主张的详细的阐述，是新中国宪政立法的雏形。至1953年初，土地改革、抗美援朝、镇压反革命、恢复国民经济的任务已经胜利完成。随着社会主义经济建设的广泛开展，加强政治法制建设、进一步的调动广大人民群众积极性的任务迫在眉睫。1953 年 1 月 13 日中央人民政府委员会第二十次会议通过了《关于召开全国人民代表大会和地方各级人民代表大会的决议》，决定成立以毛泽东同志为首的中华人民共和国宪法起草委员会。同年 3 月 23 日宪法起草委员会召开第一次会议，会议上毛泽东向中共中央提出了《中华人民共和国宪法草案（初稿)》，会后各民主党派、人民团体和社会各方面代表人物共八千多人，对宪法草案初稿进行了讨论。6 月 11 日宪法起草委员会第七次会议对宪法草案全文进行了最后审查，通过了《中华人民共和国宪法草案》。1954 年 6 月 14 日中央人民政府委员会第三十次会议决定将宪法草案交付全国人民进行讨论。全国人民情绪高涨，讨论历时三个月，总计一亿五千万多人参加。宪法委员会根据讨论中所提出的意见和建议对宪法草案进行了修改。1954 年 9 月 15 日，第一届全国人民代表大会第一次会议在北京召开，大会经过讨论，一致通过了《中华人民共和国宪法》，我国第一部根本法由此诞生。

（二）1954 年宪法的主要内容

1954 年宪法除序言外，共由四章组成，分别是：总纲，国家机构，公民的基本权利和义务，国旗、国徽、首都。总计一百零六条。其主要内容有：

1. 确认了国家过渡时期的总路线和总任务。序言中写道："从中华人民共和国成立到社会主义社会建成，这是一个过渡时期。国家在过渡时期的总任务是逐步实现国家的社会主义工业化，逐步完成对农业、手工业和资本主义工商业的社会主义改造。"这是第一次以根本法的方式对我国过渡时期总路线加以确定，对之后几部宪法的制定产生了一定的影响。

2. 确认了国家的根本性质和权力机关及其设置。《宪法》总纲中规定："中华人民共和国是工人阶级领导的、以工农联盟为基础的人民民主国家。""中华人民共和国的一切权力属于人民。人民行使权力的机关是全国人民代表大会和地方各级人民代表大会。"人民代表大会和其他国家机关一律实行民主集中制。同时我国人民已经结成了以中国共产党为领导的各民主阶级、各民主党派、各人民团体的广泛的人民民主统一战线。全国人民代表大会是最高国家权力机关，也是行使国家立法权的唯一机关。全国人民代表大会每届任期四年，每年举行一次，如有五分之一代表提议的情况下，也可临时召集举行。全国人大具有制定法律、决定、选举及罢免相关国家领导人、决定经济、行政区划、战争与和平等问题的职权。[1] 全国人民代表大会常务委员会是全国人民代表大会的常设机关，在全国人大闭会期间行使相应的职权。地方各级设立人民代表大会和人民委员会。自治区（州、县）设立自治机关。基层人民代表大会由选民直接选举，省、市、县的人民代表大会由下一级人民代表大会选举。

3. 规定了国家生产资料所有制的四种主要形式。《宪法》第五条规定："国家所有制，即全民所有制；合作社所有制，即劳动群众集体所有制；个体劳动者所有制；资本家所有制。"其中国营经济是全民所有制的社会主义经济，法律确定了其优先发展的地位。合作社经济为社会主义经济或半社会主义经济，其中半社会主义经济形式的合作社经济将会通过发展生产合作逐渐过渡成为劳动群众集体所有的社会主义经济形式。

4. 规定了对各种生产资料所有权形式的保护制度。《宪法》第八条至第十条规定：国家依法保护农民的土地所有权和其他生产资料所有权、手工业者和其他非农业的个体劳动者的生产资料所有权、资本家的生产资料所有权和其他资本所有权。但同时规定国家对资本主义工商业采取利用、限制和改造的政策，使资本家所有制逐步为全民所有制所替代。除此之外，国家依法保护公民合法财产和生活资料的所有权以及公民私有财产的继承权。

5. 规定了主要国家机构的职权设置。除前所述的全国人民代表大会和地方各级人民代表大会外，《宪法》还对中华人民共和国主席、国务院、地方各级人民委员会、民族自治地方的自治机关、人民法院和人民检察院的职权与设置加以了规定。

《宪法》规定：中华人民共和国主席由全国人大选举产生，同时担任国防委员会主席和最高国务会议主席。作为国家代表，中华人民共和国主席对内拥有公布法律法令、任免相关国家领导人、授予国家勋章、称号、发布赦令等职能。对外则有接受外国使节、派遣召回驻外代表、缔结条约等职能。

国务院即中央人民政府是最高国家权力机关的执行机关、最高国家行政机关。执行发布决议和命令、向最高权力机关提出议案、全面执行和管理国家行政事务等职权。地方各级人民委员会即地方各级人民政府，是地方权力机关的执行机关、地方各级国家行政机关。民族自治机关在自治地方依照法律规定的权限行

---

〔1〕 1954年宪法第二十七条规定：全国人民代表大会行使下列职权：①修改宪法；②制定法律；③监督宪法的实施；④选举中华人民共和国主席、副主席；⑤根据中华人民共和国主席的提名，决定国务院总理的人选，根据国务院总理的提名，决定国务院组成人员的人选；⑥根据中华人民共和国主席的提名，决定国防委员会副主席和委员的人选；⑦选举最高人民法院院长；⑧选举最高人民检察院检察长；⑨决定国民经济计划；⑩审查和批准国家的预算和决算；⑪批准省、自治区和直辖市的划分；⑫决定大赦；⑬决定战争和和平的问题；⑭全国人民代表大会认为应当由它行使的其他职权。

使自治权、管理地方财政、组织公安部队，自治机关的形式可以依照自治区民族大多数人民的意愿规定。

人民法院为国家审判机关，实行人民陪审员制度，依照公开审判、独立审判等原则行使审判权。人民检察院是国家法律的监督机关，行使检察权。地方各级人民检察院和专门人民检察院在上级人民检察院及最高人民检察院的领导下工作，不受地方国家机关干涉。

6. 确立了公民的基本权利和义务。《宪法》第八十五条规定："中华人民共和国公民在法律上一律平等。"根据《宪法》公民权利有：①选举权、被选举权；②言论、出版、集会、结社、游行、示威、宗教信仰的自由；③人身自由不受侵犯的权利；④住宅、通信秘密受法律的保护、居住和迁徙的自由；⑤相关劳动权利及享受社会福利、保障的权利；⑥受教育的权利；⑦妇女在政治的、经济的、文化的、社会的和家庭的生活各方面享有同男子平等的权利。同时公民负有爱护和保卫公共财产、依法纳税、依法服兵役的义务。

（三）1954 年宪法的特点与历史意义

1954 年宪法是中国第一部根本大法，它是宪法起草委员会在认清了我国基本国情的基础上，借鉴了别国的宪政立法所制定出来的一部本土化与国际化相结合的法律。同时它是经过了党中央的多次开会议定以及全国人民大讨论修整而来，所以又是党与群众智慧结晶的产物。它的特点有：

1. 建立了较为完整和系统的新中国的宪行立法体系。从篇章结构上看，1954 年宪法在广泛征求意见的基础上，最终定为以"序言"为开篇，以"总纲"、"国家机构"、"公民的基本权利和义务"以及"国旗、国徽、首都"四章为内容的体系结构。1975 年宪法和 1978 年宪法完全继承了 1954 年宪法的篇章体系，1982 年宪法仅在此基础上将"公民的基本权利和义务"由第三章调整到了第二章，其余皆未改变。从立法的原则与内容上看，1954 年宪法确定了国家的根本性质、国家机构设置、公民基本权利和义务等原则和内容，这些原则和内容也为之后几部宪法所继承。

2. 1954 年宪法是一部具有过渡性质的法典。1953 年，中共中央在毛泽东的提议下提出了过渡时期的总路线，并载入 1954 年宪法的序言中。从四种主要生产资料所有制形式的确立以及对资本主义工商业的限制和改造到对反革命分子的镇压的条文，都可以看出新民主主义社会向社会主义社会过渡的政策趋向。

1954 年宪法是新中国第一部社会主义类型的宪法。它是中国人民经过一百多年的英勇奋斗的历史总结，也是中国共产党领导全国各族人民取得新民主主义革命的胜利的总结。它开创了我国宪政制度的新体系，为新中国宪政立法开辟了新的篇章。这是自中国有宪政历史的一百多年里，中国人民第一次行使制宪权，也是第一次以宪法的形式，规定了国家过渡时期的总路线，为我国从新民主主义社会向社会主义社会过渡指明了方向。

第三节　新中国初期的刑事立法

一、新中国初期刑事立法概况

新中国成立之初，国家尚未制定刑法典，为尽快建立符合当时国情的刑事法律，更好的维护秩序、调整社会关系，起草者以马列主义为指导思想，同时借鉴了苏联等社会主义国家的刑律制定我国的刑法草案。从 1950 年至 1954 年间，我国完成了两个重要刑法草案稿本：一是《中华人民共和国刑法大纲草案》；二是《中华人民共和国刑法指导原则草案（初稿）》。但这两部草案因为种种原因并未最终被通过实施。在这段刑法典的缺失期，新中国通过各种单行刑事法规对社会关系进行调整，如"镇反"运动中制定的《惩治反革命条例》、"三反"运动中制定的《中华人民共和国惩治贪污条例》等。这些单行刑事法规不仅弥补了当时刑法典的空白，也为维护当时社会的稳定起了不可估量的作用。

二、新中国初期主要单行刑事法规

（一）《中华人民共和国惩治反革命条例》

1951 年 2 月 20 日中央人民政府委员会第十一次会议批准制定了《中华人民共和国反革命条例》，该条例共十六条，其主要内容是：

1. 规定了反革命罪的概念。条例第二条规定反革命罪是指"凡以推翻人民民主政权，破坏人民民主事业为目的"的行为。

2. 规定了反革命罪的种类。条例第三至十三条具体列举了各项反革命罪行的种类。主要包括：勾结帝国主义背叛祖国行为；进行间谍或资敌行为；参加反革命特务或间谍组织利用封建会门，进行反革命活动；以反革命为目的，策谋或执行破坏、杀害行为；以反革命为目的偷越国境者；窝藏、包庇反革命罪犯的行为。

3. 规定了刑罚的种类。条例规定刑罚包括死刑、无期徒刑、有期徒刑。如条例第八条规定："利用封建会门，进行反革命活动者，处死刑或无期徒刑；其情节较轻者处三年以上徒刑。"

4. 规定本条例特殊情况的处理。①减轻或免除处罚的适用。条例规定：胁从犯罪者得减轻或者免除处罚；"自首分子"也得从轻、减轻或免于处刑。[1]

---

〔1〕"自首分子"为未被发觉而自己向政府报告者。

②数罪并罚适用原则。条例第十五条规定："凡犯多种罪者，除判处死刑和无期徒刑者外，应在总和刑以下，多种刑中的最高刑以上酌情定刑。"③有罪类推原则。如条例第十六条规定："以反革命为目的之其他罪犯未经本条例规定者，得比照本条例类似之罪处刑。"

（二）《妨害国家货币治罪暂行条例》

1951 年 4 月 19 日，为了保护国家货币，稳定金融秩序，中央人民政府政务院颁布了《妨害国家货币治罪暂行条例》，共十一条，其主要内容有：

（1）规定了本罪之货币的概念。条例第二条规定：条例所称货币是指"中国人民银行发行之货币"。

（2）规定了各种妨害国家货币治理的行为。条例第三条至第六条具体列举了各项妨害国家货币治理的行为，主要包括：以反革命为目的伪造国家货币者；意图营利而伪造国家货币者；散布流言或用其他方法破坏国家货币信用者；凡误收伪造、变造货币，在收受后察觉为伪造、变造者，应即报告所在地中国人民银行或公安机关，其明知不报而仍继续行使者，视其情节轻重，处一年以下劳役，或酌处罚金或予以教育。

（3）规定了刑罚的种类。条例所规定的刑罚种类包括死刑、无期徒刑、有期徒刑、劳役、罚金、剥夺政治权。

（4）规定本条例特殊情况的处理。①从轻、减轻或免除处罚的适用。条例规定预备犯、未遂犯者得从轻处罚；自首悔过者，得减轻或免除处罚；自首悔过后并协助破案者，免除处罚。②加重处罚原则的适用。条例第三条规定："以反革命为目的伪造国家货币者，其首要分子或情节严重者处死刑。"

（三）《中华人民共和国惩治贪污条例》的主要内容

1952 年 3 月 28 日政务院第一百三十次政务会议上通过了《中华人民共和国惩治贪污条例》，同年 4 月 18 日由中央人民政府委员会第十四次会议批准颁布实施。条例共十八条，其主要内容有：

1. 规定了贪污罪的概念。条例第二条规定，贪污罪是指"一切国家机关、企业、学校及其附属机构的工作人员，凡侵吞、盗窃、骗取、套取国家财物，强索他人财物，收受贿赂以及其他假公济私违法取利之行为"。

2. 规定了刑罚的种类。条例规定刑罚包括死刑、无期徒刑、有期徒刑、劳役或管制以及免刑予以开除、撤职、降职、降级、记过或警告的行政处分。

3. 关于贪污的数额。条例第三条以一亿元、五千万元、一千万元为分界点将贪污罪的处罚分为四种情形。①个人贪污的数额，在人民币一亿元以上者，判处十年以上有期徒刑或无期徒刑；②个人贪污的数额，在人民币五千万元以上不满一亿元者，判处五年以上十年以下徒刑；③个人贪污的数额，在人民币一千万元以上不满五千万元者，判处一年以上五年以下徒刑，或一年至四年的劳役，或一年至二年的管制；④个人贪污的数额，不满人民币一千万元者，判处一年以下的徒刑、劳役或管制或免刑予以开除、撤职、降职、降级、记过或警告的行政处分。

4. 规定本条例特殊情况的处理。

（1）从重、加重处罚的适用。该条例第六条列举了十一种得从重或加重处罚的情节。

（2）从轻、减轻或者免予处罚的适用。条例对未被发觉前自动坦白者、被发觉后彻底坦白、真诚悔过并自动地尽可能缴出所贪污财物者、检举他人犯本条例之罪而立功者、年岁较轻或一向廉洁，偶犯贪污罪又愿真诚悔改者得从轻、减轻、免除处罚。

（3）规定适用类推原则。条例第九条规定："凡收买、盗取国家经济情报以谋取私利者，应按其违法所得的多寡和情节轻重，参酌本条例第三、四、五、八各条治罪。"

（四）《中华人民共和国逮捕拘留条例》

该条例于1954年12月20日公布施行，全文共十四条，其主要内容有：

（1）规定了逮捕的机关。条例第三条规定：人民法院、人民检察院或者公安机关均有逮捕权。

（2）规定了逮捕的程序。条例第四条规定，逮捕人犯时，必须持有人民法院、人民检察院或者公安机关的逮捕证，并且向被逮捕人宣布。对于具有严重社会危害性的人员可以采取紧急措施。第七条还规定公安机关拘留人犯的时间最长不得超过七十二小时。

（3）规定了特殊情况的处理。依据该条第二条的规定："应当逮捕的人犯，如果是有严重疾病的人，或者是正在怀孕、哺乳自己婴儿的妇女，可以改用取保候审或者监视居住的办法。"

（五）其他刑事立法

1956年11月16日全国人民代表大会常务委员会第五十一次会议通过两个刑事决定：《全国人民代表大会常务委员会关于对反革命分子的管制一律由人民法院判决的决定》和《全国人民代表大会常务委员会关于宽大处理和安置城市残余反革命分子的决定》。这两个决定的主要内容有如下要点：①对反革命分子和其他犯罪分子的管制，一律由人民法院依法判决，交由公安机关执行；②给予残余的反革命分子悔罪自新的机会。

三、新中国初期刑法典的起草

自1950年至1954年，为适应社会发展需要，维持社会秩序，中央人民政府法制委员会先后编写了两部刑法草案，即《中华人民共和国刑法大纲草案》以及《中华人民共和国刑法指导原则草案（初稿）》。但是由于受到当时社会经济发展以及立法水平的限制，委员会仅仅是对苏联等社会主义国家以及法、德、美等资本主义国家刑法典的翻译摘抄，并无创新。因此这两部稿本最终也未能被提上立法程序，仅是作为书面材料保存下来。

（一）《中华人民共和国刑法大纲草案》

1950年，中共中央成立了刑法大纲起草委员会对该草案进行专门编撰。不过由于当时立法条件的落后，委员会大多以借鉴苏联、法国、德国、美国等的刑法发展相对成熟国家的刑法典为参考，最终完成了总计一百五十七条的《中华人民共和国刑法大纲草案》。但是令人遗憾的是，这部稿本未能被提上立法程序，仅仅作为书面材料保存下来。

（二）《中华人民共和国刑法指导原则草案（初稿)》

1954年，中央人民政府法制委员会在总结新中国以来的司法实际经验的基础上，又草拟出了《中华人民共和国刑法指导原则草案（初稿)》，共七十六条，但只印发给一定范围内的同志征求意见，也未曾公开向社会征求过意见，因此最终也并没有真正得到通过和实施。

第四节　新中国初期的经济立法和民商事立法

新中国建立后，为肃清封建剥削的土地所有制，建立农民土地所有制，中央人民政府委员会于1950年6月28日第八次会议通过了《中华人民共和国土地改革法》，为新中国的工业化开辟了道路。在婚姻家庭制度方面，中央人民政府于1950年4月颁布了《中华人民共和国婚姻法》，这部数千年来第一部现代意义上的婚姻法，改变了中国存在了数千年的封建婚姻陋习，保障了广大妇女的合法权益，提高了广大妇女的社会地位。在民法制定方面，全国人大常委会起草了新中国第一部民法典草案，虽然由于整风、反右等运动，中断了民法草案的制定和实施，但是这部民法草案的四编制体例对今后中国的民法制定和发展却有着深远的影响。

一、新中国初期的主要经济立法

（一）《中华人民共和国土地改革法》

中央人民政府委员会于1950年6月28日第八次会议通过了《中华人民共和国土地改革法》，共六章分别为："总则"、"土地的没收和征收"、"土地的分配"、"特殊土地问题的处理"、"土地改革的执行机关和执行方法"、"附则"，共计六十条。《土地改革法》的目的旨在推翻以剥削为目的的封建地主阶级土地所有制，建立农民的土地所有制，借以解放农村生产力，提高农民生产积极性，推动新中国工业化的进程。主要内容如下：

1. 规定了土地的没收和征收。①明确了对于地主，富农，中农的土地处理问题以及区别对待原则。地主的土地予以没收，富农和中农的土地和其他财产则予以保护。②规定了祠堂、庙宇、寺院、教学、学校和团体在农村中的土地及其他公地的处理问题。③规定了除地主、富农、中农以外的革命军人、烈士家属、工人、职员、自由职业者、小贩的土地的处理问题。

2. 规定了土地分配的原则。①除征收的土地外，其余土地统一分给缺地、少地的农民所有。②规定了在土地分配过程中行政区域的划分，以及按照土地的质量、远近来划分土地的基本方法。③规定了无地、少地人口中若干特殊问题的处理原则。如对于农村中的手工业者、小贩、自由职业者酌情分给土地和生产资料；烈士家属、指挥员及复员军人均应分得和农民一样的土地和生产资料；农村中的僧、尼、道士等有劳动能力并且愿意从事农业生产而无其他职业维持生活者也应分得与农民相同的土地和其他生产资料。

3. 规定了各种特殊土地的分配原则。①如山林、鱼塘、茶山，桑田、果园、荒地等其他可分土地应按适当比例折合成普通土地统一分配给原来从事此项生产的农民。没收和征收之堰、塘等水利，可分配者应随田分配；其不宜于分配者，得由当地人民政府根据原有习惯予以民主管理。②规定了水利设施、森林，荒地，矿山，江、河、湖、海等自然资源等收归国有，由人民经营管理。

4. 规定了土地改革的执行机关和执行方法。明确了土地改革的执行机关和具体执行方法，为了确保土地改革的顺利进行，同时规定对罪大恶极为广大人民群众所痛恨的恶霸分子以及一切违抗或破坏土地改革法令的犯罪等违法事项依法予以审判及处分。

5. 规定了《土地改革法》的适用范围。第六章附则规定本法适用于一般农村，对于大城市郊区的土地改革办法则由各大行政区人民政府（军政委员会）按城市具体情况定另行规定。

《中华人民共和国土地改革法》是新中国人民民主法律的重要组成部分。1953 年初，土地改革任务基本完成，消灭了几千年的封建土地剥削制度，使得广大农民分得了土地，解放了农村的生产力，激发了农民生产的积极性，促进了农业生产和其它经济的发展。土地改革改善了农民生活，提高了农民的经济地位，经过土地改革锻炼，农民提高了政治觉悟和组织程度，有力的推进了农村民主政权的建设。农民以很高的革命热情，大力支援新民主主义社会建设，为社会主义三大改造和顺利进入社会主义社会打下了坚实的基础。

（二）其他的单行经济法律和法规

为了配合土地改革的顺利进行，也为了重整、恢复和发展城市经济，1951年政务院和有关部门先后通过了《企业中公股公产清理办法》、《关于国营企业清理资产核定资金的决定》、《国营企业资金核定暂行办法》、《私营企业暂行条例》以及《私营企业暂行条例施行办法》等一系列法律法规；中央人民政府政务院财政经济委员会于1952年颁布了《机关、国营企业、合作社签订合同契约暂行办法》、《关于认真订立与严格执行合同的决定》。这些单行法规的主要内容如下：

（1）加强国营企业的经营管理工作，确立了国有经济在国民经济中的领导地位。鼓励私人资本投资生产事业，保障了投资人的合法利益。同时将党和国家对私人资本主义利用、限制和改造的政策法律化。

（2）肯定了各类私营企业，如独资企业、合伙企业、无限公司、有限公司、两合公司、股份有限公司、股份两合公司的法律地位；确立它们的设立、解散、清算的程序和责任，保护了它们的合法经营活动和利益。

（3）确立了我国的合同制度。对合同的订立、担保、履行等内容作出了明确的规定，并且首次在我国法律文件中使用了"法人"和"法人代表"的概念。

二、1950 年《中华人民共和国婚姻法》

婚姻家庭法近代化的尝试开始于清朝末年，《大清民律草案》和北洋军阀政府制订的《民律草案》中，均有亲属一编。国民党政府于1930年12月颁布的"中华民国民法亲属编"，从形式上完成了中国婚姻家庭制度从古代到近代的转变。中国共产党着手进行的婚姻家庭方面的法制建设始于解放前的革命根据地时期，1931年12月中央苏区颁布了《中华苏维埃共和国婚姻条例》，又于1934年颁行了《中华苏维埃共和国婚姻法》。抗日战争、解放战争时期，部分革命根据地颁行了地区性的婚姻条例，如《陕甘宁边区婚姻条例》、《晋西北婚姻暂行条例》、《晋察冀地区婚姻条例》等。这些条例的颁布为建国后的婚姻家庭法做了重要的准备。新中国成立后，在全国范围内进行婚姻家庭领域内的反封建的民主改革运动，1950年《中华人民共和国婚姻法》的颁布是一次全新的立法尝试，为废除封建主义婚姻制度，实行新民主主义婚姻制度，从而过渡至社会主义婚姻家庭制度建立了良好的基础。

（一）《中华人民共和国婚姻法》主要内容

1950 年《婚姻法》，是新中国成立后制订的第一部具有基本法性质的法律，

其主要包括八章的内容,[1] 内容以调整婚姻关系为主,同时涉及家庭关系方面的各种重要问题。其主要内容大致有:

1. 规定了结婚的要件。首先,婚姻是夫妻间实质上的自由结合,这种自由结合只有在他们自愿协议的基础上才能发生。1950 年《婚姻法》第三条规定结婚须男女双方本人完全自愿,不许任何一方对他方加以强迫或任何第三者加以干涉;其次,第四条和第五条规定了结婚的实质要件,包括结婚的必要条件和禁止要件,如《婚姻法》第五条规定男二十岁,女十八岁,始得结婚;如为直系血亲或因生理缺陷不能发生性行为者或者患其他在医学上认为不应结婚之疾病患者均不应结婚;最后,规定了结婚的形式要件,即婚姻缔结必须以登记为必要条件。

2. 规定了夫妻间的权利义务。新民主主义的婚姻法是"坚决废除封建主义的婚姻制度,实行婚姻自由、一夫一妻、男女平等"的法律。《婚姻法》赋予了夫和妻在婚姻中平等的地位,夫妻享受同等的权利,承担同等的义务,一改往日封建社会中妻只履行义务,而夫却只享受权利的病态社会现象。在权利方面,夫妻双方均有选择职业、参加社会活动的自由,以及均有对于家庭财产平等的所有权与处理的权利、各用自己姓名和相互继承遗产的权利;在义务方面,夫妻有互爱互敬、互相帮助、和睦团结、劳动生产、抚养子女以及为家庭幸福和新社会的建设而共同奋斗的义务。

3. 确定了父母女间的权利义务。封建社会承袭的是"尊尊亲亲"的封建礼教,父母是享受权利的一方;子女是履行义务的一方。《婚姻法》对此作了调整,父母对子女有抚养教育的义务,不得虐待或遗弃;子女也有继承遗产,接受父母的抚养和教育的权利,并且非婚生子女也享有相同的权利。

4. 规定了离婚的要件。第十七条规定男女双方自愿离婚的,准予离婚。男女一方坚决要求离婚的,经区人民政府和司法机关调解无效时,应准予离婚。女方怀孕期间,男方不得提出离婚,男方要求离婚的也须于女性分娩一年之后。对于军人离婚的事项,《婚姻法》第十九条也作出了规定,现役革命军人与家庭有通讯关系的,其配偶提出离婚的,须征得革命军人的同意,体现了保护军婚的原则。

5. 规定了婚后的财产生活及子女抚养和教育问题的处理。《婚姻法》规定,离婚时,除女方婚前财产归女方所有外,其他财产的处理由双方协议,协议不成

---

〔1〕 分别为:第一章,原则;第二章,结婚;第三章,夫妻间的权利和义务;第四章,父母子女之间的关系;第五章,离婚;第六章,离婚后子女的抚养和教育;第七章,离婚后的财产和生活;第八章,附则。

的由法院判决。父母与子女之间的血亲关系，不因父母的离婚而消灭，离婚后父母对子女仍有抚养和教育的责任。并且具体的规定了离婚后子女抚养教育费得分摊的具体事项：女方抚养的子女，男方负担必须的生活费和教育费的全部或一部；但是如女方及子女分得的财产足以维持子女的生活费和教育费时，则男方不再负担子女的生活费和教育费。再婚后，新夫若愿负担女方原子女的生活费或者教育费的全部或者一部，则子女生父的负担可酌情减少或者免除。

（二）《中华人民共和国婚姻法》的特点和历史意义

《中华人民共和国婚姻法》是新中国成立后制订的第一部具有基本法性质的法律。它的特点有：

1. 1950 年《婚姻法》是新中国第一部较为系统和完整的婚姻立法。法律以婚姻自由、男女平等为主旨，对婚姻缔结要件、夫妻之间的权利和义务、父母子女之间的关系、离婚的要件，以及离婚后对于财产的分配和子女的抚养等内容都作了具体详实的规定，其中的重要原则及其结构体系和基本框架，都为 1980 年《中华人民共和国婚姻家庭法》所继承。

2. 确立了现代婚姻法基本原则。1950 年《婚姻法》确立了婚姻自由、夫妻平等、夫妻间相互继承财产、非婚生子女与婚生子女享有相同继承权等原则，这一系列的基本原则成为 1980 年新婚姻法基本原则的肇始并且得以延续。

3. 确立了妇女在婚姻家庭中的平等地位及父母与子女在家庭中的平等关系。《婚姻法》第一条规定："废除包办强迫、男尊女卑、漠视子女利益的封建主义婚姻制度。实行男女婚姻自由、一夫一妻、男女权利平等、保护妇女和子女合法利益的新民主主义婚姻制度。"这是新中国第一次以基本法的方式将妇女和子女地位予以确立。《婚姻法》规定，夫妻在婚姻家庭生活中地位平等，都有使用自己姓名的权利，都有选择职业、参加社会活动的权利，废除了封建的童养媳恶习，保障了妇女在婚姻家庭中的自主权利，提高了妇女的地位。同时子女在家庭中地位也有所改观，《婚姻法》规定，子女享有继承财产的权利，接受父母抚养和教育的权利等。

《婚姻法》的颁布对新中国婚姻家庭的观念产生了巨大的触动，自主婚姻显著增加，民主和睦的家庭大量涌现，婚姻家庭领域的反封建斗争已经取得了决定性的胜利。1980 年的《婚姻家庭法》在 1950 年《婚姻法》的基础之上根据社会的发展要求加以修改，因此 1950 年《婚姻法》在我的婚姻法制史上起到了承上启下的重要作用，其历史意义不可忽视。

三、新中国初期民法典的起草

中国的法律传统具有中华法系的鲜明特点，民法的近代化尝试始于清朝末年由沈家本主持制定的《大清民律草案》，该草案仿照德国式民法进行草拟，分

"总则"、"债权"、"物权"、"亲属"、"继承"五编。草案曾交资政院审议，但至清朝灭亡也未能公布。1929 年 12 月，国民党政府成立立法院，次年 1 月 29 日该院设立民法起草委员会，同年通过并颁行了"总则"、"债"、"物权"三编。1930 年，亲属、继承两编先后完稿，1931 年公布施行。从编名到顺序皆采《德国民法典》的体例，而在内容上采瑞士债务法的民商合一体例，即将商法的一般规定纳入民法典，其余另行制定特别法。抗日战争时期，民事法律方面没有一个系统的法律规范，大多是一些零散的条例和法规，主要包括土地所有权制度法规、租债法规（主要是减租减息条例）、婚姻法规和继承法规。

新中国成立后，从 1954 年至 1956 年底，三大改造相继完成，我国正式从新民主主义国家跨入了社会主义国家。1954 年，第一届全国人民代表大会第一次会议通过了《中华人民共和国宪法》，这部宪法为民主法制的建设奠定了基础。宪法的颁布也要求我们不仅在经济政策上要有计划地制定和执行，同时在民主法制方面也要有较大、较快地发展。因此宪法颁布后不久，就进入民法起草工作。从 1954 年开始，经过将近两年的时间，到 1956 年年底就草拟出了第一个民法草案，并要求到全国各地征求意见，但到各地之后由于"整风运动"已经开始，立法意见征求无法进行下去。因此，民法的起草工作暂时告一个段落。1957 年的人民公社运动和三年自然灾害，导致民法草案的制定和编写一再遭到搁置，进而束之高阁。虽然民法草案并未真正实施，但是对于民法建设的不断探求和摸索，为我国改革开放后的民法制定工作奠定了坚实的基础。

四、新中国初期的主要商事立法

1953 初，中共中央在毛泽东的提议下，确定了以"一化三改造"、"一体两翼"为内容的过渡时期的总路线，逐步实现对社会主义工业化以及对农业、手工业和资本主义工商业的社会主义改造。因此，中共中央制定了一系列的商事法规与决议，保障三大改造的顺利进行。

（一）关于农业的社会主义改造的法规政策

为了保障农业的社会主义改造顺利进行，1953 年 12 月中共中央通过了《关于发展农业生产合作社的决议》，此决议进一步提高了农业生产力，促进了农村分散的农民群众的逐步联合，使农业由落后的小规模生产的个体经济变为先进的大规模生产的农村合作经济，逐步克服工业和农业这两个经济部门发展不相适应的矛盾，使农民逐步摆脱贫困的状况而取得共同富裕和普遍繁荣的生活。1956 年 3 月第一届全国人民代表大会常务委员会第三十三次会议通过了《农业生产合作社示范章程》；1956 年 6 月第一届全国人民代表大会常务委员会第三次会议通过了《高级农业生产合作社示范章程》。这两部法规总结了农业合作化运动由初级阶段向高级阶段发展中的新的经验，反映了全国农民坚决走社会主义道路的要求和愿望，是进一步有计划地大规模地发展农业生产、提高农民物质和文化生活水平、彻底完成对农业的社会主义改造的重要保证。

（二）关于社会主义手工业改造的法规政策

1956 年 2 月国务院通过了《关于目前私营工商业和手工业的社会主义改造中若干事项的决定》和同年 7 月国务院发布的《关于工商业、手工业、私营运输业的社会主义改造中若干问题的指示》。这些法规开始了我国对手工业、私营工商业和运输业进行全行业的社会主义改造。法规规定了清产核算、人员安排、调整合并等步骤，为顺利完成全行业的社会主义改造提供了法律依据。

（三）关于资本主义工商业改造的法规政策

对资本主义工商业的社会主义改造是三大改造中最为艰巨和复杂的任务，中国共产党正确应用马克思列宁主义理论中关于对资产阶级和平赎买的理论，从中国实际出发，采取了一系列有效的步骤和方法，创造性地开辟了一条具有中国特色的和平改造之路。1954 年 9 月国务院公布了《公私合营工业企业暂行条例》，条例规定：对资本主义企业实行公私合营，应当根据国家的需要、企业改造的可能和资本家的自愿。合营企业中，社会主义成分应居领导地位，同时规定私人股份的合法权益受法律保护。条例还规定合营企业应当遵守国家计划，企业在依法缴纳所得税后的余额应当就企业公积金、企业奖励金和股东股息红利三个方面加以合理分配等。1956 年 2 月 8 日国务院又通过了《关于私营企业实行公私合营的时候对财产清理估价的几项主要问题的规定》和《关于在公私合营企业中推行定息办法的规定》。这些法规规定了公私企业中的财产清理方法以及企业中如何规定定息的具体方法以及操作原则，推动了私营企业社会主义改造的步伐。

第五节　新中国初期的行政立法

一、新中国初期的行政组织法

（一）新中国初期的行政组织立法法概况

以 1954 年《中华人民共和国宪法》的颁布为分界点，可以将新中国初期行政组织法典分为两个阶段：

1. 第一阶段（1949～1953 年）。1949 年 9 月 21 日，中国人民政治协商会议第一届全体会议在北平召开，制定了具有临时宪法作用的《中国人民政治协商会议共同纲领》。同年 9 月 27 日中国人民政治协商会议第一届全体会议通过了《中央人民政府组织法》，它的制定与颁布为后来的中央人民政府的组织建设与发展积累了宝贵的经验。

2. 第二阶段（1949～1956 年）。1954 年 9 月 20 日第一届全国人民代表大会第一次会议通过了新中国真正意义上的第一部宪法《中华人民共和国宪法》，即1954年宪法。为了配合1954宪法，使之更具有实效性和可操作性，会议上还通过了《中华人民共和国国务院组织法》和《中华人民共和国地方各级人民代表大会和地方各级人民委员会组织法》。

（二）《中国人民政治协商会议共同纲领》有关行政组织法的内容

《共同纲领》中有关行政组织法的内容有如下几个方面：

（1）规定了政权机关的组织形式及原则。根据第十二条规定，"国家最高政权机关为全国人民代表大会。全国人民代表大会闭会期间，中央人民政府为行使国家政权的最高机关。"但在普选的全国人民代表大会召开之前，由中国人民政治协商会议全体会议执行全国人民代表大会的职权。第十五条还规定了政权机关的集中原则，即各级政权机关一律实行民主集中制；各下级人民政府均由上级人民政府加委并服从上级人民政府；全国各地方人民政府均服从中央人民政府；另外，中央人民政府与地方人民政府间的职权划分，由中央人民政府委员会依照事务的性质以法令加以规定。

（2）规定了初解放地方政权组织形式。根据第十四条规定，"凡人民解放军初解放的地方，应一律实施军事管制"。实施军事管制的主体是中央人民政府或前线军政机关委任人员组织军事管制委员会和地方人民政府。在条件许可时，可由他们召集各界人民代表召开会议。条件成熟时，则由地方各界人民代表会议逐步地代行人民代表大会职能。

（3）第十九条规定在县市以上的各级人民政府内设立人民监察机关，监察和纠举违法失职的机关和人员。

（4）第五十一条规定在民族自治区域建立民族自治机关，实行自治。

（三）《中央人民政府组织法》的主要内容

1949年9月27日中国人民政治协商会议第一届全体会议通过的《中央人民政府组织法》，共六章，计三十一条，是一部规定国家政权组织与活动的基本法律，其主要内容是：

（1）规定了我国的国体。该法第一条规定："中华人民共和国是工人阶级领导的，以工农联盟为基础的，团结各民主阶级和国内各民族的人民民主专政的国家。"

（2）规定了政府的性质。该法第二条规定："中华人民共和国政府是基于民主集中原则的人民代表大会制的政府。"

（3）规定了国家部门的最高机关。该法第五条规定："中央人民政府委员会组织政务院，以为国家政务的最高执行机关；组织人民革命军事委员会，以为国家军事的最高统辖机关；组织最高人民法院及最高人民检察署，以为国家的最高审判机关及检察机关。"

（四）《中华人民共和国国务院组织法》的主要内容

1954 年 9 月 21 日第一届全国人民代表大会第一次会议通过的《中华人民共和国国务院组织法》，共九条，其主要内容是：

1. 规定了制定本法的依据。该法第一条规定："中华人民共和国国务院组织法，根据中华人民共和国宪法第四十八条第二款制定。"

2. 规定了国务院机构设置。该法第二条具体详细列举了国务院可以设立的内务部、外交部、国防部、公安部、司法部等各部和各委员会。但是对于国务院各部和各委员会的增加、减少或者合并，必须由全国人民代表大会或者全国人民代表大会常务委员会决定。该法第四条还对国务院会议召开的组成人员加以规定。国务院全体会议由总理、副总理、各部部长、各委员会主任、秘书长组成，而国务院常务会议则由总理、副总理、秘书长组成。

3. 规定了国务院可以任免的行政人员的范围。该法第九条具体规定了国务院可以任免的行政人员的范围，分别为国务院副秘书长，各部副部长和部长助理，各委员会副主任和委员，各部门的司长、副司长、局长、副局长；各省、各直辖市人民委员会的厅长、副厅长、局长、副局长；各专员公署专员；各自治区相当于上列第二、第三两项职位的人员；驻外使馆参赞和驻外总领事；高等学校校长、副校长、院长、副院长；其他相当于上列各项职位的人员。

（五）《中华人民共和国地方各级人民代表大会和地方各级人民委员会组织法》的主要内容

1954 年 9 月 21 日第一届全国人民代表大会第一次会议通过《中华人民共和国地方各级人民代表大会和地方各级人民委员会组织法》，共三章，依次为总则、地方各级人民代表大会、地方各级人民委员会，计四十二条，其主要内容包括：

（1）规定了本法的制定依据。该法第二条规定："自治区、自治州、自治县的自治机关的组织和工作，依照中华人民共和国宪法第二章第五节的规定。"

（2）规定了地方各级人民代表大会的地位。该法第二条规定："地方各级人民代表大会都是地方国家权力机关。"

（3）规定了地方各级人民代表大会代表的选举程序以及每届任期。第四条至第五条规定了地方各级人民代表大会代表选举程序："省、直辖市、县、设区的市的人民代表大会代表由下一级的人民代表大会选举；不设区的市、市辖区、乡、民族乡、镇的人民代表大会代表由选民直接选举。""省人民代表大会每届任期四年。直辖市、县、市、市辖区、乡、民族乡、镇的人民代表大会每届任期两年。"

（4）规定了地方各级人民代表大会的职权范围。[1]

二、新中国初期的行政监督法

1949 至 1956 年间，我国颁布的行政监督法典众多，主要有以下九个：1951年 6 月 7 日公布的《政务院关于处理人民和接见人民工作的决定》；1952 年 8 月9 日发布的《政务院关于加强人民监察通讯员和人民检举接待室的指示》；1953年 6 月 25 日政务院第一百八十四次政务会议通过的《各级人民政府人民监察机关设置人民监察通讯员通则》；1954 年 6 月 24 日政务院第二百一十九次政务院会议上同时通过的《政务院关于在铁道部建立人民监察局和加强监察工作的决定》和《铁道部人民监察局工作条例》；1954 年 12 月 17 公布的《监察部关于调整地方各级监察机构及其有关事项的指示》；1956 年 1 月 6 日发布的《监察部关于派住县监察组的若干工作问题的指示》；1956 年 1 月 10 公布的《监察部关于监察保护耕畜工作的通知》；1956 年 10 月 15 日发布的《国务院关于报送纪律处分案件问题的通知》。这一系列的行政监督法规的颁布对于健全监督机制，加强和改进监督工作，增强监督实效，促进依法行政和公正司法，推进社会主义民主法制建设都具有重大的现实意义和深远的历史意义。

三、新中国初期的行政部门管理法

从 1949 至 1956 年间，我国先后制定了多部行政部门管理法，涉及社会多个层面，如有关税务方面的部门管理法有 1949 年颁布的《全国税政实施要则》；1950 年颁布的《印花税暂行条例》、《工商业税暂行条例》；1951 年颁布的《特种消费行为税暂行条例》、《中华人民共和国海关进出口税则》。有关民政方面的部门管理法，如 1957 年 7 月 6 日公布施行的《城市户口管理暂行条例》，该条例管理对象除了人民解放军、公安部队、人民警察等武装部队外一切城市中的居民。有关出入境方面的部门管理法，如 1954 年 8 月 10 日公布的《外国侨民出境暂行办法》、《外国侨民拘留登记及拘留证签发暂行办法》、《外国侨民旅行暂行办法》。有关财政金融方面的部门管理法，如 1950 年 3 月发布实施的《关于统一国家财政经济工作的决定》。有关文化、娱乐方面的部门管理法，如 1950 年颁布的《国产影片输出暂行办法》、《电影旧片清理暂行办法》、《期刊登记暂行办法》、《管理书刊租赁业暂行办法》。有关社团管理方面的部门管理法，如政务院颁布的《社会团体登记暂行办法》。有关交通方面的部门管理法，如 1950 年 4 月11 日由交通部公布施行的《汽车管理暂行办法》，1950 年 7 月 8 日由政务院批准公布施行的《养护公路暂行办法》。有关狱政管理方面的部门管理法，如 1954 年

---

〔1〕　第六条规定了县级以上的地方各级人民代表大会在本行政区域内可以行使的职权范围；第七条规定了乡、民族乡、镇人民代表大会在本行政区域内可以行使的职权范围。

8月26日政务院公布施行的《中华人民共和国劳动改造条例》。有关教育方面的部门管理法，如1950年发布的《高等学校暂行规程》、《专科学校暂行规程》、《私立高等学校管理暂行办法》。有关劳动方面的部门管理法，如1950年11月26日公布施行的《关于劳动争议解决程序的规定》，1950年6月16日劳动部公布施行的《市劳动争议仲裁委员会组织及工作规则》。

四、新中国初期的行政制裁法

新中国初期，国家根据当时的经济条件以及社会发展状况制定了一系列的行政制裁法和制裁性文件，主要包括：1950年的《中华人民共和国土地改革法》；1952年的《严禁鸦片毒品》；"三反"运动中的《关于实行精兵简政、增产节约、反对贪污、反对浪费和反对官僚主义的决定》以及《关于反贪污斗争必须大张旗鼓地去进行的指示》；"五反"运动中的《关于在城市中限期展开大规模的坚决彻底的"五反"斗争的指示》，现就立法中的行政制裁方式分述如下：

（1）没收。依据《中华人民共和国土地改革法》第二条的规定，国家将对地主的土地、耕畜、农具、多余的粮食及其在农村中多余的房屋实施没收这种行政制裁方式。

（2）征收。《中华人民共和国土地改革法》第三条规定了征收这种行政制裁方式，征收的对象主要包括：祠堂、庙宇、寺院、教学、学校和团体在农村中的土地及其他公地。

（3）定期戒除。《严禁鸦片毒品》中规定对制造、贩运、销售烟毒的烟贩和众多吸食者，采取区别对待的政策，并宣布从通令颁布之日起，凡是继续贩运、制造、销售毒品者，要从严治罪，吸食烟民限期向有关部门登记，并定期戒除。

（4）具结自行戒除。在禁烟运动中，对逮捕的毒贩施以管制或劳动改造，使他们能改恶从善，重新做人。对于众多吸毒的烟民，一般以"受害者"对待，由本人具结自行戒除。

（5）说明情况。《为深入地普遍地开展反贪污、反浪费、反官僚主义运动而斗争》的讲话中指出："一切违反财经纪律的工作人员，无论是化大公为小公、虚报多领、对上级财政机关打埋伏、专款不专用、超制度支出、公私不分等，应一律迅速进行清理，忠实地详细地说明情况，听候处理。"

（6）检讨。《为深入地普遍地开展反贪污、反浪费、反官僚主义运动而斗争》的讲话中指出："一切有铺张浪费行为的工作人员，应当在群众面前进行公开检讨。不仅应当揭露浪费的事实，而且应当说明浪费的思想根源，保证不再犯。"

（7）行政处分。《中央节约检查委员会关于处理贪污、浪费及克服官僚主义错误的若干规定》规定，个人生活与工作上挥霍性的超支不仅是严重的浪费行为，其中且有属于腐化性的享受，接近贪污的性质，除应进行严格批评、交出多余物品、立即改正外，并需酌予行政处分。

第六节 新中国初期的司法制度

1949 年《中国政治协商会议共同纲领》第十七条规定："废除国民党反动政府一切压迫人民的法律、法令和司法制度，制定保护人民的法律、法令，建立人民司法制度。"正是继承和实践这一法制建设思想，为建立新时期司法机构体系，中央人民政府制定颁布了一系列法律，为建国初期的司法体系建设打下了坚实的基础。

一、1954 年前主要司法单行条例

中央人民政府委员会于 1951 年 9 月颁布了《中华人民共和国人民法院暂行组织条例》（后简称为《人民法院暂行组织条例》）、《中央人民政府最高人民检察署暂行组织条例》（后简称为《最高人民检察署暂行组织条例》）、《中央人民政府各级地方人民检察署组织通则》（后简称为《各地人民检察署组织通则》）。以上三个暂行条例和通则作为一种具有过渡性质的法律规范为我国今后制定相应的法律法规奠定了坚实的基础。其主要内容有：

（一）规定了国家司法专门机关

条例规定，主要的司法机关有人民法院和人民检察署。人民法院是国家的审判机关，行使审判权。条例规定：中华人民共和国人民法院由多层级体系构成，分为县级法院、省级法院和最高人民法院。中央人民政府最高人民检察署为全国人民最高检察机关，对政府机关、公务人员和全国人民负最高检察责任，最高人民检察署得在各大行政区或其他区域设分署。

（二）规定了司法审判的基本原则

（1）依法审判原则。《人民法院暂行组织条例》规定：人民法院审判案件，以中国人民政治协商会议共同纲领及人民政府颁布的法律、法令、决议、命令的规定为依据；无上述规定者，依据中央人民政府的政策。

（2）审级制度。《人民法院暂行组织条例》规定：人民法院基本上实行三级两审制，以县级人民法院为基本的第一审法院，省级人民法院为基本的第二审法院。一般以二审为终审，但在特殊情况下，得以三审或一审为终审。

（3）审判公开原则。人民法院审判案件，除依法不公开者外，均应公开进行。

（4）独立原则。人民法院依照法律规定独立行使审判权，不受行政机关、社会团体和个人的干涉。

除此之外，上述三个条例和通则还对于人民法院和人民检察署的机构组成、人员配备以及各级人民法院的管辖范围作了详细的界定。

二、《中华人民共和国人民法院组织法》和《中华人民共和国人民检察院组织法》

1954 年 9 月第一届全国人民代表大会第一次会议通过了《中华人民共和国人民法院组织法》、《中华人民共和国人民检察院组织法》两部法律，标志着我国司法制度建设步入迅速发展时期。法律对人民法院和人民检察署的组织体系做了较大调整，将人民法院由原来的三级改为四级，分别为基层人民法院、中级人民法院、高级人民法院与最高人民法院，实行四级两审终审制。同时还设立了军事法院、铁路运输法院、水上运输法院等专门人民法院，对特定的刑事、民事案件进行审理。改人民检察署为人民检察院，设最高人民检察院、省级（省、自治区、直辖市）人民检察院及分院、县级人民检察院，并依照专门人民法院的体系设置相应专门人民检察院。《法院组织法》与《检察院组织法》的颁布，为我国建立起了一个相对完整、系统的司法审判和监督体系。其主要内容如下：

（一）详细的规定了人民法院的组织体系和职权

人民法院是重要的审判机关，审判权必须由人民法院统一行使，其他任何机关、团体和个人都无权进行审判活动。

《法院组织法》第一条规定：人民法院组织体系为地方各级人民法院、最高人民法院和专门人民法院。其中最高人民法院是中华人民共和国的最高审判机关，其主要职权包括一审管辖权，上诉管辖权，审判监督权，司法解释权，死刑核准权。

地方各级人民法院分为基层人民法院、中级人民法院和高级人民法院。其中基层人民法院包括县人民法院和不设区的市人民法院、自治县人民法院、市辖区人民法院。基层人民法院的职权主要包括一审管辖权，庭外处理权，调解指导权。中级人民法院，包括在省、自治区内按地区设立的中级人民法院；在直辖市内设立的中级人民法院；设区的市的中级人民法院；自治州中级人民法院。中级法院的职权主要包括一审管辖权，上诉管辖权，审判监督权。高级人民法院，包括省高级人民法院、自治区高级人民法院、直辖市高级人民法院，其职权主要包括一审管辖权、上诉管辖权、审判监督权、死刑核准权。

《法院组织法》规定："专门法院包括军事法院，铁路运输法院和水上运输法院。"

（二）规定了检察机关的职权及行使职权的程序

人民检察院是国家的法律监督机关，行使国家的检察权。

《检察院组织法》第一条规定：中华人民共和国设立最高人民检察院、地方各级人民检察院和军事检察院等专门人民检察院。最高人民检察院是国家最高检察机关，领导地方各级人民检察院和专门检察院的工作。地方各级人民检察院包括省、自治区、直辖市人民检察院；省、自治区、直辖市人民检察院分院，自治州和省辖市人民检察院；县、市、自治县和市辖区人民检察院。专门人民检察院主要包括军事检察院、铁路运输检察院。下级人民检察院受上级人民检察院及最高人民监察院的领导。

（三）规定了司法审判与监督的基本原则

（1）司法主权原则。司法主权即司法管辖权，是国家主权的重要组成部分。在我国主权范围内，外国人、无国籍人都必须遵守我国的法律、法规及有关规定。

（2）权力独有原则。人民法院、人民检察院统一行使审判、检察权，任何机关、社会团体和个人都无权行使此项权利。

（3）平等原则。《法院组织法》与《检察院组织法》的第五条皆规定："对于一切公民，不分民族、种族、性别、职业、社会出身、宗教信仰、教育程度、财产状况、居住期限，在适用法律上一律平等。"人民法院与人民检察院在分别行使案件审判和法律监督权时，均必须遵守此项规定。

（4）独立原则。人民法院、人民检察院依照法律规定独立行使审判权、法律监督权，不受行政机关、社会团体和个人的干涉。

（5）公开审判原则。《法院组织法》第七条规定：人民法院审理案件，除法律规定的特别情况外，一律公开进行。

（6）依法审判原则。人民法院与人民检察院在处理诉讼案件和非诉案件事件时，必须以客观存在的事实作为依据，不能以主观的想象或推测为依据。对实体和程序问题作出的决定，必须以法律为标准，做到有法必依、执法必严、违法必究。

（四）规定了管辖权制度

《法院组织法》第二章对人民法院的管辖权做了详细的规定：基层人民法院审判刑事和民事的第一审案件，但是法律、法令另有规定的除外。中级人民法院审判法律、法令规定由它管辖的第一审案件；基层人民法院移送审判的第一审案件；对基层人民法院判决和裁定的上诉案件和抗议案件；人民检察按照审判监督程序提出的抗议案件。最高人民法院审判法律、法令规定由它管辖的和它认为应当由自己审判的第一审案件；对高级人民法院、专门人民法院判决和裁定的上诉案件和抗议案件；最高人民检察院按照审判监督程序提出的抗议案件。

（五）系统的规定了司法审判制度

1. 辩护制度。辩护制度是立法对贯彻落实辩护原则所采取的措施和方法的总称。《法院组织法》第七条规定：被告人有辩护的权利。被告人除自己进行辩护外，有权委托律师为其辩护，可以由人民团体或者被告人所在单位推荐的或者经人民法院许可的公民为其辩护，可以由被告人的近亲属、监护人为其辩护。人民法院认为必要的时候，可以指定辩护人为其辩护。

2. 回避制度。《法院组织法》第十三条规定：当事人如果认为审判人员对本案有利害关系或者其他关系不能公平审判时，有权请求审判人员回避。但审判人员是否需要回避，则由本院院长裁定。回避制度的确立为案件获得公正审理做了保证。

3. 陪审制度。《法院组织法》规定：人民法院审判第一审案件，实行人民陪审员制度，但是简单的民事案件、轻微的刑事案件和法律另有规定的案件除外。人民陪审员由选举产生，凡有选举权和被选举权的年满二十三周岁的公民，都可以被选举为人民陪审员。

4. 两审终审制度。人民法院审判案件，实行两审终审制，对于第二审人民法院作出的终审判决、裁定，当事人等不得再提出上诉，人民检察院不得按照上诉审程序提出抗诉。

5. 审判监督制度。《法院组织法》第十二条规定：各级人民法院院长对本院已经发生法律效力的判决和裁定，如果发现在认定事实或者适用法律上有错误，必须提交审判委员会处理。审判监督制度的确立对保证国家法律的统一与正确实施，准确有效地惩罚犯罪分子起到了良好的监督作用，充分体现和贯彻了实事求是、有错必纠的方针政策。

（六）规定了检察院的检察工作制度

1. 侦查制度。侦查是我国刑事诉讼的一个独立阶段，侦查的主体为人民检察院和公安机关。《检察院组织法》第十条规定：人民检察院发现并且确认有犯罪事实的时候，依照法律规定的程序进行侦查或者交给公安机关进行侦查；侦查终结后，认为必须对被告人追究刑事责任的时候，应当向人民法院提起公诉。

2. 公诉制度。人民检察院向有管辖权的人民法院提起公诉。人民检察院对于提起公诉的案件，应由检察长或者由他指定的检察员以国家公诉人的资格出席法庭，支持公诉，并且监督审判活动是否合法。地方各级人民检察院对于本级人民法院第一审案件的判决和裁定，认为有错误的时候，有权按照上诉程序提出抗议。

3. 审判监督制度。《检察院组织法》第十六条规定，最高人民检察院对各级人民法院已经发生法律效力的判决和裁定，上级人民检察院对下级人民法院已经发生法律效力的判决和裁定，如果发现确有错误，有权按照审判监督程序提出抗议。

思考题

1. 《中国人民政治协商会议共同纲领》的主要内容。

2. 1954 年《中华人民共和国宪法》的主要内容、特点和历史意义。

3. 1950 年《中华人民共和国婚姻法》的主要内容、特点和历史意义。

4. 新中国初期主要的刑事立法及其主要内容。

5. 新中国初期行政立法状况。

6. 《中华人民共和国法院组织法》与《中华人民共和国检察院组织法》的主要
内容。

1. 张晋藩主编:《中国法制史》,中国政法大学出版社 2007 年版。

2. 张晋藩:《中国法制史》,中国政法大学出版社 1999 年版。

3. 怀校锋主编:《中国法制史》,中国政法大学出版社 1999 年版。

4. 蒲坚:《中国法制史自学辅导》,北京大学出版社 2002 年版。

5. 朱勇主编:《中国法制史》,法律出版社 2007 年版。

6. 韩延龙主编:《法律史论集》第二卷,法律出版社 1999 年版。

7. 张希坡:《马锡五审判方式》,法律出版社 1983 年版。

8. 杜预:《春秋左传集解》,上海人民出版社 1977 年版。

9. 钱穆:《先秦诸子系年》,中华书局 1985 年版。

10. 杨伯峻:《春秋左传注》,中华书局 1981 年版。

11. 《尚书·吕刑》、《周礼》、《礼记》、《十三经注疏》,中华书局 1980 年影印本。

12. 任继愈:《老子新译》,上海古籍出版社 1985 年版。

13. 杨伯峻:《论语译注》,中华书局 1980 年版。

14. 杨伯峻:《孟子译注》,中华书局 1960 年版。

15. 王焕镳:《墨子校释》,浙江文艺出版社 1984 年版。

16. 陈鼓应:《庄子今注今译》,中华书局 1999 年版。

17. 高亨:《商君书注译》,中华书局 1974 年版。

18. 陈奇猷:《韩非子集释》,中华书局 1962 年版。

19. 《汉书·刑法志》,中华书局 1962 年版。

20. 《晋书·刑法志》,中华书局 1974 年版。

21. 张晋藩主编:《中国法制通史》,法律出版社 1999 年版。

22. 杨宽:《战国史》,上海人民出版社 1980 年版。

23. 齐鹏飞、杨凤城主编:《当代中国编年史(1949.10~2004.10)》,人民出版社 2007 年版。

24. 胡德坤、宋俭主编:《中国近现代史纲要》,武汉大学出版社、湖北人民出版社 2006 年版。

25. 张希坡:《革命根据地法制史》,法律出版社 1994 年版。

26. 范忠信主编:《中国法制史》,北京大学出版社 2007 年版。

图书在版编目（CIP）数据

新编中国法制史 / 张培田主编. —北京：中国政法大学出版社，2009.9

ISBN 978-7-5620-3543-5

Ⅰ.新⋯ Ⅱ.张⋯ Ⅲ.法制史 - 中国 - 教材 Ⅳ.D929

中国版本图书馆CIP数据核字(2009)第145543号

出版发行	中国政法大学出版社
经 销	全国各地新华书店
承 印	固安华明印刷厂

720mm×960mm 16开本 21印张 360千字

2009年9月第1版 2012年1月第2次印刷

ISBN 978-7-5620-3543-5/D·3503

印 数: 3 001-6 000 定 价: 29.00元

社 址	北京市海淀区西土城路25号
电 话	(010)58908435(编辑部) 58908325(发行) 58908334(邮购)
通信地址	北京100088信箱8034分箱 邮政编码 100088
电子信箱	fada.jc@sohu.com(编辑部)
网 址	http://www.cuplpress.com (网络实名：中国政法大学出版社)